稲荷大神霊験記
夢判断実験書

柄澤照覚

柄澤照覺著

稻荷大神靈驗記

東京 神誠館發行

兩部神道

伏見稻荷大神本誓圖

稲荷五社大神の御眞影

國民生活上の本尊

倉稲魂命　保食命　大巳貴命　大宮姫命　太田命

弘法大師知遇

稲荷大神々使化現之像

序

　神社《じんじや》に縁起《えんぎ》あるは猶國《なほくに》に歴史《れきし》あるが如《ごと》し。國《くに》は其《そ》の歴史《れきし》によりて愈々《いよ〳〵》その尊嚴《そんげん》なることの知《し》らるゝ如《ごと》く、神社《じんじや》はその縁起《えんぎ》によりて益々《ます〳〵》神德《しんとく》の炳然《へいぜん》たることを窺《うかゞ》ふべし、此《こ》の故《ゆゑ》に古來《こらい》各神社《かくじんじや》に傳《つた》はれる縁起《えんぎ》、靈驗《れいけん》の書少《しよすくな》からず。然《しか》れどもその正確《せいかく》なるものに至《いた》りては誠《まこと》に尠《すくな》く實《じつ》に慨歎《がいたん》に堪《た》へざるなり。此書《このしよ》、稻荷靈驗記《いなりれいけんき》は我《わ》が神代《かみよ》以來《いらい》、稻荷《いなり》に關《くわん》する諸書數《しよ〳〵すう》千卷《くわん》を渉獵《せふれふ》し、大神《おほかみ》の御由緒《ごゆゐしよ》、祭神及神使《さいじんおよびしんし》の御功德《ごこうとく》、御靈驗《ごれいけん》の廣大《くわうだい》なることを一々其出典《そのしゆつてん》を明《あき》らかにして之《これ》を述《の》べ、更《さら》に附錄《ふろく》として神道修行《しんたうしうぎやう》、神使白狐勸請祕法等信仰家《しんしびやくこくわんせいひはふとうしんかうか》に必須《ひつす》の事項《じかう》を編述《へんじゆつ》せり。

　惟《おも》ふに建國以來《けんこくいらい》三千年《ねん》に垂《なんな》んとする歴史《れきし》を一貫《くわん》する大和民族《やまとみんぞく》の信念《しんねん》は、日本《にほん》を神《かみ》の國《くに》として疑《うたが》はざる一事《じ》に存《そん》す。殊《こと》に我《わ》が稻荷大神《いなりだいじん》の御靈驗《ごれいけん》、御靈德《ごれいとく》は萬人《まんにん》の崇仰《すうかう》する處《ところ》、冀《ねがは》くは江湖《かうこ》の御精讀《ごせいどく》を得《え》、篤信家諸氏《とくしんかしよし》の好伴侶《かつはんりよ》となり惟神《ゐしん》の大道《だいだう》を宣《の》ぶるの一端《ん》とならば幸甚《かうじん》なり。

大教正　柄澤照覺謹識

稲荷大神靈驗記

附錄神道修行と白狐勸請法

目錄

伏見稲荷大神御本誓圖
稲荷五社大神の御眞影圖
稲荷大神々使化現の像圖
序言
伏見稲荷祭神の由來……一
稲荷祭神の異說……二
下の社倉稲魂神……三
米穀化現の神祕說……四
大神は大御神の御膳神也……七
大神、異名にて各地に祭られ給ふ……九
荷田神及末社の事……十一
稲荷鎭座の由來……十二
稲荷山三箇峯の由來……十二
稲荷山三の燈の由來……十三
稲荷山に三義の由來……十四
御旅所及由來……十五
大神は國民の氏神也……十六
稲荷大神の神階……十七
正一位稲荷は大明神也……十八
正一位の位田の由來……十八
稲荷大神社格の由來……十九

稲荷大神祭祀の由來……二十一
稲荷初午の由來……二十二
初午祭を福參りと云ふ事……二十三
初午祭と影向松の事……二十四
上卯の日の神事……二十五
吹革祭の沿革と靈狐の奇蹟……二十六
神異及祈請の神祕……二十七
日の護り神異の神祕……二十八
稲荷山驗の杉の由來……二十八
兵亂鎭定の祈請と神異……二十九
五穀成就の祈禱……三十
止雨請雨の祈禮の神祕……三十一
疾病平癒の祈請と神異……三十二
稲荷の神體及神鏡……三十二
寶珠及器物神體……三十三
稲荷大神稲を荷ふ神體……三十四
稲荷大神宇賀神の神影……三十五
稲荷大神天女形の神影……三十六
稲荷大神倉稲魂命像……三十七
稲荷大神神女形の神影……三十八
物の忌みの神事……三十八
神事は必ず齋戒すべき事……三十九
心身の穢と神罰の事……四十
出產及胞衣穢の事……四十一
死亡の穢の時注意……四十二
穢れ火の注意の事……四十三

御祓及大麻の由來……四十四
祓のうちの種々の罪……四十六
祓に稻を用ふる故實の神祕……四十七
御祓大麻の神異……四十八
神符の神祕及神符の由來……四十八
神符及神符の靈異……五十
狐惑を避くる神符の神祕……五十
福富祭の神符の神祕……五十一
五穀成就及神符の神祕……五十三
神歌及舞樂神詠の事……五十四
神樂歌の神祕と起源……五十六
田神舞の詞及其の神事……五十九
神德の歌……六十
稻荷神使靈狐の起源……六十一
神使靈狐と野狐の區別……六十二
神使靈狐神使の由來……六十四
神使靈狐十種の願望……六十五
神使靈狐を命婦と云ふ……六十六
神使靈狐を刀女とも云ふ……六十八
神使靈狐の寶珠と鍵の由來……六十九
神使靈狐の通力の偉力……七十一
神使靈狐の靈藥及靈符の靈驗……七十二
弘法大師と靈狐の由來……七十三
神使靈狐の官位と金錢用途……七十四
野狐元正神道を聞ける話……七十八
神使靈狐の名稱と鳥居……七十九

神使靈狐の火防と狐火の奇蹟……八十一
神使靈狐の火玉の由來……八十二
神使靈狐の油揚赤飯を好む理由……八十五
神使靈狐變化の順序……八十六
神使靈狐と荼吉尼の差別……八十九
豐川稲荷荼吉尼天の尊像……九十一
靈狐と飯綱の奇蹟……九十二
神使靈狐の人の子を生る奇蹟……九十三
神使靈狐の奇行一班……九十八
王子稲荷靈驗記……九十九
豐川稲荷靈驗記……百三
豐受稲荷靈驗記……百六
大神の御靈驗に依つて
　御誠教の一教を創開す……百七
鶴見稲荷山に
　豐受稲荷御示現の事……百十

附錄　神道修行と白狐勸請祕法

目　錄

第一節　初位の修行
一行　行水と祓……百十五
二行　調氣法……百十六
三行　淸淨觀……百十七
四行　神威觀……百十八
第二節　二位の修行
五行　宇宙觀……百十九
六行　自心觀……百十九
七行　靈力觀……百二十
八行　鎭魂入神……百二十一
第三節　三位の修行
九行　五行觀……百二十二
十行　靈肉調和觀……百二十三
十一行　靈肉分離觀……百二十三
十二行　神道護摩法……百二十四
第四節　四位の修行
十三行　加持禁厭法……百二十五
十四行　自修祈禱法……百二十五
十五行　太占行事……百二十六
十六行　息災增益祈禱法……百二十七
十七行　敬愛、召留祈禱法……百二十七
第五節　極位の修行

十八行　調伏救靈祈禱法……百二十八
十九行　神力活現……百二十九
第六節　自然の錬行法……百二十九
第七節　節食と斷食……百三十
第八節　物忌行事……百三十二
第九節　祈禱行事……百三十四
第一法　潔齊法……百三十四
第二法　裝殿法……百三十五
第三法　禁護法と修祓……百三十六
第四法　勸請式……百三十七
稻荷大神勸請法……百三十八
白狐勸請祕法……百四十
祈禱式と勸請法……百四十一
神勅降臨の法式……百四十三
九字の御方圖解……百四十六
狐憑を放す法……百五十一

稻荷大神靈驗記目錄　終

稲荷大神靈驗記

大教正　柄澤照覺著

（一）伏見稲荷祭神の由來《ふしみいなりさいじんのゆらい》

謹《つゝしん》で按《あん》ずるに稲荷神社《いなりじんじや》はもと倉稲魂神《うがのみたまのかみ》のみを祭《まつ》り奉《たてまつ》れるものなりしが後《のち》に二坐《にさ》を加《くは》へ三社《さんじや》と爲《な》し、また後《のち》に二坐《にさ》を加《くは》へて五社《ごしや》と稱《しよう》し奉《たてまつ》れるものなり伴信友《はんのぶとも》が年中行事抄《ねんちうきやうじせう》稲荷祭《いなりまつり》の下《もと》に彼社《かのやしろ》の禰宜《ねぎ》祝《かんぬし》等《ら》が申狀《まをすじやう》に云《いふ》、此神《このかみ》は和銅年中《わどうねんちう》はじめて伊奈利山三箇峯《いなりやまさんがのみね》の平《たひら》かなる處《ところ》に顯《あら》はれ在《おは》すと古書《こしよ》に見《み》えたりされば此山《このやま》の峯《みね》三つ竝《なら》べる中《うち》の一《ひとつ》の峯《みね》の頂《いたゞき》の平《たひら》かなる處《ところ》に神《かみ》あらはれ坐《おは》しけるを聽《やが》て其處《そこ》に社《やしろ》をたて祭《まつ》り始《はじめ》たる由《よし》にてこの後《のち》、また二《ふたつ》の峯《みね》に二坐《にさ》の神《かみ》を祭《まつ》り其《それ》を加《くは》へて稲荷神三社《いなりのかみさんしや》と稱《しよう》し其峯《そのみね》を上中《かみなか》下《しも》と呼《よ》び分《わか》つと、又同書《またどうしよ》に稲荷神社三坐《いなりじんじやさんざ》の事《こと》、山城風土記《やましろふどき》に記《しる》せる趣《おもむき》は三社《さんじや》とは聞《きこ》えず、嘉祥《かしやう》三年《ねん》まではたゞ稲荷神《いなりのかみ》と記《しる》されて一座《いちざ》と聞《きこ》えたるを天安元年《てんあんぐわんねん》より始《はじめ》て稲荷神三前《いなりのかみゝまへ》、また稲荷《いなり》上中下三名《かみなかしもさんめい》神《じん》とも記《しる》されたるに和銅後《わどうご》、更《さら》に二坐《にざ》の神《かみ》を同《おな》じ山《やま》に祭《まつ》り本神《ほんじん》と合《あは》せて稻荷神社三坐《いなりじんじやさんざ》と稱《しよう》して祭《まつ》りけるを其頃官《そのころくわん》に聞《きこ》えて本神《ほんじん》と同等《どうとう》に祭《まつ》られしなるべし(中略)かくて其合《そのあは》せ祭《まつ》れる二坐《にざ》の神名《しんめい》はこれも詳《つまびら》かならずと而《しか》して其五社《そのごしや》となれる沿革《えんかく》は同書《どうしよ》に稻荷五社《いなりごしや》の事《こと》、三坐《さんざ》にまた二坐《にざ》を加《くは》へて五坐《ござ》として祭《まつ》れる故《ゆゑ》なり其祭《そのまつ》り始《はじ》めたるは詳《つまびら》かならず久安《きうあん》四年《ねん》の台記《だいき》に四月廿《くわつ》六日壬申晴《にちじんしんはれ》、寢衣《しんえ》にて稻荷《いなり》へ詣《まつ》づ自註《じちう》に田中《たなか》、四大神兩社《しだいじんりやうやしろ》の幣《へい》を加《くは》へて之《これ》を奉《たてま》つる中《なか》の社、下《やしろしも》の社《やしろ》も同《お》じく以《もつ》て參詣《さんけい》す田中《たなか》の幣《へい》は下《しも》の社《やしろ》に於《おい》て奉幣《ほうへい》の時《とき》に取《と》り加《くは》ふ四大神《しだいじん》の幣《へい》は中《なか》の社《やしろ》に於《おい》て奉幣《ほうへい》の時《とき》、取《と》り加《くは》ふ歸路《かへりみち》に歸《かへ》り坂《さか》を用《もち》ふと見《み》えたれば久安《きうあん》のころかく三社《さんじや》の外《ほか》に田中 社《たなかのやしろ》 四大神 社《だいじんのやしろ》 ありて田中《たなか》は下《しも》の社《やしろ》の攝社《せつしや》の如《ごと》く四大神《しだいじん》は中《なか》の社《やしろ》の攝社《せつしや》の如《ごと》くにて合《あは》せて五社《ごしや》ありし趣《おもむき》なりと謂《い》へり。

◉稻荷祭神《いなりさいじん》の異説《いせつ》

古事類苑神祇部第《こじるゐえんしんきぶだい》六十八稻荷神社總説《いなりじんじやそうせつ》には山城國紀伊郡深草村稻荷山《やましろのくにきいごほりふかくさむらいなりやま》の麓《ふもと》には、倉稻 魂 命《うがのみたまのみこと》、素盞《すさの》鳴尊《をのみこと》、大市姫 命《おほいちひめのみこと》を祭《まつ》ると記《しる》せるを見《み》るに大市姫 命《おほいちひめのみこと》は大宮能賣命《おほみやひめのみこと》の御別名《ごべつめい》なるを以《もつ》て敢《あへ》て異議《いぎ》なきも佐田彦大神《さるたひこのおほかみ》と素盞鳴尊《すさのをのみこと》の相異《あひこと》なる説《せつ》あるは吾人《ごじん》の頗《すこぶ》る惑《まど》ふ處《ところ》なり如何《いかん》となれば稻荷神社志料《いなりじんじやしれう》は稻荷《いなり》神社宮司大貫眞浦《じんじやぐうしおほぬきまうら》氏の編輯《へんしふ》にして古事類苑神祇部《こじるゐえんしんきぶ》は神宮司廳《じんぐうしちやう》の編輯《へんしふ》なればなり何《いづ》れにか根據《こんきよ》あるべしと雖《いへども》、吾人《ごじん》は稻荷神社志料説《いなりじんじやしれうせつ》に從《したが》はん因《ちなみ》に古昔《むかし》本神《ほんじん》倉稻 魂 神《うがのみたまのかみ》を中《なか》の社《やしろ》と稱《しよう》せしが今《いま》は之《これ》を下《しも》の社《やしろ》と稱《しよう》し奉《たてま》つり上《かみ》の社《やしろ》に大宮能賣命《おほみやひめのみこと》、中《なか》の社《やしろ》に佐田彦命《さるたひこのみこと》を祭《まつ》れるものなりと云《いふ》、而《しか》して下《しも》の社《やしろ》を大山祇女《おほやすみのむすめ》中《なか》の社《やしろ》を倉稻魂《うがのみたま》、上《かみ》の社《やしろ》を土祖神《つちおやのかみ》と稱《とな》へ奉《たてま》つる所以《ゆゑん》は是《こ》れ大山祇命《おほやますみのみこと》の女《むすめ》は大宮能賣命《おほみやひめのみこと》にして土祖神《つちおやのかみ》は佐田彦神《さるだひこのかみ》なるを以《もつ》て此說《このせつ》は稻荷神社志料說《いなりじんしやしれうせつ》に合致《がつち》せるものなりと謂《い》ふべし。

●下《しも》の社《やしろ》倉稻魂神《うがのみたまのかみ》

日本書記《にほんしよき》神代之巻《しんだいのまき》に又飢《またやはし》かりし時《とき》に生《あれ》ませる兒《みこ》を倉稻魂命《うがのみたまのみこと》と號《まう》すと是《こ》れ伊弉諾《いざなぎ》伊弉冊《いざなみ》二柱《ふたはしら》の大神《おほかみ》の諸々《もろ〳〵》の大神《おほかみ》を生《う》み給《たま》ひて風神級長津彦神《かぜのかみしなさつひこのかみ》を生《う》み給《たま》へる次《つぎ》に記《しる》されしもの也鹽土翁《なりしほつちのおきな》の傳《でん》に飢《やはし》かりし時《とき》とはこれ五穀《ごこく》の神《かみ》を生《うま》んと謂《い》はんが爲《た》めの枕詞《まくらことば》なり日本書記《にほんしよき》纂疏《さんそ》に倉稻魂《うがのみたま》は穀《こく》の神《かみ》の號《みな》なり倉《くら》は穀《こく》をつむ處《ところ》をいふ稻《いね》は五穀《ごこく》の長《ちやう》、魂《たま》は神《かみ》の義《こゝろ》なり又《また》二十二社註式《しやちうしき》に稻荷社《いなりしや》……中《なか》の社倉稻魂命《やしろうかのみたまのみこと》は百《ひやく》谷《こく》百谷は百穀に同じを播《ま》き給《たま》へる神《かみ》なり故《ゆゑ》に倭訓《わくん》の栞《しをり》に倉稻魂神《うがのみたまのかみ》は郎《すなは》ち「いなり」なり神代記《じんだいき》に保食神《うけもちのかみ》の腹《はら》の中《うち》に稻生るると見《み》えて稻生《いなり》の義《こゝろ》に解釋《かいしやく》さる稻荷《いなり》とかくことはもと「いなに」と謂《い》ひしなるべし「に」と「り」と通《つう》ず樺井《かはゐ》を古事記《こじき》に苅羽井《かはゐ》と見《み》えたるが如《ごと》し一說《せつ》に此山《このやま》の地主神《ぢしゆじん》を荷田神《かりたのかみ》といふ後《のち》に倉稻魂《うがのみたま》を祭《まつ》れりと謂《い》ひ以《もつ》て倉稻魂神《うがのみたまのかみ》の神德《しんとく》と御名《おんな》との關係《くわんけい》を述《の》べたり而《しか》して倉稻魂神《うがのみたまのかみ》の訓《よみ》に就《つ》き日本紀神代記《にほんきしんだいき》に稻魂《うがのみたま》宇介乃美太萬、俗云、宇加乃美太萬云々《うんぬん》また古事記傳《こじきでん》に和名抄《わみやうせう》を引《ひい》て曰《いは》く稻魂《うがのみたま》、和名宇介乃美太萬《わみやううけのみたま》を俗《ぞく》に宇加乃美《うがのみ》太萬《たま》とあるは誤《あやまり》なり日本書紀神代之巻本文《にほんしよきじつだいのまきほんぶん》に宇介能美施磨《うけのみたま》といふべき由《よし》を記《しる》されたるを見《み》るにウケノミタマといふは本《もと》の訓《くん》なるも今《いま》は一般《はん》にウガノミタマと唱《とな》へ奉《たてま》つれり此御名《このみな》の外《ほか》に大神《おほかみ》は左《さ》の如《ごと》き夥多《あまた》の御名《みな》御座《おは》しませり是《こ》れ皆《みな》、神徳《しんとく》に因《ちな》めるものなりと云《い》ふ。

◉米穀化現《べいこくけげん》の神秘説《しんびせつ》

大神《おほかみ》の御別名《ごべつみやう》、保食神《うけもちのかみ》のうちに説《と》きたりし日本書紀《にほんしよき》神代巻《じんたいのまき》の一段《いちだん》はこれ米穀化現《べいこくけげん》の本説《ほんせつ》なり仍《よつ》ていま斯《こゝ》に其本文《そのほんぶん》を省《はぶ》き之《これ》が神秘説《しんびせつ》を述《の》ぶれば稲生美間田種《いなりみまだのたね》に云《いふ》、月夜見尊《つきよみのみこと》の天照大神《あまてらすおほかみ》の勅《みことのり》を受《う》けて保食神《うけもちのかみ》の許《みもと》にいたり給《たま》ふはこれ人事《ひとごと》を以《もつ》て造化《さうくわ》を明《あか》せるものなり之《これ》を天人唯一《てんにんゆゐいち》といふ天照大神《あまてらすおほかみ》は天日《あまつひ》にて天日《あまつひ》は萬物《ばんぶつ》を生《しやう》じ給《たま》ひ秋《あき》に至《いたつ》て熟《じゆく》せし處《ところ》を月《つき》の陰氣《いんき》にて枯《から》すものなり萬《よろづ》のもの陽《やう》に生《しやう》ずるものは陰《いん》にかれ陰《いん》に生《しやう》ずるものは陽《やう》にかる稲《いね》は陽草《やうさう》なるが故《ゆゑ》に之《これ》を植《う》ゆるものを俗《ぞく》に早乙女《さつとめ》といふ即《すなは》ち女《をんな》が植《うゆ》るは陰《いん》、陽《やう》をいざなふもの也《なり》麥《むぎ》は陰草《いんさう》なるが故《ゆゑ》に男《をとこ》これを蒔《ま》く陽《やう》、陰《いん》をいざなふものなり。

鰭《はた》の廣《ひろき》もの鰭《はた》の狹《せまき》もの毛《け》の麤《あらき》もの毛《け》の柔《やはらかき》ものは陰陽《いんやう》なり毛《け》は陽《やう》を以《もつ》て生《しやう》ず春夏《はるなつ》の間《あひだ》鳥獸蟲魚《てうじうちうきよ》まで子《こ》を生《うむ》こと甚《はなは》だ多《おほ》きは陽徳《やうとく》によるもの也《なり》月夜見尊《つきよみのみこと》忿然色《かんぜんいろ》を作《な》し給《たま》ふは秋《あき》は金《かね》なり金水《かねみづ》を生《しやう》ず水盛《みづさかん》なるが故《ゆゑ》に月明《つきあきら》かなり怒《いかる》は金《かね》なり色《いろ》を作《な》すは月《つき》の明《あきら》かなる形容《さま》なり而《しか》して其宣《そのゝたま》へる御詞《おんことは》に穢《けがらは》しいかな鄙《いや》しいかなとあるは秋《あき》に至《いた》れば木《こ》の葉《は》おち草《くさ》の葉《は》かるケガレは氣枯《けがれ》なり劍《つるぎ》は金《かね》なり斬《き》り殺《ころ》すと本文《ほんぶん》になきに心《こゝろ》をつけて見《み》るべく反覆丁寧《にんぷくていねい》に熟察《にゆくさつ》せば神明《しんめい》の妙處《めつしよ》に至《いた》ることを得《う》べし古今《こきん》の序《じよ》に霞《かすみ》をあはれみ

露《つゆ》をかなしみとある悲《かなし》みは金〆《かなしめ》るなり春夏《はるなつ》は發《はつ》し秋冬《あきふゆ》は收《なさ》む一弛《いつち》一張《いつちやう》土金《つちかね》の大事《だいじ》こゝにあり。

月夜見尊《つきよみのみこと》怒《いかり》て保食神《うけもちのかみ》を殺《ころ》し給《たま》ひて之《これ》を天照大神《あまてらすおほかみ》に復《かへ》り命《まう》し給《たま》ひしを以《もつ》て天照大神《あまてらすおほかみ》怒《いか》り給《たま》ひて汝《なんぢ》はこれ惡《あ》しき神《かみ》なり云々《うんぬん》、是《これ》は日《ひ》月晝夜《つきひるよる》を隔《へだ》つる事《こと》を人事《ひとごと》にて明《あか》せるもの也即《なりすなは》ち造化人事《ざうくわひとごと》を兼《か》ねたる天人《てんにん》唯一《ゆゐいち》の義《こゝろ》なり是後《このへち》、天照大神《あまてらすおほかみ》また天熊人《あめのくまひと》を遣《つかは》して往《ゆき》て之《これ》を見《み》せしめ給《たま》ふ云々是形體《うんぬんこれかたち》ある神《かみ》にて御坐《おは》せし證《しるし》なり天熊人《あめのくまびと》見たまふに保食神《うけもちのかみ》實《まこと》に死《まか》れりとは五穀《ごこく》をつくり給《たま》ふ功《いさほし》、甚《はなは》だよく且《か》つ實《みの》りし處《ところ》なり其神《そのかみ》の頂《いたゞき》、化《け》して牛馬《うしむま》となるは頂《いたゞき》を家《いへ》に譬《たと》ふれば表門《おもてもん》の入口《いりぐち》ともいふべきものにて牛《うし》は陰獸《いんしう》、馬《むま》は陽獸《やうしう》なり 按ずるに此牛馬は家畜の重要なるもの農業の助けを爲すもの なり此の二つのみをあげたるは一切の禽獸を略せしもの也 顱《あたま》の上《うへ》に粟《あは》なれりは粟《あは》は陸田《なかた》の陽地《やつち》ならでは生《しやう》ぜぬものなり眉《まゆ》に蠶《かひこ》を生《しやう》ずとは蠶《かひこ》は人《ひと》の手《て》にて生《お》ひ育《そだ》てらるゝ蟲《むし》これをカヘコとなづく老人《らうじん》の眉《まゆ》の如《ごと》く其養《そのか》ふ時《とき》、清淨《せいじやう》にして高《たか》き處《ところ》におくものなり衣服《いふく》の料《れう》に供《そな》へらるゝ大益蟲《だいえきちう》なることみな人《ひと》の知《し》る處《ところ》なり。

眼《まなこ》の中《うち》に稗生《ひえしやう》ずとは稗《ひえ》はフエの轉語《てんご》にして眼《まなこ》の屆《とゞ》く處《ところ》、いかなる土地《とち》にても稗《ひえ》の生《しやう》じ得《え》ざる處《ところ》なく新《あらた》に墾《ひら》く土地《とち》に始《はじめ》て蒔《ま》くものは稗《ひえ》なり腹《はら》の中《うち》に稻生《いねな》り陰《ほで》のうちに麥及大豆小豆《むぎおよびだいづあづき》生《は》えたり云々腹《うんぬんはら》は五臟《ござう》六腑《ろつぷ》の在《あ》る處《ところ》にして最《もつと》も大切《たいせつ》なる處《ところ》なり此處《こゝ》に稻《いね》の生《は》ゆるは神業《かんわざ》の妙機《はたらき》なりといふべく陰《ほて》に麥及大豆《むぎおよびだいづ》生《しやう》ぜるは現《げん》に麥《むぎ》は女陰《ぢよいん》に象《かた》とり俗言《ぞくげん》また女陰《ぢよいん》をばマメといふにて知《し》るべしかくて天照大神《あまてらすおほかみ》は顯見《うつし》即《すなは》ち有形《かたちある》の蒼生《ひやくしやう》の食《くらふ》て活《い》くべきものなりとて粟稗麥豆《あはひえむぎまめ》を陸田《をかた》の種子《たなつもの》、稻《いね》を水田《みづた》の種子《たなつもの》と爲《な》しまた因《よつ》て天《あめの》邑君《むらきみ》天は高間ヶ原なり邑君は田守の長なりを定《さだ》め其稲種《そのいなだね》を以《もつ》て始《はじめ》て天狭田《あめのさだ》、長田《なかた》に植《う》ゆこれ卽《すなは》ち神田《しんでん》に穀類《たなつもの》をうゑたまへる始《はじめ》なり故《ゆゑ》に天照大神《あまてらすおほかみ》を農《のう》の神《かみ》と祝《いは》ひ奉《たてま》つる其秋《そのあき》にいたり垂穂《たりほ》八《や》握《つか》に莫々《しなへ》然《しかし》て甚《はたは》だこゝろよしとは其穰《そのみの》れる穂《ほ》が必《かなら》ず八《や》握《つか》に限《かぎ》られたるにあらず支那《しな》にて三《さん》を尚《たつと》び天竺《てんちく》に七《しち》を尚《たつと》ぶと同《おなし》く我《わ》が神國《しんこく》にては八《はち》の數《かず》を尚《たつと》ぶを以《もつ》て自然《しぜん》にめでたき數《すう》の代表的文字《だいへうてきもんじ》と爲《な》り來《きた》れるものなり由來《ゆらい》、八《はち》はひらく義《こゝろ》ありて神道《しんだう》にて八《や》平手《ひらて》あり八咫《やた》の神鏡《みかゞみ》等《など》この故事《こじ》をとりて製《こゝ》らへられたるもの也故《なりゆゑ》に八《や》握《つか》とはいくにぎりといふ數《かず》を限《かぎ》らざる意《こゝろ》にて多《おほ》く莫々然《しなく》としてしなひて穂《ほ》たれ見《み》るだにも甚《はなは》だこゝろよしこれ天照大神《あまてらすおほかみ》の御食《みけ》津神《つのかみ》として高間原《たかまがはら》にて大神《おほかみ》の齋《いつ》ぎ奉《たてま》つり給《たま》ふ所以《ゆゑん》の一《いつ》ならんまた稲生美間田《いたりみまた》の種《たね》に云《いふ》、口《くち》の裏《うら》に蠶《かひこ》を含《ふく》んで便《すなは》ち糸《いと》を抽《ひ》く事《こと》を得《え》たりとは一句曲言《いつくきよくげん》にて蠶《かひこ》は晝夜《ひるよる》こゝろをつけることと人《ひと》の口《くち》の如《ごと》きを以《もつ》て夫《それ》を借《かり》て謂《い》ひしものなりと。

以上《いじやう》により考《かんが》ふるに天地《あめつち》の間《あひだ》に物《もの》を生《しやう》ずるは皆悉《みなことごと》く保食神《うけもちのかみ》の產出《さんしゆつ》し給《たま》ふ者《もの》なるが故《ゆゑ》、保食神《うけもちのかみ》卽《すなは》ち倉稲魂神《うかのみたまのかみ》は天地《あめつち》を以《もつ》て體《からだ》とし天地《あめつち》の間《あひだ》は稲荷大神《いなりだいじん》の御口《おんくち》なりといふべし玉襷《たまだすき》は之《これ》を釋《やく》すに外宮《とつのみや》に座《おは》す登由氣大神《とようけのおほかみ》・稲荷《なり》大神《だいしん》は衣食住《いしよくしう》の神《かみ》になむ御在《おは》しける是以《こゝをもつて》、天照大神《あまてらすおほみかみ》は天《あま》つ御國《みくに》にて此神《このかみ》の御靈《みたま》をいと嚴重《おごそか》に祭《まつ》り給《たま》へりと想《おもふ》に此神祕說《このしんぴせつ》は人々生活《ひとびとせいくわつ》の本說《ほんせつ》なりといふべく常《つね》に赤心誠意《せきしんせいい》以《もつ》て大神《おほかみ》の神德《しんとく》を頌贊《しやうさん》せざる可《べか》らず。

●大神《おほかみ》は大御神《おほみかみ》の御膳神《みけのかみ》也《なり》

玉襷《たまだすき》に外宮《とつのみや》に鎮座《しづまり》ます豊宇氣毘賣神《とようけひめのかみ》と申《まを》すは伊弉岐《いざなき》、伊弉美神《いざなみのかみ》の御子《みこ》、火《ひ》の神迦具土命《かみかぐつちのみこと》と土《つち》の神埴《かみはに》山姫命《やまひめのみこと》との間《あひだ》に生《うま》れませる稚産靈神《わかなすびのかみ》と申《まを》す御子《みこ》に座《おは》すなり(豊宇氣毘賣神即ち倉稻魂神稻荷大神は伊弉諾伊弉美二柱の神の御子にして稚産靈神はまた大神の御別名なれば玉襷の此說の非なること已に述べしが如し)即《すなは》ち上《かみ》の詞《ことは》に說《と》きたりし須佐之男命《すさのをのみこと》またの名《な》、月夜見命《つきよみのみこと》に殺《ころ》され給《たま》ひし保食神《うけもちのかみ》とも大宜都比賣神《おほけつひめのかみ》とも申《まを》せる神《かみ》これなり此神《このかみ》の名《な》は、宇迦之御魂命《うがのみたまのみこと》、若宇迦能賣命《わかうがのめのみこと》、豊宇迦能命《とようがのみこと》、大宇迦神《おほうがのかみ》、大御膳神《おほみけのかみ》、登由氣大神《とようけのおほかみ》など申《まを》して其神德廣大《そのしんとくくわうだい》なりまづ穀類《こくるゐ》は此神《このかみ》の御體《おからだ》より成《な》り始《そ》む何《なに》にまれ腹《はら》のうちに藏《おさ》め飢《うゑ》を養《やしな》ふものは皆此大神《みなこのおほかみ》の御靈《みたま》を蒙《かうむら》ざるは無《な》き故《ゆゑ》に宇氣《うけ》といふ名《な》を負《おひ》せり其《それ》は師《し》(本居宣長)の言《ことは》の如《ごと》く御名《みな》の義《こゝろ》豊《とよ》、稚《わか》、大《おほ》などは贊稱《たゝへな》にして神名《かみのみな》にも人名《ひとのな》にも例《れい》おほし宇氣《うけ》は食《け》の義《こゝろ》なるが此《これ》を言《ことは》のつゞきによりて宇迦《うが》とも通《かよ》はし云《い》ひまた宇《う》を省《はぶ》きて氣《け》とのみ多《おほ》く云《い》ひまた尊《たつと》みて御氣《みけ》といふも常《つね》の事《こと》にて同《おな》じく食《け》の義《こゝろ》なり登由氣大神《とようけのおほかみ》と申《まを》すは余宇《よう》を切《つゞ》めて由《よ》といふなりまた豊受《とようけ》ともかく受《うけ》の字《じ》はたゞ訓《よみ》を借《か》りたるにて更《さら》に字《じ》の義《こゝろ》にあらず又《また》、御膳神《みけのかみ》、御饌神《みけのかみ》など様々《さま〴〵》に書《か》きたるも皆々御食《みな〳〵みけ》の義《こゝろ》なりされば宇迦之御魂神《うがのみたまのかみ》と申《まを》すは食《け》の御靈《みたま》なる神《かみ》と申《まを》すこと保食神《うけもちのかみ》と申《まを》すは食《うけ》を保《も》ち掌《つかさ》どる神《かみ》と申《まを》す義《こゝろ》なり此外《このほか》に謂《いは》ゆる神學先生等《しんがくせんせいら》の說總《せつすべ》ていふに足《た》らず(中略)抑々《そも〳〵》この神《かみ》の御德《おんとく》の顯《あら》はれたるはかの須佐之男命《すさのをのみこと》の荒《あら》び座《ま》して此《この》神《み》を殺《ころ》し給《たま》ひし時《とき》に其御骸《そのみからだ》に穀物《たなつもの》の種《たね》ども牛馬蠶《うしむまかひこ》など出來《いでき》てそを天照大《あまてらすおほ》御神《みかみ》の取寄《とりよせ》まして其種等《そのたねなど》をこの物等《ものなど》は愛《うつ》しき靑人草《あをひとくさ》の食《くらひ》て活《い》くべきものぞと詔《みことの》りて天上《あめ》にて始《はじめ》て其《その》穀物《たなつもの》を植《うゑ》しめ給《たま》ひ偖《さて》、蠶《かひこ》の糸《いと》を紬《つむ》ぎて夜服《いふく》と爲《な》すことを始《はじ》め給《たま》ひ家住《すまひ》は木《き》もてつくり草《くさ》もて葺《ふ》き木綿《ゆふ》麻蠶《あさかひこ》など皆《みな》、其御靈《そのみたま》によりて出來《いできた》る物《もの》なれば外宮《とつのみや》に座《まし》ます登由宇氣大神《とようけのおほかみ》は衣食住《いしよくぢう》の神《かみ》になむ御座《おは》しける是以《こゝをもつて》、天照大御神《あまてらすおほみかみ》天《あま》つ國《くに》にて此神《このかみ》の御靈《みたま》を最《い》と嚴重《おごそか》に祭《まつ》り給《たま》へり其天《そのあめ》が下《した》の人民《たみ》の爲《ため》に物《もの》し給《たま》ふ御《おん》祭《まつり》なること彼種等《かのたねなど》を始《はじめ》て御覽《ごらん》じける時《とき》に此物等《このものなど》は顯《うつ》しき靑人草《あをびとくさ》の食《くらひ》て活《い》く可《べ》きものぞと詔給《みことのりたま》へるにて明白《あきらか》なりと此說《このせつ》は大神《おほかみ》が大御神《おほみかみ》の御膳神《みけのかみ》なる事《こと》を云《いへ》るものなるも其最《そのいと》も明《あきらか》に世《よ》に傳《つた》はれるは止由《とよう》氣宮儀式帳《けのみやぎしきちやう》に記《しる》されし事《こと》これなり曰《いは》く天照座皇大神《あまてらしおほますすめおほかみ》、始《はじ》め巻向玉城宮《まきむきたまきのみや》の御宇《おんとき》、天皇《あまつすめ》垂仁の御世《みよ》、國々《くにぐ》處々《ところぐ》に大宮《おほみや》のところを求《もと》め給《たま》ふ時《とき》、度會《わたらゑ》の宇治《うぢ》の伊須々《いすゞ》の河上《かはかみ》の大宮《おほみや》に供奉《くぶ》しまつる爾時《そのとき》、大長谷天《おほはせのあまつ》皇《すめ》雄略の御夢《おんゆめ》に誨覺《さと》し給《たま》はく吾《われ》大御神 高天原《たかまがはら》に在《おは》しと見《み》しまぎし給《たま》ひし處《ところ》に鎭《しづま》りましぬ然《しか》るに吾一所《われひとゝころ》にみませねば最《い》と苦《くる》ししかのみならず大御饌《おほみけ》も安《やす》く座食《おこしめ》さす座《おは》すが故《ゆゑ》に丹波國比沼《たんはくにひぬま》の眞奈井《まなゐ》に座《おは》す我《わ》が御《み》饌津神《けつのかみ》、等《とう》登由氣大神《とようけのおほかみ》を吾許《わかもと》に止《とゞ》め奉《たてまつら》んと欲《ほつ》すと誨《をし》へ覺《さと》し奉《たてまつ》りき爾時《そのとき》、天皇《あまつすめらき》、驚《おどろ》き悟《さと》め給《たま》ひて卽《すなは》ち丹波國《たんはのくに》より行幸《いでまさ》しめて度會《わたらゑ》の山田原《やまだかはら》の下石根《したついはね》に宮柱太《みやはしらふと》しりたて高天原《たかまがはら》に千木《ちぎ》たかしりて宮《みや》さだめ齋《いつ》ぎ仕《つか》へまつり始《はじ》め是以《こゝをもつて》、御饌殿《みけどの》つくり奉《たてまつ》りて天照座皇大神《あめにおはすすめらおほかみ》の朝《あさ》の大御饌《おほみけ》、夕《ゆふ》の大御饌《おほみけ》を日每《ひごと》に供《そな》へ奉《たてま》つると見《み》えたるものこれ明《あきらか》に大神《おほかみ》の大御神《おほみかみ》の御膳神《みけのかみ》に御在《おは》しませる所以《ゆゑん》なり因《ちなみ》に御靈《みたま》は神代三《しんだいみ》鏡《かゞみ》のうち眞經準鏡《まへつのかゞみ》に座《まし》ませるものにして御形《みかたち》は圓鏡《まるまかゞみ》なりと。

◉大神《おほかみ》、異名《いみやう》にて各地《かくち》に祭《まつ》られ給《たま》ふ

凡《およ》そ神《かみ》は同一《どういつ》に御座《おは》しますも祭《まつ》られ給《たま》ふ御名《みな》により神徳《しんとく》に大小《だいせう》あること明白《あきらか》なり併《しか》し之《これ》がためその崇信《すうしん》の誠意《まこと》を上下《じやうか》せしむべきものにあらずされば大神《おほかみ》を伊勢外宮《いせげくう》に祭《まつ》り奉《たてま》つるは其伊勢外宮《そのいせげくう》に鎮座《ちんざ》し給《たま》ふ沿革《えんかく》あると同《おな》じく稲荷《いなり》は稲荷《いなり》、廣瀬《ひろせ》は廣瀬《ひろせ》の祭祀倶《まつりごとゝも》に根本《こんぽん》より異《こと》なれるものなれば混同《こんごう》すべきものにあらざるも大神《おほかみ》の異名《いみやう》にて各地《かくち》に祭《まつ》られ給《たま》ふこと皆米穀《みなべいこく》に因《ちな》み御座《おは》しまさゞる事《こと》なきを以《もつ》て之《これ》を左《さ》に略述《りやくじゆつ》せんとす。

廣瀬大神《ひろせのおほかみ》は大和國廣瀬郡《やまとのくにひろせごほり》河合村《かはひむら》に鎮座《ちんざ》ましませり同縁起《どういんき》に倉稲魂命《うがのみたまのみこと》これは大忌廣瀬社《おほいみひろせのしろ》に座《おは》す神《かみ》なり又《また》、若宇迦乃賣命《わかうがのめのみこと》ともいふ伊勢外宮《いせのげくう》の分身《わけみたま》なりと而《しか》して大殿祭《おほとのほかひ》の祝詞《のりと》にも屋船豊宇氣姫命《やふねとようけひめのみこと》これ稲《いね》の霊《みたま》なり故《ゆゑ》に古事類苑《こじるゐえん》に云《いふ》廣瀬大神《ひろせおほかみ》は若宇迦乃賣命《わかうがのめのみこと》を祭《まつ》る卽《すなに》ち倉稲魂命《うがのみたまのみこと》なり大忌神《おほいみのかみ》または廣瀬河合神《ひろせかはひのかみ》とも稱《まう》す穀物《たなつもの》を護《まも》り給《たま》ふ神《かみ》なり延喜《えんぎ》の制《せい》、名神大社《めいしんたいしや》に列《れつ》し月次《げつじ》、新嘗《にひなめ》の官幣《くわんぺい》に預《あづか》る現今官幣大社《げんこんくわんぺいたいしや》なりと。

大物忌大神《おほものいみのおほかみ》は羽後國飽海郡吹浦村《うごのくにあくみごほりふきうらむら》に鎮座《ちんざ》ましませり出羽國風土記《ではのくにふうどき》に吹浦村《ふきうらむら》に御鎮座《ごちんざ》まします大物忌《おほものいみ》神社《じんじや》は延喜式神名帳《えんぎしきしんめいちやう》に載《のせ》らる倉稲魂命《うがのみたまのみこと》にして霊神《れいしん》なり故《ゆゑ》に郡民《ぐんみん》二月《にくわつ》施籾《たたもみ》を奉《たてま》つり五穀成就《ごこくじやうじゆ》を祈《いの》る是《これ》以古來《もつてこらい》、名神大社《めいしんたいしや》に列《れつ》せられ出羽國《うぜんのくに》の一宮《いちのみや》と稱《しよう》す現今國幣中社《げんこんこくへいちうしや》たり。

籠宮大明神《かごのみやだいみやうじん》は丹後國與謝郡府中村《たんごのくによしやごほりふなかむら》に在《あ》り雄略天皇《ゆうりやくてんわう》の二十二年《ねん》九月《げつ》、豊受大神《とようけのおほかみ》を當國《たうこく》眞名井《まなゐ》が原《はら》より伊勢山田原《いせやまだがはら》へ鎮座《ちんざ》なし奉《たてま》つれる時《とき》、分神《わけかみ》を眞名井《まなゐ》が原《はら》に留《とゞ》め祭《まつ》る是《こ》れ謂《いは》ゆる與謝宮《よしやのみや》なり其後《そのゝち》、年代《ねんだい》へだたりて籠神社《かごのじんじや》へ相殿《あひでん》に祭《まつ》り奉《たてま》つる建武《けんむ》より後《のち》の事《こと》なり然《しか》るをいつの頃《ころ》よりか籠神社《かごのじんしや》を外《ほか》へ移《うつ》し祭《まつ》る今《いま》の社《やしろ》の右《みぎ》の方《かた》にある小社《せうしや》これなり故《ゆゑ》に今《いま》の本社《ほんしや》は豊受大神倉稲魂神《とようけのおほかみうかのみたまのかみ》なり丹後《たんご》の一宮《いちのみや》と稱《しよう》す現今《げんこん》國幣中社《こくへいちうしや》たり。

羽黒權現《はぐろごんげん》は羽前國《うぜんのくに》東田川郡《ひがしたがはごほり》手向村《たむけむら》羽黒山《はぐろさん》に鎮座《ちんさ》し給《たま》ふ修驗者《しうけんしや》の尊崇《そんすう》ふかし國花萬葉集《こくへわはんえふしふ》に羽黒權現《はぐろごんげん》は祭神倉稲魂神《さいしんうがのみたまのかみ》、和漢三才圖會《わかんさんさいづゑ》また同《おな》じ説《せつ》を載《のせ》て神祕《しんぴ》をとく推古天皇元年《すゐこてんわうぐわんねん》出現《しゆつげん》し給《たま》ふといふ現今國《げんこんこく》幣小社《へいせうしや》に列《れつ》す俗《ぞく》にいふ出羽神社《ではじんしや》是《これ》なり東遊雜記《とうゆうざつき》に云《いふ》、出羽國《ではのくには》羽黒山《ぐろさん》は祭神倉稲魂《さいしんうかのみたま》なり稲荷明神《いなりみやうしん》に同《おな》じ此俗《このぞく》、稲熟《いねじゆく》して民家《みんか》始《はじめ》て刈入《かりい》る日《ひ》、稲束《いなたば》を一段高《いちだんたか》く置《おき》て酒《さけ》などまつり家内《かない》のもの集《あつま》りて米穀《べいこく》を食《しよく》とし命《いのち》を保《たも》つ恩《おん》を謝《しや》しまた豊年《ほうねん》を祈《いの》り神徳《しんとく》を謝《しや》すること例《れい》となれりと傳《つた》ふ。

以上《いじやう》の他《ほか》に各地方《かくちはう》に縣社郷社《けんしやがうしや》として大神《おほかみ》を奉祀《ほうし》するもの夥《おびたゞ》し皆《みな》、五穀《ごこく》の豊穰《ほうじやう》を祈《いの》り衣服住居《いふくぢうきよ》の安穩《あんのん》を禱《いの》る爲《ため》に勸請《くわんじやう》し奉《たま》つれるものなり就中《なかんづく》、近江國坂田郡入江村《あふみのくにさかたごほりいりえむら》に鎮座《ちんざ》し給《たま》ふ都久麻大神《つくまのおほかみ》は同地《どうち》が大膳職《たいぜんしよく》の御厨《みくりや》の地《ち》なるを以《もつ》て神社啓蒙《じんしやけいもう》には當職《たうしよく》の祭《まつ》る所《ところ》の神稲食神《かみみけのかみ》（御食津神《みけつのかみ》）なり故《ゆゑ》に里女《さとをんな》の婿《よめいり》するときは祭祀《さいし》に必《かなら》ず釜鍋《かまたべ》を戴《いたゞ》き神《かみ》に奉《つかへたてま》つると説《さ》ける類《たぐひ》、みな由緒《ゆゐしよ》ふかく御座《おは》しませるものゝみなりいま之《これ》を擧《あ》ぐる要《えう》あるも餘白《よはく》なきを以《もつ》て省略《しやうりやく》して載《の》せざる事《こと》と爲《な》しぬ。

◉荷《かり》田《たの》神《かみ》及《および》末《まつ》社《しや》の事《こと》

荷田神《かりたのかみ》は稲荷山《いなりやま》の地主神《ぢしゆじん》なり龍頭太《りうこうだ》といふ稲荷鎮座記《いなりちんざき》に龍頭太《りうこうだ》のこと或記《あるき》にいふ古老傳《こらうつた》へて曰《いは》く龍《りう》頭太《こうだ》は和銅年中《わどうねんちう》より以來既《いらいすで》に百年《ひやくねん》に及《およ》ぶまで當山《たうざん》の麓《ふもと》に庵《いほり》を結《むすび》て晝《ひる》は田《た》を耕《たかや》し夜《よる》は薪《まき》をとるを業《わざ》とす其面《そのめん》、龍《りう》の如《ごと》し顔《かほ》の上《うへ》に光《ひかり》ありて夜《よ》をてらすこと晝《ひる》に似《に》たり人《ひと》これを龍頭太《りうこうだ》と名《なづ》く其姓《そのせい》を荷田氏《かりたうぢ》といふ稲《いね》を荷《かり》ける故《ゆゑ》なり而《しか》るに弘仁《こうにん》のころにや弘法大師此山《こうはふだいしこのやま》に於《おい》て難行苦行《なんぎやうくぎやう》し給《たまひ》けるに彼翁來《かのおきなきたつ》て申《もを》して曰《いは》く我《われ》はこれ當所《たうしよ》の山神《さんじん》なり佛法《ぶつはふ》を護持《ごじ》すべき誓願《せいぐわん》あり願《ねかは》くは大徳常《だいとくつね》に祕密《ひみつ》の法味《ほふみ》を授《さづ》け給《たま》ふべし然《しか》らば愚老忽《ぐらうたちまち》に應化《おうくわ》の威光《ゐくわう》を耀《かゞやか》して長《なが》く垂迹《すゐじやく》の靈地《れいち》をかざり鎮《とこしへ》に弘法《こつはふ》の堂塔《ところ》を守《まも》るべしと大師《だいし》、服膺《ふくよう》して深《ふか》く敬禮《けいれい》をいたし給《たま》ふ是以《こゝをもつて》、其面顔《そのおもて》を寫《うつ》して彼《か》の神體《しんたい》とす種々《しゆく》の利運《りうん》、連々《れんく》として斷絶《たゆる》ことなし彼《か》の大師御作《だいしおんさく》の面《おも》は當社《たうしや》の竈戸殿《かまごどの》に安置《あんち》せられ毎年祭禮《まいねんまつり》の時《とき》、神輿相共《みこしあひとも》に出《いだ》してまつる仍《よつ》て當《たう》社《しや》に荷田《かりた》の社《やしろ》とて鎮座《ちんざ》しますは彼《か》の社壇《しやだん》なり今《いま》の神宮肥前々司荷田《じんぐうひぜんぐしかりた》の延種《のぶたね》は龍頭太《りうこうだ》の餘胤《しそん》なりとまた荷田社《かりたのやしろ》の外《ほか》、猶《な》ほ御倉上社《みくらかみのやしろ》、白狐社《びやくこのやしろ》、長者社《ちやうじやのやしろ》、蛭兒社《ひるこのやしろ》、猛尾社《たけをのやしろ》、若王子社《にやくわうじのやしろ》、日光社《につくわうのやしろ》、八幡《やはたの》社《やしろ》、伊勢兩宮等稲荷山境内末社《いせりやうぐうなごいなりやまけいだいまつしや》として鎮座《ちんざ》し給《たま》ひぬれどいまは略《りやく》して記《しる》さゞる事《こと》とせり。

（一）稲荷《いなり》鎮座《ちんざ》の由來《ゆらい》

鎮座《ちんざ》とは神々《かみ〴〵》がそれ〴〵有縁《うえん》の地《ち》に神靈《みたま》をとゞめ給《たま》ふことを云《い》へるものにして古昔《むかし》より其因緣善《そのいんえんぜん》により顯《あら》はれ給《たま》ひまた惡《あく》によりあらはれ給《たま》ふ差別《さべつ》あるも共《とも》に萬民《ばんみん》の利益《りやく》たることゝ相同《あひおな》じ隨《したが》つて後世《こうせい》、その神靈《みたま》を移《うつ》したてまつり各地《かくち》に祭《まつ》る事《こと》となれり要《えう》するにこれ神德渇仰《しんとくかつがう》に外《ほか》ならざるものなり故《ゆゑ》に名神《めいじん》大社《たいしや》の神靈《みたま》の始《はじめ》て鎮座《ちんざ》し給《たま》ふや其神話《そのしんわ》みな奇《めづら》しきものにして實《まこと》にありがたきものなり稲荷《いなり》大神《おほかみ》の御鎮《ごちん》座《ざ》は已《すで》に説《と》きし如《ごと》く米穀《べいこく》の粋《すゐ》たる餅《もち》を秦氏《はたし》が粗末《そまつ》にしたる神罰《しんばつ》を與《あた》ふため顯《あら》はれ給《たま》ひしも元《もと》より命《いのち》の根《ね》、世《よ》の根《ね》の神衣服住居《かみいふくぢうきよ》の神《かみ》に御座《おは》しませば心《こゝろ》を改《あらた》め其神德《そのしんとく》を尊《たつと》み願《ねか》はれしより福《ふく》を授《さづ》け給《たま》へること已《すで》に記《しる》せるが如《ごと》し此等《これら》の大神《おほかみ》の靈驗《れいけん》あげて數《かぞ》へがたし故《ゆゑ》に全國《ぜんこく》みな大神《おほかみ》を祭《まつ》らざるものなく特《とく》に初《はつ》午《うま》の日《ひ》は農家《のうか》一般《いつぱん》、大神《おほかみ》の神威《しんゐ》をかしこみ五穀成就《ごこくじやうじゆ》の祈《いの》りを爲《な》すこと皆人《みなひと》の知《し》る處《ところ》なり而《しか》して大神《おほかみ》の神靈《みたま》は山城國紀伊郡稲荷山《やましろのくにきいごほりいなりやま》に始《はしめ》て稲生《いなり》の神《かみ》として鎮座《ちんざ》し給《たま》ふ詳《くは》しくは祭神《さいじん》のうちに述《の》べし如《ごと》くなるを以《もつ》て左《さ》にその鎮座《ちんざ》の仔細《しさい》を記《しる》し以《もつ》て大神《おほかみ》の神德《しんとく》を頌《しやう》せん。

◉稲《い》荷《なり》三《さん》箇《がの》峰《みね》の由來《ゆらい》

雍州府志《えうしうふし》に三峰《さんがのみね》、稻荷山《いなりやま》にあり三峰《さんがのみね》相連《あひつらな》る是《こ》れ稻荷神《いなりのかみ》の始《はしめ》め鎭座《ちんさ》し給《たま》ふ處《こころ》なり土人《どじん》此《これ》を御壇《みだん》といひ影向《えかう》の杉樹《すぎのき》斯《こ》の處《こころ》に在《あ》りまた日次記事《につしきじ》に稻荷山上《いなりさんじやう》を三峰《さんがのみね》と稱《しやう》す是《こ》れ稻荷明神《いなりみやうじん》始《はじめ》て垂迹《すゐじやく》の處《こころ》なりとされば麓《ふもこ》より十町餘《ちやうよ》の絶頂《ぜつちやう》に相次《あひつい》で高《たか》き三箇《さんが》の峰《みね》の上《かみ》の社中《やしろなか》の社下《やしろしも》の社《やしろ》の舊蹟《きうせき》なること明《あきら》かなり故《ゆゑ》に之《これ》を驗《しるし》の杉《すぎ》に辨《べん》して曰《いは》く年中行事祕抄《ねんちうきやうじひせう》、稻荷祭《なりまつり》の下《した》に彼《か》の社《やしろ》の禰《ね》顯《ぎ》神《かんぬし》等《など》が申狀《まうしじやう》にこの神《かみ》、和銅年《わどうねん》中始《ちうはじ》めて伊奈利山三箇《いなりやまさんか》の峰《みね》の平《たひら》かなる處《こころ》に顯《あらは》れ座《いま》すと見《み》えたり平《たひら》とは山上《さんじやう》の平《たひら》かなる處《こころ》をいふ諸國《しよこく》の地名《ちめい》に某平《それのたひら》、何《なん》の平《たひら》と稱《しやう》する平《たひら》も其平《そのたひら》によれりと聞《きこ》ゆさる程《ほど》に此山《このやま》の峰三《みねみ》つ竝《なら》べる中《うち》の一峰《ひとつみね》の頂《いただき》の平處《たひらかのこころ》に神《かみ》の顯《あらは》れ座《おは》しけるを聽《やか》て其處《そのこころ》に社《やしろ》を建《た》て祭《まつ》り始《はし》めたる由《よし》にてこれ後《のち》にまた二峰《ふたつみね》に二座《にさ》の神《かみ》を祭《まつ》りて其《それ》を加《くは》へて稻荷三社《いなりさんじや》と稱《しやう》し其峰《そのみね》を上中下《かみなかしも》と呼《よ》び則《すなは》ち其社《そのやしろ》を別《わか》ちて上《かみ》の社《やしろ》、中《なか》の社《やしろ》、下《しも》の社《やしろ》と申《まを》しその中峰《なかのみね》の社《やしろ》は中《なか》の社《やしろ》に當《あた》りて三座《さんさ》の中《なか》の本神《ほんじん》とぞ聞《きこ》え給《たま》へると謂《い》へり是《こ》れ稻荷山《いなりやま》を三箇峰《さんがのみね》と稱《しよう》せる由來《ゆらい》にして因縁實《いんえんじつ》に深《ふか》しといふべし。

◉稻荷山三《いなりさんみつ》の燈《ともしび》の由來《ゆらい》

燈《ともしび》は神《かみ》に捧《さゝ》げまつる御明《みあかり》なり萬葉集《まんえぶしふ》にこれを留火《とめび》とよみ靈異記《れいいき》には燭《ともしび》と見《み》えたり和銅以後《わどういご》の燈《ともしび》の具《ぐ》は種油《たねあぶら》にして最《もつと》も淸《きよらか》なるものなり所謂三《いはゆるみつ》の燈《ともしび》は上《かみ》の社《やしろ》、中《なか》の社《やしろ》、下《しも》の社《やしろ》の神德《しんとく》が暗《やみ》を照《て》らす燈《ともしび》の如《ごと》く萬民《ばんみん》の衣食住《いしよくぢう》の幸福《かうふく》を與《あた》へ給《たま》べく信仰者正直者《しんかうしやしやうぢきしや》の頭《あたま》を照《て》らし給《たま》ふものなりとて吉野拾遺《よしのしうゐ》の後醍《ごだい》醐《ご》天皇《てんのう》の御製《ぎよせい》に三《みつ》の燈《ともしび》の神異《しんい》を引《ひ》き設《こ》けるものあるも是《こ》れ神詠《しんえい》に其世《そのよ》にのこる三《みつ》の灯《ともしび》とよみ給《たま》へるより生《しやう》ぜる説《せつ》にして古歌《こか》にもいなり山《やま》ふけ行《ゆ》く杉《すぎ》の木《こ》の間《ま》より光《ひかり》たえせぬ三《みつ》の灯《ともしび》とよまる美間田《みまだ》の種《たね》に三《みつ》の燈《ともしび》といふは稲生《いなり》に三《みつ》の御名《おんな》あり稚産靈神《わかむすびのかみ》、保食神《うけもちのかみ》、倉稲魂神《うかのみたまのかみ》これを稲《いね》にていふ時《とき》は籾《もみ》を苗代《なはしろ》へ蒔《まき》しより早苗《さなへ》とるまでは稚産靈神《わかむすびのかみ》の主《つかさ》どり給《たま》ふ處《ところ》、植《うゑ》てより穂《ほ》に出《い》づるまでは保食神《うけもちのかみ》の主《つかさ》どり給《たま》ふ處《ところ》、穂《ほ》に出《い》でしより後《のち》は倉稲魂神《うかのみたまのかみ》の主《つかさ》どり給《たま》ふ處《ところ》なりとされば稲荷大神《いなりおほかみ》は已《すで》に穂《ほ》に出《い》でたる後《のち》を主《つかさ》どり給《たま》ふ倉稲魂神《うがのみたまのかみ》の神徳《しんとく》を祭《まつ》り奉《たてまつ》れるものにして大神《だいじん》の御別名《ごべつみやう》、稚産靈神《わかむすひのかみ》、保食神《うけもちのかみ》は其稲《そのいね》の季節《きせつ》々々により神徳《しんとく》を稱《たた》へ奉《たてま》つれるものなれば三《みつ》の燈《ともしび》は籾《もみ》をまきしより以後《いご》、一粒萬倍《ひとつぶまんばい》の籾《もみ》になるまで稲《いね》の稔《みのり》を守《まも》り給《たま》ふよう春秋常《はるあきつね》に祀《まつ》り祈《いのり》して神威《しんゐ》をあがめ奉《たてまつ》れるものといふべく畢竟《ひつきやう》、中《なか》の社《やしろ》の本神《ほんじん》の神魂《みたま》をあがめたるものなり。

◉稲荷山《いなりさん》に三義《さんき》の由來《ゆらい》

美間田《みまた》の種《たね》に云《いふ》、天地《てんち》の間《あひだ》に生《しやう》ずるものは悉《ことごと》く保食神《うけもちのかみ》の産《う》み出《いだ》し給《たま》へるものなるが故《ゆゑ》に保食神稲《うけもちのかみいな》生《り》大明神《だいみやうじん》は天地《てんち》を以《もつ》て體《たい》とし天地《てんち》の間《あひだ》は飯生《いひなり》の神《かみ》の御口《おんくち》なり故《ゆゑ》に稲荷《いなり》の御名《みな》に三《みつ》の傳《でん》あり稲生《いなり》とは稲《いね》の生《しやう》ずる處《ところ》、稲荷《いなり》とは苅《か》り收《をさ》むる處《ところ》、飯生《いひなり》とは人々《ひとびと》の食《く》ふ處《ところ》なりと或曰《あるひはいは》くいなり山《やま》の形《かたち》、飯《めし》を盛《も》れるが如《ごと》き形《かたち》せるより此名《このな》ありといふものありまた神代巻講述抄《かみよのまきかうじゆつせう》に云《いふ》、保食神《うけもちのかみ》とは保《もち》は五穀《ごこく》の名《な》なりいま山城國紀伊郡深草《やましろのくにきいごほりふかくさ》の稲荷《いなり》大明神《だいみやうじん》は神傳《かんつたへ》に深草山《ふかくさやま》の上《うへ》に飯《いひ》を盛《も》りたる如《ごと》き三《みつ》の峰《みね》あれば飯生山《いひなりやま》とも飯生《いひなり》の森《もり》とも名《な》づけたりとされば飯生《いひなり》と書《か》くときは已《すで》に御魂《みたま》が飯《いひ》となりて人《ひと》の口《くち》に入《い》る時《とき》の神徳《しんとく》なるべくかくいふときは前項三《ぜんかうみつ》の燈《ともしび》に說《と》ける如《ごと》く御名《みな》の倉稲魂神《うがのみたまのかみ》と稱《とな》へ奉《たてま》つる時《とき》の靈威《れいゐ》をとり文字《もんじ》に顯《あら》はしたるものならん之《これ》を稲荷《いなり》といふときは稲《いね》の穗《ほ》いで苅《か》りとるまでの神徳保食神《しんとくうけもちのかみ》の主《つかさ》どり給《たま》ふ時《とき》なれば其結《そのけつ》果《くわ》を想像《さうざう》して稲荷《いなり》と稱《とな》へ奉《たてまつ》れるものなるべきも倭訓栞《わくんのしほり》に稲荷《いなり》と書《しよ》に据《か》けばもとはイナニと謂《い》ひし成《なる》べし「ニ」と「リ」と通《つう》ずと述《の》べられまた弘法大師《こうはふだいし》、東寺《とうじ》の邊《ほとり》に稲《いね》を荷《にな》ひたる老翁《らうをう》に遇《あ》ひ、いなりの神《かみ》なりとて文字《もんじ》を稲荷《いなに》と改《あらた》められしこと後《のち》に引用《いんよう》するが如《ごと》きを以《もつ》て見《み》れば稲荷《いなり》の義《き》は弘法《こうはふ》の書《しよ》せし處《ところ》なるも神徳《しんとく》には何等《なんら》の渝《かは》り給《たま》ふ處《ところ》あるにあらず皆苗《みななへ》より苅入《かりい》るまでの神徳《しんとく》の義《こゝろ》なりと知《し》るべく稲《いね》とかく時《とき》は是《こ》れ大神《だいじん》の最初《さいしよ》の神徳《しんとく》を稱《とな》へ奉《たてまつ》れるものといふべし神代記《じんだいき》に保食神《うけもちのかみ》の腹中《ふくちう》に稲《いね》生《な》りきと見《み》ゆ稲生《いなり》の義《こゝろ》を考《かんが》ふれば稲生《いなり》の義《こゝろ》は稚產靈神《わかむすびのかみ》として大神《おほかみ》の神徳《しんとく》を稱《とな》へたてまつれる籾《もみ》をまき、早苗《さなへ》とるまでの時《とき》を云《い》へるものにして、いなり山《さん》の義《こゝろ》にかなへるものなり要《えう》するにいなり山《さん》の三義《みつのこゝろ》はまた三《みつ》の灯《ともしび》の意《こゝろ》に通《かよ》ふものと謂《いひ》つべし但《たゞし》、昔《むかし》は伊奈利山《いなりやま》と、萬葉假名《まんえふかな》にかきまた平假名《ひらかな》にかきしものにて漢文《かんぶん》の多義《たき》と異《こと》なれるも多義《たぎ》また各々《おの〳〵》正《たゞ》しき由來《ゆらい》あるものなり。

◉御《お》旅《たび》所《ところ》及《および》由來《ゆらい》

雍州府志《ようしうふし》に稲荷神社《いなりじんじや》＝齋場所《ものいみごころ》＝稲荷《いなり》の御旅所《おたびごころ》は油小路七條《あぶらこうぢしちでう》の南《みなみ》にあり弘法大師《こうほふだいし》東寺《とうじ》を營《いとな》む時《とき》、八幡《はつまん》を土地《とち》の神《かみ》と爲《な》し而後《じご》、稲荷神出現《いなりのかみしゆつげん》し暫《しばら》く芝守長者《しはもりちやうじや》の家《いへ》に寓《ぐう》す年月《としつき》を歴《へ》て稲荷山《いなりやま》に移《うつ》す今《いま》の旅所《たびごころ》は則《すなは》ち芝守長者《しはもりちやうじや》の宅地《たくち》なり祭祀《さいし》の時《とき》神輿《みこし》こゝに在《あ》ること二十日《にち》なるは斯《こ》の遺風《ゐふう》なり詳《くはし》く東寺《とうじ》の縁起《えんき》に見《み》ゆ諸國圖會《しよこくづゑ》年中行事大成《ねんぢうぎやうじたいせい》に傳《つた》へていふ弘法大師《こうほふだいし》入唐《にふたう》の時《とき》、明神《みやうじん》稲《いね》を荷《にな》へる翁《おきな》と現《げん》じ大師《だいし》と誓《ちかひ》の事《こと》ありし由緒《ゆゐしよ》によると記《しる》し稲荷《いなり》御旅所《おたびごころ》神主《かんぬし》が延寶《えんはう》六年《ねん》二月《ぐわつ》七日《か》奉行《ぶぎやう》へ差出《さしだ》したる由緒書《ゆゐしよかき》にも此旨《このむね》を記《しる》せり併《しか》し弘法大師《こうほふだいし》入唐《にふたう》の時《とき》稲《いね》を荷《にな》ひ現《あら》はれしものは即《すなは》ち大神《だいじん》の神使《かんづかひ》にして靈狐《れいこ》なる事《こと》、諸國里人談《しよこくりじんだん》に詳《つまびらか》にして神使《かんづかひ》の條《でう》に委《くは》しければ斯《こゝ》に省略《しやうりやく》してのせざるも弘法大師《こうほふだいし》が兩部神道《りやうぶしんだう》を擴《ひろ》めらるゝにつき大神《おほかみ》を信仰《しんかう》ありし結果神異《けつくわしんい》を被《かふ》むられしため現在《げんさい》の社地《しやち》に勸請《くわんじやう》しまた御《お》旅所《たびごころ》の神幸等《じんかうなご》の儀《ぎ》起《おこ》れるものなり。

◉大神《だいじん》は國民《こくみん》の氏神《うぢがみ》也《なり》

古事類苑《こじるゐえん》は神祇部《じんきぶ》に秦氏神《はたうぢのかみ》と題《だい》して稲荷大神《いなりだいじん》をば秦伊呂具《はたのいろぐ》が子孫《しそん》の氏神《うぢがみ》なりと爲《な》せるも是《こ》れ甚《はなは》だ誤《あやま》れるものにして大神《だいじん》は實《じつ》に萬民《はんみん》の氏神《うぢがみ》に御座《おは》しませり言《ここは》を換《かへ》て云《い》へば大神《おほがみ》は衣食住《いしよくぢう》の靈神《れいしん》に御座《おは》せるを以《もつ》て萬民《はんみん》みな神徳《しんとく》を渇仰《かつかう》して福《ふく》を禱《いの》り禍《わざはひ》をはらひし也《なり》愚《ぐ》雑俎《ざつそ》に云前《いふまへ》つかた諸國《しよこく》の農民《のうみん》山州伏見《さんしうふしみ》稲荷《いなり》の山《やま》の土《つち》を求《もと》め田毎《たごと》に入《い》るれば保食神《うけもちのかみ》の加護《かご》にてよく實《みの》るとて皆人毎《みなひとつね》に土《つち》を求《もと》む社邊《しやへん》の民《たみ》これを社《やしろ》に申《まう》し請《こう》て家毎《いへごと》に土《つち》を丸《まる》め粒《つぶ》にして見世《みせ》に出《だ》してうれるをば粒々《つぶ／＼》と云《い》ひしを何日《いつ》の程《ほど》よりか中《なか》を空《うつろ》に盂《ほとぎ》の

様《やう》にせしを田豊《でんほう》と云《い》ひ次第《しだい》に器皿《うつは》の象《かたち》となし或《あるひ》は牛馬烏雀《うしうまからすすゞめ》の形《かたち》としてうるに求《もと》むる人《ひと》これを奇《き》とし田《た》に入《い》れしが終《つひ》には人物禽獸種々工《じんぶつきんじうしゆ〴〵たくみ》なる土偶《にんぎやう》を出《だ》せしより小兒《こども》の玩弄《おもちや》の器《うつは》となり田毎《たごと》に入《い》るゝ事《こと》は廢《すた》りぬと是《こ》れ卽《すなは》ち大神《おほかみ》の五穀《ごこく》の神《かみ》にて御在《おは》せし證據《しようこ》にして猶《な》ほ祭神《さいじん》の條《でう》を閱讀《えつどく》せらるれば大神《おほかみ》の神德《しんとく》ますます明々白々《めい〳〵はく〳〵》たらん。

（三）稲荷大神《いなりだいじん》の神階《じんかい》

神階《じんかい》は神位《じんゐ》の階級《かいきふ》なり其神位《そのじんゐ》たかきに隨《したが》ひ位田《ゐでん》に多少《たせう》あるを以《もつ》て名神大社《めいじんたいしや》は位田自然《ゐでんしぜん》多《おほ》きが故《ゆゑ》、神領《しんりやう》豊《ゆたか》に神威《じんゐ》ますます宣揚《せんやう》せらるゝ事《こと》となれるはみな人《ひと》の知《し》る處《ところ》なり而《しか》してその沿革《えんかく》は東大寺要錄《とうだいじえうろく》に八幡太神《はちまんだいじん》の三位《さんゐ》に叙《じよ》せられたるを以《もつ》て始《はじめ》とす稲荷大神《いなりおほかみ》もまた人皇《じんわう》四十九代淳和天皇《だいじゆんなてんわう》の朝《てう》、從五位下《じうゐげ》を授《さづ》け奉《たてま》つり爾後《じご》神威年《じんゐとし》とゝもに炳《あきらか》なりしかば人皇《じんわう》六十三代朱雀天皇《だいすじやくてんわう》の天慶《てんけい》五年《ねん》四月《ぐわつ》十一日正《にちしやう》一位《ゐ》の位階《ゐかい》を授《さづ》け奉《たてまつ》れりと云《い》ふ。

●正一位《しやういちゐ》稲荷《いなり》は大明神也《だいみやうじんなり》

稲荷大神《いなりおほかみ》は正一位《しやうゐ》の神階《じんかい》に御在《おは》しませり稲荷社古今事實考證《いなりしやこへんじじつかうしよう》に正一位神階年月《しやうゐじんかいねんげつ》被ニ仰渡一《おふせらるに》日本紀略《ほんきりやく》、

天慶《てんけい》三年《ねん》九月《ぐわつ》四日《か》、稲荷《いなり》の神《かみ》に従《じう》一位《ゐ》を増《ま》し奉《たてま》つる本朝世紀《ほんてうせき》に天慶《てんけい》五年《ねん》四月《ぐわつ》十一日《にち》、京中《きやうちう》竝《ならび》に山城《やましろ》の國《くに》に坐《ましま》す諸神《しよじん》の位紀《ゐき》五十三巻《くわん》これ東西諸國《とうざいしよこく》の財亂《ぞくらん》の時《とき》、賊類《ぞくるゐ》を討滅《たうめつ》せんことを禱《いの》られし後《のち》、天下《てんか》の諸神《しよじん》に位《くらゐ》一階《かい》を増加《ぞうか》せらるべき由《よし》、但《たゞし》、極位《きよくゐ》の神《かみ》に至《いたつ》ては封戸《ほうこ》を寄《よ》せ奉《たてまつ》らるべき者《もの》——また右稲荷社《みぎいなりのやしろ》に正一位《しやうゐ》を授《さづ》け奉《たてまつ》られしこと記録出現《きろくしゆつげん》の間《あひだ》、永々《えい〳〵》忘失《ばうしつ》すべからざる趣《おもむき》云々《うんぬん》と記《しる》すこの考證《かうしやう》は嘗《かつ》て炎上《えんじやう》により記録燒失《きろくせうしつ》せるを以《もつ》て文化《ぶんくわ》二年《ねん》九月《ぐわつ》、神祇伯家《しんぎはくけ》より執達《しつたつ》せられ神階《じんかい》無《なき》ニ相違《さうゐ》一。旨《むね》を明《あきら》にせられたるもの也而《なりしか》して正一位《しやうゐ》の神階《じんかい》ある神《かみ》をば大明神《だいみやうじん》といふ由來《ゆらい》は柱史抄《ちうししやう》に神位《じんゐ》の事《こゝ》、大明神《だいみやうじん》に於《おい》ては多《おほ》くは是正一位《これしやうゐ》なり神道名目類聚抄《しんだうみやうもくるゐしつせう》にも神宮《じんぐう》を上《かみ》とし明神是《みやうじんこれ》に次《つ》ぐいま世俗《せぞく》すべて諸社《しよしや》を稱《しよう》しイ・何某《なにがし》の大明神《だいみやうじん》と稱《しよう》するものは誤《あやまり》なり明神《みやうじん》は勅許《ちよくきよ》の號《がう》なり勅許《ちよくきよ》なき時《とき》は何某《なにかし》の大神《おほかみ》また何某《なにがし》の神社《じんじや》と稱《しよう》すとされば稲荷《いなり》大神《おほかみ》は大明神《だいみやうじん》にお座《は》しますを以《もつ》て勅許《ちよくきよ》による神階《じんかい》の名神《みやうじん》なりと謂《いふ》べく正一位《しやうゐ》に叙《じよ》せられざる神《かみ》は皆《みな》、大明神《だいみやうじん》と稱《しよう》する事《こと》は能《あた》はずまた勅許《ちよくきよ》なかりしものと知《し》るべきなり。

◉正一《しやういち》位《ゐ》の位田《ゐでん》の由來《ゆらい》

傍廂《かたひさし》に位田《ゐでん》につき説《さい》て曰《いは》くいにしへ郡縣《ぐんけん》の頃《ころ》は國々《くに〴〵》の大社小社《たいしやせうしや》の神々《かみ〴〵》へ位階《くらゐ》を授《さづ》け給《たま》ひしは神《かみ》の御《み》位《くらゐ》にあらず神社《じんじや》へつけ給《たま》へる位田《ゐでん》にて則《すなは》ち神領《しんりやう》なり一位《いちゐ》は現米《げんまい》二千石《ごく》、二位《にゐ》は千五百石《こく》、三位《さんみ》は千二百五十石《こく》、四位《しゐ》は六百石《こく》、五位《ごゐ》は三百石《こく》なり折《をり》にふれて位階《くらゐ》の進《すゝ》み給《たま》ふは位田《ゐでん》をまし給《たま》はんが爲《ため》なり後《のち》

に封建《ほうけん》となりて神領御朱印《しんりやうごしゆいん》にて定《さだ》め給《たま》ふうへは位田《ゐでん》の加増《かぞう》なき故位階《ゆゑゐかい》の昇進《しようしん》なさゞるを以《もつ》て、大社舊《たいしやきう》社《しや》とも三位四位《さんみしゐ》のまゝにて止《とゞ》まり給《たま》ひしもあまたあり、さるを近來《きんらい》は名《な》もなき小社《せうしや》また私《わたくし》に祭祀《まつり》する神《かみ》をみだりに正一位《しやういちゐ》と稱《しよう》するもの多《おほ》し僭上《せんじやう》なる事《こと》なりと故《ゆゑ》に稲荷神社古文書《いなりじんじやこぶんしよ》を按《あん》ずるに建武元年《けんぶぐわんねん》九月《ぐわつ》四日《よつか》の雑訴決斷條《ざつそけつだんでう》に||稲荷社《いなりのやしろ》||當社領《たうしやりやうする》ニ加賀國《かがのくに》味智郷《みちがう》内《のうち》水田《すゐでん》二十町《ちやう》一事《こと》||右《みぎ》任《まかせて》ニ壽永《じゆえい》二年《ねん》九月日《ぐわつひ》の院廳《ゐんのちやう》下文竝《げぶんならびに》文治《ぶんち》二年《ねん》九月五日《ぐわついつか》關東下文《くわんとうげぶん》、同《どう》三年《ねん》三月廿日《ぐわつはつか》の留《とゞめ》所《ところ》下文《げぶん》、正嘉《しやうか》二年《ねん》二月《ぐわつ》廿七日《にち》の勅《ちよく》裁院宣《さいゐんせん》等《とう》宜《にべき》レ令《せしむ》ニ管領《くわんりやう》一者《もの》以《もつて》牒《てうふす》これ即《すなは》ち正《しやう》一位《ゐ》の位田高《ゐでんだか》、現米《げんまい》二千石《ごく》の神領《しんりやう》なり然《しか》るに年《とし》を經《へ》るに隨《したが》ひ世《よ》亂《みだ》れて四海《しかい》一日《いちにち》も無事《ぶじ》なることなく天下《てんか》を擧《あげ》て武臣《ぶしん》の領《りやう》する處《ところ》となり神領《しんりやう》を掠奪《かすめうばは》らるゝこと多《おほ》く稲荷大《いなりおほ》神《かみ》の神領《しんりやう》の如《ごと》きも足利《あしかゞ》の末年《まつねん》より益々《ますます》減《げん》ぜられ天正《てんしやう》十七年《ねん》十二月十日《ぐわつとをか》豐臣秀吉《とよとみひでよし》が山城國《やましろのくに》山科郷《やましなのがう》替地《かへち》を以《もつ》て廻米《くわいまい》六百石《こく》を神領《しんりやう》と定《さだ》められし規模《きぼ》を以《もつ》て徳川家康《とくがはいへやす》もまた廻米《くわいまい》六百石神領《こくしんりやう》なる旨《むね》、元和元年《げんなぐわんねん》七月《ぐわつ》廿七日《にち》朱印《しゆいん》ありて明治維新《めいぢゐしん》に及《およ》べり要《えう》するに武家時代《ぶけじだい》に入《い》り神領《しんりやう》掠奪《かすめうばは》れ現米《げんまい》二千石《ごく》が僅《わづか》に廻米《くわいまい》六百石《こく》となれるは王朝時代《わうてうじだい》の神祇制度《しんぎせいど》に照合《せつかふ》し浩歎《かうたん》せざる可《べか》らず。

◉稲荷大神社格《いなりだいじんしやかく》の由來《ゆらい》

社格《しやかく》は神社《じんじや》の格式《かくしき》にして其創見《そのさうけん》は天社《あまつやしろ》、國社《くにつやしろ》これなり人皇《にんわう》十代《じうだい》崇神天皇《すじんてんわう》の朝《てう》これを定《さだ》む其後《そのゝち》、大中小社《たいちうせうしや》の制《せい》ありて正三位《しやうさんみ》以上《いじやう》を大社《たいしや》と爲《な》し從四位《じうしゐ》以上《いじやう》を中社《ちうしや》と爲《な》し其餘《そのよ》を小社《せうしや》と爲《な》せり故《ゆゑ》に稲荷大《いなりおほ》神《かみ》は大社《たいしや》に御座《おは》しませるものにして之《これ》を古昔《むかし》は名神大社《みやうじんたいしや》と稱《しやう》せり。

名神大社《みやうじんたいしや》は月次祭《げつしさい》、新嘗祭《にひなめさい》にあづかり給《たま》ふ處《ところ》の大神《おほかみ》なり延喜式神名《えんぎしきじんめい》に紀伊郡《きいごほり》稲荷《いなり》神社《じんじや》三座《さんざ》竝《ならび》に名神《みやうじん》大社《たいしや》、月次《げつじ》、新嘗云々《にひなめうんぬん》とあるを考《かんが》ふれば名神中《みやうじんちう》に大社《たいしや》ならざるものまた月次祭《げつじさい》、新嘗祭《にひためさい》にあづからざる神《かみ》ある事《こと》を思《おも》ふべしされば稲荷大神《いなりおほかみ》は名神中《みやうじんちう》の名神《みやうじん》に御座《おは》せるを知《し》るに足《た》らん。

稲荷大神《いなりおほかみ》の朝廷《てつてい》の尊崇以上《そんすういじやう》の如《ごと》きが故《ゆゑ》に古來《こらい》、勅祭《ちよくさい》なりしなり是以《こゝをもつて》、祭祀毎《さいしごと》には神祇官《しんきくわん》より幣帛《へいはく》を頒《わか》ち勅使必《ちよくしかなら》ず參拜《さんぱい》せらる之《これ》を名《なづけ》て奉幣使《ほうへいし》と云《い》ひ必《かなら》ず宣命紙《せんみやうし》を附《ふ》せらる朝野群載《てうやぐんさい》二十二社奉幣次第《しやほうへいしだい》（中《ちう》略《りやく》）稲荷《いなり》、宣命紙《せんみやうし》黄紙 奉幣使《ほうへいし》（中略《ちうりやく》）稲荷四位一人《いなりしゐいちにん》、また伯家部類《はくけぶるゐ》に一、稲荷祭《いなりまつり》の事《こと》、當社《たうしや》の祭《まつり》は延喜《えんき》八年始《ねんはじめ》て行《おこな》はる御出《おいで》は三月後《さんぐわつのち》の午《むま》の日《ひ》、祭禮《さいれい》は四月《くわつ》の中《なか》の卯《う》の日《ひ》（廿日《はつか》間御旅《かんおんたび》なり）勅裁《ちよくさい》の儀《ぎ》は松尾《まつのを》社《やしろ》に同《おな》じ臨時《りんじ》御祈《おんいのり》の事《こと》もまた同前《どうぜん》これを沙汰《さた》せしめらる故《ゆゑ》に社司《しやし》年中行事《ねんちうぎやうじ》には祭祀當日《さいしたうじつ》、正禰宜《しやうねぎ》或《ある》は正祝《しやうかんぬし》、衣冠《いくわん》を着《ちやく》し神祇《しんき》伯白川家《はくしらかはけ》に出頭《しゆつとう》し勅裁《ちよくさい》の綸旨《りんし》を拜《はい》し御教書《みけうしよ》を受《う》けて歸《かへ》りこれを社務《しやむ》に授《さづ》くと記《しる》し勅裁教書《ちよくさいけうしよ》に關《くわん》する 催《もよほし》 ある事《こゝ》を述《の》べ諸國圖會《しよこくづゑ》年中行事大成《ねんぢうぎやうしたいせい》には稲荷祭《なりまつり》、往古《むかし》の祭式嚴重《さいしきげんぢう》なりし事《こゝ》は古繪卷物《ふるいゑまきもの》に見《み》えたりと載《の》せり勅祭《ちよくさい》の儀式盛《ぎしきさかん》なりしものならん。

また稲荷大神《いなりおほかみ》は延喜式《えんぎしき》三十六座《ざ》の一神《じん》に御座《おは》しませり同式《どうしき》に御巫祭神八座《みこのさいじんはちざ》、竝《ならび》に大社《たいしや》、月次新嘗《けつじにゝなめ》、中宮東宮御巫《ちうぐうとうぐうみこ》また同《おな》じと說《と》けるは大神《おほかみ》が大御神及皇孫《おほみかみおよびくわうそん》の御膳《みけ》の神《かみ》に御座《おは》すが故《ゆゑ》なること已《すで》に說《と》けるが如《ごと》し故《ゆゑ》に大神《おほかみ》は上古《むかし》の朝廷《てうてい》の奉幣社《ほうへいしや》、十六社《しや》十九社《しや》二十社《しや》二十一社《しや》二十二社《しや》の一神《じん》に御座《おは》しませり其《その》二十二社《しや》の神社《じんじや》と稱《しよう》せられ給《たま》へるは人皇《じんわう》七十二代白河天皇《だいしらかはてんわう》の永保《えいほ》二年《ねん》にして爾後《じご》、增減《こうげん》せらるゝことなく奉幣《ほうへい》せられしものなりしと云《いふ》。

現今《げんこん》にては大神《おほかみ》は官幣大社《くわんぺいたいしや》に崇《あがめ》られ給《たま》ふ太政官日誌《だじやうくわんにつし》明治四年五月十四日第二十七號布告神社《じんじや》の官幣大社《くわんぺいたいしや》（中略《ちうりやく》）稲荷《いなり》神社《じんじや》○山城國中略以上《いじやう》、三十五社《しや》、神祇官《しんぎくわん》の祭《まつ》る處《ところ》、官幣社《くわんぺいしや》と爲《な》すまた社司《しやし》月番雜記《つきはんざつき》に明治《めいぢ》四年《ねん》六月《ぐわつ》十八日《にち》太政《だじやう》官御達《くわんおんたつし》、稲荷《いなり》神社御《じんじやご》改正《かいせい》、官幣大社《くわんぺいたいしや》に列《れつ》し自《じ》今官祭仰《こんくわんさいあふ》せ出《いだ》され候事《さふらふこと》——太政官《だいじやうくわん》——とあるは明治初年《めいぢしよねん》の改革《かいかく》により大神奉祀《おほかみほうし》の社格決定《しやかくけってい》せられしもの也因《なりちなみ》に壽永《じゆえい》二年《ねん》二月《ぐわつ》五日《か》庚子《かうし》、院《ゐん》（後白河院《のちしらかはゐん》）加茂《かも》より鐘鳴《かねなる》の後《のち》、祇園稲荷《ぎをんいなり》等《とう》に參《まゐ》らせ給《たま》ふ卯刻還御《うのこくくわんぎよ》と吉記《きつき》にしるされしは稲荷行幸《いなりぎやうかう》の始《はじめ》にして爾後《じご》、歴代《れきだい》の聖主行幸《せいしゆぎやうかう》せられしこと夥《おびたゞ》しと云《いふ》。

（四）稲荷大神祭祀《いなりだいじんさいし》の由來《ゆらい》

我《わ》が建國《けんこく》の大法《だいはふ》は祭政一致《さいせいいつち》なり故《ゆゑ》に祭《まつり》はマツリ 政《まつりごと》はマツリコトと訓《くん》すこれ上朝廷《かみてうてい》より下萬民《しもはんみん》に至《いた》るまで天神地祇《てんじんちぎ》の恵《めぐみ》によれる敎《をしへ》に遵《したが》ひ其生活《そのせいくわつ》を保《たも》つが故《ゆゑ》なりされば四季《しき》ともに天神地祇《てんじんちぎ》を祭祀《さいし》し上下《じやうか》和睦《わほく》して神德《しんとく》を頌讃《しようさん》し禍害《くわがい》ある時《とき》は必《かなら》ず祈《いの》り或《あるひ》は祓《はらひ》を爲《な》して幸福《かうふく》を求《もと》むること萬國《はんこく》に其比《そのたぐひ》を見《み》ざる美《び》風《ふう》あるは欽《きん》すべし而《しか》して以上《いじやう》の天神地祇《てんじんちぎ》のうちに衣食住《いしよくぢう》の 尊神《たつときかみ》を求《もと》むる時《とき》は誰《たれ》しも稲荷大神《いなりおほかみ》を稱《しよう》す

るに異存《いぞん》ある者《もの》なし是以《こゝをもつて》、上朝廷《かみてうてい》より下萬民《しもはんみん》に至《いた》るまで信仰《しんかう》他《た》の神《かみ》に越《こそ》たり今左《いまさ》に大神祭祀《おほかみさいし》の著明《ちよめい》なる事項《ことがら》を述《の》べん。

◉稲荷《いなり》初午《はつうま》の由來《ゆらい》

稲荷《いなり》大神《おほかみ》は前述《ぜんじゆつ》せる如《ごと》く元明天皇《ぐわんみやうてんのう》の和銅《わどう》四年《ねん》二月《ぐわつ》初午《はつうま》の日《ひ》、三箇峰《さんがのみね》に垂迹《すゐじやく》し給《たま》ひるを以《もつ》て爾來《じらい》一千二百餘年《よねん》この例《ためし》によりて年々《ねん／＼》、初午《はつうま》の日《ひ》を以《もつ》て大神《おほかみ》を祭祀《さいし》し奉《たてま》つること毫《すこし》も怠《おこた》る事なし之《これ》を兩部《りやうぶ》神道説《しんだうせつ》よりいふときは午《うま》は南《みなみ》にして陽《やう》なり火《ひ》の徳《とく》を主《つかさ》どるこれ稲荷《いなり》大神《おほかみ》の本地《ほんち》が南方寳生如來《なんはうはうしやうによらい》なるが故《ゆゑ》なり社殿鳥居《しやでんとりゐ》其他《そのた》、赤《あか》きをたつとぶは火《ひ》の色《いろ》をとれるものなりとされど世諺問答《せけんもんだふ》には異説《いせつ》をのせたり曰《いは》く二月《にぐわつ》、問《とふ》て曰《いは》く此月《このつき》の馬《うま》の日《ひ》いなりを祭《まつる》は何《なん》のいはれにか侍《はべ》らん答《こたへ》て曰《いは》く弘法大師《こうはふだいし》東寺《とうじ》の門前《もんぜん》にて稲負《いねお》ひたる老翁《らうをう》に二月《ぐわつ》の午《うま》の日《ひ》あひ給《たま》ひて則《すなは》ち東寺《とうじ》の鎭守《ちんじゆ》に勸請《くわんじやう》申《まを》されたりしかば此寺《このてら》はんじやうせしより此日《このひ》を以《もつ》て縁日《えんにち》とや申《まう》べからむと或《あるひ》は三峰《さんかのみね》の垂迹《すゐじやく》の日《ひ》と弘法大師《こうはふたいし》の稲《いね》を負《お》ひたる老翁《らうおう》にあひ給《たま》ひたるはともに同月《どうげつ》の午《うま》の日《ひ》なりしならんか但《たゞし》、延喜《えんき》神名式《しんめいしき》比保古《ひほこ》に稲荷神三社《いなりのかみさんしや》、當社《たうしや》の鎭《ちん》座《ざ》は二月《ぐわつ》の初午《はつうま》なるを以《もつ》て今《いま》に至《いたつ》て初午《はつうま》の祭祀《さいし》なるなりといへるより考《かんが》ふれば初午《はつうま》の由來《ゆらい》は大神《おほかみ》の二月《ぐわつ》の初午《はつうま》の日《ひ》に垂迹《すゐじやく》し給《たま》ひし正説《せいせつ》と爲《な》すを適當《てきたう》とすべし。

◉初午《はつうま》を福參《ふくまゐ》りと云《い》ふ事《こと》

日次記事《につしきじ》に二月初己初午《ぐわつはつみよつうま》の日《ひ》、稻荷社詣《いなりのやしろまうで》、俗《ぞく》に初午詣《はつうまゝうで》と稱《しよう》しまた福參《ふくまゐり》といふ今日農民《こんにちのうみん》の參詣特《さんけいこと》に多《おほ》し門前《もんぜん》の家々《いへ〳〵》百穀《ひやくこく》の種竝《たねならび》に雜菜《ざつさい》の種《たね》を賣《う》りまた大小《だいせう》の陶器《たうき》を賣《う》るその大《だい》なるものを傳法《でんはふ》といふ攝州《せつしう》傳法《でんはふ》の海濱《かいひん》に於《おい》て之《これ》を製《こしらゆ》るが故《ゆゑ》なり一《いち》に傳法燒《でんはふやき》といふ今《いま》は直《たゞち》に傳法《でんはふ》といふ是《これ》にて物《もの》を炒《い》りまたは烟草粉《たばこのこ》を盛《も》るその小《せう》なるものを都保々々《つほ〳〵》といふ此土器《このかわらけ》、兩手《りやうて》のうち運轉《うんてん》する時《とき》はつぼ〳〵の音《おと》あり故《ゆゑ》に名《な》づく參詣《さんけい》の男女《なんによ》これを買《かふ》て兒童《こども》をすかす大人《おとな》もまた鹽《しほ》を其中《そのうち》に滿《み》て火《ひ》を入《い》れて之《これ》を燒《や》き食膳《しよくぜん》に資《し》す今日民家《こんにちみんか》多《おほ》く菜葉《なつぱ》を食《くら》ふ凡《およ》そ群參《ぐんさん》の男女《なんによ》の神前《しんぜん》に投《とう》ずる所《ところ》の散錢《さんせん》、簾《みす》の間《あひだ》に留《とゞま》るもの有《あ》るときは則《すなは》ち其人《そのひと》、福《ふく》を得《う》ると爲《な》し再《ふたゝ》び其錢《そのぜに》を請《こひ》め得《え》て家珍《かちん》と爲《な》すと記《しる》せるは大神《おほかみ》の神徳《しんとく》を謂《い》へるものなりこれを滑稽雜談《こつけいざつだん》に釋《しやく》して曰《いは》く和俗《わぞく》に二月《ぐわつ》の初午《はつうま》の日《ひ》を以《もつ》て稻荷大神《いなりおほかみ》を祭《まつ》ること諸國《しよこく》に侍《はべ》るも帝都《みやこ》師京に於《おい》ては稻荷神社《いなりじんじや》稻荷山を以《もつ》て第《だい》一とすいま世《よ》に一日前《いちにちせん》の巳《み》の日《ひ》を祈《いの》る所以《ゆゑん》は巳《み》と身《み》と通《つう》じ身《み》の福《ふく》を得《う》るの義《こゝろ》なりと謂《いへ》り（中略）當世《たうせい》、殊《こと》に農工《のうこう》の人《ひと》、參詣《さんけい》して穀菜《こくさい》の種《たね》を求《もとめ》て歸《かへ》るは之《これ》を種《う》ゑ殖《ふ》やし瑞《めでたき》しるしとするが故《ゆゑ》なり古《いにしへ》は此山《このやま》の土《つち》を以《もつ》て歸《かへ》り工人《こうじん》の用《よう》に交《まじ》へて之《これ》を尊《たつと》むこと侍《はべ》りしにや此餘風《このよふう》によりて當代《たうだい》、土《つち》を以《もつ》て玩器《おもちや》の類《るゐ》或《あるひ》は人形《にんぎやう》、鳥獸《てうじう》の類《たぐひ》を造《つく》りて賣《う》れり俗《ぞく》につぼ〳〵、でんぱふなどと謂《いひ》て參詣《さんけい》の男女《なんによ》これを求《もと》むこれ土《つち》を瑞《めでた》しとする證《しるし》なり一說《いつせつ》に此五座《このござ》のうちに土祖神《つちのみおやのかみ》ましますゆゑ故《ゆゑ》なりと云《い》へり賣買《はい〳〵》に由來《ゆらい》ふかきこの初午《はつうま》の如《ごと》きはまことに大神《おほかみ》の神徳《しんとく》を稱《たゝへ》たてまつれるものといふべし。

◉初午祭《はつうまさい》と影《え》向松《いうのまつ》の事《こと》

前述《ぜんじゆつ》せる驗《しるし》の杉《すぎ》は卽《すなは》ち影向《えかう》の松《まつ》なり稻荷谷響記《いなりこくきやうき》に云《いふ》、杉《すぎ》は當社《たうしや》稻荷山の神木《しんぼく》にして古《いにしへ》影向《えかう》の杉《すぎ》と稱《しよう》し奉《たてま》つる今《いま》に其古跡在《そのこせきあ》り件《くだん》の緣《えん》に因《よつ》て昔《むかし》より今《いま》に杉《すぎ》の枝《えだ》を以《もつ》て富木《とみのき》ととなふ舊記《きうき》を按《あん》ずるに凡《およ》そ當社《たうしや》へ參詣《さんけい》するものに杉《すぎ》の枝《えだ》を折《を》りて家《いへ》に納《をさめ》て富祐《とみ》を祈《いの》るものなりと故《ゆゑ》に夫木抄《ふぼくせう》に藤原光俊《ふぢはらみつとし》の歌《うた》とて

きさらきやけふ初午《はつうま》のしるしとて稻荷《いなり》の杉《すぎ》はもとつ葉《は》もなし

とよめりこの歌《うた》につき安齋隨筆《あんさいずゐひつ》に或人問《あるひとこふ》て曰《いは》く夫木抄《ふぼくせう》、光俊朝臣《みつとしあそん》の歌《うた》（中略）こゝろは如何《いかん》、貞丈答《ていぢやうこたふ》、堀川次郎百首《ほりかはじらうひやくしゆ》、稻荷詣《いなりまうで》、顯仲《あきなか》の歌《うた》に、いなり山《やま》しるしの杉《すぎ》を尋《たづ》ねきてあまねく人《ひと》のかざすけふかなとあるは今日《こんにち》、稻荷山《いなりやま》に詣《まゐ》る人杉《ひとすぎ》の葉《は》をとりてかざしにする故《ゆゑ》、下枝《したえだ》を折《を》り取《と》るを以《もつ》て本《もと》の方《かた》の葉《は》なくなるかざしとは葉《は》をとり頭《かしら》にさす義《こゝろ》なり稻荷山《いなりやま》の驗《しるし》の杉古歌《すぎこか》によみたる多《おほ》しと要《えう》するに稻荷谷響記《いなりこくきやうき》の影向杉《えかうすぎ》とは驗《しるし》の杉《すぎ》なるも平常《へいぜい》、參詣者《さんけいしや》の折《を》りとりて指《さ》し木《き》と爲《な》すに初午《はつうま》の日《ひ》とその靈驗多少《れいけんたせう》の差異《さい》ありと謂《いふ》は信《まこと》なるか或《あるひ》は曰《いは》く靈驗《れいけん》は信仰《しんかう》の有無《うむ》によるものなるも垂迹《すゐじやく》の日《ひ》は兩部《りやうぶ》よりいふときは御緣日《ごえんにち》に相當《さうたう》するものなれば特《とく》に此初午《このはつうま》は驗《しるし》の杉《すぎ》の信仰者《しんかうしや》に靈驗《れいけん》あるものなりと。

◉上《かみ》卯《う》の日《ひ》の神《しん》事《じ》

稲荷祭《いなりまつり》は毎年《まいねん》四月上《ぐわつかみ》の卯《う》の日《ひ》なりと傳《つた》ふされば二月《きさらぎ》の初午《はつうま》と別箇《べつこ》の祭祀《まつり》なるべきか諸國圖會《しよこくづゑ》年中行事《ねんちうぎやうじ》大成《たいせい》に中午稲荷祭御出《なかのうまいなりまつりおいで》、其式《そのしき》、今朝《こんてう》、社司《しやし》神祇伯《しんぎはく》に至《いた》り勅裁《ちよくさい》の綸旨《りんし》を請《こ》ひ奉《たてま》つりて本社《ほんしや》に歸《かへ》り午《うま》の刻《こく》神供《じんく》、此時五座《このときござ》の神輿《しんよ》を神輿舎《しんよしや》より舁《かつ》ぎ出《いだ》して神前《しんぜん》に竝《なら》ぶ社司《しやし》祝詞《のりと》ありて神璽《しんじ》を各神輿《かくしんよ》に納《をさ》む田中《たなか》の社《やしろ》の神輿《しんよ》に假面《かめん》を袋《ふくろ》に納《をさ》めて之《これ》を飾《かざ》る田中《たなか》の神《かみ》は荷田神《かりたのかみ》なり其面貌《そのめんばう》を弘法大師《こうはふだいし》自《みづか》ら彫刻《てうこく》して納《をさ》めらる即《すなは》ち是神輿《これしんよ》に掛《かく》る處《ところ》の假面《かめん》なりといふしかして後《のち》、神幸《しんかう》の儀《ぎ》あり（中略）神輿《しんよ》は旅所《たびどころ》に留《とゞま》りまし〳〵て四月中卯日《ぐわつなかうのひ》に本宮《ほんぐう》に還《かへ》らせ給《たま》ふ其間《そのあひだ》、諸人參詣《しよにんさんけい》夥《おびたゞ》しく神樂《かぐら》の音《おと》、絶間《たえま》なく或《ある》ひは見世《みせ》物放下《ものかるわざ》の類《たぐ》ひ軒《のき》をならべ茶店《ちやみせ》には行客《かうきやく》を停《とゞめ》て醉《よひ》を勸《すゝ》め賑《にぎは》ひいはむ方《かた》なしとまた同書《どうしよ》に卯日稲荷祭《うのひいなりまつり》、當月《たうげつ》卯の日《ひ》二《ふたつ》あれば上卯《かみう》の日《ひ》、三《み》つあれば中卯《なかう》の日《ひ》を用《もち》ゐらるゝと云《い》へば前述《ぜんじゆつ》の中卯《なかう》の日《ひ》の本宮《ほんぐう》に還《かへ》らせ給《たま》ふは卯二《うふた》ッの月《つき》の上卯《かみう》の日《ひ》の祭祀《まつり》なるべしかくて旅所《たびどころ》に留《とゞ》まり給《たま》ひてまた本宮《ほんぐう》に還《かへ》らせ給《たま》はざる前《まへ》、神輿《しんよ》は巳刻《みのこく》此處《こゝ》を發《はつ》して西《にし》の方東寺《かたとうじ》に入《いり》、神輿南門《しんよみなみもん》に入《いら》せ給《たま》ふとき一基《いつき》ごとに役僧《やくそう》、門《もん》の脇《わき》に立《たち》て螺貝《ほらがひ》を吹《ふ》く五座《ござ》の神輿《しんよ》、金堂《こんだう》の前南向《まへみなみむき》に据《す》ゑ奉《たてま》つる玆《こゝ》に東寺《とうじ》の役人《やくにん》、甲冑《かつちう》を着《ちやく》し左《ひたり》の手《て》に長刀《ながかたな》を持《も》ち右《みき》の手《て》に御供《ごくう》を捧《さゝ》ぐまた地人《ちにん》の妻《つま》、各々《おの〳〵》打被《かづき》を着《ちやく》して寺中《じちう》より捧《さゝ》げし供物雜品《くもつざつぴん》を唐櫃《からひつ》に盛《も》り之《これ》を頭上《かしらのうへ》に載《のせ》て同《おなじ》く神輿《しんよ》毎《ごと》に之《これ》を供《ぐ》し爾《しか》して後《のち》、寺務《じむ》の僧《そう》を始《はじ》め衆僧東西《こうそうとうざい》に列《れつ》し神輿《しんよ》の前《まへ》に寺僧《じそう》進《すゝ》み出《い》で奉幣《ほうへい》あり次《つぎ》に靫《うつぼ》の形《かたち》したる物《もの》に張紙《はりがみ》し稲荷《いなり》大神《おほかみ》と記《しる》せるものを出《いだ》し西本願寺《にしほんぐわんじ》より神輿《しんよ》毎《ごと》に青銅《せいどう》の奉納《ほうなふ》ありて後《のち》、神輿《しんよ》は本社《ほんしや》へ還《かへ》らせ給《たま》ふ旅所《たびごころ》の御《ご》滯在《たいざい》其間《そのあひだ》二十日《はつか》なりといふ而《しか》して此祭祀《このさいし》は往古《むかし》、極《きはめ》て嚴重《けんちう》なりしも應仁《おうにん》年間《ねんかん》より中絶《ちうぜつ》し其後《そのゝち》、僅《わづか》に神輿《しんよ》ばかり渡御《とぎよ》ありて甚《はなは》だ儀式廢《ぎしきすた》れ乞食《こじき》のみ多《おほ》く群《むれ》を爲《な》しければ俗《ぞく》に乞食《こじき》祭《まつり》など汚《けがら》はしき名《な》を此祭祀《このさいし》につけしも徳川時代《とくがはじだい》に至《いた》り安永年間再興《あんえいねんかんさいこう》せられまたもや昔《むかし》の威儀《ゐぎ》を拜《はい》する事《こと》を得《う》るに至《いた》りしが明治《めいぢ》六年祭政改革《ねんさいせいかいかく》により綸旨《りんし》の御下賜《ごかし》廢《はい》せられ四月《ぐわつ》九日《か》を以《もつ》て毎年《まいねん》の例祭《れいさい》と定《さだ》められ地方長　官參拜《ちはうちやうくわんさんぱい》して奉幣奠享《ほうへいてんきやう》の儀《ぎ》を行《おこな》はるといふ。

◉吹革祭《ふいごまつり》の沿革《えんかく》と靈狐《れいこ》の奇蹟《きせき》

日次記事《にっしきじ》に十一月稲荷社《ぐわついなりやしろ》の火燒《ほたき》、新御供《しんごく》は社家《しやけ》松本氏調進《まつもとうぢてうしん》す相傳《あひつた》ふ鍛工《かぢ》三條小鍛冶《さんでうこかぢ》宗近刀劔《むねちかかたな》を鑄《う》つ時《とき》に稲荷神出現《いなりのかみしゆつげん》して合槌《あひづち》を打《うつ》て鍛錬《きたへ》の力《ちから》を助《たす》けらる宗近《むねちか》鍊　刀《かたなうてる》ところの石盤《いしこゝ》いま東山知恩院山門《ひがしやまちおんゐんさんもん》の下《もと》に在《あ》り鍛工《かぢ》金屬匠《かなものづくり》すべて吹革《ふいご》を設《まう》くるもの　悉《ことごと》く之《これ》を祭《まつ》る故《ゆゑ》に吹革祭《ふいごまつり》といふ知恩院《ちおんゐん》の鎮守《ちんじゆ》はもと賀茂《かも》明神《みやうじん》なりしを三十九世《さんじうくせ》滿蓋和尚《まんがいをしやう》、稲荷八幡《いなりはちまん》を加《くは》ふ故《ゆゑ》に今日《こんにち》稲荷《いなり》の火燒《ひたき》ありと説《とけ》りされど或説《あるせつ》に宗近《むねちか》、刀劔《かたな》を鍛《きた》ふ時《とき》に稲荷山《いなりやま》の土《つち》をとり用《もち》ひ同山《どうざん》に至《いた》る毎《ごと》に參詣《さんけい》して名工《めいこう》の譽《ほまれ》を得《え》ん事《こと》を祈《いの》りしかば大神《おほかみ》、宗近《むねちか》の信仰《しんかう》を納受《なふじゆ》ましく〵神使《じんし》(靈狐《れいこ》)をして合槌《あひづち》を打《うた》しめられしものなりといふ想《おもひ》にこれ靈狐《れいこ》が神人《しんじん》に化《け》し宗近《むねちか》の技工《ぎこう》をたすけたるものなるべし爾後《じご》、鞴《ふいご》をもてるもの其刀劔《そのたうけん》を鍛《きた》ふると否《いな》とに拘《かゝは》らずこの日《ひ》、稲荷《いなり》大神《おほかみ》を祭《まつ》り吹革祭《ふいごまつり》と稱《しよう》して神徳《しんとく》を渇仰《かつかう》すること千有餘年《せんいうよねん》の久《ひさ》しきに及《およ》べり實《じつ》に崇信《すうしん》せざる可《べか》らず而《しか》して此日《このひ》群童鍛冶屋《ぐんどうかぢや》の家《いへ》に集《あつま》り鍛冶屋《かぢや》の貧乏《びんばふ》と呼《よ》び騒《さわ》ぐを例《れい》とすこれは徳川《とくがは》の中世《ちうせ》以後《いご》より起《おこ》れるものにて甚《はなは》だ悪《あ》しき慣習《くわんしふ》なり今《いま》は多《た》少此風俗失《せうこのふうぞくうせ》し處《ところ》ありと聞《き》く歡《よろこ》ばしき事《こと》なり昔《むかし》、群童《ぐんどう》が鍛冶《かぢ》屋《や》の貧乏《びんばふ》と呼《よば》れば鍛冶屋《かぢや》は必《かなら》ず蜜柑《みかん》その他《た》の美味《びみ》を與《あた》ふるを習《ならひ》とせしが之《これ》を俳諧歳時記《はいかいさいじき》に其貰物《そのもらひもの》の多《おほ》からざるを罵《のゝし》るものにやと說《と》けり。

(五)神異《しんい》及《および》祈請《きせい》の神祕《しんぴ》

神異《しんい》は神《かみ》の靈異《れいゐ》にして神助《しんじよ》、神祟《かみたゝり》最《もつと》も多《おほ》し神代《しんだい》の昔《むかし》、保食神《うけもちのかみ》即《すなは》ち稲荷大神《いなりだいじん》が月讀尊《つきよみのみこと》に山海《さんかい》の珍味《ちんみ》を備《そな》へさせ給《たま》へるが如《ごと》きは神異《しんゐ》の極《きは》めて新《あらた》かなるものにして其殺《そのころ》され給《たま》ひたりし御身《おんみ》に五穀牛馬《ごこくぎうば》又《また》は蠶《かひこ》その他《た》、所有衣食住必要《あらゆるいしよくぢうひつえう》の物品化現《ぶつぴんけげん》せるものみな神異《しんゐ》のすぐれ給《たま》へるものなり而《しか》して神代《しんだい》にても人世《じんせい》にても神《かみ》の靈異《れいい》をあらはし給《たま》ふや必《かなら》ず人智《じんち》にて測《はか》り知《し》る能《あた》はざるもののあるは皆《みな》、人《ひと》の知《し》る處《ところ》なり今《いま》其神異《そのしんい》を考《かんが》ふるに自然《しぜん》に之《これ》を示《しめ》し給《たま》ふ場合《ばあひ》と祈禱《きたう》により之《これ》を示《しめ》し給《たま》ふ場合《ばあひ》または悪逆無道《あくぎやくむだう》の人《ひと》に對《たい》し現《げん》にそのものを罰《はつ》し給《たま》ふ事《こと》あり普通《ふつう》之《これ》を神《かみ》の靈驗《れいけん》又《また》は神《かみ》の冥罰《めいばつ》といふ而《しか》して大神《おほかみ》に對《たい》し奉《たてまつ》れる勅禱《ちよくたう》は朱雀天皇《しゆじやくてんわう》の元慶元年《げんきやうぐわんねん》の震災《しんさい》に關《くわん》する勅禱《ちよくたう》を始《はじめ》と爲《な》す左《さ》に神異《しんい》と祈請《きせい》を述《の》べん。

◉日《ひ》の護《まも》り神異《しんい》の神祕《しんぴ》

稲荷《いなり》大神《だいじん》は皇孫《くわうそん》の御膳神《みけのかみ》に御座《おは》しませるを以《もつ》て宮中《きうちう》三十六座《ざ》の大神《だいじん》の一神《いつしん》として崇《あが》め尊《たつと》ませらるその日《ひ》の護《まもり》の神異《しんい》を擧《あ》ぐれば戴恩記《たいおんき》に天子《てんし》には三種《さんしゆ》の神器《しんき》あり臣家《しんか》には三寶《さんはう》あり三寶《さんはう》と申《まう》すは一に大職《たいしよく》冠《くわん》の御影《みえい》二に恵亮和尚《ゑりやうをしやう》の紺紙《こんし》金泥《こんでい》の法華經《ほけきやう》三に小狐《こぎつね》の太刀《たち》なり此小狐《このこぎつね》の太刀《たち》と申《まうす》は菅丞相《くわんしようじやう》、百千の雷《いかづち》となり朝廷《てつてい》を怨《うら》み奉《たてま》つり本院《ほんゐん》の時平公《ときひらこう》を殺《ころ》し晝夜雨風《ひるよるあめかぜ》やまず恐《おそろ》しかりし頃《ころ》の中《なか》にも尚《な》ほ雷神《らいのかみ》夥《おびたゞ》しく御殿《ごてん》さくる許《はかり》に鳴《な》り盛《さか》りし時《とき》、御門《みかど》大《おほい》に騒《さわ》がせ給《たま》ひ今日《けふ》の番神《はんしん》は如何《いか》なる神《かみ》にて御在《おは》するぞと貞《てい》信公《しんこう》に問《とは》せ給《たま》へば御佩《みはかせ》の柄頭《つかがしら》に白狐《びやくこ》現《げん》じ給《たま》ふを見《み》て御心《おこゝろ》やすく思召《おぼしめ》され稲荷大明神《いなりだいみやうじん》の御番《ごはん》にて御在《おは》すと答《こた》へ給《たまひ》ければ程《ほど》なく雷《らい》も鳴《なり》やませ給《たま》ひ雨《あめ》も晴《よ》れ侍《はべり》しとなり其御太刀《そのみたち》を小狐《こぎつね》の太刀《たち》と申《まう》し侍《はべ》ると要《えう》するに此《この》記は大神《おほかみ》の皇室《くわうしつ》の日《ひ》の護《まもり》の神異《しんゐ》を説《と》けるものなり。

◉稲荷山《いなりさん》驗《しるし》の杉《すぎ》の由來《ゆらい》

山城風土記《やましろふうどき》に云《いふ》、（前略）社《やしろ》の木《き》（稲荷社の附近に生ひたる杉）を拔《ぬき》て家《いへ》に植《う》ゑ禱《いの》り之《これ》を祭《まつ》り其木《そのき》蘇《い》くれば福《さいはひ》を得《え》、木《き》枯《かる》れば福《さいはひ》ならずとあるは驗《しるし》の杉《すぎ》にして秦伊呂具《はたのいろぐ》が家《いへ》富《こ》み榮《さか》えけるより心誇《こゝろおご》りて稲荷大神《いなりだいじん》の御魂《みたま》たる米穀《べいこく》を輕《かろ》んじ餅《もち》の的《まと》をつくり射《ゆみや》を學《まな》びたる神祟《かみたゝり》により飢《き》饉《きん》打《うち》つゞき子孫《しそん》窮困《きうこん》せしかば子孫《しそん》祖先《そせん》の過《あやまち》を悔《く》い大神《おほかみ》に福《さいはひ》をいのり伊奈利山《いなりやま》の杉《すぎ》をとり庭《には》に植《う》ゑ常《つね》に大神《だいじん》を祭《まつ》りし故《ゆゑ》、再《ふたゝ》び五穀豐熟《ごこくほうじゆく》して家富《いへと》み榮《さかえ》けるより後世《こうせい》、福《さいはひ》を祈《いの》るもの此杉《このすぎ》をとり家《いへ》に植《う》ゑ大神感納《おほかみかんなふ》ましませば蘇《い》きしからざれば枯《か》ると云《いへ》るより驗《しるし》の杉《すぎ》とよばる伴信友《はんのぶとも》の驗《しるし》の杉《すぎ》に云《いふ》、今《いま》も件《くだん》の古事《こじ》に倣《なら》ひて此神《このかみ》に祈願《きぐわん》して社邊《やしろのあたり》の木《き》を拔《ぬ》き持《も》ち來《きたり》て己《おの》が家《いへ》に植《う》ゆるに其木《そのき》蘇《い》くるは福《さいはひ》を得《う》、枯《か》るれば福《さいはひ》あらずと云《いへ》るよりこれによりて禱願《ねがひ》事《ごと》の成否《なるならぬ》を卜《うらなへ》る由《よし》なり(中略)さて件《くだん》の社《やしろ》の木《き》と云《い》へるは杉《すぎ》にて所謂《いはゆる》、稻荷山《いなりやま》の驗《しるし》の杉《すぎ》なるべし(中略)想《おもふ》に、そのかみ神《かみ》が白鳥《しらとり》と化《な》りて居《な》り給《たま》へる山峯《やまのみね》の杉《すぎ》の木《き》を驗《しるし》の杉《すぎ》と稱《とな》へ其處《そこ》に社《やしろ》を造《つく》りて後に所謂中社祭《まつり》たりけるを伊呂具《いろぐ》が苗裔《しそん》、其社邊《そのやしろのあたり》なる同《おな》じ木種《きだね》の杉《すぎ》を拔《ぬき》もて來《き》て己《おの》が家《いへ》に植《う》ゑたりしを世人《よのひと》もそれに倣《なら》ひて其社邊《そのやしろのへん》の同《おな》じ木種《きだね》の杉苗《すぎなへ》を拔《ぬき》て己《おの》れ〳〵が家《いへ》に植《う》ゑて幸福《かうふく》を求《もと》めたりけん斯《か》くて山上《やまのうへ》の社《やしろ》を今《いま》の地《ち》に遷《うつ》せる時《とき》(中略)舊《もと》の山《やま》の上《うへ》の驗《しるし》の杉《すぎ》の木種《きだね》の木《き》を今《いま》の中《なか》の社邊《やしろのへん》に移《うつ》し植《う》ゑて神木《しんぼく》として、それをお軈《やが》て驗《しるし》の杉《すぎ》と稱《とな》へしなるべし然《し》か名《な》を呼《よ》ぶ杉《すぎ》いまもあり扨又昔《さてまたむかし》は同《おな》じ木種《きだね》の杉多《すぎおは》かりけむを、それをもしるしの杉《すぎ》と呼《よ》びならひて其苗《そのなへ》を家《いへ》に引《ひ》き植《う》ゑもし、なべては夫《それ》をもとゝして其枝《そのえだ》をとりて挿《かざ》して還向《かへ》る例《れい》なるべし今《いま》も此社地《このしやち》の杉多《すぎおほ》かりしと云《い》へるは大神《だいじん》の神異《しんゐ》を驗《しるし》の杉《すぎ》に因《よ》り說《さ》けるものなり。

◉兵《へい》亂《らん》鎭《ちん》定《てい》の祈《き》請《せい》と神《しん》異《い》

人皇《じんわう》四十三代《だい》元明天皇《ぐわんめいてんわう》の和《わ》銅元年《どうぐわんねん》、石田臣深草《いしだのおみふかくさ》の縣主內舍人押《あがたぬしうちとねりおし》の使《つかひ》として奥州《おうしう》に赴《おもむ》き蝦夷《えぞ》の亂財《らんぞく》を征伐《せいはつ》せしめられし時《とき》に此飯生《このいひなり》の社《やしろ》に祈願《きぐわん》して遂《つひ》に蝦夷《えぞ》を平《たひら》げぬること春秋社日醮儀《しゆんじうしやじつしやうぎ》に説《と》けり爾後《じご》、海《かい》內不穩《だいふをん》の事《こと》あれば必《かなら》ず稲荷《いなり》大神《おほかみ》に祈請《きせい》して逆賊《ぎやくぞく》の誅戮《ちうりく》を爲《な》すことを得《え》たるもの枚擧《まいきよ》に暇《いとま》あらず特《とく》に天《てん》慶《けい》五年《ねん》の正《しやう》一位《ゐ》位《ゐ》階《かい》の昇進《しようしん》は明《あきらか》に逆賊誅戮《ぎやくぞくちうりく》に關《くわん》し神異《しんい》ありし結果《けつくわ》なりと傳《つた》ふまた平治物語《へいぢものがたり》の一節《いつせつ》に大貳《たいに》清盛《きよもり》平清盛は熊野《くまの》參詣《さんけい》を遂《とげ》ずして切目《きりめ》の宿《しゆく》より馳《は》せ上《のぼ》りけるが和泉《いづみ》、紀伊《きい》、伊賀《いが》、伊勢《いせ》の家人《けにん》等《ら》を待受《まちうけ》て大勢《たいぜい》になる（中略）先《ま》づ稲荷《いなり》の社《やしろ》に參《まゐ》り各々《おの〳〵》杉《すぎ》の枝《えだ》を折《をり》て鎧《よろひ》の袖《そで》に差《さし》て六波羅《ろくはら》へぞ着《つき》にけると記《しる》せり後《のち》、清盛合戰《きよもりかつせん》の度毎《たびごと》に必《かなら》す勝利《しようり》を得《え》たるは偏《ひとへ》に大神《おほかみ》の神異《しんい》によるものなりとて信仰《しんかう》ふかゝりしと傳《つた》ふ此等《これら》兵亂《へいらん》に關《くわん》する朝廷臣民《てうていしんみん》の祈禱《きたう》ありしに神異《しんい》の示現《じげん》新《あらた》かなるもの枚擧《まいきよ》に暇《いとま》あらずと云《いふ》。

◉五《ご》穀《こく》成《じやう》就《じゆ》の祈《き》禱《たう》

五穀成就《ごこくじやうじゆ》の祈禱《いのり》は八百《やほ》萬神《よろづのかみ》を祭《まつ》り其神異《そのしんい》を仰《あふ》ぐこと勿論《もちろん》なるも古來《こらい》、朝廷《てうてい》に祭《まつ》らせ給《たま》ふ處《ところ》の祈年《きねん》祭《さい》は崇神天皇《すじんてんわう》の朝《てう》に始《はじま》りたるものにして二月《ぐわつ》四日《か》を以《もつ》て該祭日《がいさいじつ》と爲《な》し給《たま》ふ而《しか》して其祭神《そのさいじん》三千一百三十一座《ざ》なるも其內《そのうち》、神祇官《しんきくわん》にて祀《まつ》る神《かみ》、七百三十七座《ざ》、幣《へい》を案上《あんじやう》に奠《てん》する大社《おほやしろ》三百四座《ざ》、今《いま》も昔《むかし》も變《かは》ることなし而《しか》して大神《だいじん》は五穀《ごこく》の祖神《そじん》に御座《おは》すを以《もつ》て以上《いじやう》、祈年祭《きねんさい》の案上《あんじやう》の名神《めいじん》たること當然《たうぜん》なり故《ゆゑ》に延《えん》喜《ぎ》式祝詞《しきのりと》のうちに大御膳神《おほみけのかみ》と御別名《ごべつめい》をしるされたるは是《こ》れ實《しつ》に天照大御神《あまてらすおほみかみ》の御膳神《みけのかみ》、皇孫《くわうそん》の御膳神《みけのかみ》に御在《おは》しまするを明《あか》せるものといふべしまた風雨《ふうう》に關《くわん》しても必《かなら》ず大神《おほかみ》の神德《しんとく》により五穀豐穰《ごこくほうじやう》なるべく祈《き》禱《たう》し神異《しんい》ありしもの也《なり》稲生美間田《いねなりみまた》の種《たね》に云《いつ》、紀州有田郡糸我《きしうありたのこほりいとが》の莊《しやう》に鎭《しづま》り座《ま》す稲生大明神社傳《いねなりだいみやうじんじやでん》に曰《いは》く往《むか》昔《し》、此處《ここ》に疫病流行《やくびやうりうかう》し五穀不熟《ごこくふじゆく》たりしに老翁一人來《らうをういちにんきた》りて稲葉《いなは》を持《も》ち告《つげ》ていふやう此稲葉《このいなは》にて祓《はらひ》すてよとあるを以《もつ》て農民敎《のうみんをしへ》の如《ごと》くにするに忽《たちま》ち平癒《へいゆ》すまた此稲種《このいなね》を莊中《しやうちう》にまくに大《おほい》に稔《みの》りし年《とし》ありたり仍《よつ》て此里《このさと》をば稲葉《いなは》の郷《がう》と云《いふ》かの老翁蠶《らうをうかひこ》を養《やしな》ひ糸《いと》を採《と》る事《こと》を敎《なし》ゆ故《ゆゑ》に糸我《いとが》の莊《しやう》ともいふ此垂迹《このすゐじやく》は都《みやこ》（山城稲《やましろいな》荷山《りやま》）より遥《はる》か前《まへ》にて此《この》こと都《みやこ》に聞《きこ》え朝廷《てうてい》にても評議《ひやうぎ》し給《たま》ふ時《とき》、山城國飯生山《やましろのくにいひなりやま》へ垂迹《すゐじやく》ありし故《ゆゑ》、郡《こほり》を紀伊郡《きいのこほり》と號《なづ》け給《たま》ふと記《しる》せり神德實《しんとくげ》に尊《たふと》きことかな。

◉止雨請雨《しうじやうう》の御祈禱《ごきたう》の神祕《しんぴ》

延喜式《えんぎしき》、祈雨祭神八十五座《きうさいじんはちじうござ》、竝大《なみたい》、稲荷社三座《いなりやしろさんざ》云々《うんぬん》と記《しる》されしを以《もつ》て雨降《あめふ》らざる時《とき》は必《かならず》名神大社《みやうじんたいしや》に祈請《きせい》せられ雨《あめ》を求《もと》められまた久《ひさ》しく雨《あめ》ふりて止《や》まず洪水《こうずゐ》の虞《おそれ》あるときまた洪水《こうずゐ》のため稲苗《いねのなへ》を損《そん》したる時《とき》、止雨《しう》の御祈請《ごきじやう》ありて夫々神異《それ／＼しんゐ》あり晴《は》れたりしこと皆《みな》、人《ひと》の知《し》る處《ところ》なりかの墨水消夏錄《ぼくすゐせうかろく》に記《しる》されし三園稲荷《みめぐり、なり》の　雩寶井其《あよごえたからゐき》角《かく》が

ゆふたちや田をみめぐりのかみならば

と一句《いつく》くちずさみて稲荷大神《いなりおほかみ》に雨《あめ》を祈《いの》りしにユタカの折句《をりく》神慮《かんごころ》にかなひしにや筑波《つくは》より雷《いかづち》鳴《な》りいだし雨盆《あめぼん》をくつがへすが如《ごと》くなりしはこれ大神《おにかみ》に請雨《じやうう》の祈《いのり》を爲《な》したる例《ためし》の一といふべし。

◉疾病《しつぺい》平癒《へいゆ》の祈請《きせい》と神異《しんい》

人皇《じんわう》六十二代村上天皇《だいむらかみてんわう》の天徳《てんとく》二年《ねん》五月《ぐわつ》廿四日《か》疫病《やくびやう》につき權少僧都《ごんせうそうづ》及《および》僧十口《そうじうこう》をして同《どう》廿六日《にち》まで三ヶ《さんか》日間《にちかん》、豐稔《ほうねん》を兼《か》ね仁王經《じんわうきやう》を轉讀《てんどく》して稻荷大神《いなりおほかみ》に神異《しんい》を祈請《きせい》せられしに疫病《やくびやう》漸々《ぜん〳〵》息《や》み年大《としおほい》に熟《じゆく》せしといふまた後一條天皇《ごいちでうてんわう》の治安元年《ちあんぐわんねん》四月《ぐわつ》廿六日《にち》より廿九日《にち》まで三ヶ《さんか》日間《にちかん》同《おな》じく仁王經《にわうきやう》を講演《かうえん》せしめられしに神異《しんい》ありしと云《いふ》猶《な》ほ此等《これら》の歷朝《れきてう》の實例《じつれい》頗《すこぶ》る多《おほ》し私人《しじん》に在《あ》りては源平盛衰記《げんぺいせいすゐき》に高博《たかひろ》、稻荷社《いなりのやしろ》琵琶《びは》のこと稻荷《いなり》の社《やしろ》に七ヶ日參籠《にちさんろう》して母《はゝ》の病《やまひ》を祈《いの》り申《まう》しけり第《だい》七日《にち》の夜《よ》、深更《しんかう》に及《およ》び心《こゝろ》をすまして琵琶《びは》を抱《いだい》て上《じやう》玄石象《げんせきしやう》の曲《きよく》を彈《だん》ぜしに折節《なりふし》、御前《ごぜん》の燈爐《ともしび》の火消《ひき》えなんとしけるを御寶殿《ごはうでん》の內《うち》より金《こがね》の扉《とびら》を開《ひら》き玉簾《たまのすだれ》を卷上《まきあげ》て卯童《あげまきわらは》一人出現《にんしゆつげん》し燈《ともしび》をぞ捧《さゝげ》ける高博《たかひろ》これを拜《はい》し奉《たてまつ》り神慮《しんりよ》の納受賴《なふじゆたのも》しく覺《おほえ》て卽《すなは》ち下向《げかう》したりければ母《はゝ》の重病《ぢうびやう》立處《たちどころ》に平癒《へいゆ》して更《さら》に恙《つゝが》なかりけるとこれ大神《おほかみ》の疾病《しつぺい》の神異《しんゐ》を載《の》せたるものなり。

（六）稻荷《いなり》の神體《しんたい》及《および》神鏡《しんきやう》

神體《しんたい》は正體《しやうたい》又《また》は御形《ぎよけい》とも靈體《れいたい》ともいふ扨《さて》神體《しんたい》に鏡《かゞみ》を以《もつ》てするものあり玉《たま》を以《もつ》てするものあり石《いし》を以《もつ》てするものあり兵器《へいき》を以《も》てするものあり影像《えいざう》を以《もつ》てするものあり兵器《へいき》には弓《ゆみ》あり矢《や》あり劍《つるぎ》あり矛《ほこ》あり

影像《えいざう》には木像《もくざう》あり畫像《ぐわざう》あり兩部神道《りやうぶしんだう》には佛菩薩《ぶつぼさつ》の像《ざう》を神體《しんたい》とするものあり此他《このほか》に鈴《すゞ》、笏《しやく》、釜其他器物《かまそのほかきぶつ》を以《もつ》てするものあり神名《しんめい》を記《しる》して神體《しんたい》と爲《な》すものありまた幣束《へいそく》を以《もつ》て神體《しんたい》と爲《な》すものゝ如《ごと》きは全《まつた》く後《こう》世《せい》の事《こと》なりと云《いふ》。釋日本紀《しやくにほんき》に大倭本紀《やまとほんき》一書《いつしよ》に曰《いは》く天皇《てんわう》の始《はじめ》て天降《あまくだ》り來《き》ます時《とき》ともに齋鏡三面子鈴一合《いつきかゞみさんめんこすゞひとふり》を副《そ》へ護《まも》らしめ給《たま》ふ想《おもふ》に一鏡及子《きやうおよびこ》鈴《すゞ》は天皇《てんわう》の御食津神《みけつのかみ》、朝夕《あさゆふ》の御食《みけ》、夜《よる》の護日《まもりひ》の護《まもり》、大神《おはかみ》と齋《いや》つき奉《たてま》つる御食津神《みけつのかみ》は倉稻魂神《うがのみたまのかみ》、即《すなは》ち稻荷大神《いなりおほかみ》に御在《おは》しますを以《もつ》て鏡及子《かゞみおよびこ》鈴《すゞ》を以《もつ》て稻荷大神《いなりおほかみ》と齋《い》つき奉《たてま》つる處《ところ》あるは以上《いじやう》の因縁《いんねん》によるものなり。

◉寶《はう》珠《じゆ》及《およ》び器《き》物《ぶつ》神《しん》體《たい》

江戸名所圖會《えどめいしよづゑ》に清水稻荷社《きよみづいなりしや》、駒形町《こまがたちやう》にあり往古《わうこ》、嘉承《かしよう》嘉祥或は承祖の誤ならんか年中《ねんちう》、弘法大師《こうはふだいし》東國遊化《とうごくいうくわ》のみぎりこの國《くに》に入《い》り給《たま》ひし頃《ころ》、靈告《れいこく》によつて如意《によい》寶珠《はうじゆ》を神體《しんたい》と爲《な》し稻荷《いなり》を勸請《くわんじやう》し給《たま》ふ抑々《そも〳〵》如意《によい》寶珠《はうじゆ》は眞言《しんごん》祕密《ひみつ》の最《もつと》も大切《たいせつ》と爲《な》せるものにして印度《いんど》にては之《これ》を眞陀摩《まだま》尼《に》といふ即《すなは》ち眞陀《まだ》は意《い》、摩尼《まに》は珠《じゆ》なり故《ゆゑ》にこの寶《たから》は大日經青龍疏《だいにちきやうせいりうそ》に會意《くわいい》して翻《ほん》して如意《によい》寶珠《はうじゆ》といふ所以《ゆゑん》は意《い》の求《もと》むる處《ところ》に隨《したがつ》て皆《みな》、滿足《まんぞく》するが故《ゆゑ》とあり又大日經大疏《まただいにちきやうだいそ》にも眞陀摩尼《まだまに》がもろ〳〵の寶《たから》の王《わう》たるが如《ごと》しとあるを以《もつ》て見《み》れば萬《よろづ》の寶《たから》を雨《あめ》らすと云《い》へる由來《ゆらい》もまた此《この》うちに籠《こも》れるものと知《し》るべく稻荷大神《いなりおほかみ》の如意《によい》寶珠《はうじゆ》の功徳《くどく》を自然《しぜん》に具備《ぐび》し給《たま》へること神使《かんづかさ》のうちの寶珠《はうじゆ》と鍵《かぎ》と題《だい》せる條《でう》に說《と》けるが如《ごと》きを以《もつ》て參照《さんせう》に任《まか》せ斯《こゝ》に省略《しやうりやく》せるか弘法大師《こうはふだいし》の此寶珠《このはうじゆ》を神體《しんたい》と爲《な》し給《たま》へること神佛幽契《しんぶついうけい》の義《ぎ》あるものなるにや。豐受大神《とようけおほかみ》は倉稻魂《うがのたまの》神《み》卽《すなは》ち稻荷大《いなりおほ》神《かみ》に御在《おは》せるを以《もつ》て豐受大神《とようけおほかみ》の神體《しんたい》は移《うつ》して稻荷《いなり》大神《おほかみ》の神體《しんたい》と爲《な》す事《こと》を得《う》るものならんか倭姬世紀《やまとひめせいき》に豐受大神一座《とようけおほかみいちざ》、相殿神三座《さうでんかみさんざ》(省略《しやうりやく》)土御祖神二座《つちみおやのかみにざ》、宇迦之御魂神《うがのみたまのかみ》の形《かたち》は寶瓶《はうへい》にて座《ま》します土《つち》の御祖神《みおやのかみ》は形《かたち》、鏡《かゞみ》にて座《おは》す御調倉神《みくらのかみ》、三狐神《みけのかみ》なり形《かたち》、尊《そん》の形《かたち》なり宇賀能美多摩神《うがのみたまのかみ》卽《すなは》ち保食神《うけもちかみ》これなり酒殿《さかどの》、神《かみ》形《かたち》、缶《ほどき》に座《おは》す卽《すなは》ち豐宇賀能比賣命缶《とようがのひめのみことほどき》に座《おは》せば丹波國竹野郡奈具社《たんはのくにたけのごほりなぐしや》に座《おは》せる神《かみ》と相同《あひおな》じ又北御門社《またきたみかどしや》の形《かたち》瓶《かめ》に座《おは》す(省略《しやうりやく》)以上《いじやう》、按《あん》ずるに稻荷《いなり》大神《おほかみ》の御別名《おんべつみやう》に照合《せうがふ》して大神《だいじん》の神德《しんとく》を分《わか》ち給《たま》へる時《とき》の御名《おんな》なるを思《おも》はば大神《おほかみ》の神體《しんたい》を各種《かくしゆ》の神器《しんき》にとり祀《まつ》り奉《たてまつ》れる事《こと》を知《し》るに足《た》らん。

◉稻荷大神《いなりだいじん》稻《いね》を荷《にな》ふ神體《しんたい》

稻《いね》を荷《にな》ふ神體《しんたい》は卽《すなは》ち神影《しんえい》なり神名帳考證土代《しんみやうちやうかうしようつちよ》附考《のふかう》に稻荷《いなり》の神影《しんえい》は山城國葛野郡梅尾高山寺閼伽井《やましろくにかづのごほりこがのをかうざんじあかゐ》坊《はう》に稻荷《いなり》の神影《しんえい》あり寬耀僧都《くわんようそうづ》の畫《ゑが》く處《ところ》なりと云《い》へり二十二社本緣《しやほんえん》に稻荷《いなり》の事《こと》、此社《このやしろ》をば常《つね》の說《せつ》には弘《こう》法大師《はふだいし》、東寺《とうじ》に住《すみ》たまひける時《とき》。御弟子《おでし》檜尾《ひのきを》の僧都《そうづ》實意《じつい》といふ人《ひと》、彼《か》の寺《てら》の南大門《みなみだいもん》に徘徊《はいくわい》せられけるに老翁嫗《らうをうは》の異體《いたい》なるが數多《あまた》の男子《だんし》眷屬《けんぞく》を率《ひき》ゐて稻《いね》を荷《になひ》て遠《とほく》より休息《きうそく》せらるゝ體《てい》、直《たゞ》の人《ひと》と見《み》えず僧都《そうづ》奇《き》なる思《おもひ》をなして大師《だいし》に告《つ》げ申《まう》す大師《だいし》出給《いでたま》ひて此人《このひと》を中門《ちうもん》の下《した》に招《せう》じ物語《ものがたり》し給《たま》ひけり(中略《ちうりやく》)當寺《たうじ》の佛《ぶつ》法《ほふ》を守《まも》り給《たま》へと宣《のたまひ》ければ承諾《しようだく》し座《おは》す(下略《げりやく》)これ此時《このとき》の形《かたち》を採《と》りて稻《いね》を荷《にな》へる神影《しんえい》をつくれるもの卽《すなは》ち以上《いじやう》、栂尾高山寺《とがのをかうざんじ》の大神《おほかみ》の御影《みかげ》なりと云《い》へど諸國里人談《しよこくりじんだん》、稲荷仕者《いなりししや》の條《でう》を見《み》るに東寺《とうじ》に休息《きうそく》したる稲《いね》を荷《にな》へる此老翁《このらうをう》は稲荷大神《いなりだいじん》にあらずして神使《かんづかひ》の靈狐《れいこ》なりと傳《つた》ふされば直《たゞち》に此神影《このしんえい》を以《もつ》て稲荷大神《いなりだいじん》と爲《な》すは神史《しんし》に暗《くら》き者《もの》といふべきか、もと大神《だいじん》は女體《ぢよたい》にて御座《おは》しませば神女形《しんによかた》にお座《は》しますならん由來《ゆらい》此老翁《このらうをう》の稲《いね》を荷《にな》ふ神影《しんえい》は世人《せじん》の大神《おほかみ》の神影《しんえい》と稱《しよう》し來《きた》れるものなるも予《よ》は之《これ》を神使《かんづかひ》なりと斷言《だんげん》せんとす

◉稲荷大神宇賀神《いなりだいじんうがじん》の神影《しんえい》

稲荷山《いなりやま》に詣《まう》でて神影《しんえい》を請《こ》ふ時《とき》、一幅《いつぷく》の畫像《ぐわざう》を授與《じゆよ》せらる其畫《そのぐわ》の神影《しんえい》は中央《ちうあう》の奥《おく》に三瓣寶珠《さんべんはつじゆ》在《あ》りて左《さ》右《いう》に俵《たはら》あり俵《たはら》より兩蛇頭《りやうじやかしら》をもたげて鍵《かぎ》と杉《すぎ》とを銜《ふく》み其次《そのつぎ》に白狐黑狐《びやくここくろきつね》をるものなり此御神影《このごしんえい》を按《あん》ずるに正《まさ》しく兩部神道《りやうぶしんだう》より出《い》でたるもの也故《なりゆゑ》に三瓣寶珠《さんべんはうじゆ》は如意寶珠《によいはうじゆ》にして福德圓滿《ふくとくゑんまん》をあらはすものなれば前説《ぜんせつ》せる該神體《そのしんたい》を參照《さんせう》せらるれば明白《めいはく》ならん又俵《またたはら》の上《うへ》の蛇《へび》は佛敎《ぶつけう》の宇賀神《うがのかみ》なり塵添壒囊抄《ぢんてんあいのうせう》に福神宇賀《ふくじんうが》神《じん》と申《まう》す心《こゝろ》いかん神代《かみよ》に伊邪冊尊《いざなぎのみこと》、よろづの神《かみ》を生《う》み給《たま》へるうちに倉稲魂命《うがのみたまのみこと》といふ神《かみ》を生《う》み給《たま》へるは稲《いね》をつかさどり給《たま》ふ神《かみ》なりウケといふ通音《つうおん》なれば宇賀《うが》と云《い》ひなしたるにや（中略《ちうりやく》）蛇《へび》を今《いま》の世《よ》に宇賀《うが》といふは宇賀神《うがじん》の蛇形《へびがた》、變《へん》じて人《ひと》に見《み》え給《たま》ふ心《こゝろ》か實《じつ》に蛇《ぢ》は何《なに》ばかりの福分《ふんぶん》かあらんと云《い》へるもの卽《すなは》ち此御神影《このごしんえい》の由《よつ》てつくられし所以《ゆゑん》なるべし鍵《かぎ》は神使《かんづかひ》の條《でう》に說《と》ける如《ごと》く大神《おほかみ》の倉廩《さうりん》を守《まも》り給《たま》ふ義《ぎ》にとれるものにて杉《すぎ》の事《こと》は驗《しるし》の杉《すぎ》に縷々《るゝ》したれば贅《ぜい》せずまた白狐《びやくこ》、黑狐《くろきつね》は已《すで》に神使《かんづかひ》のうちに說《と》ける靈狐《れいこ》なれば

該説《そのせつ》もまた省略《しやうりやく》して述《の》べざる事《こと》とせり。

◉稲荷大神天女形《いなりだいじんてんによがた》の神影《しんえい》

稲荷《いなり》神社考《じんじやかう》に茶吉尼《だきに》（人心《じんしん》を噉食《かんしよく》する鬼獣《きじう》）の形像《けいざう》は茶枳《だし》尼行軌《にぎやうき》などに委《くは》しく説《さ》かるれど密宗《みつしう》にて往古《わうこ》より相承《あひうけ》て天女《てんによ》の形像《けいざう》に造《つく》り來《きた》る由《よし》、密宗《みつしう》の僧《そう》は云《い》へり彼摩多羅神《かのまだらのかみ》（東寺《とうじ》守護《しゆご》の三面六臂《さんめんろくび》の夜叉神《やしやのかみ》）の左《さ》の面白色《めんはくしよく》なるを茶吉尼天《だきにてん》とするも天女《てんによ》の面相《めんさう》なるにやあらん後《のち》に他《た》の密宗《みつしう》にて此天女《このてんによ》の像《ざう》に稲荷《いなり》大神《おほかみ》の名《な》を假《か》り負《おは》せしより終《つひ》に誤《あやまつ》て稲荷《いなり》大神《おほかみ》を以上《じじやう》の如《ごと》き天女形《てんによがた》の女神《によしん》なりとする説《せつ》が出《い》で來《きた》れるなりけり（稲荷《いなり》大神《おほかみ》は女神《によしん》にて御座《おは》せり稲荷《いなり》神社考《じんじやかう》の此點《このてん》だけは僻説《へきせつ》なるべし）其初《そのはじめ》、茶吉尼《だきに》を忌《い》み憚《はゞか》りて稲荷《いなり》神使《かんづかひ》と云《い》へるより轉《うつ》りて茶吉尼天《だきにてん》の像《ざう》をも徑《たゞ》ちに稲荷《いなり》大神《おほかみ》とせし故《ゆゑ》に稲荷《いなり》大神《おほかみ》は女神《によしん》なりとさへ誤《あやま》るやうには成《なり》にける（下略《げりやく》）以上《いじやう》の説《せつ》により考《かんが》ふるに天女形《てんによがた》の大神《おほかみ》の御神像《ごしんざう》の誤《あやま》れる事《こと》、更《さら》にいふを俟《ま》たずまた神使《かんづかひ》の靈狐《れいこ》と茶吉尼《だきに》とは相同《あひおな》じからざるも茶吉尼《だきに》もまた印度《いんど》の狐屬《こぞく》の一種《いつしゆ》にして神《しん》佛混淆説《ぶつこんかうせつ》よりいふときは茶吉尼《だきに》は佛道《ぶつだう》を成《な》せる天等《てんとう》にして已《すで》に獣界《じうかい》を離《はな》れたるもの猶《な》ほ聖天《しやうてん》の如《ごと》きものなりと説《と》きまた稲荷《いなり》神使《かんづかひ》と稱《しよう》する事《こと》を得《え》るより本地垂迹説《ほんちすゐじやくせつ》を擴充《くわくじう》し大神《だいじん》の御神影《ごしんえい》を天女形《てんによがた》につくれるもの例之參州豐川稲荷《たとへばさんしうとよかはいなり》大神《おほかみ》の如《ごと》きものあれば祕《ひ》密辭《みつじ》林等《りんなど》はこれを神道《しんだう》の稲荷《いなり》大神《だいじん》にあらざる旨《むね》を明《あきらか》にせるを以《もつ》て唯一神道《ゆゐいつしんだう》としては此神像《このしんざう》をとらざるべき事《こと》なり。

日本紀記載

稲荷大神倉稲魂命

◉稲荷《いなり》大《だい》神《じん》神《しん》女《によ》形《がた》の神《しん》影《えい》

倉稲魂神《うがのみたまのかみ》即《すなは》ち稲荷《いなり》大神《おほかみ》は伊弉諾《いざなき》、伊弉美尊《いざなみのみこと》の生《う》み給《たま》へる處《ところ》の女神《によしん》にして其飢《そのう》かりける時《とき》なりしを以《もつ》て特《とく》に五穀成就《ごこくじやうじゆ》の神徳《しんとく》御在《おは》しませるのみならず衣《い》と住《ぢう》とを滿足《まんぞく》せしめ給《たま》ふ效驗《かうけん》炳《あきらか》なる神《かみ》なるを以《もつ》て上下《じやうか》の尊崇《そうすう》特《とく》に他《た》の神明《しんめい》に超《こ》えたり又女神《またによしん》に御座《おは》しませる證據《しようこ》は大神《おほかみ》の事《こと》を縷々《るゝ》せる中《うち》に就《つ》き之《これ》を見《み》るも明白《めいはく》にしてまた二十二社註式《しやちうしき》に稲荷《いなり》社《しや》、中社《なかのやしろ》、倉神魂神《うがのみたまのかみ》は百穀《ひやくこく》を播《ま》き給《たま》へる神《かみ》なり一名豊宇《いちめいとよう》氣姫命《けひめのみこと》、大和國廣瀨《やまとのくにひろせ》大明神《だいみやうじん》、伊勢下宮同體《いせげぐうどうたい》の神《かみ》、比賣《ひめ》大明神《だいみやうじん》と記《き》せるもの皆《みな》、ヒメの文字《もんじ》を用《もち》ひあるを見《み》れば明《あきらか》に其女神《そのによしん》にて御座《おは》せる事《こと》を知《し》るに足《た》るべき也故《なりゆゑ》に予《よ》は大神《おほかみ》の神影《しんえい》は必《かなら》ず神女形《しんによがた》につくりまたは畫《ゑが》きたてまつること神史《しんし》に照《て》らし當然《たうぜん》なるものなりと信《しん》ず。

（七）物《もの》の忌《い》みの神《しん》事《じ》

續群書類從《ぞくぐんしよるゐじう》に諸社禁忌《しよしやきんき》、稲荷《いなり》社家《しやけ》物忌令《ぶつきれい》の事《こと》を載《の》せ倶《とも》に觸穢《しよくゑ》の制《せい》を記《しる》せり抑々《そも〳〵》神《かみ》は清淨《しやうじやう》を好《この》み不《ふ》潔《けつ》を惡《にく》み給《たま》ふにより神事《しんじ》を行《おこな》ふには先《ま》づ潔齋《けつさい》して身心《しん〳〵》を清《きよ》め其他《そのほか》、神饌幣帛等《しんせんへいはくとう》總《すべ》て清淨《しやうじやう》を主《しゆ》とし汚《を》穢《くわい》に觸《ふ》れざらん事《こと》をつとめ然《しか》れども其間《そのあひだ》、避《さ》く可《べか》らざる事《こと》あり過誤《あやまり》に出《い》づる事《こと》あるを以《もつ》て穢觸の輕重《けいぢゆう》に従《したが》ひ日數《ひかず》の等級《とうきふ》を設《まう》け展轉遠近《てんてんゑんきん》の差《さ》により甲乙丙丁《かふおつへいてい》の區別《くべつ》を立《た》てたりされど觸穢《しよくゑ》の輕《かろ》きものは祓禊《はらひ》により之《これ》を清《きよ》むる事あり別《べつ》に說《と》く可《べ》きを以《もつ》て斯《こゝ》に贅《ぜい》せず仍《よつ》て便宜上《べんぎじやう》、觸穢《しよくゑ》を述《の》ぶるに先《さきだ》ち齋戒《さいかい》の一班《いつぱん》を述《の》べん。

●神事《じんじ》は必《かなら》ず齋戒《さいかい》すべき事《こと》

齋戒《さいかい》の期日《きじつ》は大祀《だいし》中祀《ちうし》小祀《せうし》の區別《くべつ》により異《こと》なれり大祀《だいし》は大嘗祭《だいじやうさい》、神宮《じんぐう》の事等《ことなど》にして一箇月《いつかげつ》齋戒《さいかい》す中祀《ちつし》は大中小社《だいちうせうしや》の大祭《たいさい》臨時《りんじ》祭勅祭《さいちよくさい》等《など》の時《とき》に三日《みつか》間齋戒《かんさいかい》す之《これ》を俗《ぞく》に二夜《にや》三日《さんにち》といふ小祀《せうし》の月次祭《げつじさい》または祈願《きぐわん》等《など》の時《とき》に一日齋戒《いちじつさいかい》す之《これ》を俗《ぞく》に一夜《いちや》神事《しんじ》といふ如此《かくのごとく》、其身《そのみ》に穢觸《くわいしよく》の事《こと》なしと雖《いへども》、神《かみ》を祭《まつ》るは神靈《しんれい》に交《まじ》はる事《こと》なればまづ齋戒《さいかい》を爲《な》し其日限《そのにちげん》を終《をは》りて清淨《しやうじやう》なる衣類《いるゐ》を着《ちやく》し燧《ひうち》を鑽《き》り火《ひ》を改《あらた》め清淨《しやうじやう》なる神饌《しんせん》を神前《しんせん》に供《きよう》し清淨《しやうじやう》なる心《こゝろ》もて祭儀《さいぎ》を行《おこな》ふにより神《かみ》は幽冥《いうめい》より降臨《かうりん》ましまし信仰者《しんかうしや》の願望《ぐわんばう》を達《たつ》せしめ給《たま》ふものなり此齋戒《このさいかい》の日《ひ》に就《つい》ては飮食《いんしよく》は勿論《もちろん》衣《い》服《ふく》其他《そのた》、婦人《ふじん》の觸《ふ》るゝを禁《きん》じ六根《ろくこん》悉《こと〲》く清淨《しやうじやう》なるべきものなり故《ゆゑ》に此時《このとき》に物忌《ものいみ》の札《ふだ》を建《た》つ南嶺遺稿《なんれいゐかう》に之《これ》を述《のべ》て曰《いは》く物忌札《ものいみふだ》は大切《たいせつ》の神事《しんじ》を行《おこな》ふ時《とき》、赤紙《あかがみ》を小《ちい》さく切《きり》て齋《いつき》と書《しよ》して側《かたはら》にて使《つか》ふ人《ひと》の髪《かみ》につけ置《お》く是《こ》れ古風《こふう》なり古來《こらい》は桃《もゝ》の木《き》の皮《かは》を去《さつ》てそれに書付《かきつけ》て髪《かみ》に付《つけ》たり今《いま》は紙《かみ》にて調《とゝの》ふ現今《げんこん》葵祭《あふひまつり》などの勅使《ちよくし》の家札《けらい》之《これ》をするなりまた玉海《ぎよくかい》に齋《ものいみ》のこと云々《うんぬん》佛法《ぶつぽふ》によるやう書《か》きあれど左樣《さやう》にてはなし神代《かみよ》の故事《こじ》と見《み》ゆ（中略《ちうりやく》）故《ゆゑ》に之《これ》を神事札《しんじふだ》ともいふ僧尼重輕服《そうにちようけいふく》のもの來《きた》り入《い》る可《べか》らず攝家方《せつけがた》に參《まゐ》る可《べか》らずとありと物忌《ものいみ》即《すなは》ち齋戒《さいかい》のうちの要意《えうい》は古來以上《こらいいじやう》の如《ごと》し心得《こゝろえ》ざる可《べか》らず。

◉心身《しんしん》の穢《けがれ》と神罰《しんばつ》の事《こと》

六根清淨《ろくこんしやうじやう》太祓《おほはらひ》のうちに我身《わがみ》は六根清淨《ろくこんしやうじやう》なり六根清淨《ろくこんしやうじやう》なるが故《ゆゑ》に五臟《ござう》の心靈安寧《しんれいあんねい》なり五臟《ござう》の心《しん》靈安寧《れいあんねい》なるが故《ゆゑ》に天地《てんち》の神《かみ》と同根《どうこん》なり天地《てんち》の神《かみ》と同根《どうこん》なるが故《ゆゑ》に萬物《ばんぶつ》の靈《れい》と同體《どうたい》なり萬物《ばんぶつ》の靈《れい》と同體《どうたい》なるが故《ゆゑ》に爲《な》す處《ところ》、願《ねがひ》として成就《じやうじゆ》せざる事《こと》なしと云《い》へるは六根《ろくこん》即《すなは》ち眼耳鼻舌身意《めみゝはなしたみこゝろ》ともに清淨《しやうじやう》にして神《かみ》を信仰《しんかう》し奉《たてま》つる時《とき》は如何《いか》なる願望《ぐわんばう》と雖《いへども》成就《じやうじゆ》せざる事《こと》なきを云《い》へるものなり而《しか》して之《これ》を心《こゝろ》と身《み》とに分《わかち》て說《と》くときは心《こゝろ》の穢《けがれ》は身《み》の穢《けがれ》より甚《はなは》だしく神《かみ》の納受《なふじゆ》なきを以《もつ》て千度萬度《せんごまんご》の步《ほ》を運《はこ》ぶも寸毫《すんがう》だも神《かみ》の靈驗《れいけん》なきもの也世《なりよ》に所謂《いはゆる》、三社《さんしや》の託宣《たくせん》といふものは皆《みな》、心《こゝろ》の穢《けがれ》に關《くわん》するものにして天照大神《あまてらすおほかみ》の託宣《たくせん》に謀計《ぼうけい》は眼前《がんぜん》の利潤《りじゆん》なりと雖《いへど》も、必《かなら》ず神明《しんめい》の罰《ばち》に當《あた》る正直《しやうぢき》は一旦《いつたん》の依怙《えこ》に非《あら》ずと雖《いへども》、終《つひ》に日月《じつげつ》の憐《あはれみ》を蒙《かう》むる八幡大神《はちまんたいじん》の託宣《たくせん》に鐵丸《てつくわん》の食《しよく》を爲《な》すと雖《いへども》、心《こゝろ》の汚《けが》れたる人《ひと》の物《もの》を受《う》けず銅焔《どうえん》を座《ざ》と爲《な》すと雖《いへども》、心《こゝろ》の穢《けが》れたる人《ひと》の處《ところ》に到《いた》らず春日大明神《かすがだいみやうじん》の託宣《たくせん》に千日《せんにち》の注連《しめ》を曳《ひく》と雖《いへども》、邪見《じやけん》の家《いへ》に到《いた》らず重服深厚《ぢゆうふくしんかう》たりと雖《いへども》、慈悲《じひ》の室《へや》に趣《おもむ》くべしとあるは心《こゝろ》の穢《けがれ》を惡《にく》み給《たま》へるものなりまた六根清淨《ろくこんしやうじやう》の大祓《おほはらひ》に天照皇大神《あまてらすすめおほかみ》宣《のたま》はく人《ひと》は天下《あまがした》の神物《みたまもの》なり靜謐《しづめしづまる》ことを掌《つかさ》どるべし心《こゝろ》は則《すなは》ち神明《かみ》の本《もと》の主《あるじ》たり心魂《たましひ》を傷《いたま》しむることなかれこの故《ゆゑ》に目《め》に諸々《もろ〳〵》の不浄《ふじやう》を見《み》て心《こゝろ》に諸々《もろ〳〵》の不浄《ふじやう》を見《み》ず耳《みゝ》に諸々《もろ〳〵》の不浄《ふじやう》を聞《きい》て心《こゝろ》に諸々《もろ〳〵》の不浄《ふじやう》を聞《きゝ》かず鼻《はな》に諸々《もろ〳〵》の不浄《ふじやう》を嗅《かい》で心《こゝろ》に諸々《もろ〳〵》の不浄《ふじやう》を嗅《か》がず口《くち》に諸々《もろ〳〵》の不浄《ふじやう》を言《いひ》て心《こゝろ》に諸々《もろ〳〵》の不浄《ふじやう》を言《い》はず身《み》に諸々《もろ〳〵》の不浄《ふじやう》を觸《ふ》れて心《こゝろ》に諸々《もろ〳〵》の不浄《ふじやう》を觸《ふ》れず意《こゝろ》に諸々《もろ〳〵》の不浄《ふじやう》を思《おも》ふて心《こゝろ》に諸々《もろ〳〵》の不浄《ふじやう》を想《おも》はず白衆《あきらけ》等《きひとたち》各々《おの〳〵》念《おもひ》たまへ此時《このとき》に清《きよ》く潔《いさぎよ》きことあり諸々《もろ〳〵》の則《のり》は影《かけ》の像《かたち》の如《ごと》し清《きよ》く淨《きよ》ければ假《かり》にも穢《けか》るゝことなし説《こと》を取《と》らば得可《うべか》らず皆《みな》、固《もと》より生業《このみのわざ》とはなるなりと記《しる》せり心《こゝろ》の穢《けがれ》を神《かみ》の厭《いと》ひ給《たま》ふこと推《お》して知《し》るべしされど眼《め》耳《みゝ》鼻《はな》舌《した》身《み》に諸々《もろ〳〵》の不浄《ふじやう》を觸《ふ》れ心《こゝろ》に諸々《もろ〳〵》の不浄《ふじやう》を觸《ふ》れ心神《しんじん》を傷《いた》ましめざる人稀《ひとまれ》なるべし於是乎《こゝにおいてか》、普通《ふつう》、身《み》の穢《けがれ》に觸《ふ》るゝをつゝしむとゝもに心《こゝろ》の穢《けがれ》に觸《ふ》るゝ事《こと》を愼《つゝし》むを以《もつ》て齋戒《さいかい》の本義《ほんぎ》となせり蓋《けだ》しこれ自然《しぜん》の結果《けつくわ》なるべきが身《み》の穢《けがれ》は次第《しだい》を逐《お》ひ之《これ》を説《と》かん。

◎出産《しゆつさん》及《および》胞《え》衣《な》穢《けがれ》の事《こと》

出産《しゆつさん》の穢《けかれ》は諸社禁忌《しよしやきんき》に稲荷《いなり》は三箇《か》日《にち》と記《しる》し稲荷《いなり》社家《しやけ》物忌令《ぶつきれい》にも産女穢《さんちよのけがれ》、三箇日《さんかにち》に以後《いご》生《うま》れ子《ご》は社《みや》參《まゐり》すべし母《はゝ》は百日《にち》以後《いご》に社參《みやまゐり》すべしと定《さだ》められたりされば他《ほか》の神社《じんしや》の穢日《けがれび》より短《みじ》かしといふべきか吉《よし》田《だ》家《け》日次記《につしき》に應永《おうえい》十年《ねん》十一月《ぐわつ》十三日丙辰《にちひのえたつ》、御靈社服忌令《ごりやうしやふくきれい》の事《こと》、彼《か》の神主《かんぬし》が予《よ》に相尋《あひたづ》ぬるの間《あひだ》（中略《ちうりやく》）かくの如《ごと》く書《かき》つかはせり一、産《さん》のけがれ産所《さんしよ》三十日《にち》なり七日《なのか》過《す》ぎては二轉三轉《にてんさんてん》（二轉三轉《にてんさんてん》は丙丁《へいてい》の穢《けがれ》にして乙《おつ》は一轉甲《いつてんかふ》は出産《しゆつさん》の夫婦《ふうふ》なり）を忌《い》まず、さりながら社參候《みやまゐりさふら》はんとての三日《みつか》（二夜三日《にやさんにち》なり）

は通達《つうだつ》をとゞめらるべしとされど稲荷《いなり》大神《おほかみ》の神事《しんじ》參詣《さんけい》には三箇日《かにち》の忌《いみ》を爲《な》すべきもの也實例《なりじつれい》は續古事《ぞくこじ》談《だん》に兵庫頭知定《へうごのかみこもさだ》といふ陪從《はいじゆう》ありけり(中略《ちうりやく》)臨時祭《りんじさい》に參《まゐ》りけるに舞殿《まひごの》にて鼻血《はなぢ》いでたりければ恐《おそれ》を爲《な》して罷《まか》り出《い》で思《おもふ》やう此産穢《このさんけがれ》の外《ほか》、不淨《ふじやう》の事なし此祟《このたゝり》にやと疑《うたが》ふ程《ほど》に知定《こもさだ》が娘《むすめ》の十許《とをばかり》なるが俄《にはか》に氣色變《けしきかは》り知定《こちさだ》を喚《よん》で謂《い》ふやう我《われ》は八幡《はちまん》の神使《かんづかひ》なり汝《なんぢ》を誡《いまし》めむとて來《きた》る也《なり》いかで産婦《さんぷ》と抱寢《だきね》して大菩薩《だいぼさつ》の寶前《はうせん》へ參《まゐ》るぞ仍《な》ほ御勘當《ごかんだう》ある也早《なりはや》く御神樂《おかぐら》をして勘當《かんだう》を許《ゆ》るすべし汝《なんぢ》が歌久《うたひさ》しく聞《き》かず我《わ》が愛《あい》する處《ところ》なり早《はや》く謠《うた》ふべし又蒜《またにんにく》、鹿《しか》さらに食《くら》ふ可《べか》らず大菩薩《だいぼさつ》惡《にく》み給《たま》ふものなり知定申《こもさだまう》すやう産穢《さんけがれ》を幾日忌《いくにちい》むべき女子《ぢよし》いはく三十日忌《にちい》むべし我《われ》、大人《おとな》に託《つく》べけれども一に疑《うたが》ひあるべし二に穢《けがら》はし幼《いとけな》きものは疑《うたがひ》なく穢《けがら》はしからず是故《このゆゑ》に託宣《たくせん》するなりとて覺《さめ》にけり知定《こもさだ》、人々《ひとぐ》を語《かた》らひ八幡《はちまん》に參《まゐつ》て御神樂《おかぐら》を行《おこな》ひけりとされば稲荷大神《いなりおほかみ》の産稲《さんけがれ》は三箇日《さんがにち》なるも夫《をつと》は猶《な》ほ三十日忌《にちい》むてと然《しか》るべきか因《ちなみ》に馬牛羊犬豚《うまうしひつじいぬふた》の産穢《さんけがれ》三日《か》なれど鷄《にはとり》に忌《い》まずと云《いふ》。

◉死《し》亡《はう》の穢《けかれ》の時注意《じきちうい》

死《し》亡《はう》の區別《くべつ》に病氣《びやうき》による死亡《しはう》と殺傷《さつしやう》による死亡《しはう》ありまづ病氣《びやうき》による死亡《しはう》を述《の》ぶれば諸社禁忌日《しよしやきんきび》稲荷《いなり》三十日《にち》と記《しる》せり而《しか》して殺傷《さつしやう》によるものは觸穢《しよくくわい》問答《もんだふ》に問《とふ》て云《いふ》、人《ひと》を殺害《さつがい》するもの殺《ころ》して觸穢《しよくくわい》するや否《いな》、答《こたへ》に斬捨《きりすて》は當日《たうじつ》ばかりなり、すゑ物《もの》は三十日《にち》、中右記《ちういうき》の文《ぶん》に據《よ》れば古《いにしへ》は切捨《きりすて》もまた死穢《しにけがれ》と同《おな》じく三十日《にち》の穢《けが》れとせりと仍《よつ》て案《あん》ずるに殺傷《さつしやう》による死亡《しばう》は戰時事變《せんじじへん》または過失《くわしつ》にあらざる限《かぎ》りは現在《げんざい》なきものなれば深《ふか》く之《これ》を說《と》かずして病氣《びやうき》による死亡《しばう》を說《と》けば六親等內《ろくしんとうち》の親屬《しんぞく》なるときは定例《ぢやうれい》の服忌《ぶくき》を受《う》くるものなれば死穢《しにけがれ》は當然《たうぜん》いむ可《べ》きことなるも親疎《しんそ》の區別《くべつ》に就《つい》て以上《いじやう》の如《ごと》く五十日《にち》と三十日《にち》あるを知《し》るべし故《ゆゑ》に六親等內《ろくしんとうち》の親族《しんぞく》は五十日死穢《にちしにけがれ》なれば稻荷大神《いなりおほかみ》に參詣《さんけい》を爲《な》しまたは神事《しんじ》を行《おこな》ふ事《こと》を得《え》ず疎遠《そゑん》なるものと雖《いへ》ども死人《しにん》の在所《ざいしよ》の甲《かふ》は三十日死穢《にちしにけがれ》を受《う》くべく其他《そのほか》は甲乙丙丁《かふおつへいてい》の轉忌《てんき》の例《れい》によるべしいま死《し》人《にん》をかく禁忌《きんき》する所以《ゆゑん》は人《ひと》の死亡《しばう》は穢《けがれ》のうち最《もつと》も重大《ぢうだい》なるものなれば也其實例《なりそのじつれい》は日本紀略《にほんきりやく》に寛仁《くわんにん》二年《ねん》五月《ぐわつ》十二日癸酉《にちみづのとゝり》瀧口《たきぐち》の陣《ぢん》の雜仕《ざつし》の女《ちんな》、本所《ほんしよ》に頓《とみ》に滅《し》す仍《よつ》て內裏《だいり》三十日《にち》の穢《けがれ》、出來《でき》しを以《もつ》て左右《さいう》の衞《ゑい》士《し》に玄輝門《げんきもん》の方《はう》へ取出《とりいだ》さしむ二十四日乙酉《きのとゝり》、丹生貴船《にぶきぶね》の二社《にしや》に奉幣《ほうへい》し祈《いの》るによる但《たゞし》、左衞門《さゑもん》の陣《ぢん》の外《ほか》に之《これ》を發遣《はつけん》せらる宣命《せんめう》は穢《けか》れざる紙《かみ》を以《もつ》て用《もちひ》て奏聞《そうもん》せずと以《もつ》て死穢《しにけがれ》の重《おも》きを知《し》るべし因《ちなみ》に馬牛《うまうし》羊《ひつじ》鷄《にはとり》犬豚《いぬぶた》の死穢《しにけがれ》は五日《か》、甲乙《かふおつ》二轉之《にてんこれ》をいむと云《いふ》。

◉穢《けか》れ火《び》の注意《ちうい》の事《こと》

正親町公通卿神度《おふぎまちきんみちきやうしんご》雜話《ざつわ》に水火《すゐくわ》の穢《けがれ》、水《みづ》の穢《けかれ》は見《み》やすく火《ひ》の穢《けがれ》は見《み》がたし故《ゆゑ》に火《ひ》を忌《い》むこと重《おも》しと神《しん》事《じ》に與《あづ》かるものまたは神《かみ》に參詣《さんけい》するものは實《じつ》に穢《けが》れ火《び》を愼《つゝ》しまざる可《べか》らず王手襷《たまだすき》にこの忌火《いみび》の事《こと》を詳《つまびらか》に說《と》けり曰《いは》くいと古《ふる》き昔《むかし》より大切《たいせつ》の神事《しんじ》を行《おこな》ふ時《とき》に前齋《ぜんざい》とて七日《か》がほど火《ひ》を改《あらた》め淸《きよ》むることあるは其《それ》まで體《からだ》に受《う》け納《をさ》めたる火《ひ》と今改《いまあらた》めたる清火《きよめび》と替《かゆ》る法《はふ》なるが此《これ》は皇國《みくに》のみならず唐土《から》にも此事《こふこと》あるは共《とも》に神世《かみよ》に伊《い》邪《ざ》那《な》美大神《みのおほかみ》の火《ひ》の神《かみ》を生《う》み給《たま》へる時《とき》に夫穢《おつこかみ》に七日《か》七夜《や》のほど我《われ》を見《み》たまふなと申《まう》して石屋《いはや》に籠《こも》り居《り》ませる故實《こじつ》の存《のこ》り傳《つたは》れるものなり道《みち》に志《こゝろざ》さむ人《ひと》は深《ふか》く此旨《このむね》を思《おも》ふべし然《しか》れば常《つね》にも此意《このこゝろ》ばへを忘《わす》れず日々《にち〳〵》に用《もち》ふる火《ひ》に汚氣《けがれけ》の牽《いた》らざるべく心《こゝろ》をつけ或《あるひ》は他處《よそ》にて心《こゝろ》ならぬ異火《ことび》を食《は》める時《とき》などは天香山《あまのかぐやま》の火《ひ》を念《ねん》じ祝《しゆく》して食《く》ふべき事《こと》なりとぞ思《おも》ゆるものなりと故《ゆゑ》に以上《いじやう》、說《と》ける處《ところ》の各種《かくしゆ》の穢《けがれ》ある人《ひと》のふれたる火《ひ》に燒《や》きまたは炊《た》き煮《に》たる食物《しよくもつ》又《また》は飲料《いんれう》を喫《きつ》したる時《とき》は神事《しんじ》に與《あづ》かりまたは神拜《しんぱい》し參詣《さんけい》すれば必《かなら》ず祟《たゝり》を受《う》くるものなりまた玉手繈《たまだすき》のうち　猪肉《しゝのにく》と葱《ねぎ》とを煮《に》たる穢《けが》れ火《び》に暖《あたゝ》めたる酒《さけ》をのみ神《かみ》の祟《たゝり》を受《う》け腹痛《ふくつう》を起《おこ》し或《あるひ》は腹立《はらた》たしく火災《くわさい》起《おこ》れる事《こと》をのせ、また、おほうみのはしに久世《くぜ》大納言《だいなごん》、神々《がみ〳〵》に參詣《さんけい》の折《をり》ふし湯《ゆ》あみせられしに此湯《このゆ》穢《けが》れあり火《ひ》を改《あらた》めよと命《めい》ぜられしに果《はた》して火《ひ》をたけるものゝ呑《の》める烟草《たばこ》は穢《けが》れたる人《ひと》より送《ちく》りたるものなりし事《こと》をのせられたる等枚擧《などまいきよ》に暇《いとま》あらず故《ゆゑ》に能登志《のとし》に一《いち》の宮村《みやむら》の風俗《ふうぞく》を說《こい》て曰《いは》く此一村《このいつそん》は氣多《けた》の社地《しやち》にして火《ひ》を齋《い》むこと甚《はなは》だし婦人月水《ふじんげつすゐ》などには家々《いへ〳〵》家腰《やごし》に別《べつ》家《け》ありて籠《こも》るものなり產婦《さんぷ》は山《やま》に出《い》で小屋《こや》を掛《かけ》て產《さん》するとぞ其外《そのほか》、當社《たうしや》は他《ほか》と違《ちが》ひ社格樣々《しやかくさま〳〵》あり嚴重《けんぢう》なり昔《むかし》は一國當社《いつこくたうしや》の守地《まもりち》なれば　如此《かくのごとく》、火《ひ》を齋《い》む故《ゆゑ》に能登《のと》に限《かぎ》り產《さん》したる新忌《にひいみ》の中《なか》を小屋《こや》の內《うち》と云《い》へりと而《しか》して稻荷社家《いなりしやけ》物忌令《ぶつきれい》には二親《ふたおや》の服《ふく》、同火《おなしくひ》は七日《か》之《これ》を忌《い》む輕服《けいふく》なれば　同火《おなじくひ》は三日《か》之《これ》を忌《い》むと記《しる》せり神祇《しんき》道服紀《だつふくき》令祕《れいひ》抄《さう》には鹿食《かぐひ》の合火事《あひびのこと》、鹿食人《かぐひびと》(甲)と合火《あひび》(乙)は五十日穢《にちけがれ》なり合火《あひび》の人《ひと》にまた合火《あひび》

(丙)三十日《にち》の穢《けがれ》なり合火《あひび》せずとも鹿食《かぐひ》の人《ひと》と同家《ごつけ》せば五日《か》を隔《へだ》て社參《みやまゐり》すべしと其他《そのた》の獸類《じつるゐ》の肉《にく》を燒《や》き煮《に》たる日《ひ》は五日《か》なるべきか潔齋《けつさい》は 如此《かくのごとく》、嚴重《げんぢう》なるものなり是以《これをもて》、古來《こらい》別火《べつくわ》の事《こと》あり大神宮儀式解《だいじんぐうぎしきかい》に忌火《いみび》は他火《たのひ》にふれず之《これ》をたき用《もち》ゆ汚穢《をくわい》不淨《ふじやう》に與《あづか》らじと清火《きよめび》をまうけ炊《かし》ぎたるものなりと說《と》けるは別火《べつくわ》にして普通《ふつう》、潔齋《けつさい》したる男子《だんし》のみ飲食《いんしよく》を調《とゝの》へまたは神饌《しんせん》をたてまつるを法《はふ》とす名《な》づけて忌火《いみび》の御飯《ごはん》といふ朝廷《てつてい》に於《お》かせられても神事《しんし》には必《かなら》ず忌火《いみび》の御飯《ごはん》を神祇《しんき》に供《そな》へらるゝを常《つね》とす穢火《けがれび》のつゝしむべきことかく重《おも》く大《だい》なりしものなり。

(八) 御祓《おはらひ》及《およ》び大麻《おほぬさ》の由來《ゆらい》

常基古今雜事記《つねもとここんざつじき》に御祓大麻《おはらひおほあさ》の事《こと》、御祓《おはらひ》と云《いふ》は念《こゝろ》を靜《しづか》にして口《くち》にてはらひ淸《きよ》め申《まう》す所《ところ》を以《もつ》て御祓《おはらひ》といふなり大麻《おほあさ》といふは祓《はらひ》の具《もの》なり今《いま》シデを付《つ》け檜《ひのき》をはりたるを祓《はらひ》といふ是《こ》れ大麻《おほあさ》なり此大麻《このおほあさ》に口《くち》にて祓《はらひ》を申《まうし》こめたるを御祓大麻《おはらひおほあさ》といふなり大麻《おほあさ》の時《とき》に麻《あさ》といふ字《じ》を書《かく》は 古《いにしへ》は紙《かみ》なし大麻《おほあさ》のシデに麻《あさ》をつく今紙《いまかみ》を以《もつ》てシデにして麻《あさ》にかへたり故《ゆゑ》に大麻《おほあさ》の時《とき》に麻《あさ》といふ字《し》を書《か》くなり(中略《ちうりやく》)また或說《あるせつ》に紙木《かみのき》は麻《あさ》に似《に》たる故《ゆゑ》を以《もつ》て麻《あさ》にかへたりとまた一說《せつ》に紙《かみ》とも云《い》ひ麻《あさ》をエソとも云《い》へば一理《いちり》あるものかと謂《い》へり此等《これら》は御祓大麻《おはらひおほあさ》を說《と》けるものと謂《いふ》べし。

大麻《おほあさ》はまた一《いつ》にキホヌサとよみぬ抑々《そも〳〵》ヌサは古事記傳《こじきでん》の奴佐《ぬさ》にして同書《どうしよ》に奴佐《ぬさ》は神《かみ》に手向《たむく》るものを云《いひ》、また祓《はらひ》に出《いだ》すものをもいふ名義《めいぎ》は禱布佐《ねぎふさ》にて事《こと》を乞《こ》ひ禱《ね》ぐとて出《いだ》すよしなり祓《はらひ》の奴佐《ぬさ》も其罪穢《そのつみけがれ》を除《のぞ》き淸《きよ》め給《たま》へと禱《ね》ぐ意《こゝろ》を以《もつ》て出《いだ》すものなれば神《かみ》に獻《たてまつ》りて禱《ね》ぐと意《い》はゞ一《ひと》ツなりと說《と》けり而《しか》して世俗《せぞく》に大麻《おほあさ》は是白幣《これはくへい》と書《しる》すものにして決《けつ》して祓札《はらひふだ》にあらざるなり然《しか》れども伊勢神宮《いせじんぐう》にては祓札《はらひふだ》を大麻《おほあさ》と稱《しよう》し或《あるひ》は御祓《おはらひ》ともまた玉串御祓《たまぐしおはらひ》とも稱《しよう》せり想《おもふ》に玉串《たまぐし》は木綿《もめん》をつけたる榊《さかき》の事《こと》にて之《これ》も祓札《はらひふだ》にはあらざれど祓式《はらひしき》に玉串《たまぐし》を用《もち》ゐるより祓札《はらひふだ》をば直《たゞち》に玉串《たまぐし》とも云《いひ》つるものなり又祓箱《またはらひのはこ》に千度祓萬度祓《せんどはらひまんどはらひ》と稱《しよう》するは祓《はらひ》を修《な》せし數《すう》を擧《あ》げたるなり凡《おほよ》そ足利氏《あしかゞし》の頃《ころ》よりして伊勢神宮《いせじんぐう》、稻荷大神《いなりおほかみ》を始《はじ》め各大社《かくたいしや》より每年恒例《まいねんこうれい》として御祓《おはらひ》の札《ふだ》を將軍家《しやうぐんけ》に進獻《しんけん》することゝなり又其後《またそのご》、歲々《さい〳〵》人《ひと》を諸國《しよこく》に遣《つかは》して之《これ》を配布《はいふ》し普《あまね》く參拜《さんぱい》の人《ひと》にも授與《じゆよ》することゝなれり、是《こゝ》に於《おい》て每戶《まいこ》これを家內《かない》に奉安《ほうあん》し其神《そのかみ》の靈代《たましろ》として之《これ》を齋《いは》ひ奉《たてま》つる事《こと》となれり就中《なかんづく》、伊勢神宮《いせじんぐう》と相俱《あひとも》に萬民每戶《ばんみんまいこ》に齋《いは》ひ奉《たてま》つる神《かみ》は稻荷大神《いなりおほかみ》の御祓大麻《おはらひおほあさ》なること是《こ》れ衣食住《いしよくぢう》の大神《おほかみ》の神德《しんとく》を渴仰《かつかう》せるが故《ゆゑ》なり。

◉祓《はらひ》のうちの種々《くさ〴〵》の罪《つみ》

按《あん》ずるに祓《はらひ》とは災厄《わざはひ》を拂《はら》ひ吉祥《さいはひ》を求《もと》め穢《けがれ》を去《さ》り淸《きよ》きにつき惡《あく》を除《のぞ》き善《ぜん》に就《つ》かんとて祈禱《きたつ》、祭祀《さいし》、奉幣《ほうへい》或《あるひ》は參詣《さんけい》の時《とき》、豫《あらかじ》め行《おこな》ふものをいふ而《しか》して其沿革《そのえんかく》は種類《しゆるゐ》により之《これ》を二《ふた》つに分《わか》つ穢《けがれ》の祓《はらひ》は伊弉諾尊《いざなぎのみこと》が伊弉美尊《いざなみのみこと》を慕《した》ひて黄泉《よみぢ》に到《いた》り身體衣類《しんたいいるゐ》ともに穢《けが》れ給《たまひ》ぬるを以《もつ》て筑紫《つくし》の日向《ひうが》の橘《たちはな》の小門《こご》の阿波岐《あはき》が原《はら》に禊《みそぎ》の祓《はらひ》を行《おこな》ひ給《たま》ふ卽《すなは》ち禊《みそぎ》は身《み》を滌《すそ》ぐ義《こゝろ》にして祓《はらひ》は穢《けがれ》を拂《はら》ひ除《のぞ》く意《こゝろ》なり罪《つみ》の祓《はらひ》は天《あま》ッ罪《つみ》、國《くに》ッ罪《つみ》ありて中臣大祓《なかとみのおほはらひ》のうちに載《の》せられたり是《こ》れ素盞嗚命《すさのをのみこと》の惡行《あくぎやう》に對《たい》して行《おこな》ひ給《たま》ひしものにして天《あま》ッ罪《つみ》は天《てん》にて行《おこな》ひ給《たま》ひし罪《つみ》、國《くに》ッ罪《つみ》とは豐葦原中國《とよあしはらなかつくに》にて行《おこな》ひ給《たま》ひし罪《つみ》なりともに祓所神《はらひどのかみ》に向《むか》つて爲《な》すことにして神《かみ》代《よ》の昔《むかし》、祓《はらひ》を以《もつ》て人《ひと》をこらしたる事《こと》あり後《のち》、祓具《はらひもの》は善《ぜん》と惡《あく》二《ふた》つに對《たい》して行《おこな》はるゝに及《およ》び祓《はらひ》は全《まつた》く禍《わざはひ》を轉《てん》じて福《ふく》を招《まね》く事《こと》とはなりぬ故《ゆゑ》に稲荷大神《いなりおほかみ》の神前《しんぜん》に於《おい》て祓《はらひ》を爲《な》すはまた以上《いじやう》の變遷《へんせん》を經來《へきた》れる結果《けつくわ》なりと知《し》るべし。

◉祓《はらひ》に稲《いね》を用《もちひ》る故實《こじつ》の神祕《しんぴ》

稲《いね》は成熟《せいじゆく》したる後《のち》みなとりて米《こめ》と爲《な》すを以《もつ》て神前《しんぜん》に捧《さゝ》ぐる米《こめ》をば初穗《はつほ》と稱《しよう》す是《こ》れ深《ふか》き故實《こじつ》あるものにして稲生美間田《いなりみまだ》の種《たね》に米《こめ》をウチマツキといふは神前《しんぜん》に捧《さゝ》ぐる時《とき》に打《うち》まく祓《はらひ》の名《な》なりと說《と》けり、抑々《そも〳〵》此義其沿革《このこゝろそのえんかく》は中臣大祓圖會《なかとみおほはらひづゑ》に祓《はらひ》といふ字《じ》を禾篇《のぎへん》に作《つく》れること和字《わじ》にて地神三代《ぢしんさんだい》に瓊々杵尊《ににぎのみこと》、日向《ひうが》の國《くに》高千穗《たかちほ》の峯《みね》に降臨《あまくだり》の時《とき》、俄《にはか》に雲霧《うんひ》たち塞《ふさがり》たるに稲《いね》の穗《ほ》を捧《さゝ》ぐる神《かみ》ありて是《これ》を以《もつ》て祓《はら》ひ給《たま》へば忽《たちま》ち晴《せい》天白日《てんはくじつ》となり神路《かみぢ》障《さは》りなかりしと云《い》へり此故《このゆゑ》に神事《しんじ》の先《さき》に散米《さんまい》をなすこと是《これ》よりの法例《はふれい》なりと風土記《ふうどき》に見《み》えたり今《いま》にもこの峰《みね》に蒔《ま》かざるに年々《とし〴〵》水《みづ》なき處《ところ》に晩稲《おくて》或《あるひ》は早稲《わせ》等種々《とうしゆ〴〵》ありて秋毎《あきごと》に變《かは》りて生《しやう》ずといひこれを祓《はらひ》を爲《な》す時《とき》に稲《いね》即《すなは》ち米《こめ》をまく故實《こじつ》と傳《つた》ふされば皇孫瓊々杵尊《くわうそんににぎのみこと》は倉稲魂《うかのみたま》の御力《おちから》により豐葦原中《とよあしはらのなかつ》國《くにわ》我が日本《にほん》に障《さは》りなく降臨《あまくだり》し給《たま》へるものと謂《い》はざる可《べか》らず。

◉御《お》祓《はらひ》大麻《おほぬさ》の神異《しんい》

伊勢《いせ》大神宮神異記《だいじんぐうしんいき》に慶安三年十月《けいあんさんねんじうくわつ》に御師《おんし》弘宣《ひろのぶ》は下野國《しもつけのくに》より常陸國水戸《ひたちのくにみと》へ行《ゆ》き大麻《おほあさ》を賦《くば》りけるに那珂《なか》の湊《みなと》といふ處《ところ》のもの七百軒《しつひやくけん》の中《なか》にたゞ一軒《いつけん》吾《われ》は一向宗《いつかうしう》なりとて大麻《おほあさ》を拒《こば》みぬる間《あひだ》、彼《かれ》が心《こゝろ》に任《まか》せけるに其夜《そのよ》かの一向宗《いつかうしう》の家《いへ》より火出《ひい》で燒《やけ》にけり其火災者《そのやけしもの》は云《いふ》に及《およ》ばず那珂《なか》の湊《みなと》の人皆驚《ひとみなおどろき》て大神宮信仰《だいじんぐうしんかう》の處《ところ》たゞ一家《いつけん》の火災《くわさい》は神罰《しんはつ》なりとて明朝水戸《みやうてうみと》へ來《きた》り色々懇望《いろ〳〵こんはつ》して大麻《おほぬさ》を頂戴《ちやうだい》し其後《そののち》は彼一向宗《かのいつかうしう》の人大神《ひとだいじん》宮信仰深《ぐうしんかうふか》くなりぬと記《しる》せり伊勢神宮天照大神《いせじんぐうあまてらすおほかみ》は國家宗廟《こくかそうびやう》の靈神《れいじん》に御座《おは》しまし且《か》つ倉稲魂神《うかのみたまのかみ》即《すなは》ち稲荷《いなり》大神《おほかみ》は此天照大神《このあまてらすおほかみ》の御膳神《みけのかみ》として祭《まつ》らせ給《たま》ふ外宮豐受大神《げくうとようけのおほかみ》なれば稲荷大神《いなりおほかみ》の御祓大麻《おはらひおほぬさ》の神異《しんい》たつときこと更《さら》に言《ことは》を費《つひ》やさずして明《あきら》かなり。

（九）神符《しんぷ》の神祕《しんぴ》及《および》神符《しんぷ》の由來《ゆらい》

神符《しんぷ》は諸社《しよしや》より信徒《しんと》に授《さづ》くる者《もの》にして之《これ》を神棚《かみだな》に安置《あんち》し門戸《もんこ》に貼《は》り嚢《ふくろ》に納《おさ》め或《あるひ》は身體《しんたい》に帯《お》び以《もつ》て災《さい》

異《い》をはらひ福壽《ふくじゆ》を招《まね》くものなり而《しか》して其功德《そのくどく》は神威《しんゐ》によりて特殊《とくしゆ》なるものありと雖《いへども》、一般《いつはん》に信徒《しんと》の渴《かつ》仰《かう》により如何《いか》なる願意《ねがひ》をも達《たつ》し得《う》るものなり古來《こらい》、此起《このき》源《げん》に就《つ》き未《いま》だ詳《つまびら》かなるもののあるを聞《き》かざるも道家《だうけ》の靈符《れいふ》に倣《なら》ひて作《つく》り出《だ》されし事《こと》みな人《ひと》の信《しん》ずる處《ところ》なり故《ゆゑ》に秦山集《しんさんしふ》に靈印靈符《れいいんれいふ》は仙家《せんけ》に出《い》づ異國《いこく》の傳來《でんらい》にならひたるものなり鎭宅靈符《ちんたくれいふ》緣起《えんき》集說《しふせつ》に吾《わ》が朝《てう》に靈符《れいふ》を板《いた》に彫《ほ》ることは人王《にんわう》四十五代聖武天《だいしやうむてん》皇《わう》の御宇《みよ》、天平《てんへい》十二庚辰年《かのえたつごし》に肥後國《ひごのくに》八代郡白木山神宮寺《しうごほりしらきやましんぐうじ》に於《おい》てこれを梓《あづさ》に鏤《ちりは》めしが其時《そのとき》の板《いた》いま滅《めつ》せりとされば神社《じんじや》の神符《しんぷ》は聖武《せうむ》天皇《てんわう》以後《いご》のものなるべし。

神符《しんぷ》を封《ふう》ずる事《こと》は祈禱加持《きたうかぢ》の心《こゝろ》を物《もの》に封《ふう》じとめて神《かみ》が其物《そのもの》を帶《おぶ》る人《ひと》、其物《そのもの》を安置《あんち》する處《ところ》を守護《しゆご》し給《たま》ふ義《わけ》なり故《ゆゑ》に其祈禱《そのきたう》の年月日時《ねんげつにちじ》を記《しる》し祈禱者《きたうしや》の姓名《せいめい》を記《しる》すは其時《そのとき》の心化《しんくわ》の靈《れい》を封《ふう》じとゞめて存在《そんさい》せしめ永《なが》く守護《しゆご》を祈《いの》り禱《いの》る意《こゝろ》なるを以《もつ》て神符《しんぷ》の功驗《こうけん》の炳《あきらか》なる事《こと》いふを俟《ま》たずして明《あきら》かなり而《しか》して祈《いの》る處《ところ》の品《しな》かはるを以《もつ》て神符《しんぷ》の書《か》きやうに品々《しな〴〵》あるも其心化《そのしんくわ》の靈《れい》を物《もの》にとゞめて守護《しゆご》をいのるは異《こと》なれることなし故《ゆゑ》に神符《しんぷ》は決《けつ》して文字《もじ》をしるすのみのものにあらず時《とき》に玉鏡劍《たまかゞみつるぎ》または木石等《ほくせきとう》の形《かたち》を以《もつ》て祈禱《きたう》者《しや》の心化《しんくわ》の靈《れい》をとゞむることあり大概《たいがい》その神《かみ》の好《この》ませ給《たま》ふ處《ところ》、或《あるひ》は神使《かんづかひ》、持器《ぢき》を顯《あら》はし之《これ》が文字《もじ》をしるしまたは神《かみ》の御名《おんな》をあらはせる事多《ことおほ》し此等《これら》は各神社《かくじんじや》に夫々《それ〴〵》、口傳《くでん》あり之《これ》を一々《いち〳〵》しるす能《あた》はざれど神《しん》符《ぷ》の功驗《こうけん》とその作法《さはふ》は以上《いじやう》の如《ごと》きものなり。

◉神符《しんぷ》及《および》神符《しんぷ》の靈異《れいい》

橘家《たちばなけ》にては神符《しんぷ》を守符《まもりふだ》といふを古今神學類編《ここんしんがくるゐへん》には札守《ふだまもり》と名《なづ》く俗《ぞく》に守札《まもりふだ》といふに同《おな》じ義なり同書《どうしよ》に守《まもり》とは守護《しゆご》の謂《いひ》、またマブリの和語《やまとことば》は心《こゝろ》の眼《まなこ》つねに此《こゝ》にありといふ事《こと》にて信心《しんじん》あつくこれを拧《も》つが故《ゆゑ》に名《な》となせるものにして膚《はだ》にかけ枕《まくら》の上《うへ》にかくるも其理《そのり》一《いつ》なりと此說守札《このせつまもりふだ》の本來《ほんらい》を明《あきらか》にせるに似《に》たり或記《あるき》に札《ふだ》の銘《めい》を記《しる》すに點劃《てんくわく》、墨繼《すみつぎ》の口傳《くでん》あり符《ふ》を認《したゝむ》るに至《いたり》ては濃《こ》き墨《すみ》を忌《いみ》て淡《うす》き墨《すみ》または白字《しらじ》の傳《でん》あり是《これ》は神符《しんぷ》を呑《の》むが故《ゆゑ》なりとされば神符《しんぷ》と御守《おまもり》は同一《どういつ》にして異《こと》なれるものにあらざること道理《だうり》あるかな。神符《しんぷ》は以上《いじやう》の如《ごと》く新《あらた》かなるものなれば靈異《れいい》また嚴重《げんぢう》なるものなり其實例《そのじつれい》は倭訓栞《わくんのしほり》にハラヒ、越後國新潟《えちごのくにゝひかた》の邊《あたり》に一愚《く》人《じん》あり河邊《かはべ》に小便《せうべん》せるに神符《しんぷ》流《なが》れ來《きた》れり之《これ》に小便《せうべん》しかけたりしを伴《つれ》の人《ひと》、制《せい》し止《とゞ》めけるに流《なが》れ來《きた》るものなればと答《こた》へたるに忽《たちま》ち步行《ほかう》すること能《あた》はず其友《そのとも》その父《ちゝ》をつれ來《きた》り家《いへ》に歸《かへ》らしむ途中《とちう》より臭氣《しうき》に堪《た》へず一身《しん》くさりて日《ひ》ならずして死《し》しけるとぞまた池鯉鮒大明神《ちりふなだいみやうじん》の神符《しんぷ》は長蛇《ながむし》を除《のぞ》く功驗《こうけん》ありこれ等《ら》神符《しんぷ》の靈異《れいい》實《じつ》におびたゞし故《ゆゑ》に稻荷《いたり》大神《おほかみ》ゝ神符《しんぷ》は衣食住《いしよくぢう》の守護《しゆご》の靈異《れいい》あるは勿論《もちろん》福德《ふくとく》の守《まもり》となり給《たまふ》ことは其神異《そのしんい》に考《かんが》へ實例《じつれい》にてらして明《あきらか》なり。

◉狐惑《きつねつき》を避《さ》くる神符《しんぷ》の神祕《しんぴ》

狐《きつね》は稲荷大神《いなりおほかみ》の神使《かんづかひ》なり故《ゆゑ》に大神《おほかみ》を信仰《しんかう》する人《ひと》に託《つ》く可《べ》きものにあらずまた狐《きつね》に惑《まど》はされたるものを稲荷山《いなりさん》に伴《つ》れ行《ゆ》く時《とき》は必《かなら》ず狐《きつね》はなれて再《ふたゝ》び害《がい》を爲《な》さずと傳《つた》ふこれ稲荷大神々使《いなりおほかみかんづかひ》の本據《ほんきよ》にして所謂《いはゆる》、和漢三才圖會《わかんさいづゑ》に說《と》ける如《ごと》く天下《てんか》の狐《きつね》悉《こと〴〵》く洛《みやこ》の稲荷社《いなりやしろ》に參《まゐ》り仕《つかへ》まつるものなれば漫《みだり》に野狐《のぎつね》の人《ひと》を惑《まどは》し託《つ》くことを許《ゆる》し給《たま》はざればなり其實例《そのじつれい》は東都歳時紀《とうとさいじき》に二月初午《ぐわつはつうま》、妻戀稲荷《つまごひいなり》(湯島《ゆしま》にあり)社前《しやぜん》に於《おい》て狐《きつね》惑《つき》を避《さく》る神符《しんぷ》を出《いだ》す(中略《ちうりやく》)鐵砲洲《てつぱうず》和泉橋《いづみはし》通《どほ》りの兩所《りやうしよ》能勢《のせ》家《け》鎭守稲荷社《ちんしゆのいなりのやしろ》に於《おい》て黒札《くろふだ》と稱《しよう》し狐惑《きつねつき》を避《さく》る札《ふだ》を出《だ》さるゝが如《ごと》く所在《しよざい》の稲荷大神《いなりおほかみ》をまつる神社《じんしや》に狐託《きつねつき》を避《さく》る神符《しんぷ》を出《だ》す處多《ところおほ》し要《えう》するに狐《きつね》は人《ひと》に福《ふく》德《とく》を授《さづ》くる靈狐《れいこ》のほかに人《ひと》に害《がい》を爲《な》す惡狐《あくきつね》あるは人間社會《にんげんしやかい》の如《ごと》き有樣《ありさま》なるものか。

◉福《ふく》富《とみ》祭《まつり》の神符《しんぷ》の神祕《しんぴ》

神祇《しんぎ》伯家行事傳《はくけのぎやうじでん》に、福富祭《ふくとみまつり》と題《だい》して左《さ》の如《ごと》く記《しる》せりまた以《もつ》て大神《おほかみ》の神德《しんとく》の尊《たつと》むべきを知《し》るに足《た》らん歟《か》。

奉祝詞伊弉諾尊 蛭兒尊豊宇賀野女事代主神 保食神安鎮座

新座福富祭之札
何之司職
何之某敬白

店《みせ》びらきならば開店《かいてん》、また常々《つねぐ》の祭《まつり》ならば交易福富祭《かうえきふくとみまつり》と書《かく》べし。

福富之守調進

稚産霊	倉稲魂命	保食神
金銀	衣食住満足	米銭

如此同寸の白紙を以て巻くるむ是をかけ紙と云、守は一枚にて認むものなり。

糊固《のりつけ》にして錦《にしき》も包《つゝみ》、上に福富神《ふくとみのかみ》と書《か》く。

以上《いじやう》の神符《しんぷ》を按《あん》ずるに稲倉 魂 命《うがのみたまのみこと》の御別名《ごべつみやう》、保食神《うけもちのかみ》または稚産霊《わかむすび》を倶《とも》にしるすはこれ同一神《どういつかみ》に御座《おは》しますも御別名《ごべつみやう》により守《まも》り給《たま》ふ處《ところ》に多少異《たせうこと》なれる點《てん》ある事《こと》を意味《いみ》せるものなり而《しか》して奉祝詞云々《ほうしゆくじんぬん》の神《しん》符《ぷ》中《ちう》の伊弉諾尊《いざなきのみこと》は稲倉魂神《うがのみたまのかみ》の御父君《おんちゝぎみ》と申《まう》し蛭兒尊《ひるこのみこと》は所謂《いはゆる》、西宮 大 神《にしのみやのおほかみ》にして福徳《ふくとく》を授《さづ》け給《たま》ふ神《かみ》、御父《おんちゝ》神《がみ》は同《おな》じく伊弉諾尊《いざなきのみこと》なり事代主神《ことしろぬしのかみ》は五穀播種《こくはんしゆ》の縁《えん》ふかき神《かみ》なれば福富祭《ふくとみまつり》の神符《しんぷ》に記《しる》し奉《たてま》つる由來《ゆらい》、實《じつ》に新《あら》たかなるものといふべし。

◉五《ご》穀《こく》成就《じやうじゆ》及《および》神符《しんぷ》の神祕《しんぴ》

本朝《ほんてう》、土祖 神《つちのおやのかみ》五穀神《こくのかみ》農業 神《のうげふのかみ》とあがめ奉《たてま》つるは稲荷《いなり》大神《おほかみ》及《および》四社《ししや》の大神《おほかみ》、天照大神《あまてらすおほかみ》なりといふ何《なに》が故《ゆゑ》に稲荷《いなり》五社大神《しやおほかみ》以外《いくわい》に國家《こくか》宗廟《そうびやう》の尊神《そんじん》、天照大神《あまてらすおほかみ》を加《くは》へあがめ奉《たてま》つるや曰《いは》く天照大神《あまてらすおほかみ》は倉稲魂神《うがのみたまのかみ》の化現《けげん》ましませる陸田《をかだ》水田《みづた》の種子《たね》をとり始《はじめ》て農業《のうげふ》を始《はじ》め給《たま》へるが故《ゆゑ》なりと嗚呼《あゝ》、天照大神《あまてらすおほかみ》の神徳《しんとく》實《じつ》に無《む》上《じやう》なるかな其神符《そのしんぷ》を記《しる》せば左《さ》の如《ごと》し。

一、鎮《ちん》土《ご》の神《しん》符《ぷ》

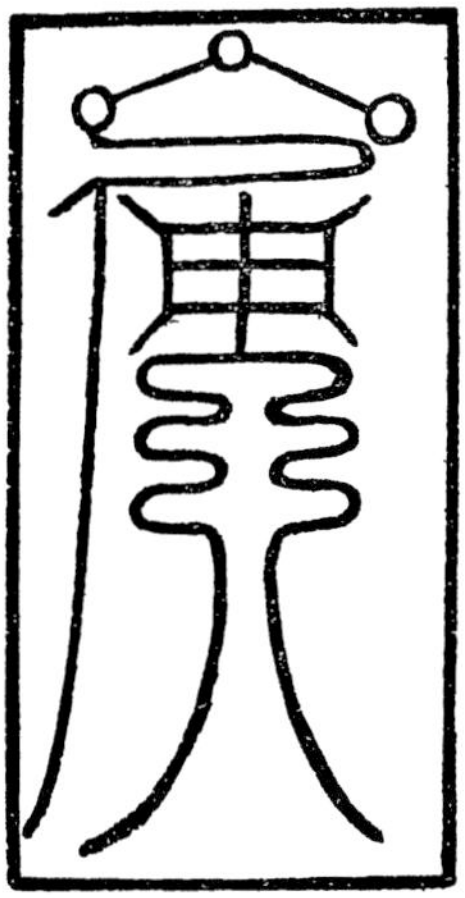

この神符《しんぷ》は田畠一《たはたいつ》切《さい》の草木《さうもく》五穀《ごこく》に蟲《むし》付《つき》たるに書《かき》て立《たつ》れば其蟲《そのむし》を除《のぞ》く靈驗《れいけん》新《あら》たかなり。

一、除《ぢよ》災《さい》の神《しん》符《ぷ》

此神符《このしんぷ》は田畠山林《たはたさんりん》藪等《やぶごう》に書《かい》て立《たつ》れば一切《いつさい》の災《わざわひ》を除《のぞ》く靈驗《れいけん》、響《ひゞき》の物《もの》に應《おう》ずるが如《ごと》しといふ

一、豐《ほう》作《さく》の神符《しんぷ》

此神符《このしんぷ》は田畠山林《たはたさんりん》藪等《やぶさう》を求《もと》めたる時《とき》書《かき》て立《た》つるときは其主《そのあるじ》の長久《ちやうきう》を守《まも》り豐作《ほうさく》と爲《な》し給《たま》ふ靈《れい》驗嚴重《けんけんぢう》なりといふ

（十）神歌《しんか》及《および》舞樂《ぶがく》神詠《しんえい》の事《こと》

神代《かみよ》の昔《むかし》、素盞鳴神《すさのをのみこと》八雲《やくも》たつ出雲《いづも》八重垣《やへがき》の歌《うた》をよみ給《たま》ひしより以來《いらい》、神《かみ》は歌《うた》をよみて託宣《たくせん》をたれ給《たま》ひ人《ひと》はまた之《これ》をよみて心《こゝろ》を述《の》べ神《かみ》に手向《たむ》くる事《こと》となれるは優《いう》にやさしき四季島《しきしま》の大和言葉《やまとことは》なるものなり故《ゆゑ》に古今集《こきんしふ》の序《じよ》に力《ちから》を入《い》れずして天地《てんち》を動《うご》かし目《め》に見《み》えぬおに神《かみ》をもあはれと思《おも》はせと記《しる》せりまた源平盛衰記《げんぺいせいすゐき》に凡《およ》そ和歌《わか》は國《くに》を治《をさ》め人《ひと》を化《くわ》する源《みなもと》、心《こゝろ》を和《やは》らげ思《おもひ》を遣《や》る基《もとゐ》なり只《たゞ》、住吉《すみよし》、玉津島《たまつしま》の此道《このみち》の崇神《すうしん》たるのみにあらず伊勢《いせ》、石清水《いはしみづ》、賀茂《かも》、春日《かすが》より始《はし》め奉《たてま》つり託宣《たくせん》の詞《ことは》また夢想《むさう》の告《つげ》、何《いづ》れも歌《うた》にあらざるは少《すくな》しと說《と》けり稲荷《いなり》大神《おほかみ》の御詠《ぎよえい》また理《ことわり》ある哉《かな》舞《ぶ》樂《がく》もまた神遊《かみあそひ》の一種《しゆ》にして所謂《いはゆる》、神樂《かぐら》是《これ》なり而《しか》して此神樂《このかぐら》に歌曲《かきよく》と舞踊《ぶよう》の二種《にしゆ》あり。

神詠《しんえい》は神使《かんづかひ》のうち命婦及專女《みやうぶおよびこうめ》の條《でう》に説《と》ける進命婦參籠《しんみやうぶさんろう》の際《さい》、月水《げつすい》の事ありたるに和光同塵《わくわうどうぢん》の義《こゝろ》を歌《うた》によみ稻荷大神《いなりおほかみ》に奉《たてまつ》りし時に神《かみ》は穢《けがれ》を忌《い》むものなりとの意《こゝろ》を夢《ゆめ》に歌《うた》にて諭《さと》し給《たま》ひぬるは皆《みな》、人《ひと》の知《し》る處《ところ》なり而《しか》して此他《このほか》、大神《おほかみ》の神詠《しんえい》とし云《い》へば世《よ》に傳《つた》ふるもの左《さ》の一首《しゆ》あるなり。

我《わが》たのむ人《ひと》の願《ねがひ》をてらすとて
此世《このよ》にのこる三《みつ》のともしび

右《みぎ》、神詠《しんえい》を按《あん》ずるに古歌《こか》に『いなり山《やま》ふけ行《ゆ》く杉《すぎ》の木《こ》の間《ま》より光《ひかり》たえせぬ三《みつ》の灯《ともしび》』と詠《よ》まれたるものと同《おな》じく三《みつ》の灯《ともしび》は農工商《のうこうしやう》の三業《げふ》を守《まも》り給《たま》ふ示現《しげん》にして士鑑要法《しかんえうはふ》の序《じよ》に農其國《のうそのくに》に盛《さかん》なれば穀足《こくた》り工《こう》其國《そのくに》に盛《さかん》なれば器足《うつはた》り商其國《しやうそのくに》に盛《さかん》なれば寶足《たからた》る皆《みな》これ倉稻魂《うがのみたま》の神徳《しんとく》によるものなり故《ゆゑ》に大神《おほかみ》の神詠《しんえい》に灯《ともしび》の物《もの》をてらす如《ごと》く神《かみ》をたのむ人《ひと》の願《ねがひ》を滿《みた》し給《たま》ふものにして美間田《みまだ》の種《たね》には此三《このみつ》の灯《ともしび》と大神《おほかみ》の誓願《せいぐわん》を解《かい》して稻生《いなり》を三火荒神《さんぼうくわうじん》といひ又三火光神《またさんぼうくわうじん》とも申《まう》し奉《たてま》つる誠《まこと》に人々《ひと〴〵》生命《せいめい》を養《やしな》ふ根本《こんぽん》なるが故《ゆゑ》に竈《かまど》にも祭《まつ》り奉《たてま》つることまた宜《むべ》なり(中略《ちうりやく》)世俗《せぞく》計《はか》らざる災《わざはひ》或《あるひ》は夫妻爭論《ふさいさうろん》等《とう》あれば荒神《くわうじん》の爲《な》すわざなどといふ尤《もつとも》信《しん》ずべき事《こと》なり人々《ひと〴〵》五穀《こく》の恩《おん》を知《し》らざれば測《はか》らざる災《わざはひ》あらんと説《と》けり蓋《けだ》し荒神《くわうじん》と申《まう》すは惡《あく》を罰《はつ》し給《たま》ふ所謂《いはゆる》、荒魂《あらみたま》を指《さ》せるものなるべきが故《ゆゑ》に農工商《のうこうしやう》ともに大神《おほかみ》を深《ふか》く信《しん》じ奉《たてま》つり五穀《こく》を大切《たいせつ》にし其《その》業《げふ》をはげめば福徳《ふくとく》は大神《おほかみ》の加護《かご》により必《かなら》ず集《あつ》まり來《きた》るべきこと鏡《かゞみ》を見《み》るよりも明《あきら》かなり大神《おほかみ》の神徳實《しんとくじつ》に貴《たふと》いかな。

◉神樂歌《かぐらうた》の神祕《しんぴ》と起源《きげん》

天岩戸《あまのいはと》の神代《かみよ》に起《おこ》りたりし神樂歌《かくうた》は寧樂朝《ならてう》の末《すゑ》、或《あるひ》は平安朝《へいあんてう》の初期《しよき》に選定《せんてい》せられたるものなるも其《その》神祇《じんぎ》を崇敬《すうけい》する觀念《くわんねん》最《もつと》も著《いちじる》しきものなり就中《なかんづく》、稻荷《いなり》大神《おほかみ》をば豐《とよ》をか姫《ひめ》と訛《なま》りて其神徳《そのしんとく》を證《しよう》し奉《たてま》れるもの左《さ》の五首《しゆ》あるは如何《いか》に上代《じやうだい》の昔《むかし》、大神《おほかみ》の大前《おまへ》に參詣《さんけい》し春耕秋收《しゆんかうしうしう》、米穀《べいこく》をば家《いへ》の根《ね》、世《よ》の根《ね》と齋《いつ》き歳《とし》の豐《ゆたか》を祈《いの》りしを知《し》るに足《た》らむ。

幣《ぬさ》

（本）みてぐらは我《われ》にはあらず天《てん》にます豐《とよ》をか姫《ひめ》のかみのみてぐらかみのみてぐら。

此歌《このうた》の大意《たいい》は豐《とよ》をか姫卽《ひめすなは》ち豐宇氣《とようけ》姫稻荷《ひめいなり》大神《おほかみ》の御幣《みてくら》をうたへるものにして御幣《みてぐら》はミテグラと云《い》ひ神《しん》祇《ぎ》に奉獻《ほうけん》する物《もの》の總稱《そうしよう》なりと爲《な》せり故《ゆゑ》に神道問答《しんだうもんだふ》に御膳《みけ》、御酒《みき》、鳥獸《とりけもの》、魚貝《うをかひ》、藻菜《うみのもの》、園菜《はたのもの》、野菜《やまのもの》、玉金《たまかね》、武器《ぶき》、衣服《いふく》、織物類種々《なりものるゐしゆ／＼》の物《もの》を千座《ちくら》に置《お》き横山《よこやま》の如《ごと》く打《う》ち積《つ》み置《お》くもの卽《すなは》ち充座《みてくら》の義《こゝろ》なりと云《い》ひ萬葉《まんえふ》には之《これ》を、ぬさとも云《い》へり蓋《けだ》し充座《みてくら》のうちの祓麻《はらひぬさ》が多《おほ》く御幣《みてくら》として奉《たてま》つられしより出《い》でし言葉《ことは》ならん要《えう》するに此御幣《このみてぐら》は我《わ》が御幣《みてくら》にあらず高天原《たかまがはら》に御座《おは》します天照大神《あまてらすおほかみ》の敬《うやま》ひ給《たま》ふ豐宇氣姫《とようけひめ》の御幣《みてぐら》なりとて末尾《まつび》二重《ぢう》に返《かへ》し其敬神《そのけいしん》の念《ねん》を强《つよ》くあらはし神《かん》ながらの心《こゝろ》をうたひるものなり。

（末）みてぐらにならまじものをすべ神《かみ》の御手《みて》にとられてなづさはましを。

此歌《このうた》のうちの『ならまじものを』とは將成《まさにならんとす》るものとの義《こゝろ》、すべ神《かみ》は皇神《すべかみ》にして天照大御神《あまてらすおほみかみ》の事《こと》『なづさはましを』とは馴《な》れ添《そ》はましといふ意《こゝろ》なれば一首《しゆ》の意《こゝろ》は出來《でき》うべくんば御幣《みてぐら》とならんものを若《も》し御幣《みてぐら》になりたらば嘸《さぞ》かしよからむ又皇神《またすへかみ》の御手《みて》に取《と》られて親《した》しく馴《な》れ添《そ》ひ申《まう》したらば嘸《さぞ》よからむとて神《かみ》を敬愛《けいあい》する心《こゝろ》をあらはせるものなり。

杖《つゑ》

（本）この杖《つゑ》はいづこの杖《つゑ》ぞ天《あめ》にます豐《とよ》をか姫《ひめ》のみやのつゑなりかみのつゑなり。

此歌《このうた》の大意《たいい》は自問自答《じもんじたふ》にして此杖《このつゑ》は天《あめ》に座《おは》す豐《とよ》をか姫卽《ひめすなは》ち稲荷大神《いなりおほかみ》の作《つく》り給《たま》ひし杖《つゑ》なりとて神《かみ》に捧《さゝ》ぐるものを謂《い》ひはやせしものなり蓋《けだ》し杖《つゑ》は之《これ》をつけば力《ちから》を得《う》るものにて我等《われら》が生活《せいくわつ》し得《う》るもの此大《このおほ》神《かみ》の恵《めぐ》みなる事《こゝ》を寓意《ぐうい》したるものなり。

（末）あふさかを今朝《けさ》越《こ》えくれば仙人《やまびこ》の千歳《ちとせ》つけとてくれし杖《つゑ》なりくれし杖《つゑ》なり。

此歌《このうた》の大意《たいい》は今朝《けさ》近江國逢坂《あふみのくにあふさか》を越《こ》え來《きた》りしに仙人《せんにん》ありて自分《じぶん》の持《も》ちたる杖《つゑ》をおのれに與《あた》へて此杖《このつゑ》をつきて長壽《ちやうじゆ》を保《たも》てよと謂《い》ひしがいまその杖《つゑ》を神《かみ》に奉《たてまつ》るなり要《えう》するにめでたき杖《つゑ》を神《かみ》に奉《たてまつ》る義《こゝろ》なれば敬神《けいしん》ふかしといふべし。

鉾《ほこ》

(本)此《こ》のほこはいづこのほこぞ天《あめ》にます豊《とよ》をか姫《ひめ》のみやのほこなりみやのほこなり。

此歌《このうた》の大意《たいい》は前記《ぜんき》の杖《つゑ》のうちの文句《もんく》と同斷《どうだん》なり。

(末)よもやまの人《ひと》のまもりにするほこを神《かみ》のみまへにいはひつるかないはひつるかな。

此歌《このうた》のうちのよもやまは四方山《よもやま》にして其國《そのくに》の防禦物《はうぎよもの》なるが如《ごと》く人《ひと》の守《まもり》とするものを鉾《ほこ》なりとて此《こ》の體《たい》にうたへるものなり是《これ》かゝる大切《たいせつ》なるものを豊宇氣姫《とようけひめ》の神《かみ》の御前《みまへ》に祝《いは》ひ捧《さゝ》ぐる事《こと》を述《の》べしものなるが故《ゆゑ》に鉾《ほこ》もまた御幣《みてぐら》なりと知《し》るべし以上《いじやう》の幣《ぬさ》、杖《つゑ》、鉾《ほこ》は所謂《いはゆる》、採物《かりもの》とて九種《しゆ》(榊《さかき》、篠《しの》、弓《ゆみ》、劍《つるぎ》、柏《かしは》、葛《かつら》を合《あは》せて九種《しゆ》となる)の物《もの》なれば此等《これら》を取揃《とりそろ》へ其一《そのひと》つづつを取《と》り神座《しんざ》の前《まへ》にて舞《ま》ひしものなりと云《いふ》。

薦《こも》枕《まくら》

(末)あめにますや豊《とよ》をかひめや其贄人《そのにへびと》と鴫《しぎ》つきのぼる網《あみ》おろしさでさしのぼる、あいぞ其贄人《そのにへびと》ぞ鴫《しぎ》つきのぼるあみおろし、さでさしのぼる。

此歌《このうた》は本座《ほんざ》の歌《うた》の疑問《ぎもん》に答《こた》へたるもの也其贄人《なりそのにへびと》は新饗《にひあへ》を料理《れうり》する人《ひと》、鴫《しぎ》つきのぼるは鴫《しぎ》をとるをつくといふ網《あみ》おろしはさで即《すなは》ち小網《さて》刺《さし》のぼる時《とき》、鴫《しぎ》が竿《さを》のさきにつけたる小網《さて》をふるに恐《おそ》れて動《うご》かざるを機《き》とし網《あみ》をおろし捕《とら》ふるものなり之《これ》をば豊宇氣姫《とようけひめ》の御贄《みにへ》に奉《たてま》つるものと云《いふ》、因《ちなみ》に本座《ほんざ》の歌《うた》は薦《こも》枕《まくら》、高瀬《たかせ》の淀《よど》にや誰《た》が贄人《にへびと》ぞ鴫《しぎ》つきのぼる網《あみ》おろし小網《さて》刺《さし》のぼる、あいぞ誰《た》が贄人《にへびと》ぞ鴫《しぎ》つきのぼる網《あみ》おろし、さでさしのぼるとうたふものなり。

◉田神舞《たのかみまひ》の詞及其《ことばおよびその》の神事《しんじ》

田神舞《たのかみまひ》は普通神樂《ふつうかぐら》の舞踊《ぶよう》にあらずして全《まった》く稲荷大神《いなりおほかみ》の神慮《しんりよ》を慰《なぐさ》め奉《たてま》つる舞踊《ぶよう》なり其《その》さま面《めん》をかけ頭《あたま》に甑《こしき》簀を戴《いたゞ》き手《て》に飯匙《いひさじ》と幣《ぬさ》（此幣《このぬさ》とは幣束《へいそく》なり）とをもち腰《こし》をかゞめて舞《ま》ふなり其詞《そのことば》に曰《いは》く。

夫《そ》れ神代《かみよ》に十萬町《まんちやう》の田《た》あり保食神《うけもちのかみ》の作《つく》り初《はじめ》し處《ところ》なり此田一《このたひとつ》の水口《みづくち》より流《なが》るゝ其末《そのすゑ》の末《すゑ》までも御守《おまも》りなさるゝ御田《みた》の神《かみ》、されば其《その》十萬町《まんちやう》の秋《あき》の垂穂《たるほ》、甚《はなはだ》以《もつ》て快《こゝろよ》く穂《ほ》の長《なが》さが一尺《しやく》八寸許《すんばかり》ブラ〳〵ブラ其穂《そのほ》の稲《いね》の米《こめ》なれば粒《つぶ》の太《ふと》さが一寸《すん》八分《ぶ》ヲロ〳〵〳〵此米《このこめ》を飯《めし》に炊《た》けば天下萬民《てんかばんみん》の命《いのち》を繼《つた》ぐ酒《さけ》に造《つく》れば泉《いづみ》と涌《わい》て不老不死《ふらうふし》の藥《くすり》となる餅《もち》に搗《つけ》ば祝《いはひ》の家《いへ》のかちんとなる是《これ》を服《きこし》めす人々《ひと〴〵》は夏《なつ》の日《ひ》もあつからず冬《ふゆ》の日《ひ》も寒《さむ》からず此田《このた》の神《かみ》の皮膚《ひふ》の如《ごと》くアカラ〳〵と色《いろ》もよく心嬉《こゝろうれ》しく我《われ》を知《し》らずや十萬町《まんちやう》を初《はじめ》として一町田《ちやうた》の水《みづ》にまでも祝《いは》はれて耕《たが》やす春《はる》の初《はじめ》より納《をさめ》る秋《あき》の夕《ゆふべ》まで一粒萬倍《ひとつぶまんばい》と守《まも》る神《かみ》なるを今日《けふ》の大神樂《おほみかぐら》、天照大御神《あまてらすおほみかみ》を初《はじ》め奉《たてま》つり諸神《しよしん》を勸請《くわんせい》し奉《たてま》つり神具《みくら》を供《そな》へ神酒《みき》を供《そな》へ粢《しとぎ》を調《こゝの》へ奉《たてま》つる宵《よひ》も過《す》ぎ夜中《よなか》も過《すぐ》る頃《ころ》までも御田神《みたのかみ》を請《しやう》せずして見苦《みぐる》しきものは外《そと》へとは國土《こくど》の人々《ひと〴〵》の命《いのち》を繼《つな》ぐ田《でん》地《ち》の本《もと》を忘《わす》れたか其《それ》はともあれかくもあれ天照大神《あまてらすおほかみ》の勅《みことのり》をうけて御田《みた》を守《まも》る神《かみ》なれば五穀成就《こくじやうじゆ》の舞《まひ》をまはふ神樂《かぐら》をのこ喜《よろこび》の樂《がく》をはやらせ又是《またこれ》は如何《いか》なる物《もの》と思《おも》ふらん子孫繁昌《しそんはんじやう》の子《こ》やすの木《き》を一尺《しやく》二寸《すん》にきりとつて中《なか》をくぼめて作《つく》りたり飯《いひ》かいともしめかひとも申《まう》すなり。

◉神《しん》徳《とく》の歌《うた》

大日本史《だいにほんし》に後醍醐天皇《ごだいごてんわう》、延暦寺《えんりやくじ》より還《かへ》りたまひ華山院《くわざんゐん》に幸《みゆき》し給《たま》ふ三條景繁《でうかげしげ》奏《そう》して曰《いは》く云々《うんぬん》帝《みかど》、夜婦人《よるふじん》の衣《ころも》を蒙《かう》むり内侍《ないじ》をして三種《しゆ》の神器《しんき》を齎《もた》らしめ壊《こは》れし垣《かき》より出《い》で給《たま》ふ景繁《かげしげ》、帝《みかど》を擁《えう》し奉《たてま》つり馬《うま》にのり神器《しんき》を受《う》け荷《にな》ひ忠房《たゞふさ》、親王《しんわう》と倶《とも》に之《これ》に從《したが》ふ時《とき》に夜深《よるふか》く冥暗《くら》くして咫尺《しせき》も辨《べん》ずる事《こと》あたはざりしかば帝《みかど》路傍《ろはう》に隱然《いんせん》、祠宇《やしろ》あるを見《み》て顧《かへりみ》て之《これ》を問《と》ひ給《たま》ふ忠房《たゞふさ》對《こた》へて曰《いは》く是《これ》は稻荷《いなり》の御祠《みやしろ》なりと因《よつ》て歌《うた》をつくりて宣《のたま》はく。

野羽玉《のはたま》の暗《くら》き夜見路《よみち》に迷《まよ》ふなり
朕《われ》にかさなん三《みつ》のともしび

拜《はい》してすぎたまふ倏《たちま》ち赤氣《せきき》ありて炬《たいまつ》の如《ごと》く祠《やしろ》の上《うへ》にたちて路《みち》の上《うへ》を照《て》り耀《かゞやか》し明《あきら》かなること晝《ひる》の如《ごと》し之《これ》にしたがひ南《みなみ》に行《ゆ》き給《たま》ひて天明《てんあ》くとしるせりされば稻荷大神《いなりおほかみ》は後醍醐天皇《ごだいごてんわう》の御製《ぎよせい》に感《かん》じ大御心《おほみこゝろ》を盡《つく》し信仰《しんかう》あらせられしを納受《なふじゆ》ましませるものならん。

又《また》、伊勢國岩戸山《いせのくにいはとやま》の下《した》に神田《しんでん》あり天《あめ》の長田《ながた》といふ豐受大神《とようけおほかみ》卽《すなは》ち稻荷大神《いなりおほかみ》の御田《みた》なり御田《みた》の神事《しんじ》は五月吉日《ぐわつきちにち》を選《えら》み大物忌《おほものいみ》の父子《ふし》等《など》この御田《みた》にをりたち稻種《いなたね》を植《う》ゆる事《こと》を始《はじめ》として神樂《かぐら》を奏《そう》し歌舞《かぶ》をなし或《あるひ》

は大《おほき》さ六七尺《しやく》の扇子《あふぎ》を年老《としおい》たる人是《ひとこれ》をもつ素袍《すはう》烏帽子《えぼし》にて神事《しんじ》をつとむ御田躍《みたをどり》の歌《うた》に

千はやふる神《かみ》の恵《めぐみ》をうけそへて
豐《とよ》みやさきに早苗《さなへ》とるなり

此他《このほか》、神徳《しんとく》の歌《うた》として世《よ》に聞《きこ》へたるもの枚擧《まいきよ》に暇《いとま》あらざるも左《さ》の各首《かくしゆ》はみな人《ひと》の知《し》る處《ところ》なり。

いなり山《やま》みつの玉垣《たまがき》にうちたゝき
我《わ》がねきごとを神《かみ》もてたへよ　惠慶法師

いなり山《やま》その二月《きさらぎ》の初午《はつうま》に
のりてぞ神《かみ》は人《ひと》をみちびく　慈鎭

其他《そのほか》、驗《しるし》の杉《すき》に關《くわん》する和歌《わか》最《もつと》も多《おほ》けれど略《りやく》して記《しる》さず。

（十）稻荷神使靈狐《いなりかんづかひれいこ》の起源《きげん》

神使《かんづかひ》は之《これ》をカミノツカヒ或《あるひ》はカンヅカヒと云《い》ひ又《また》ツカハシメとも稱《しよう》す多《おほ》くは其神《そのかみ》に縁故《えんこ》ある鳥獸蟲《てうじうちう》魚《ぎよ》の類《たぐひ》なり抑々《そも〳〵》、神《かみ》の鳥獸蟲魚《てうじうちうぎよ》の類《たぐひ》を以《もつ》て其使令《そのしれい》の用《よう》に供《きよう》し給《たま》ふ實例玉《じつれいたま》だすきに辯《べん》じて曰《いは》く此事《このこと》は俗《ぞく》學者《がくしや》のいぶかる處《ところ》なるが天神《あまつかみ》たちの雉《きじ》、鳩《はと》など諸々《もろ〳〵》の鳥《とり》をつかひ給《たま》ひ大名貴神《おほなむちのかみ》の大鷲《おほとり》にのりて大空《おほそら》を翔《かけ》り火々出見尊《ひほゝてみのみこと》の鰐《わに》にのりて海宮《わたすみ》にいたり給《たま》ひまた人《ひと》の世《よ》となりても椎根津彦命《しひねつひこのみこと》は龜《かめ》に乘《の》りて海《うみ》を渡《わた》れる事《こと》など神典《じんてん》に見《み》えたり而《しか》して其正《そのたゞ》しく神《かみ》の使者《ししや》といへるは日本武尊《やまとたけるのみこと》の御《み》言《こと》に伊《い》吹山《ぶきやま》の大蛇《おろち》を荒神《あらぶるかみ》の使者《ししや》ならんと宣《のたま》ひし事《こと》あり故《ゆゑ》に永正記古老口傳《えいしやうきころうくでん》などに大小神祇《だいせうしんぎ》の使者《ししや》、狐《きつね》、烏《からす》、鷄《にはとり》、蛇《へび》これ等《ら》みな吉凶《よしあし》を示《しめ》すものなりと說《と》けるは實《じつ》に神使《かんづかひ》の意義《いぎ》を盡《つく》せる者《もの》と謂《い》ふべく稲荷《いなり》大神《おほかみ》の狐《きつね》を以《もつ》て神使《かんづかひ》と爲《な》し給《たま》ふ事《こと》、以上《いじやう》の說《せつ》によりて知了《ちれう》する事《こと》を得《う》べし殊《こと》に狐《きつね》は獸中《じうちう》の最《もつと》も聖智《せいち》を備《そな》へたるものなれば神使《かんづかひ》の中《うち》にも勝《まさ》れるものといふべきか左《さ》に靈狐《れいこ》と野狐《のきつね》の區別《くべつ》を說《と》かん。

◉神使靈狐《かんづかひれいこ》と野狐《やこ》の區別《くべつ》

靈狐《れいこ》は之《これ》を天狐《てんこ》、空狐《くうこ》、氣狐《きこ》に分《わか》つて說《と》くものあり有斐齋剳記《いうひさいたふき》に野狐《やこ》は性最《せいもつと》も鈍《にぶ》し其上《そのうへ》は氣狐《きこ》其上《そのうへ》は空狐《くうこ》其上《そのうへ》は天狐《てんこ》にして氣狐《きこ》より以上皆其形《いじやうみなそのかたち》なし空狐《くうこ》の靈變《れいへん》は氣狐《きこ》より新《あらた》かなり天狐《てんこ》に至《いた》つては神化測《しんくわはか》る可《べか》らず人《ひと》の頃刻《しばらく》の間《あひだ》に千里《り》の外《そと》を行《ゆ》くものは空狐《くうこ》の所爲《しわざ》によるものなり其法《そのはふ》を行《おこな》ふや大抵《たいてい》、地《ち》を離《はな》るゝこと七丈《ちやう》五尺《しやく》なりと云《いふ》、而《しか》して天狐《てんこ》は人《ひと》に害《がい》を爲《な》すものにあらずと或《あるひ》は靈狐《れいこ》を天狐《てんこ》、地狐《ちこ》、中狐《ちうこ》に分《わか》つて說《と》き天狐《てんこ》は神《しん》ありて形《かたち》なし佛家《ふつけ》の陀祇尼《だぎに》の如《ごと》きものなり地狐《ちこ》は其色黑《そのいろくろ》く中狐《ちうこ》は其色白《そのいろしろ》くともに神靈《しんれい》なりとまた輪池叢書記歡命《りんちさうしよきくわんめい》の事《こと》のうちに三狐神《みこのかみ》一に天狐《てんこ》二に地狐《ちこ》三に紫狐《しこ》（中略《ちうりやく》）村史《そんし》氏《し》曰《いは》く俗間《ぞくかん》相傳《あひつた》ふ野狐《やこ》千歲《さい》にして白狐《びやくこ》となり白狐《びやくこ》千歲《さい》にして玄狐《げんこ》となり、玄狐《げんこ》千歲《さい》にして風狐《ふうこ》となる所謂《いはゆる》、天狐は風狐《ふうこ》に當《あた》り玄狐《げんこ》は地狐《ちこ》に當《あた》るべきか捜神記《さうしんき》に千歳《さい》の老狐《らうこ》化《くわ》して婦人《ふじん》となり自《みづか》ら阿紫《あし》と稱《しよう》す阿紫《あし》は紫《し》狐《こ》にして白狐《びやくこ》の一種《しゆ》なるべしとされば此説《このせつ》は有斐《いうひ》劄記《たふき》の説《せつ》に略《ほゞ》同《おな》じきものにして延喜式《えんぎしき》の九尾狐《きうびのきつね》は天狐《てんこ》にして玄狐《げんこ》は地狐《ちこ》、白狐《びやくこ》は中狐《ちうこ》即《すなは》ち紫狐《しこ》なるべし同式《どうしき》に之《これ》を上瑞《じやうずゐ》と爲《な》して曰《いは》く九尾狐《きうびのきつね》は神獸《しんじう》なり其形《そのかたち》、赤色《せきしよく》或《あるひ》は白色《はくしよく》にして音嬰兒《こゑえいじ》の如《ごと》し玄狐《げんこ》はまた神獸《しんじう》、白狐《びやくこ》は岱宗《たいそう》の精《せい》なりと現《げん》に稻荷大神《いなりおほかみ》の神《かん》使《づかひ》として世《よ》に傳《つた》はれるもの白狐《びやくこ》の事蹟《じせき》最《もつと》も多《おほ》し信田白狐傳《しのだびやくこでん》に白狐《びやくこ》は漢土《しな》にて阿紫《あし》と謂《い》ひ我國《わがくに》にて稻女《たうめ》御前《ごぜん》とて宇賀魂《うかのみたま》の神使《かんづかひ》となり頭《かしら》に名玉《めいぎよく》を捧《さゝ》げ尾《かつら》に寶珠《はうじゆ》を納《をさ》め恩《おん》を知《し》り仇《あだ》を報《むく》ゆる靈獸《れいじう》にて常《つね》に北斗《ほくと》の星《ほし》を祭《まつ》り死《し》する時《じき》は必《かなら》ず北《きた》を枕《まくら》として假《かり》にも北辰《ほくしん》を後《うしろ》にせずと説《こ》けりまた同書《どうしよ》に靈狐《れいこ》に白色《はくしよく》なるもの多《おほ》きは稻《いね》は秋稔《あきみのる》ものにして西《にし》に屬《ぞく》する穀草《こくさう》なる故《ゆゑ》、其方位《そのはうゐ》の白色《はくしよく》をあらはせるものなりと云《い》へること一理《り》あるに似《に》たり、故《ゆゑ》に白狐《びやくこ》は古來《こらい》、白色《はくしよく》の鳥獸《てうじゆう》と倶《とも》に是《これ》は祥瑞《しやうずゐ》と爲《な》せるを以《もつ》て見《み》れば其神聖《そのしんせい》を敬仰《けいかう》せらるゝこと當然《たうぜん》なるべし之《これ》に反《はん》し野狐《やこ》は聖智《せいち》を備《そな》へざるものなるを以《もつ》て人《ひと》の害《がい》を爲《な》すこと多《おほ》くして世人《せじん》に狐《きつね》とし云《い》へば其靈狐《そのれいこ》なると野狐《やこ》なるとを區別《くべつ》する事《こゝ》なく皆《みな》、凶惡《きようあく》なりと心得《こゝろえ》しむるに至《いた》れるは實《じつ》に痛歎《つうたん》に堪《た》へざるものなり是以《これをもつて》消閑雜記《せうかんざつき》に狐《きつね》は怪《あや》しきもの也常《なりつね》に人《ひと》を化《はか》し誑《たぶら》かし又人《またひと》の皮肉《ひにく》の內《うち》に入《い》りて惱《なや》ましあらぬ妙《めう》を爲《な》す事多《ことおほ》しと説《こ》けるは野狐《やこ》の凶惡《きようあく》なるものゝ所爲《しわざ》なりされど野狐《やこ》とても千年《ねん》の功《こう》を積《つ》めば白狐《びやくこ》と化《くわ》し天然《てんねん》の聖智《せいち》を備《そな》ふるものなる故《ゆゑ》、强《あなが》ち消閑雜記《せうかんざつき》の記事《きじ》のみに拘泥《こうでい》すべきものにあらず閑田耕筆《かんでんかうひつ》に淡海《あうみ》の八幡《やはた》の近邑田中江《ちかきむらたなかえ》の正念寺《しやうねんじ》といふ一向宗《かうしう》の寺《てら》に棲《すめ》る狐《きつね》あり(中略《ちうりやく》)此狐《このきつね》の告《つけ》し言《こと》に凡《およ》そ吾《わ》が黨《たう》に三段《だん》あり主領《しゆりやう》といふは頭《かしら》にて其次《そのつぎ》を寄方《よりかた》と云《い》ひ其下《そのした》を野狐《やこ》といふ人《ひと》に禍《わざはひ》するは大《おほ》かた野狐《やこ》の業《しわざ》なり然《しか》れどもそのものが吾《わ》が下《した》の野狐《やこ》にあらざれば制《せい》しがたし所々《ところ〴〵》に主領《しゆりやう》あり若《も》し他《た》の主領《しゆりやう》の下《した》の寄方若《よりかたもし》くは野狐《やこ》にてもあれ是《これ》を制《せい》すれば怨《うらみ》を受《う》くる事深《ことふか》し一旦《たん》の怨《うらみ》、永世忘《えいせいわす》れざる事《こと》、人《ひと》よりも甚《はなは》だしと謂《い》へり是《これ》は狐憑《きつねつき》の彼寺《かのてら》に頼《たの》みて問《とは》しめし時《とき》、答《こた》へたる言《ことは》なりとぞ凡《およ》そこの狐《きつね》に物《もの》とはんと思《おも》へば書令《かきつけ》を本堂《ほんだう》にさし置《おけ》ば其答《そのこたへ》をまた書《かい》ても見《み》せ人《ひと》の語《ことは》をも爲《な》し答《こた》ふる事《こと》あり形《かたち》は見《み》せざるも住僧《ぢうそう》を敬《けい》することと主君《しゆくん》の如《ごと》くすれば此狐《このきつね》、已《すで》に數《すう》百年《ねん》を經《へ》たる野狐《やこ》にして未來《みらい》の神使《かんづかひ》たるべき靈《れい》狐《こ》なりといふべし。

◉神使靈狐《かんづかひれいこ》神使《かんづかひ》の由來《ゆらい》

東寺《こうじ》執行日記《しつかうにつき》私用集《しようしふ》の命婦《みやうぶ》の說《せつ》は稲荷《いなり》大神鎭坐《おほかみちんさ》由來記《ゆらいき》と同文《どうぶん》なり曰《いは》く或記《あるき》に昔《むかし》、洛陽城《みやこ》の北《きた》、船岡《ふなをか》山《やま》の邊《あたり》に老狐《らうこ》あり夫《をつと》は身《み》の毛《け》白《しろ》くして銀《しろがね》の針《はり》を竝《なら》べたてたるが如《ごと》く尻《しり》の端《はし》あがりて祕密《ひみつ》の五古《こ》を挿《さしはさ》みたるに似《に》たり婦《つま》は鹿《しか》の首《くび》、狐《きつね》の身《み》にして五《いつゝ》の子《こ》あり各々《おの〳〵》また異相《いさう》なり弘仁年中《こうにんねんちう》の頃《ころ》、兩狐《りやうこ》五《いつゝ》の子《こ》を伴《ともな》ひて稲荷《いなり》山《やま》に參《まゐ》りて名神《みやうじん》の前《まへ》に跪《ひざまづ》き詞《ことは》を盡《つく》して申《まう》さく我等《われら》畜類《ちくるゐ》の身《み》を得《え》たりと雖《いへども》、天然《てんねん》の聖智《せいち》を備《そな》ふ世《よ》を守《まも》り物《もの》を利《り》する願《ねがひ》ふかしされど我等《われら》が身《み》にては此望《こののぞみ》を遂《とげ》がたし仰《あふ》ぎ願《ねがは》くば今日《こんにち》より當社《たうしや》の御眷《ごけん》屬《ぞく》となりて神威《しんゐ》をかり此願《このねがひ》を果《はた》さんと時《とき》に神檀感動《しんだんかんどう》して明神《みやうじん》あらはれ詔《みことのり》して宣《のたま》はく我《われ》、和光同塵《わくわうどうぢん》の善行《ぜんかう》を盡《つく》し化度《けご》の方便《はうべん》を廻《めぐ》らすこと深《ふか》し汝等《なんぢら》が本誓《ほんせい》また不思議《ふしぎ》たり今《いま》より長《なが》く當社《たうしや》の仕者《ししや》となり參詣《さんけい》の人《ひと》、信仰《しんかう》の輩《ともがら》をたすけ憐《あはれ》むべし夫《をつと》は上《かみ》の宮《みや》に仕《つか》へまつり其名《そのな》を小芊《をすゝき》と付《つ》けんまた婦《つま》は下《しも》の宮《みや》に侯《まゐ》り其名《そのな》を阿古町《おこまち》と謂《い》ふべし是《これ》に依《よつ》て兩狐《りやうこ》は各々《おのおの》十種《しゆ》の誓約《せいやく》を立《た》て萬人《まんにん》の願望《ねがひ》を滿《み》たさしむ故《ゆゑ》に當社《たうしや》を信《しん》ぜむ人《ひと》は夢《ゆめ》にも現《うつゝ》にも狐《きつね》の姿《すがた》を見《み》るれば之《これ》を告狐《つげぎつね》といふなりと想《おもふ》にこれ靈狐《れいこ》の神使《かんづかひ》の因緣《いんねん》を記《しる》せるものならん猶《な》ほ橘窓自語《きつさうじご》に稻荷《いなり》五社《しや》（中略《ちうりやく》）いま上《かみ》の社《やしろ》といふは命婦社《みやうぶのやしろ》といふが本名《ほんめう》にし狐《きつね》を祭《まつ》りたる社《やしろ》なり（此說、上の社と命婦社と相混せるは誤謬なり）阿古町《おこまち》、黑尾《くろを》、尾薄《をすゝき》の三《みつ》つの狐《きつね》を祭《まつ》りたるを稻荷三社《いなりさんしや》と心得《こゝろえ》たがふ人《ひと》あり惑《まど》ふことなかれ又白狐社《またびやくこのやしろ》といふは土祖《つちのおや》を祀《まつ》りたる社《やしろ》の下《した》に白狐《びやくこ》の棲《す》みたるより白狐社《びやくこしや》と謂《い》ふ事《こと》になれりと說《と》けるを考《かんが》ふるに稻荷鎭坐由來記《いなりちんざゆらいき》の小芊《こすゝき》、阿古町《おこまち》の外《ほか》に黑尾《くろを》と云《い》へる靈狐《れいこ》ありて中《なか》の社《やしろ》の仕者《ししや》となり居《を》るものゝ如《ごと》く信《しん》ぜらる想《おもふ》に稻荷鎭座由來記《いなりちんざゆらいき》に黑尾《くろを》の事《こと》を載《の》せざるは傳《でん》の粗漏《そろう》なるべし是《こゝ》を以《もつて》以上《いじやう》の阿古町《おこまち》、黑尾《くろを》、尾薄《をすゝき》の三神使《かんづかひ》は天狐地狐《てんこちこ》にして形體《かたち》を顯《あらは》す事《こと》なく神靈聖智《しんれいせいち》はかり知《し》る事《こと》、能《あた》はざるものなりと說《と》くものあり夫《そ》れ必《かなら》ず然《しか》らん。

◉神使靈狐《かんづかひれいこ》十種《しゆ》の願望《ねがひ》

河海抄《かかいせう》に刀女《たうめ》は狐《きつね》なり燕石雜志《えんせきざつし》は之《これ》を釋《しやく》して今俗《いまぞく》に訛《たま》りて刀女《たうめ》をタウカといひ又三狐《またみけ》の說《せつ》により狐《きつね》を倉稻魂《うがのみたま》の使者《ししや》なりといふより彼《かれ》が靈《ふしぎ》なるに怕《おそ》れ其神祠《そのやしろ》を建《た》て稻荷《いなり》と稱《しよう》して祀《まつ》るものあれど稻荷《いなり》を音《おん》

に唱《とな》へてタウカと云《い》へるなるべし（中略《ちうりやく》）稲荷《いなり》の社壇《しやだん》に於《おい》て木狐《もくこ》に玉《たま》と鍵《かぎ》とを銜《ついはま》したるは稲倉魂《うがのみたま》のたまを象《かたど》り鍵《かぎ》はこの神《かみ》の五穀《こく》を主《つかさど》り給《たま》ふといへば倉廩《さうりん》を守《まも》るの義《こゝろ》を表《あらは》せるものならんと要《えう》するに此木《このもく》狐《こ》の玉《たま》と鍵《かぎ》は是人間《これにんげん》一切《さい》の幸福《かうふく》を集《あつ》めたるものにして稲荷《いなり》鎮座《ちんさ》由來記《ゆらいき》の十種《しゆ》の誓約《せいやく》を意味《いみ》せるものなり果《はた》して然《しか》らば十種《しゆ》の誓約《せいやく》とは如何《いか》なるものなるか曰《いは》く第《だい》一に無盡《むじん》の福第《ふくだい》二に衆人《しゆうじん》に愛敬《あいきやう》の福第《ふくだい》三に大智恵《たいちゑ》の福第《ふくだい》四に長命《ちやうめい》の福第《ふくだい》五に眷屬衆多《けんぞくしゆうた》の福第《ふくだい》六に勝軍《しやうぐん》の福第《ふくだい》七に田畠《たはた》の福第《ふくだい》八に養蠶《やうさん》の福第《ふくだい》九に善知識《ぜんちしき》の福第《ふくだい》十に佛果大菩提《ぶつくわだいぼだい》の福《ふく》これなり此誓約《このせいやく》は兩部《りやうぶ》の祕說《ひせつ》にして靈狐《れいこ》の不思議《ふしぎ》なる處《こころ》、天然《てんねん》の聖《せい》智《ち》ある處《こころ》なり故《ゆゑ》に役行者靈驗記《えんのきやうじやれいけんき》に稲荷《いなり》大神出現《おほかみしゆつげん》、大福神《だいふくじん》なる事《こと》と題《だい》し（前略《ぜんりやく》）いま山城國飯成山《やましろのくにいひなりやま》に在《おは》すは稲荷《いなり》大神《おほかみ》なり天下《てんか》の狐《きつね》を使《つか》ひ富《ふく》を主《つかさ》どり驗《しるし》を司《つかさ》どり災害《わさはひ》を拂《はら》ひまた邪妖《よこしま》をしたがへ給《たま》ふと云《い》へりされば地方《ちはう》に散在《さんざい》せる古來《こらい》よりの神使《かんづかひ》の靈狐《れいこ》は阿古町《おこまち》、小芒《こすゝき》、黑尾《くろを》の此《この》十種《しゆ》の誓約《せいやく》にかなひたるものならん。

◉神使靈狐《かんづかひれいこ》を命婦《みやうぶ》といふ

倭訓栞《わくんのしをり》にみやうぶ宇治拾遺《うぢしふゐ》に見《み》ゆ命婦《みやうぶ》は女《をんな》の位階《ゐかい》あるなり叙爵《じよしやく》の官女《くわんぢよ》を內命婦《ないみやうぶ》とし五位以上《ゐいじやう》の妻《つま》を外命婦《ぐわいみやうぶ》とすまた狐神《きつねかみ》に此《これ》をいふも女官《ぢよくわん》に准《じゆん》じたる名《な》なるべし稲荷社記《いなりしやき》に云《いふ》、命婦《みやうぶ》なるもの白狐《びやくこ》の害《がい》に遭《あ》ひしを助《たす》けて我《わ》が名字《みやうじ》を與《あた》ふいま稲荷《なり》山《やま》に命婦《みやつぶ》のほこらありと故《ゆゑ》に稲荷神社記《いなりじんじやき》祕訣《ひけつ》には以上《いじやう》の事柄《ことがら》を詳《つまびらか》にして曰《いは》く當社《たうしや》にて狐《きつね》を命婦《みやうぶ》といふ事《こと》、此所《ここ》に阿古町《おこまち》といふ狐《きつね》あり一條院《でうゐん》の御宇《おんとき》、内《うち》の女官《ぢよくわん》に進命婦《すゝむみやうぶ》といふ人《ひと》あり殊《こと》に當社《たうしや》を信敬《しんけう》し或時《あるとき》、宿願《ねがひ》ありて七日《なぬか》參籠《さんつう》せんと思立《おもひた》て參籠《さんろう》ありし三日目《みつかめ》に至《いた》り俄《にはか》に月水《ぐわつすゐ》の事《こと》あり社家《しやけ》はからひ申《まう》して追出《たいしゆつ》し給《たま》へと云《いひ》けれども和光同塵《わくわうごうぢん》の神慮《しんりよ》ありとて强《しひ》て參籠《さんろう》し歌《うた》をよみ奉《たてまつ》らる。

心《こゝろ》から塵《ちり》にまじはる神《かみ》なれば
穢《けがる》ることのいとひやはせじ

と聞《きこ》えし其夜《そのよ》の夢《ゆめ》に

長《なが》き世《よ》の五《いつゝ》の雲《くも》の晴《はれ》せぬは
月《つき》のさはりをいむとしらずや

此歌《このうた》の夢想《むさう》により神慮《しんりよ》を恐《おそ》れて退出《たいしゆつ》あり其後《そのご》、宇治殿《うぢごの》の御妾《おめかけ》になり北政所《きたのまんどころ》になり給《たま》ふ仍《よつ》て後《のち》に始《はじめ》の我《わ》が命婦《みやうぶ》の號《な》を以《もつ》て阿古町《おこまち》に讓《ゆづ》り奉《たてま》つるといふ事《こと》のつたへ社家《しやけ》にありとぞ是《こ》れ則《すなは》ち今《いま》に於《おい》て此山《このやま》の二匹《ひき》の狐《きつね》の官《くわん》を號《がう》して命婦《みやうぶ》といふ一說《せつ》なりされば以上《いじやう》の和訓栞《わくんのしをり》に白狐《ひやくこ》の害《がい》に遭《あ》ひしをたすけ云々《しかく》の事《こと》なしと雖《いへども》、命婦《みやうぶ》が靈狐《れいこ》に與《あた》へたる號《な》なること明《あきら》かなり蓋《けた》し靈獸雜記《れいじうざつき》に狐《きつね》は神使《かんづかひ》ともいひ靈《れい》あれば命婦《みやうぶ》の名《な》をたまひしならんと云《い》へるは故《ゆゑ》ある事《こと》なり。

◉神使靈狐《かんづかひれいこ》を刀女《たうめ》ともいふ

稲荷神社考《いなりじんじやかう》にいま稲荷社《いなりしや》の後《うしろ》の丘《をか》に世人《せじん》の上《かみ》の社《やしろ》といふあり是《これ》は往昔《むかし》、登宇女社《たうめのやしろ》また命婦社《みやうぶのやしろ》など稱《となへ》て三狐神《みつのきつねがみ》を祀《まつ》れるものなり而《しか》して此三狐《このみつのきつね》は年久《としひさ》しく神社《じんじや》の邊《あたり》に栖《すみ》て奇異《きい》なる功驗《こうけん》ある故《ゆゑ》、はやく稲荷神使《いなりのかんづかひ》と云《い》ひ初《そめ》て(中略《ちうりやく》)一社《しや》に齋《いつ》き祭《まつれ》るものなりと云《い》へり去《され》ば靈狐《れいこ》を堂女《たうめ》と云《い》へること頗《すこぶ》る古《ふる》きものにて倭訓栞《わくんのしをり》に、たうめは倭名鈔《わみやうせう》にたうめの專《たう》の古語《こご》なりいま老女《らうぢよ》を呼《よん》でたうめとなすと見《み》えたり神代記《じんだいき》に姥《うは》をとめとよむ夫《そ》れ其義《そのぎ》なるべしと記《しる》せるは專女《たうめ》の義《こゝろ》を得《え》たるものにて此外稲荷神社記祕《このほかいなりじんじやきひ》訣《けつ》にも天白狐《てんびやくこ》をたうめとも、たうめ御前《ごぜん》ともいふこと九條殿行空《でうでんのぎやうくう》の御手筆《ごしゆひつ》にあり故《ゆゑ》にたうめは老女《らうぢよ》を呼《よび》ていふ(專の字を假てたうめといふ)を以《もつ》て當社《たうしや》の白狐《びやくこ》を尊《たつと》んで老女《らうぢよ》に比《ひ》し專女《たうめ》と云《い》へるものか(中略《ちうりやく》)また平野社《ひらののしや》に專女社《たうめのやしろ》といふものあり狐《きつね》の社《やしろ》と古記《こき》にありとぞ要《えう》するに專女《たうめ》は貴女老女《きぢよらうぢよ》の義《ぎ》にして靈獸雜記《れいじゆうざつき》に云《い》へる如《ごと》く或書《あるしよ》に此社《このやしろ》の牡狐《をきつね》を小芋《おすゝき》と名《な》づけ牝狐《めぎつね》を阿小町《おこまち》といふとあれど此社《このやしろ》の狐《きつね》みな牝狐《めぎつね》なるべし故《ゆゑ》に專《たう》女《め》の社《やしろ》また命婦社《みやうぶのやしろ》とも云《い》へること理《り》あるものなり或《あるひ》は曰《いは》く牝牡《めすをす》すみても牡《をす》は績《いさほし》うすく牝《めす》の方《かた》の績《いさほし》おほかりけるにやと設《さ》けるはこれ自然《しぜん》に起《おこ》る疑《うたがひ》にして專女《たうめ》は明《あきらか》に命婦《みやつぶ》とゝもに靈狐《れいこ》の牝《めす》をたつとべるものなり。

◉神使靈狐《かんづかひれいこ》の寶珠《はうじゆ》と鍵《かぎ》の由來《ゆらい》

燕石雜志《えんせきざつし》に稻荷《いなり》の社壇《しやだん》に置《お》く木狐《ちくこ》に玉《たま》と鍵《かぎ》を銜《ついはま》しめたるは倉稻魂《うがのみたま》の魂《たま》を象《かたど》り鍵《かぎ》は此神《このかみ》の五穀《ごこく》を主《つかさど》り給《たま》ふといへば倉廩《さうりん》の義《こゝろ》を表《あらは》せるものならん故《ゆゑ》に佛家《ぶつけ》は之《これ》を如意《によい》寶珠《はうじゆ》又《また》摩尼《まに》寶珠《はうじゆ》といふ意隨《こゝろのまゝ》に衣服《いふく》、財寶《さはう》、飮食等《いんしよくなど》を出生《しゆつせい》するが故《ゆゑ》にかくの如《ごと》く名《な》づけらる帝皇本紀《ていわうほんき》に云《いふ》、推古天皇《すゐこてんわう》の三十二年秋《ねんあき》九月九日《ぐわつこゝのか》壬申《じんしん》、田村王《たむらのぎみ》敏達天皇の孫即ぬ舒明天皇なり宮中《きうちう》に獨《ひと》り閑座《かんざ》し給《たま》ふに一人《にん》の神女《しんちよ》、忽然《こつぜん》として出現《しゆつげん》し告《つ》げて曰《のたまは》く大王我《たいわうわれ》を知《し》るや我《われ》はこれ天照大御神《あまてらすおほみかみ》の分魂《わけみたま》、別躰神《こゝろみのかみ》なり天《てん》に在《あ》りては月魂《つきのみたま》、地《ち》に在《あ》りては食魂《けつのみたま》、海《うみ》に在《あ》りては阿那海神《あなわたづみのかみ》、空《くう》に在《あり》ては太元鬼王《たいげんきわう》即ち太元帥明王震旦《もろこし》に在《あり》ては女媧氏《ぢよくわし》、天竺《てんちく》に在《あ》りては白辰王《はくしんわう》白辰狐王菩薩陀祇尼天の別號神《かみ》在《よ》に在《あ》りては御食使姫《みけつのひめ》、淨土《じやうど》にありては華開敷佛《げかいふぶつ》南方寶生如來なり我《われ》よく身《み》を分《わかち》て富貴《ふうき》の本《もと》となりまたよく身《み》を合《がつ》して福德《ふくとく》の行《おこなひ》を爲《な》し常《つね》に山城《やましろ》の飯盛山《いひなりやま》に在《あり》て遊《あそ》ぶ大王我《だいわうわ》が爲《ため》に祠《やしろ》をたて我《われ》を祭《まつ》れ我《われ》、汝《なんち》をして天下《てんか》の本《きみ》たらしめん我《われ》、寶祚《みくらゐ》を守《まもり》て日嗣《ひつき》を長《とこ》しへならしむべし即《すなは》ちいま三の躬《み》となる一人《にん》は色雪《いろゆき》の如《ごと》し頂《いたゞき》に紫金《しろかね》の盆《ぼん》を戴《いたゞ》く中《うち》に靑黃赤白黑紫《あをきあかしろくろむらさき》の夜光《やくわう》の珠《たま》あり五色の如意珠珠《たま》より寶《たから》を吐《は》く金銀錢《こがねしろがねぜに》等《ごう》なり右《みぎ》の手《て》を以《もつ》て之《これ》を取《とつ》て遍《あまね》く八極《はつほう》に投《な》げ散《ち》らし其緣《そのゆかり》ある人《ひと》はこれを受《う》く一人《にん》は色朱《いろしゆ》の如《ごと》し頂《いたゞき》に黃土《わうど》の箱《はこ》を戴《いたゞ》く中《うち》に錦《にしき》、繡《ぬひとり》、羅《うすもの》、綾《あや》の衣服《いふく》あり左《ひだり》の手《て》を以《もつ》て之《これ》を取《とつ》て緣《ゆかり》に任《まかせ》て周《あまね》く之《こ》れを與《あた》ふ一人《にん》は色墨《いろすみ》の如《ごと》し頂《いたゞき》に白金《ぎん》の俵《たはら》を戴《いたゞ》く中《うち》に米《こめ》、粟《あは》、麥《むぎ》、豆《まめ》、胡麻等《ごまとう》の穀《たなつもの》あり左右《さいう》の手《て》を以《もつ》て雨《あめ》の如《ごと》く投《な》げ降《ふら》すに人々《ひと〴〵》其品位《そのひんゐ》に因《より》て自《おのづか》ら之《これ》を受《う》く又須臾《またしばらくのうち》に三體合《たいがつ》して一人《にん》となり大信《たいしん》大信は推古天皇の朝の位階による衣冠也の衣冠《いくわん》を着《ちやく》し兩束《りやうそく》の稲《いね》を荷《にな》ひ稲穂《いなほ》より白米《はくまい》と香酒《さけ》とを出《いだ》したりしが軈《やが》て辭《じ》して北《きた》に向《むかつ》て飛《と》び去《さ》る王之《わうこれ》を奇《き》として天皇《てんわう》に奏問《そうもん》せられたりしに天皇勅令《てんわうちよくめい》を下《くだ》し神祠《やしろ》を立《た》て祭《まつ》らしめ給《たま》ふ諸人參詣《しよにんさんけい》して願《ねがひ》をかくるに成就《じやうじゆ》せずといふ事《こと》なしとまた鍵《かぎ》は米穀《べいこく》の納《をさ》まれる倉廩《くら》の戸《こ》を開《ひら》くに用《もち》ゆるものにして此鍵《このかぎ》なくんば其福徳《そのふくとく》を利用《りよう》すること能《あた》はざれば佛家《ぶつけ》にては如意寶珠《によいはうじゆ》と鍵《かぎ》を以《もつ》て佛菩薩《ぶつぼさつ》の衆生《しゆうじやう》に無量《むりやう》の福徳《ふくとく》を授《さづ》け給《たま》ふ印信《しるし》と爲《な》し來《きた》り又我《またわ》が國《くに》の俗《ぞく》、萬事《ばんじ》物《もの》をうち任《まか》するを鍵《かぎ》を渡《わた》すといふにても知《しる》べし幽遠隨筆《いうゑんずゐひつ》に此事《このこと》（鍵《かぎ》を渡《わた》す事《こと》）は古《ふる》き言葉《ことば》のやうなり萬葉集第九《まんえふしふだい》、珠名娘子《たまなのをみな》を詠《よ》める歌《うた》に鍵《かぎ》さへ奉《たま》し人《ひと》はみなとあるはよく鍵《かぎ》の意《こゝろ》を盡《つく》せるものなり要《えう》するに寶珠《はつじゆ》より衣食住《いしよくぢう》の寶《たから》を出《いだ》して之《これ》を倉廩《くら》に收《をさ》め鍵《かぎ》を以《もつ》て其戸《そのこ》を閉鎖《こざ》し隨時《ずゐじ》、この衣食住《いしよくぢう》の寶《たから》を出《いだ》して用《もち》ゆる意義《こゝろ》なるを以《もつ》て神使《かんづかひ》としての靈狐《れいこ》の銜《ついは》める寶珠《はうじゆ》と鍵《かぎ》は稲荷大神《いなりおほかみ》の本誓《ほんせい》なりといふべし因《ちなみ》に靈狐《れいこ》の尾《を》を寶珠《はうしゆ》といふ事《こと》あるにや。

本朝故事因縁集《ほんてうこじいんねんしふ》の狐化之尾《きつねばけのを》に承應《しようおう》のころ周防國都濃郡久米村《すはうのくにつのごほりくめむち》に鐵炮《てつぱう》を擊《うつ》て渡世《とせい》とする獵師《れふし》あり或時《あるとき》狐《きつね》の尾《を》を擊《うち》おとす其尾《そのを》の先白《さきしろ》し懐中《ふところ》に入《いれ》て歸《かへ》る其夜《そのよ》、狐來《きつねきたつ》て侘《わび》て曰《いは》く我《われ》、稲荷大神《いなりおほかみ》に七度參詣《なゝたびさんけい》し御免《ごめん》を受《うけ》し尾《を》なり此尾《このを》なければ我法《わがはふ》なりがたし故《ゆゑ》に是《これ》を寶珠《はうじゆ》といふこれを返《かへ》し給《たま》はば雉子兎等《きじうさぎなど》の類《たぐひ》はいふに及《およ》ばず福人《ふくにん》と爲《な》すべしと記《しる》せるもこれ眞《しん》の寶珠《はうじゆ》にあらず靈狐《れいこ》の所謂《いはゆる》、寶珠《はうじゆ》となるべきかまた王朝《わうてう》時代《じだい》の今昔物語《こんじやくものがたり》のうちに狐《きつね》、人《ひと》につき玉《たま》を取《と》られ乞《こ》ひ返《かへ》し恩《おん》を報《むく》ゆる談《はなし》および徳川時代《とくがはじだい》の元祿年間《げんろくねんかん》の諸國里人談《しよこくりじんだん》の狐火《きつねび》の玉《たま》は小《ちひ》さき柑子《かうじ》の如《ごと》く鷄《とり》の卵《たまご》の如《ごと》く白《しら》く和《やはら》かなるものなりしと云《い》へば倶《とも》に同《おな》じく靈狐《れいこ》の尾先《をさき》なりしならん。

◉神使靈狐《かんづかひれいこ》の通力《つうりき》の偉力《ゐりよく》

花鳥餘情《くわてうよじやう》に五通《つう》のうちに神境通《じんきやうつう》といふ事《こと》あり斯《こゝ》に妊通《にんつう》、報通《はうつう》、神通《じんつう》などといふ差別《さべつ》あり狐狸《きつねたぬき》などの人《ひと》に變《へん》ずるを妊通《にんつう》といふと記《しる》せり抑々《そも〳〵》、靈狐《れいこ》の通力《つうりき》は靈獸雜記《れいじうざつき》に百歳《さい》の狐《きつね》は神巫《みこ》なり、よく千里《り》の事《こと》を知《し》る筑後久留米《ちくごくるめ》の城山《しろやま》の靈狐《れいこ》の如《ごと》きはよく病患《やまひ》の吉凶《よしあし》を卜《うらな》ひ旅客《たびびと》の安否《あんぴ》を問《と》ひ其餘《そのよ》、禍福《くわふく》を諭《さと》すこと掌《たなごころ》を指《さ》すが如《ごと》し或《あるひ》は婦女《をんな》となり丈夫《をとこ》になれる物語《ものがたり》多《おほ》く又僧《またそう》の形《かたち》に化《け》し經論《きやうろん》を談《だん》じ又《また》は同士《どうし》に變《へん》じ太古《おほむかし》を語《かた》る等擧《とうあげ》て數《かぞ》へがたくまた夜《よる》の聖《ひじり》と云《い》へる書《しよ》のうちに載《の》せし美濃國《みのゝくに》の靈狐《れいこ》は其主家《そのしゆか》の子《こ》に手《て》を習《なら》はせ學問《がくもん》をすゝめたりと云《い》へる實説《じつせつ》あり況《いはん》や稻荷山《いなりやま》の阿古町《おこまち》、小芊《おすゝき》、黑尾《くろを》の三神使《さんかんづかひ》の靈驗不思議《れいげんふしぎ》にして神聖《しんせい》なるは更《さら》に呶々《くど〳〵》いはずして明《あきら》かなるべし故《ゆゑ》に古來《こらい》、狐《きつね》千歳《さい》を經《へ》れば天《てん》と通《つう》じて魅《み》を爲《な》さず其《その》人《ひと》を魅《み》するものは多《おほ》く人《ひと》の精氣《せいき》をとる故《ゆゑ》に靈狐《れいこ》は千載《さい》を經《へ》ずと雖《いへ》ども人《ひと》の害《がい》を爲《な》すものにあらず故《ゆゑ》に人《ひと》の害《がい》を爲《な》すものは野狐《やこ》の凶惡《きやうあく》なるものと知《し》るべし今靈狐《いまれいこ》の通力《つうりき》の實例《じつれい》を擧《あ》げんと事《こと》を思《おも》ふも餘白《よはく》なきを以《もつ》て斯《こゝ》に略《りやく》して記《しる》さず其通力《そのつうりき》を得《え》るは之《これ》を靈狐《れいこ》の本處《ほんしよ》に説《と》かんか。

◉靈狐《れいこ》の靈藥《れいやく》及《および》靈符《れいふ》の靈驗《れいけん》

靈狐《れいこ》は以上《いじやう》の如《ごと》く通力《つうりき》あるを以《もつ》て人《ひと》に靈藥靈符《れいやくれいふ》を傳《つた》へたる事《こと》あり奥羽《あうう》永慶軍記《えいけいぐんき》に載《の》せられたる下野《しもつけの》國古河《くにこが》の住人小野《ぢうにんをの》四郎重道《らうしげみち》、京都《きやうと》五條河原《でうがはら》に狐子《きつねのこ》を助《たす》け親狐《おやきつね》が狐子《きつねのこ》の活命《くわつめい》の恩《おん》を謝《しや》せんとて己《おの》が稲荷《いなり》大神《おほかみ》に年久《としひさ》しく事《つかへま》つれる白狐《びやくこ》なることを告《つ》げ靈藥一包《れいやくひとつゝみ》を授《さづ》け且《か》つ子孫發祥《しそんはつしやう》の地《ち》は羽州仙北《うしうせんほく》なることを示《しめ》して失《う》せしが翌日《よくじつ》、畏《かしこ》くも主上御惱《しゆじやうごなう》御座《おは》しませるを聞《き》き前夜《ぜんや》、靈狐《れいこ》の授《さづ》けたる靈藥《れいやく》を奉《たてま》つり御惱《ごなう》卽日平癒遊《そくじつへいゆあそば》され恩賞《おんしやう》の領地賜《りやうちたま》はりし時《とき》に重道《しげみち》、靈狐《れいこ》の示《しめし》にまかせ羽州仙北《うしうせんほく》を望《のぞ》み四百有餘年《いうよねん》武運隆盛《ぶうんりうせい》の基《もとゐ》をたてしこと竝《ならび》に近代世事談《きんだいせじだん》に載《の》せられたる越前永平寺《ゑちぜんえいへいじ》開祖《かいそ》道元和尚《だうげんをしやう》の弟子《でし》道正和尚《だうしやうをしやう》の入宋《にふそう》に隨《ずゐ》從《じう》し山中《さんちう》に病《や》みしに靈狐《れいこ》、一丸《ぐわん》の藥《くすり》を與《あた》へ藥方《やくはう》を授《さづ》け我《われ》は日本《にほん》の稲荷大神《いなりおほかみ》の神使《かんづかひ》なる事《こと》を告《つ》げ失《う》せたりこれ卽《すなは》ち現《げん》に效驗神《かうけんしん》の如《ごと》く傳《つた》へられつゝある道正解毒《だうしやうげどく》の起源《きげん》にして道正其後《だうしやうそのご》、地内《ちない》に稲荷大神《いなりおほかみ》を勸《くわん》請《じやう》したる事等《ことごと》の例《れい》夥《おびたゞ》しくまた靈狐《れいこ》の靈符《れいふ》を授《さづ》けたる奇談《きだん》は和漢《わかん》三才圖會《さいづゑ》に載《の》せられたり曰《いは》く狐《きつね》に花山能勢家《くわざんのせけ》の二派《は》あり相傳《あひつた》へていふ往昔《むかし》、狐狩《きつねかり》あり老狐《らつこ》捕《と》られんとす急《きふ》に逃《のが》れて花山殿《くわざんどの》の乘輿《のりもの》の中《うち》にかくれて赦《ゆるし》を乞《こ》ふ能勢《のせ》何某《なにがし》また時代異《じだいこと》なれど其死《そのし》を助《たす》けたる趣《おもむき》相同《あひおな》じ倶《とも》に狐誓《きつねちか》つて曰《いは》く子孫《しそん》に至《いた》るまで、永《なが》く厚恩《こうおん》を謝《しや》すべし此《これ》より今《いま》に至《いた》るまで狐魅《きつねつ》ける人《ひと》あれば二家《か》の符《ふだ》を閨《ねや》の傍《わき》に置《お》くに魅去《つきものさ》りて平《へい》癒《ゆ》すその約《やく》の固《かた》きこと人《ひと》また愧《は》づべきなりされば此《この》二狐《こ》は靈狐《れいこ》なりといふ斯《かゝ》る上古《むかし》質樸《しつぼく》の世《よ》、靈狐《れいこ》の奇《き》談《だん》多《おほ》かりしことと想像《さうざう》するに難《かた》からざるものあるは人《ひと》もまた信《しん》を守《まも》ることかたき故《ゆゑ》なりしならん。

◉弘《こう》法《はふ》大《だい》師《し》と靈《れい》狐《こ》の由《ゆ》來《らい》

靈狐《れいこ》は稲荷《いなり》大神《おほかみ》の神使《かんづかひ》なり稲荷《いなり》大神《おほかみ》は衣食住《いしよくぢう》の祖神《そじん》なり俗《ぞく》に靈狐《れいこ》を祀《まつ》りて稲荷《いなり》大神《おほかみ》と稱《しよう》し奉《たてま》つるもの多《おほ》し甚《はなは》だ誤《あやま》れり稲荷《いなり》神社《じんじや》記《き》祕訣《ひけつ》に羽《は》倉在滿《くらありみつ》の談《はなし》に云《いふ》、此麓《このふもと》（稲荷山《いなりやま》の麓《ふもと》なり）に弘法大師《こうはふだいし》祭《まつ》らるゝ靈狐《れいこ》あり本地《ほんち》十一面觀世音《めんくわんぜおん》としていなに大明神《だいみやうじん》と號《がう》せり是《これ》もいねになふ翁《おきな》の化身《けしん》なる故《ゆゑ》、いなに大明《だいみやう》神《じん》と申《まう》すより稲荷《いなり》大明神《だいみやうじん》と文字《もじ》を書《かゝ》れたりしが、「いなに」「いなり」とも假名《かな》は「り」も「に」も同《おな》じく通《かよ》ひていきしちにひみいりぬなればにり混《こん》じていなりと稱《しよう》し弘法勸請《こうはふくわんじやう》の社《やしろ》も本社《ほんしや》の號《がう》も混雑《こんざつ》し分《わけ》ていなにいなりと稱《しよう》せずなりぬ（中略《ちうりやく》）今《いま》は稲荷《いなり》の文字《もじ》多義《たぎ》の傳《でん》ある事《こと》も失《う》せて衣食住《いしよくぢう》の祖神《そじん》のいなりの神《かみ》も靈狐《れいこ》のいなにの神《かみ》も一になり衣食住《いしよくちう》の神《かみ》は知《し》らず皆《みな》いなりは狐《きつね》の總司《そうつかさ》の號《な》にて人々《ひと〳〵》、後園《こうゑん》の小社鎮《せうしやちん》守《じゆ》にも狐神《きつねがみ》を祭《まつ》りて其社《そのやしろ》をいなりと號《がう》して弘法《こうはふ》の稲《いね》を荷《になひ》たる翁《おきな》に東寺《とうじ》の門前《もんぜん》に逢《あ》ひ玉《たま》ひていなりと號《がう》し稲荷《いなり》と書《か》きたまへるより稲荷《いたり》、福德《ふくとく》、火防《くわはう》の神《かみ》にて其《その》いなりの眷屬《けんぞく》また末社《まつしや》の狐《きつね》を祭《まつり》てこれを稲荷《いなり》大神《おほかみ》と云《い》へりと此說《このせつ》、正確《せいかく》にして世《よ》の謬《あやま》りを匡《たゞ》し得《う》べきものなり之《これ》により二十二社本緣《しやほんえん》の說《せつ》も明白《めいはく》となれり仍《よつ》て考《かんが》ふるに以上《いじやう》の說《せつ》は多《た》少《せう》誤《あやま》り易《やす》き點《てん》のありたりし如《ごと》くなるを以《もつ》て之《これ》を根據《こんきよ》せる者《もの》は異端《いたん》を生《しやう》じ終《つひ》にいなり、いなにの本傳《ほんでん》を失《うしな》へる者《もの》なるべし諸國里《しよこくり》人談《じんだん》に云《いふ》、稲荷仕《いなりのし》者《しや》、宗語《そうご》老僧《らうそう》路通《ろつう》に語《かたつ》て曰《いは》く弘法大師《こうはふだいし》入唐《にふたう》の時《とき》、一人《にん》の老僧船中《らうそうせんちう》にあり海路《かいろ》の內《うち》、中華《しな》の地理《ちり》或《あるひ》は諸侯《しよこう》の掟《おきて》、出家《しゆつけ》の分際《ぶんざい》委《くは》しくかたり唐《たう》に入《い》りても益々《ます〳〵》隨身《ずゐしん》して明日《みやうにち》の業《わざ》を今日《こんにち》より告《つけ》しらしめたゞ影《かげ》の副《そ》ふが如《ごと》し弘法《こうはふ》、德宗皇帝《とくそうくわうてい》に謁《えつ》し且《か》つ惠果和尚《ゑいくわをしやう》に見《み》えて兩部《りやうぶ》の祕奥《ひおう》を附屬《ふぞく》せられ三年《ねん》の後《のち》、歸朝《きてう》の砌《みぎり》、船中《せんちう》にてかの老翁《らうをう》を敬《けい》して曰《いは》く翁《をう》は凡人《ぼんじん》にあらじ定《さだめ》て佛法擁護《ぶつはふえうご》の神《かみ》に御座《おは》すらめ時《とき》に翁《おきな》の申《まう》すらく吾《われ》は飯生《いひなり》の神《かみ》の仕者《ししや》芝守《しはもり》長者《ちやうじや》の地《ち》に住《す》む狐《きつね》なり玆《こゝ》に一の願《ねがひ》あり大徳《たいとく》歸朝《きてう》あらば常《まさ》に鴻臚館《かうろくわん》を持給《もちたま》はん依《よつ》て伽藍《がらん》住持《ぢうち》あらば飯生《いひなり》の神《かみ》を鎭守《ちんじゆ》になさしめ給《たま》へと弘法《こうはふ》子細《しさい》あらじと領掌《りやうしやう》ありけるが果《はた》して東寺《とうじ》を賜《たまは》る後《のち》、或年秋《あるとしあき》の夕暮《ゆふぐれ》弘法羅生門《こうはふらしやうもん》に彳《たゝず》みて四方《はう》を眺《なが》め給《たま》ふ處《ところ》に稲《いね》を荷《にな》へる翁來《おきなきた》れり近《ちか》づき之《これ》を見《み》れば入唐隨身《にふたうずゐしん》の翁《おきな》なり時《とき》に翁《おきな》、約《やく》の事《こと》を願《ねが》ふ依《よつ》て飯生《いゝなり》の神《かみ》を東寺《とうじ》の鎭守《ちんじゆ》とし夫《それ》より稲荷《いなり》の二字《じ》に改《あらた》められけるよりかの老翁《らうをう》を貴《き》狐《こ》大明神《だいみやうじん》と稱《しよう》すいまの攝社《せつしや》の白狐社《たうめのやしろ》是《これ》なり又芝守長者《またしはもりちやうじや》の舊地《きつち》はいまの古御旅《ふるおたび》と稱《しよう》する處《ところ》と云《いふ》、要《えう》するに弘法大師《こうはふだいし》と靈狐《れいこ》の關係以上《くわんけいいじやう》の如《ごと》くまた稲荷大神《いなりおほかみ》の稲荷山《いなりやま》に御鎭座《ごちんざ》あらせられしは元明天皇和銅《ぐわんみやうてんわうわどう》四年《ねん》なれば弘法大師《こうはふだいし》誕生《たんじやう》の寶龜《はうき》五年《ねん》まで凡《およ》そ六十餘年《よねん》を經《へ》たるものにて弘法《こうはふ》が兩部神道《りやうぶしんだう》の大祖《たいそ》なるを以《もつ》て後世《こうせい》、いろ〳〵の說《せつ》いでて稲荷大神《いなりおほかみ》と靈狐《れいこ》と同一體《どういたい》の如《ごと》く唱《となふ》るものあるに至《いた》れるものなり。

●神使靈狐《かんつかひれいこ》の官位《くわんゐ》と金錢《きんせん》の用途《ようと》

靈狐《れいこ》の官位《くらゐ》を命婦《みやうぶ》と云《い》ひまた貴狐明神《きこみやうじん》と稱《しよう》せる事《こと》あり抑々《そも〳〵》、命婦《みやうぶ》は已《すで》に說《と》ける如《ごと》く稲荷山《いなりやま》の三狐《こ》のうち阿古《おこ》町《まち》の官位《くらゐ》なるに後年《こうねん》に至《いた》り各地《かくち》に散在《さんさい》しつつある靈狐《れいこ》の命婦《みやうぶ》の官位《くらゐ》に上《のぼ》れるものありと傳《つた》ふ按《あん》ずるに稲荷《いなり》山《やま》の神使《かんつかひ》の三靈狐《れいこ》は天狐《てんこ》となりて形《かたち》なく氣《き》のみ殘《のこ》れるものなれば形《かたち》ある各地《かくち》の靈狐《れいこ》は代《かは》つて稲荷《いなり》大神《おほかみ》の使者《ししや》となり子々《しし》孫々《そん〱》相傳《あひつた》ふる如《ごと》く官位《くらゐ》あり神靈《しんれい》なるもの其後《そののち》を因襲《いんしう》せるものなるか稲《い》荷神社《なりじんじや》記《き》祕訣《ひけつ》に羽倉在滿《はぐらありみつ》曰《いは》く正徳年間《しやうとくねんかん》、加賀國《かがのくに》の道者《だうじや》當社《たつしや》に來《きた》りて社人《しやじん》に語《かた》りしは今當社《いまたうしや》の司《つかさ》は加賀《かがの》國某所《くにほうしよ》の狐《きつね》なりと夫《それ》は如何《いか》なる事《こと》と尋《たづ》ねしに去年《きよねん》いつの頃《ころ》にや村民《そんみん》に對《たい》し託《たく》して曰《いは》く我年來此屋敷《わがねんらいこのやしき》に住《ぢう》し世話《せわ》になれり此度京都《このたびきやうと》に登《のぼ》り稲荷《いなり》の命婦《みやうぶ》の官《くらゐ》に出世《しゆつせ》すと申《まう》し侍《はべ》ると語《かた》る其後《そののち》、其事《そのこと》を聞《き》くに享保《きやうほ》十七八年《ねん》の頃《ころ》、京都《きやうと》にて聞《きゝ》しに今《いま》の命婦《みやうぶ》は美濃國《みののくに》なりと社人《しやじん》の申《まうす》を聞《きゝ》しと語《かた》れり夫《それ》より武州《ぶしう》に下向《げかう》して此物語《このものがたり》せしに諸國《しよこく》にて京都《きやうと》のいなりへ稲荷《いなり》流《りう》といふ狐行《きつねい》つて出世《しゆつせ》して官《くらゐ》を賜《たま》はるといふこと昔《むかし》よりつたへ聞《きゝ》し事《こと》にてあれば今《いま》なほ稲荷《いなり》山《やま》に住《ぢう》する二匹《ひき》の狐《きつね》は則《すなは》ち命婦《みやうぶ》といふ官《くらゐ》になる事《こと》と聞《きこ》えたりと是《こ》れ後年《こうねん》の靈狐《れいこ》の命婦《みやうぶ》の官位《くらゐ》に昇《のぼ》れる實例《じつれい》なるべきか官位《くらゐ》の實例左《じつれいさ》の如《ごと》し。

世《よ》にいふ貴狐明神《きこみやうじん》の事《こと》は本朝故事因縁集《ほんてうこじいんねんしふ》に慶長《けいちやう》の初《はじめ》、紀州和歌山淺野家《きしうわかやまあさのけ》の侍《さむらひ》、庄田助右衛門《しやうだすけうゑもん》は靈狐《れいこ》の望《のぞみ》に應《おう》じて狐取《きつねと》るものに意見《いけん》して之《これ》を止《とゞ》めしめしに靈狐《れいこ》、庄田《しやうだ》が前《まへ》に至《いた》り之《これ》を謝《しや》せり時《とき》に庄田《しやうだ》は我《われ》汝《なんぢ》が望《のぞみ》を叶《かな》へたれば汝《なんぢ》は我望《わがのぞ》みを叶《かな》へよとて藏《くら》に滿《み》つるほど金銀《きんぎん》を與《あた》ふべく頼《たの》みしに靈狐《れいこ》手《て》を拍《うつ》て笑《わら》ひ吾神通《われじんつう》を得《え》て貴狐明神《きこみやうじん》と神位《くらゐ》を賜《たまへ》る稲荷大神《いなりおほかみ》の使者《ししや》なり（中略金銀《ちうりやくきんぎん》）金銀を願《ねが》ひ給《たま》ふは命短《いのちみじ》かし（中略《ちうりやく》）古《こ》今金持《こんかねもち》の盛衰《せいすゐ》を見《み》るに三代《だい》の孫《まご》、多《おほ》くは乞食《こじき》し永《なが》く子孫斷絶《しそんだんぜつ》す　侍《さむらひ》は所領《しよりやう》の外《ほか》に願《ねが》ひは無益《むえき》なり所領《しよりやう》を進《まへら》すべしと云《い》ひて靈狐《れいこう》失せたり其後《そのゝち》、庄田《しやうだ》は出頭《しゆつとう》となり二千五百石《こく》の所領《しよりやう》を得《え》たりとかく官位《くらゐ》たかき靈狐《れいこ》の見識此《けんしきかく》の如《ごと》く人《ひと》もまた及《およ》ぶ所《ところ》にあらず而《しか》して此貴《このき》狐明神《こみやうじん》といふは昔《むかし》よりの官位《くらゐ》なるべきか源《げん》平盛衰記《へいせいすゐき》に清盛《きよもり》、或時蓮臺野《あるときれんだいや》に大《おほい》なる狐《きつね》を追出《おひだ》し弓手《ゆんで》に相付《あひつ》けて既《すで》に射《い》んとしけるに狐《きつね》忽《たちまち》に黄女《くわうぢよ》に變《へん》じ莞爾《につこ》と笑《わら》ひ立向《たちむか》ひて、や我《わ》が命《いのち》を助《たす》け給《たま》はゞ汝《なんち》が所望《しよまう》を叶《かな》へんと云《い》ひければ清盛《きよもりや》矢をはづし如何《いか》なる人《ひと》にて御《お》座《は》すぞと問《と》ふ女答《なんなこた》へて曰《いは》く我《われ》は七十四道中《だうちう》の王《わう》にて有《あ》るぞと聞《きこ》ゆ扨《さ》ては貴狐天王《きつこてんわう》にて御《お》在《は》すにやとて馬《うま》より下《お》りて敬屈《けいくつ》すれば女《なんな》また本《もと》の狐《きつね》と成《な》りてコウ〳〵鳴《ない》て失《う》せぬ清盛案《きよもりあん》じけるは我《われ》、財寶《さいはう》にうゑたる事《こゝ》は荒神《くわうじん》の所爲《しよゐ》にぞ荒神《くわうじん》を鎭《しづ》めて財寶《ざいはう》を得《え》んには辨才妙音《べんざいめうおん》には如《し》かず今《いま》の貴狐天王《きつこてんわう》は妙音《めうおん》の其《その》一なり我《われ》、貧天《だてん》陀祇尼天の法の法《はふ》を成就《じやうじゆ》すべきものにこそとて彼法《かのはふ》陀祇尼天の法を行《おこなひ》ける程《ほど》にまた返《かへ》して案《あん》じけるは實《じつ》にや外法成就《げはふじやうじゆ》の者《もの》は子孫《しそん》に傳《つた》へずといふ者《もの》を如何《いかゞ》あるべきと思《おも》はれけるが、よし〳〵當時《たうじ》の如《ごと》く貧者《ひんじや》にて長《なが》らへんよりは一時《じ》に富《こ》み名《な》を揚《あ》げんにはとて行《おこな》はれけれ共《ども》、遉《さすが》後《うしろ》いぶせく思《おも》ひてか兼《かね》て清水寺《きよみづでら》の觀音《くわんおん》を憑《たの》み奉《たてま》つり利生《りしやう》を蒙《かうむ》らんとて千日詣《にちまうで》を始《はじ》めたりと謂《い》へるに徵《ちやう》するに靈狐《れいこ》の福神《ふくのかみ》なる事《こゝ》明《あきらか》なるとゝもに貴狐明神《きこみやうじん》又《また》は貴狐天王《きつこてんわう》は靈狐《れいこ》中《ちう》の靈狐《れいこ》の官位《くらゐ》なりしならん。

而《しか》して以上《いじやう》の官位《くらゐ》は稻荷山《いなりやま》にて大神《おほかみ》より授《さづ》かるものなり之《これ》に就《つ》き攝陽見聞筆拍子《せつやうけんぶんふでびやうし》に狐《きつね》の官上《くらゐあが》りの事《こゝ》と題《だい》して曰《いは》く寶曆《はうれき》九年秋《ねんあき》のころ北在所《きたざいしよ》の邊《ほとり》の或村々《むらむら》にて今太守《いまたいしゆ》の御通行《ごつうかう》なりとて百姓大勢人足《ひやうおほぜいにんそく》を出《だ》せしことあり是《これ》は狐《きつね》の官上《くらゐあが》りならんか「やは〳〵ござれお城《しろ》が見《み》ゆる」といふ唱歌《しやうか》の流行《はやり》しは此時《このとき》なりと

又《また》、靈狐《れいこ》の官位《くらゐ》を受《う》くるに相當《さうたう》の金銀《きんぎん》を要《そう》する由《よし》なり、されば靈狐《れいこ》の此事《このこと》は尙《な》ほ人間《にんげん》の官位《くらゐ》を受《う》くるに同《おな》じき點《てん》あるが如《ごと》し閑田耕筆《かんでんかうひつ》に淡海《あふみ》の八幡《やはた》の近邑《きんいふ》、田《た》中江《なかえ》の正念寺《しやうねんし》の狐《きつね》の話《はなし》を載《の》せて曰《いは》く或時《あるとき》、狐《きつね》己《おの》が官《くらゐ》を進《すゝ》むるために金《かね》の不《ふ》足《そく》せるを助力《じよりよく》せられん事《こと》を乞《こ》ふ住僧肯《ぢうそううけが》ひながら不《ふ》審《しん》に思《おも》ひ其許《そのもと》は金《かね》を如《い》何《か》にして持《も》てるやと問《と》はれしに本堂《ほんだう》の賽錢《さいせん》の箱《はこ》に入《い》らずこぼれたるを折々《をり〳〵》取拾《とりひろ》ひ置《お》きしなりと答《こた》へしが常《つね》に狐《きつね》は本堂《ほんだう》の天井《てんじやう》に住《す》めりとなんさて此狐《このきつね》に限《かぎ》らず官《くらゐ》を進《すゝ》むとて金《かね》を用《もち》ふるよしの話《はなし》どり聞《きこ》ゆるにつきて稲荷《いなり》の神官達《しんくわんたち》に其金《そのかね》の納《をさま》る處《こころ》を問《と》ひしに嘗《かつ》て知《し》る人《ひと》なし彼等《かれら》が黨《たう》にての所爲《しよゐ》なりや知《し》られぬ事《こと》なりとされば諸國里《しよこくり》人談《じんだん》に宗語狐《そうごきつね》が其住《そのす》める江州彦根《かうしうひこね》の馬淵何某《まぶちそれがし》の一族男女《ぞくなんぢよ》五十餘人《よにん》を饗應《きやうおう》しける時《とき》に何某《それがし》は宗語狐《そうごきつね》は凡人《ぼんじん》ならぬ老僧《らうそう》の事《こと》なれば神通《じんつう》もて鹽噌《しほみそ》を貯《たくは》へ給《たま》ふ事自《ことじ》由《いう》ならん他《ひと》を貪《むさぼ》り掠《かす》めて此美食《このびしよく》を賜《たま》ふは不快《ふくわい》の事《こと》にてこそあれと問《と》ひけるに老僧答《らうそうこた》へいふ全《まつた》く人《ひと》の物《もの》を掠《かす》め取《と》るにあらず我《われ》に金《きん》銀《ぎん》の貯《たくはへ》多《おほ》くあり其金銀《そのきんぎん》も吾眷屬《わがけんぞく》一千餘《よ》のもの市《し》中《ちう》に出《い》で賣藥《はいやく》したる餘慶《よけい》にして此利《このり》分《ぶん》みな拙僧《せつそう》にとどまる今宵《こよひ》の家具《かぐ》其他《そのた》の器《き》物飲食《ぶついんしよく》これにて調《とゝの》へたり元《もと》よりこれ我《われ》に在《あつ》て益《えき》なし追《おつ》て贈《おく》るべしと載《の》せられたるを見《み》るに靈狐《れいこ》は恰《あだか》も人間《にんげん》の所爲《しよゐ》の如《ごと》く正《たゞ》しき道《みち》を行《おこな》ふものありて其官位《そのくらゐ》進《すゝ》むときは夫《そ》れ〳〵祝《しう》儀《ぎ》其他《そのた》の交際等の爲《た》め金銀入用《きんぎんにふよう》の事《こと》あるならんか感《かん》ずべき哉《かな》。

◉野《や》狐《こ》元《げん》正《しやう》神《しん》道《だう》を聞《き》ける話《はなし》

閑散餘錄《かんさんよろく》に淺見《あさみ》重次郎《ぢうじらう》が門人《もんじん》に若林《わかはやし》新《しん》七なるものあり能《よ》く淺見《あさみ》の道統《みちすぢ》を繼《つい》で旗《はた》を一方《はう》に建《た》つ或時《あるとき》、濃州北縣《のうしうきたがた》によりて書《しよ》を講《かう》ぜり北縣《きたがた》に野狐《のぎつね》あり元正《げんしやう》といふ數《すう》百年《ねん》を經《へ》てよく幻術《ふしき》をなしまた頗《すこぶ》る醫方《くすりのはう》を知《し》る草野《いなか》の民《たみ》疾《やまひ》あれば必《かなら》ず狐《きつね》に啓《まう》す、やがて主方《しゆはう》(處方《しよはう》)を書《かい》て與《あた》ふ若《も》し治《ぢ》せざる症《やまひ》なれば固《かた》く請《こへ》ども主方《しゆはう》を與《あた》ふる事《こと》なしかの野狐《やこ》常《つね》に老翁《らうおう》に變《へん》じ來《き》て日々《ひび》、講筵《かうえん》に侍《はべ》りぬその面部《おもて》に黑子《ほくろ》多《おは》し人《ひと》の吾《わ》が顏色《かほ》を見《み》ることを欲《ほつ》せざる樣子《やうす》なり新《しん》七講《かう》じ終《をは》れる後《のち》、之《これ》に蓆《むしろ》を與《あた》へて一度再度《ひとたびふたゝび》物語《ものがたり》し或日《あるひ》は鼠《ねずみ》の油煎《あぶらげ》を食《くらは》せたりとなり守鶴《しゆかく》と云《い》へる狸《たぬき》のこと人口《じんこう》に膾炙《くわいしや》し寫字《しやじ》も今《いま》に傳《つた》はれり元正《げんしやう》も其類《そのたぐひ》なりと按《あん》ずるに若林《わかはやし》新《しん》七の講《かう》ぜる神道《しんだう》は其如何《そのいか》なる派《は》なるやといふ事《こと》は同書《どうしよ》に記《しる》さゞるも此元正《このげんしやう》の講筵《かうえん》を聞《き》ける事《こと》の次《つき》の項《かう》に若林《わかはやし》新《しん》七或時《あるとき》、祇園《ぎなん》の祠《ほこら》に詣《まう》でて和歌《わか》を詠《よ》めりその歌《うた》に「千《ち》早《はや》振《ふる》神性《かみさか》たけき荒《あら》かねのつゝしみ深《ふか》くすめる瑞籬《みづがき》」是《こ》れ彼《か》れが家《いへ》の土金《つちがね》の傳《でん》の意《こゝろ》を以《もつ》て讀《よ》めるなりと記《しる》せるを見《み》るに明《あきらか》に山崎嘉右《やまざきかう》衞門《ゑもん》の垂加流《しでますりう》の神道《しんたう》なり要《えう》するに此土金《このつちかね》の傳《でん》に就《つい》ては(一)祭神《さいじん》――中社佐田彦神《なかのやしろさるたひこのかみ》の中《うち》に記《しる》せる如《ごと》く是《こ》れまことに神道《しんだう》の極祕《ごくひ》にして玉籤集《ぎよくせんしふ》に土金之傳《つちがねのでん》――土《つち》の訓《よみ》は「つゞく」「つゞまる」「いつゝ」なり金《かね》の訓《よみ》は「かねる」「ねる」なり、是《こ》れ古來《こらい》よりの訓《よみ》の傳《つたへ》なり土《つち》あれば必《かなら》ず金《かね》あり金《かね》は土《つち》に兼《かね》てあるものなり土《つち》と金《かね》とは相離《あひはな》れぬものなり土《つち》しまれば金生《かねしやう》ず金《かね》にあらざれば土《つち》しまらず土《つち》しまりたる之《これ》を「つゝしみ」といふ人體《じんたい》は土《つち》なり人體《じんたい》をつゝしめば金生《かねしやう》ず土《つち》と金《かね》とにあらざれば人《ひと》は全《まつた》からずと說《と》けり而《しか》して此土《このつち》と金《かね》の事《こと》は(一)本書《ほんしよ》の祭神《さいじん》のうち米穀化現《べいこくけげん》の神祕說《しんぴせつ》に說《と》ける如《ごと》く米穀《べいこく》は春夏《しゆんか》に發《はつ》して秋冬《しうとう》に至《いた》りて收《をさ》む所謂《いはゆる》、一弛《ち》一張《ちやう》の義《こゝろ》あるを以《もつ》て畢竟《ひつきやう》、土《つち》と金《かね》は確《たしか》に稻荷《いなり》大神《おほかみ》の御靈《みたま》を寄《よ》せ給《たま》ふ唯《ゆゐ》一無《む》二の神《かみ》の本體《ほんたい》と作用《はたらき》なるものなり元正《げんしやう》の此傳《このでん》を聽聞《ちやうもん》せること實《じつ》に後日《ごじつ》正《まさ》しく神使《かんづかひ》となるべき地質《ぢしつ》なりといふべく殊《こと》に心《こゝろ》を本《もと》とし正《たゞ》しきに基《もとづ》く垂加流《しでますりう》の神道《しんだう》に歸依《きえ》せるその心《こゝろ》はこれ獸類《じうるゐ》の境域《さかひ》を脫《いで》たるものなりと謂《いつ》べし猶《な》ほ此他《このた》の野狐《やこ》が、神道《しんだう》の問答《もんだふ》を爲《な》したること等《とう》の奇蹟《きせき》の世《よ》に傳《つた》はれるもの多《おほ》くあるは此元正《このげんしやう》と同《おな》じき神心《かんごころ》あるものにて神使《かんづかひ》たるを得《う》べきものなり。

◉神使靈狐《かんづかひれいこ》の名稱《めいしよう》と鳥居《とりゐ》

和漢《わかん》三才圖會《さいづゑ》に凡《すべ》て狐《きつね》は多壽《たじゆ》なり數百歲《すうさい》を經《へ》れば皆《みな》、人《ひと》の俗名《ぞくみやう》を稱《しよう》すとこれ靈狐《れいこ》が年《とし》を經《へ》るに隨《したが》ひ聖智自然《せいちしぜん》に加《くは》はり世《よ》を益《えき》し人《ひと》を利《り》する事多《ことおほ》く遂《つひ》に誰《たれ》いふとなく人《ひと》の俗名《ぞくめう》を附《ふ》せしものならんか今之《いまこれ》を例《れい》せば大和《やまと》の葛城《かつらぎ》の源氏坊《げんじばう》、信田《しのだ》の森《もり》の葛《くず》の葉《は》、伊賀《いが》の上野《うへの》の源太丸《げんたまる》、尾張《をはり》の宮《みや》の三郎《さぶらう》、駿河《するが》の太郎《たらう》丸《まる》、相州大山《さうしうおほやま》の通力坊《つうりきばう》、甲斐《かひ》の御嶽坊《みたけばう》、武藏《むさし》の我慢坊《がまんばう》、王子《わうじ》の五香丸《かうまる》、安房《あわ》の洲崎坊《すさきばう》、出羽《では》羽黑《はぐろ》の菊《きく》太夫《だいふ》、上野《かうつけ》の一の宮《みや》の御先坊《みさきばう》、佐渡《さど》の金山丸《かなやままる》、越中《ゑつちう》の富山丸《とやままる》、加賀《かが》白山《はくさん》の白僧坊《はくそうばう》、美濃《みの》の谷汲山《たにくみやま》の御《み》堂丸《だうまる》、播磨《はりま》の化粧坊《けしやうばう》、丹波《たんば》の焰魔坊《えんまばう》、備中《びつちう》の神尺坊《しんしやくばう》、因幡《いなば》の源藏丸《げんざうまる》、伯耆大山《はうきたいさん》の天狗坊《てんぐばう》、石見《いはみ》の濱田《はまだ》丸《まる》、周防《すはう》の水晶丸《すゐしようまる》、美作《みまさか》の津山丸《つやままる》、伊豫《いよ》の常盤坊《ときはばう》、土佐《とさ》五臺山《だいさん》の白代丸《はくだいまる》、讃岐《さぬき》の金比羅坊《こんぴらばう》、豐前《ぶぜん》菱形《ひしがた》の池《いけ》の坊《ばう》、薩摩《さつま》の鹿兒島丸等《かごしまるなど》は皆世《みなよ》に知《し》らる猶《な》ほ此他《このほか》、宗語狐《そうごぎつね》、横山狐《よこやまきつね》、伯藏主《はくざうしゆ》、源五郎狐《げんごらうぎつね》、小女郎《こぢよらう》狐等《ぎつねなど》ありて人名《じんめい》を以《もつ》て呼《よ》ばれ最《もつと》も神靈《しんれい》なるものと稱《しよう》せらるその所業《しわざ》と土地《とち》の名《な》によりしものは甫佐《ほさ》の紫美狐《こみぎつね》、華山院《くわざんゐん》の若狐《わかぎつね》、神岡《かみをか》の神子狐《みこぎつね》片岡山《かたをかやま》の火燃狐《ひたきぎつね》、生田《いくた》の黑狐《くろぎつね》、河内《かはち》の自田夫《じでんぶ》、神路山《かみぢやま》の古狐《ふるきつね》、志摩《しま》の浦狐《うらきつね》、三河《みかは》の鳳來寺《ほうらいじ》の瑠璃狐《るりきつね》、伊豆《いづ》赤澤山《あかさはやま》の角力取狐《すまふとりきつね》、上總《かづさ》小金原《こがねはら》の駒止狐《こまどめぎつね》、下總《しもふさ》の網除狐《ちみよけきつね》、筑波《つくは》の伏狐《ぶしきつね》、女化原《ななはけはら》の伏狐《ふしぎつね》、那須原《なすのがはら》の美女狐《びぢよぎつね》、飯綱山《いひつなやま》の肥滿坊《ひまんばう》、飛驒《ひだ》の大神狐《だいじんぎつね》、越後《ゑちご》の穴住狐《あなすみぎつね》、越前《ゑちぜん》勝山《かつやま》の芝狐《しばぎつね》、近江《あふみ》の石山寺《いしやまでら》の狐《きつね》、紀伊《きい》の瀧本坊《たきもとばう》、丹波《たんば》の千丈嶽《ぢやうだけ》の鬼神狐《きしんきつね》、出雲《いづも》伊達山《だてやま》の古狐《ふるきつね》、長門《ながと》の浦邊《うらべ》の浦狐《うらぎつね》、嚴島《いつくしま》の七浦狐《なゝうらぎつね》、隱岐《おき》の鈴振狐《すゞふりぎつね》、淡路《あはぢ》の五十上狐《いそがみきつね》、阿波《あは》の浪切狐《なみきりきつね》、筑前《ちくぜん》妙見《めうけん》の北斗狐《ほくとぎつね》、豐《ぶ》後《ご》杣ヶ嶽《そまがたけ》の斧狐《おのきつね》、佐賀《さが》の止姫狐《とめぎつね》、阿蘇《あそ》の赤狐《あかぎつね》、日向《ひうが》の樟原《あはきはら》の神代狐《かみよきつね》、霧島《きりしま》の鉾持狐《ほこもちぎつね》、壹岐《いき》魚釣山《うをつりやま》の竿《さを》狐《ぎつね》、對馬《つしま》上縣《かみあがた》田の古狐等《ふるきつねなど》の由緒《ゆゐしよ》極《きはめ》て顯《あらた》かなる神靈《しんれい》を世《よ》に示《しめ》し人《ひと》を益《えき》し稲荷山《いなりやま》の三靈狐《れいこ》の十種《しゆ》の誓約《ちかひ》の幾分《いくぶん》又《また》は全部《ぜんぶ》を盡《つく》したるものなれば實《じつ》に尊敬《そんけい》せざる可《べか》らず。

以上靈狐《いじやうれいこ》の居《ゐ》る處《ところ》に必《かなら》ず稲荷《いなり》大神《おほかみ》の御鎭座《ごちんざ》あり或《あるひ》は寺院《じゐん》あるもの也故《なりゆゑ》に人名《じんめい》に丸《まる》とあるは多《おほ》くは神に屬《ぞく》し坊《ばう》とあるは佛《ほとけ》に屬《ぞく》しその他《た》はいづれにか屬《ぞく》するものなるも俗《ぞく》に稲荷《いなり》大神《おほかみ》の神使《かんづかひ》として所謂《いはゆる》、兩《りやう》部《ぶ》神道《しんだう》に屬《ぞく》するものなり而《しか》して此等《これら》靈狐《れいこ》の神靈《しんれい》明《あきらか》なるものはそれだけ鳥居《とりゐ》を多《おほ》くたつるを以《もつ》て一見《けん》その聖智《せいち》の自然《しぜん》に備《そな》はれる大小《だいせう》を知《し》る事《こと》を得《う》るものとせり抑々《そも〳〵》、鳥居《とりゐ》は之《これ》を神門《じんもん》と書《しよ》し華表《くわへう》と記《しる》す等《など》猶《な》ほ幾多《いくた》の名稱《めいしよう》あるも是等《これら》はみな已《すで》に說《と》ける如《ごと》く神代質素《しんだいしつそ》の門《もん》にして神域《みゐき》を表《あらは》せる者《もの》なれば稻荷《いなり》大神《おほかみ》に特有《とくいう》なる稻荷《いなり》の鳥居《とりゐ》多《おほ》き下《もと》に居《ゐ》る靈狐《れいこ》の利益《りえき》の大《だい》なること火《ひ》を見《み》るよりも明《あきら》かなり東都歲時記《とうとさいじき》に二月初午《ぐわつはつうま》、神田《かんだ》紺屋《こんや》町《ちやう》の邊《へん》に常《つね》に小《ちひ》さき宮《みや》、鳥居《とりゐ》を造《つく》りて商《あきな》ふ故《ゆゑ》に俗《ぞく》に宮町《みやまち》といふ、此月《このつき》、分《わけ》て買人《かひびと》多《おほ》しと云《い》へるは今《いま》は昔《むかし》、江戶《えど》のみの事《こと》にあらず全國各地《ぜんこくかくち》ともに同《おな》じく小《ちひ》さき宮《みや》、鳥居《とりゐ》の賣行《うれゆき》よろしく稻荷《いなり》大神《おほかみ》の神德《しんとく》、靈狐《れいこ》の聖智《せいち》は年《とし》とゝもに益々《ます〳〵》新《あらたか》なるものなれば時《とき》に靈狐《れいこ》が人《ひと》に託《つ》き鳥居《とりゐ》をたてられん事《こと》を請《こ》ひ求《もと》めし話《はなし》少《すくな》からず和漢《わかん》三才圖會《さいづゑ》に淺草稻荷《あさくさいなり》は淺草寺《あさくさでら》の境內《けいだい》にあり俗《ぞく》に安左衞門稻荷《やすざゑもんいなり》と稱《しよう》す其靈驗最《そのれいけんもつと》も著《いちじ》るしきを以《もつ》て人華表《ひととりゐ》を建《たつ》ることを誓《ちか》ひて立《た》てし數頗《すうすこぶ》る多《おほ》しと說《と》けるは實《じつ》に好箇《かうこ》の證據《しようこ》なりと謂《いふ》べく又義經千本櫻《またよしつねせんぼんざくら》の初音《はつね》の鼓《つゞみ》の狐忠信《きつねたゞのぶ》の事《こと》は假說《かせつ》にして一種《しゆ》の作曲《さくきよく》なるも鳥居《とりゐ》と靈狐《れいこ》の眞理《しんり》は古今《ここん》の記錄《きろく》よりも的確《てきかく》なるもの也其《なりその》一節《せつ》に鳥居《とりゐ》の數《かず》は重《かさ》なれど一日親《にちおや》をも養《やしな》はず產《うみ》の恩《おん》を送《おく》らねば豚《ぶた》狼《おほかみ》に劣《おと》りし故《ゆゑ》、六萬《まん》四千の狐《きつね》の下坐《げざ》につき只々野狐《たゞ〳〵のぎつね》と輕蔑《さげす》まれ神上《かみのぼ》りの願《ねがひ》も叶《かな》はずと歎《なげ》けるは靈狐《れいこ》の靈狐《れいこ》たる本來《ほんらい》の面目《めんもく》にして聖智《せいち》と鳥居《とりゐ》の關係《くわんけい》を意味《いみ》せるものと謂《い》ふべし。

◉靈《れい》狐《こ》の火《くわ》防《はう》の奇《き》蹟《せき》

農家調寶記《のうかてうはうき》に天明年中《てんめいねんちう》、皇宮《くわうきう》炎上《えんじやう》の砌《みぎり》、火《ひ》延燒《えんせう》して花山院內大臣《くわざんゐんないだいじん》の邸宅《ていたく》に及《およ》ばんとせる時《とき》一隊《たい》の白衣《びやくい》を着《ちやく》せるものあり忽然屋上《こつぜんをくじやう》に上《のぼ》り屋下《をくした》に集《あつ》まり防火《はうくわ》に力《つと》め、さしもの烈火暫時《れつくわしばらく》にして鎭火《ちんくわ》せり內《ない》大臣《だいじん》大《おほい》に喜《よろこ》び之《これ》を引見《いんけん》して厚《あつ》く勞《らう》し何《いづ》れのものなりやを問《と》はれしに一同《ごう》平伏《へいふく》して肥前國《ひぜんのくに》鹿島《かしま》裕德《ゆうこく》神社《じんじゃ》奉仕《ほうし》のものなり偶々《たま〳〵》本邸《ほんてい》危《き》難《なん》あるを知《し》り微力《びりよく》を致《いた》せりと內大臣《ないだいじん》怪《あや》しみ且《か》つ悅《よろこ》ばずして曰《いは》く本邸《ほんてい》は物《もの》の數《かず》かは何《なん》ぞ皇宮《くわうきう》の難《なん》に赴《おもむ》かざりしと一同恐縮《ごうきようしゆく》して答《こた》へて曰《いは》く卑賤《ひせん》の躬《み》、皇宮《くわうきう》に上《のぼ》るを得《え》ざりしのみと之《これ》より稻荷《いなり》大神《おほかみ》をば火防《くわはう》の神《かみ》なりと稱《しよう》せしものにして所謂《いはゆる》、裕德稻荷《ゆうこくいなり》の神使《かんづかひ》たる靈狐《れこ》の以上《いじやう》の火防《くわはう》は皆《みな》これ大神《おほかみ》の神旨《しんし》を奉《ほう》じたるものなりと心得《こゝろえ》しより出《い》でしものにてかゝる例《れい》枚擧《まいきよ》に暇《いとま》あらず、靈狐《れいこ》を直《たゞち》に稻荷《いなり》と稱《しよう》し尊《たふと》びし結果《けつくわ》よりかくの如《ごと》く世《よ》に知《し》られたる奇蹟《きせき》は眞《まこと》に渴仰《かつかう》すべき事《こと》といふべし。

火防《くははう》の事《こと》より延《ひい》て、反對《はんたい》に靈狐《れいこ》を射《い》て靈狐《れいこ》の爲《ため》に己《おの》が家《いへ》を燒《や》かれたるものあり宇治拾遺物語《うちしうゐものがたり》に狐《きつね》、家《いへ》に火《ひ》つくる條《でう》に詳《つまびらか》にせり靈狐《れいこ》の聖智《せいち》あるを知《し》らずしてその命《いのち》を取《と》らんとする報《むくい》の程《ほど》、實《げ》に恐《おそろ》しきものといふべし併《しか》し該物語《そのものがたり》の狐《きつね》のつけし火《ひ》は決《けつ》して狐火《きつねび》といふものにあらず狐火《きつねび》は陰火《いんくわ》にして炎《ほのほ》なきものなり故《ゆゑ》に狐火《きつねび》に手《て》を當《あ》つるも熱《あつ》き事《こと》なしと傳《つた》ふ夫《そ》れ或《あるひ》は然《しか》らん狐火《きつねび》の事《こと》は其說《そのせつ》、頗《すこぶ》る夥《おびたゞ》しく之《これ》を物語草紙日記《ものがたりさうしにつき》或《あるひ》は稗史《はいし》戲曲等《ぎきよくとう》にのせられつゝあるは皆《みな》、人《ひと》の知《し》る處《ところ》なり。

◉靈狐《れいこ》の火《ひ》の玉《たま》の由來《ゆらい》

是《これ》はこれ狐火《きつねび》に似《に》て非《ひ》なるものなり諸國里《しよこくり》人談《じんだん》に狐火《きつねび》の玉《たま》‖元祿《げんろく》のはじめの頃《ころ》、上京《かみきやう》の人《ひと》、東川《ひがしかは》へ夜川《よかは》に出《い》で網《あみ》を打《うち》けるが加茂《かも》のあたりにて狐火《きつねび》手《て》もとへ來《きた》りしかばとりあへず網《あみ》を打《うち》かけければ一聲《ひとこゑ》鳴《たい》て去《さ》りぬ網《あみ》の中《なか》に光《ひか》るものとどまる玉《たま》の如《やう》に其光《そのひか》り赫々《かくく》たり家《いへ》に持《も》ち歸《かへ》り翌日之《よくじつこれ》を見《み》れば其色薄白《そのいろうすしろ》く鷄《にはとり》の卵《たまご》の如《ごと》く晝《ひる》は光《ひかり》なし夜《よ》に入《い》れば輝《かゞや》けり夜行《やかう》の折《をり》から提灯《てうちん》に之《これ》を移《うつ》せば蠟燭《らふそく》より明《あきら》かなり我重《わがちう》寶《はう》とよろこび祕藏《ひざう》してけり或時《あるとき》、また夜川《よかは》に出《いで》けるが彼《か》の玉《たま》を紗《しや》の袋《ふくろ》に入《い》れ肘《ひぢ》にかけて網《あみ》を打《うち》しが大《おほい》さ一間《けん》ばかりと覺《おぼ》しきもの川《かは》へザンブと落《おち》て川水《かはみづ》十方《ぱう》にはねたり之《こ》れは如何《いか》にと驚《おどろ》く處《ところ》に玉《たま》の光《ひかり》消《き》えぬ袋《ふくろ》をさぐれば袋《ふくろ》やぶれて玉《たま》なし然《しか》るに二三間《げん》、向《むか》ふに光《ひか》るものあり扨《さ》ては取《とり》かへされしか口惜《くちを》しや殘念《ざんねん》やと網《あみ》をすてゝ追《お》ひ行《ゆき》しも終《つひ》にとり返《かへ》し得《え》ずして空《むな》しく歸《かへ》れりと記《しる》せり是《これ》は正《まさ》しく陰火《いんくわ》の部類《ぶるゐ》なるも靈狐《れいこ》の寶《たから》なること明《あきらか》なり是《こ》れまた已《すで》に記《しる》せし今昔物語《こんじやくものがたり》、狐人《きつねびと》につき取《と》られし玉《たま》を乞《こ》ひ返《かへ》し恩《おん》を報《ほう》ずる話第《はなしだい》四十に載《の》せられし玉《たま》に同《おな》じきものなり。

今昔物語《こんじやくものがたり》に云《いふ》、今《いま》は昔《むかし》、物《もの》の氣《け》病《やめ》るものありけり物託《ものつき》の女云《をんないは》く己《おのれ》は狐《きつね》なり祟《たゝり》を爲《な》しに來《きた》れるに非《あら》ず只此《たゞこゝ》の處《こころ》には自《みづか》ら食物《しよくもつ》散《ちら》ばふ物《もの》ぞかしと思《おもひ》て指臨《さしのぞ》き侍《はべ》るを此《か》く召捕《めしと》られて侍《はべ》るなりと云《いふ》て懷《ふところ》より白《しろ》き玉《たま》の小柑子《せうこうじ》などの程《ほど》なるを取《と》り出《いだ》して打《う》ち上《あげ》て玉《たま》に取《と》るを見《み》る人《ひと》、可笑《をかし》氣《げ》なる玉《たま》かな此《こ》の物託《ものづき》の女《をんな》の本《もと》より懷《ふところ》に持《もつ》て人《ひと》を謀《はか》らむと爲《す》るなめりと疑《うたが》ひ思《おも》ひける程《ほど》に傍《そば》に若《わか》き侍《さむらひ》の男《をとこ》の勇《いさみ》たるが居《ゐ》て物託《もつづき》の女《をんな》の其玉《そのたま》を打《う》ち上《あげ》たるを俄《にはか》に手《て》に受《う》け取《と》りて懷《ふところ》に引《ひ》き入《い》れてけり然《しか》れば此女《このをんな》に託《つき》たる狐《きつね》の云《いは》く惡《あし》き態《さま》かな其玉返《そのたまかへ》し得《え》させよと切《しきり》に乞《こひ》けれども男聞《をとこき》きも入《い》れずして居《ゐ》たりしを狐《きつね》、泣《な》く〳〵男《をとこ》に向《むかつ》て云《いは》く其《それ》は其玉《そのたま》とりたりと云《い》ふとも持《も》つ可《べ》き樣《さま》を知《し》らざれば和主《わぬし》の爲《ため》には益《えき》あるまじ我《われ》はその玉取《たまとら》れなば極《いた》き損《そん》にてなむあるべき然《さ》れば其玉返《そのたまかへ》し得《え》せしめずんば我《わ》れ和主《わぬし》の爲《ため》に永《なか》く讎《あだ》となりなむ若《も》し返《かへ》し得《え》せしむれば我《われ》は神《かみ》の如《ごと》くに和主《わぬし》に副《そひ》て守《まも》らむといふ時《とき》に此男《このをとこ》、由《よ》しなしと思《おも》ひ心付《こゝろづい》て然《さ》らば必《かなら》ず我《わ》が守《まも》りと成《な》り給《たま》はんやと云《い》へば狐然《きつねさ》らばなり必《かなら》ず守《まも》りと成《な》らむ此《か》ゝる者《もの》は努々《ゆめ〱》、虚言《きよごん》なさずまた物《もの》の恩《おん》は思知《おもひし》らずといふ事《こと》なしと云《い》へば此男《このをとこ》この搦《からま》させ給《たま》へる護法證《ごはふしよう》せさせ給《たま》ふやと云《い》へば狐實《きつねじつ》に護法《ごはふ》も聞《きこ》し食《め》せ玉《たま》を返《かへ》し得《え》させたらば遂《つひ》に守《まもり》と成《な》らむと云《い》へば男懷《をとこふところ》より玉《たま》を取《と》り出《いだ》して女《をんな》に與《あた》へつ狐返喜《きつねかへすよろこん》で受取《うけとり》つ其後《そののち》、驗者《けんじや》に追《お》はれて狐去《きつねさ》りぬ而《しか》る間《あひだ》、人々《ひと〱》ありて其物託《そのものゝつき》の女《をんな》をやがて引《ひか》へて立《た》たしめずして懷《ふところ》を搜《さが》しけるに敢《あへ》て其玉《そのたま》なかりけり然《しか》れば實《じつ》に託《つき》たりける物《もの》の持《もち》なりけるなりと皆《みな》、人知《ひとしり》にけり其後《そののち》、此玉取《このたまとり》の男《をとこ》が太秦《うづまさ》に參《まゐ》りて返《かへ》りけるに暗《くら》く成《なり》ける程《ほど》に御堂《みだう》を出《い》で歸《かへ》りけるに夜《よ》に入《いり》てぞ內野《うちの》を通《とほ》るに應天門《おうてんもん》の程《ほど》を過《すぎ》むと爲《なせ》るに極《ご》く物怖《ものおそろ》しく思《おも》ひければ何《なに》なるかと怪《あやし》く思《おも》ふ程《ほど》に實《げに》や我《われ》を守《まも》らむと云《いふ》て去《さ》りし狐有《きつねあり》きと思出《おもひい》で暗《くら》きに只獨《たゞひと》り立《たつ》て狐々《きつね〱》と呼《よび》ければコウ〱と鳴《ない》て出《い》で來《きた》れり見《み》れば現《うつゝ》にあり然《しか》ればこそと思《おもひ》て男《をとこ》、狐《きつね》に向《むかつ》て和狐《わこ》實《じつ》に虚言《きよごん》せざりけりいと哀《あは》れなり此《こゝ》を通《とほ》らむと思《おも》ふに極《きはめ》て物怖《ものおそろ》しきを我《われ》を送《おく》れと云《いひ》ければ狐聞《きつねき》き知《し》り顏《がほ》にて見返《みかへ》り〱行《ゆき》ければ男《をとこ》、其後《そのあと》に立《たつ》て行《ゆ》くに例《れい》の道《みち》にあらず異道《いなみち》を經《へ》て行々《ゆく〱》狐立留《きつねたちど》まりて背《せ》を曲《ま》げ拔足《ぬきあし》に歩《あゆ》んで見返《みかへ》る處《ところ》あり其儘《そのまゝ》に男《をとこ》も拔足《ぬきあし》に歩《あゆみ》て行《ゆ》けば人《ひと》の氣色《けしき》あり側《そば》を見《み》れば弓箭兵仗《ゆみやへいじやう》を帶《たい》したる者《もの》ども數立《かずたつ》て事《こと》の定《さだ》めをすると垣越《かきこ》しに聞《き》けば早《はよ》う盜《ぬす》人《ひと》の入《い》らむずる處《ところ》の事《こと》を定《さだ》むるなりけり此盜人共《このぬすびとども》は道理《だうり》、道《みち》に立《た》てるなりけり然《しか》れば其道《そのみち》をば經《へ》て迫《せまれる》より將《まさ》に通《とほ》るなりけり狐其《きつねそれ》を知《しり》て其盜人《そのぬすびと》の立《た》てる道《みち》をば經《みち》たると知《し》りぬ其道出《そのみちい》で昇《のぼ》りにければ狐《きつね》失《うせ》にけり男《をとこ》は安《やす》らかに家《いへ》に返《かへ》りけり狐此《きつねこ》れのみにあらず此様《このやう》にしつゝ常《つね》に此男《このをとこ》に副《そひ》て多《おほ》く助《たす》くること共《ども》ぞ有《あり》ける實《じつ》に守《まも》らむと云《いひ》けるに違《たが》ふ事《こと》なければ男返《をとこかへ》す〴〵哀《あは》れになむ思《おもひ》ける彼《か》の玉《たま》を惜《をしん》で與《あた》へざりせば男《をとこ》、吉《よ》きこと無《な》からまじ然《しか》れば賢《かしこ》く渡《わたり》てけるとぞ思《やも》ひける此《こ》れを思《おも》ふに此様《こいやう》の者《もの》は此《か》く物《もの》の恩《おん》を知《し》り虚言《きよごん》させぬものなりけりと要《えう》するに此玉《こいたま》を持《も》つ狐《きつね》は、一種《しゆ》の靈狐《れいこ》なること明《あきら》かなり。

◉靈狐《れいこ》、油揚《あぶらあげ》赤飯《あかのめし》を好《この》む

油揚《あぶらあげ》に小豆飯《あづきめし》は稻荷《いなり》大神《おほかみ》の御供物《おんそなへもの》にして靈狐《りいこ》の最《もつと》も嗜好《しかう》するものなりと云《い》へる俗説《ぞくせつ》を按《あん》ずるにとも沿革上《えんかくじやう》、異《こと》なれるものあり如何《いかん》となれば豆腐《とうふ》を油《あぶら》にて熬《い》り揚《あ》げたるものは油揚《あぶらあげ》に相違《さうゐ》なく兩部《りやうぶ》よりいふときは聖天《せいてん》に供《そな》ふる歡喜團《くわんきだん》の如《ごと》くなれば極《きはめ》て如法《によはふ》なれども實際靈狐《じつさいれいこ》の好《この》む油揚《あぶらあけ》は鼠《ねずみ》の油揚《あぶらあげ》なり松《まつ》屋筆記《やひつき》に云《いふ》、狐《きつね》は鼠《ねずみ》の油揚《あぶらあげ》を好《この》む、世鏡抄《よかゞみせう》にまことに燒鼠《やきねずみ》につける狐《きつね》の如《ごと》く躍《をど》り走《はし》りつゝ色《いろ》を替《か》へ品《しな》を替《か》へて馳走《ちそう》なりとまた和漢《わかん》三才圖會《さいづゑ》にも油熬《あぶらいり》を嗜《たしな》むことを説《と》けるは即《すなは》ち鼠《ねずみ》の油揚《あぶらあげ》なりと知《しる》べし又本《またほん》朝食鑑《てうしよくかゞみ》に油擧鼠《あぶらあげねずみ》と説《と》けるを見《み》るに明《あきらか》に油揚《あぶらあげ》は鼠《ねずみ》の油揚《あぶらあげ》にして豆腐《とうふ》の油揚《あぶらあげ》にあらず故《ゆゑ》に世《よ》に膾炙《くわいしや》せる野狐禪《やこぜん》に師《し》の僧《そう》、問《とふ》て曰《いは》く狐《きつね》は靈獸《れいじう》にしてよく吉凶禍福《きつきようくわふく》の未來《みらい》を知《し》り人《ひと》に利益《りえき》を與《あた》へ凶惡《きようあく》を除《のぞ》くに拘《かゝは》らず鼠《ねずみ》の油揚《あぶらあげ》を喰《く》はんとて罠《わな》のあるを知《し》りながら捕《とら》はるゝは如何《いか》に、野狐《やこ》反問《はんもん》して曰《いは》く人《ひと》は萬物《ばんぶつ》の靈長《れいちやう》なるに惡事《あくじ》を爲《な》し死刑《しけい》に處《しよ》され梟木《けつぼく》にかけらるゝは如何《いか》にと云《い》ひければ師《し》の僧《そう》は遂《つひ》に口《くち》を鍼《こ》ぢ答《こた》ふる處《こころ》を知《し》らざりしと是《こ》れ有名《いうめい》なる譚《はなし》なり去《され》ば狐《きつね》の好《この》む油揚《あぶらあげ》は鼠《ねずみ》の油揚《あぶらあげ》なるも神《かみ》に供《そな》ふるに死鼠《しそ》を忌《い》み憚《はばか》り豆腐《とうふ》の油揚《あぶらあげ》を用《もちひ》しものと見《み》ゆさても鼠《ねずみ》の油揚《あぶらあげ》の香《かうば》しきには靈狐《れいこ》の通力《つうりき》を失《うしな》へる例《ためし》あるは實《まこと》に是非《ぜひ》もなき事《こと》なるにや。

次《つぎ》に赤飯《あかめし》はまた小豆飯《あづきめし》にあらずして强飯《こはめし》なり和漢《わかん》三才圖會《さいづゑ》に狐《きつね》は化《ば》けて人《ひと》となり人《ひと》を惑《まど》はし仇《かたき》を報《むく》いまたよく恩《おん》を謝《しや》し好《このん》で小豆飯《あづきめし》と油熬物《あぶらいりもの》を好《この》むと記《しる》せど此小豆飯《このあづきめし》以上《いじやう》に好《この》めるものを謂《い》はば赤飯《あかめし》なること明白《めいはく》なり役行者《えんのきやうじや》靈驗記《れいけんき》に柴守長者《しばもりちやうじや》稲荷ひたりし老翁 東寺《とうじ》に詣《まうで》けるに大師《だいし》御饗應《ごきやうおう》ありて赤飯《あかめし》（强飯《こはめし》）を羞《すゝ》め法《はふ》樂《らく》の爲《た》め法華經《ほけきやう》を講《かう》じ聞《き》かしめ奉《たてま》つり誘《さそ》ひて今《いま》の稲荷山《いなりやま》に登《のぼ》り爰《こゝ》にて王城《わうじやう》を鎭護《ちんご》し我《わ》が法《はふ》を守《まも》り給《たま》へと懇《ねんごろ》に契約《けいやく》し小社《せうしや》をつくり大師《だいし》額《がく》を書《かい》て進《しん》ぜられたり初午《はつうま》に赤飯《あかめし》を供《そな》ふるも是《こ》の因緣《いんねん》なるべし但《たゞ》し上代《じやうだい》より神《かみ》を祭《まつ》るに赤飯《あかめし》を用《もち》ひし例《れい》ありと云《い》へば靈狐《れいこ》の好《この》むは小豆飯《あづきめし》よりも赤飯《あかめし》の說《せつ》、眞實《しんじつ》の如《ごと》く覺《おぼ》ゆされど世俗《せぞく》、稲荷大神《いなりおほかみ》の御供物《おそなへもの》に小豆飯《あづきめし》に豆腐《とうふ》の油揚《あぶらあげ》を用《もち》ふること慣習上《くわんしふじやう》よろしき事《こと》といふべく神《かみ》を祀《まつ》る御供物《おそなへもの》は清淨《せいじやう》をたつとぶといふを以《もつ》て靈狐《れいこ》に鼠《ねずみ》の油揚等《あぶつあげなど》を用《もち》ひざること眞《まこと》に當然《たうぜん》ならん。

◉靈《れい》狐《こ》變《へん》化《げ》の順《じゆん》序《じよ》

松亭反古嚢《しようていほごぶくろ》に狐《きつね》の術《じゆつ》と題《だい》して曰《いは》く狐《きつね》の事《こと》は往古《わうこ》より口碑《こうひ》に傳《つた》へ物《もの》に記《しる》したる物語《ものがたり》種々《しゆ／＼》あり蓋《けだ》し人《ひと》に

寇《あだ》せられて其恨《そのうら》みを報《むく》うが如《ごと》きは獸《けもの》と雖《いへども》、其理《そのことわり》あり然《しか》るに恩《おん》も恨《うらみ》もあらぬ人《ひと》に託《つい》て惱《なや》ますは悉《ことごと》くみな何《なん》の爲《ため》なるぞ只々《たゞ〳〵》その食《しよく》を貪《むさぼ》る爲《ため》かまた彼《かれ》の洒落《しやれ》なるか更《さら》に解《げ》すべからざる處《ところ》なり これ等の惡事は性質あしき野狐の所爲にして決して靈狐の所爲にあらずと云 玄中記《げんちうき》に曰《いは》く狐《きつね》五十歳《さい》よく變化《へんげ》し百歳《さい》にして美《うるは》しき女《をんな》となり神巫《みこ》となり丈夫《をとこ》となりまた男子《だんし》となりて女子《ぢよし》と交接《かうせつ》しまた千歳《さい》にして千里《り》の外《そこ》を知《し》る卽《すなは》ち天《てん》と通《つう》じ天狐《てんこ》となると見《み》え五雜俎《さつそ》に狐《きつね》千歳《さい》にして始《はじめ》て天《てん》と通《つう》じて魅《はか》しを爲《な》さず 是れ靈狐にして氣狐となれるものなり 其人《そのひと》を魅《はか》すものは多《おほ》く人《ひと》の精氣《せいき》を取《こ》り以《もつ》て內丹《ないたん》と爲《な》す然《しか》らば則《すなは》ち其婦女《そのふぢよ》を魅《はか》さゞるは何《なん》ぞや曰《いは》く狐《きつね》は陰《いん》の類《たぐひ》なり陽《やう》を得《え》てなる故《ゆゑ》に牡狐《をきつね》と雖《いへども》、必《かなら》ず女《をんな》につきて男子《だんし》を惑《まごわ》すものなり然《しか》れど大害《たいがい》を爲《な》さずと想《おもふ》に謝肇淵《しやけんえん》 五雜俎の著者 何《なに》に因《よつ》てかくいふにか凡《およ》そ狐《きつね》、美《うつく》しき女《をんな》に化《はけ》て男子《だんし》を誑《たぶら》かしその精氣《せいき》をとる取《こ》らるゝもの必《かなら》ず死《し》す夫《それ》のみならず狐《きつね》に魅《はか》され久《ひさ》しくして狐《きつね》の退《しりぞ》かざるものは其人《そのひと》死《し》に至《いた》る 奚《いづくん》ぞ大害《たいがい》をなさずとせんやと云《い》へり要《えう》するに以上《いじやう》は狐《きつね》の變化《へんげ》の古來《こらい》の來歴《らいれき》を云《い》へるものなるも之《これ》を以《もつ》て全《まつた》く盡《つく》せりと謂《い》ふ能《あた》はず和漢《わかん》三才圖會《さいづゑ》に云《いふ》、狐《きつね》の將《まさ》に魅《はけ》んとするや必《かなら》ず髑髏《やくつ》を戴《いたゞ》き北斗《ほくと》を拜《はい》す則《すなは》ち化《は》けて人《ひと》となる人《ひと》を惑《まご》はし仇《あだ》を報《むく》い或《あるひ》は能《よ》く恩《おん》を謝《しや》し小《あづ》豆飯《きめし》、油熬物《あぶらげ》を好《この》むとまた安齋夜話《あんさいやわ》に一狐《いつこ》妖或問珍《えうわくもんちん》といふ書《しよ》六冊《さつ》あり寶永《はうえい》七年《ねん》三州田原《しうたはら》の學者兒島《がくしやこじま》不求《きう》といふ者《もの》の著《あら》はす處《ところ》にて纔《わづか》の奇怪《きくわい》を問答《もんだふ》せる書籍《しよせき》なり其中《そのうち》に狐《きつね》の妖《は》ける事《こと》を怪《あやし》み問《とひ》しに其答《そのこたへ》に狐《きつね》の妖怪《えうくわい》をなす調子《てうし》は草深《くさぶか》き野原《のはら》にて靈天蓋《れいてんかい》(髑髏《どくろ》)を拾《ひろ》ひ己《おの》が頂《いたゞき》に戴《いたゞ》きて仰《あふ》のき小許《すこしばか》り星《ほし》を拜《はい》す然《しか》れども仰《あふ》のかんとすれば頂《いたゞき》の靈天蓋《れいてんがい》忽《たちま》ち落《おち》つまた拾《ひろひ》あげて頂《いたゞき》に戴《いたゞ》き右《みぎ》の如《ごと》くすること數年《すうねん》を積《つも》れば其《その》後《あと》は北斗《ほくと》を拜《はい》し跳《をど》り廻《まは》りても修練《しゆれん》のためか靈天蓋《れいてんがい》を落《おと》さず其時《そのとき》、北斗《ほくと》を百遍禮《へんらい》して始《はじめ》て人《ひと》の形《かたち》に變《へん》ずと云《い》ふ貞丈《ていぢやう》おもふに右《みぎ》の狐《きつね》の化《は》け樣《やう》の傳授《でんじゆ》は何《なに》か唐《から》の書《しよ》に見《み》し事《こと》ありしが用《よう》にも立《た》ゝぬ事《こと》なれば其書名《そのしよめい》も忘《わす》れたり右委細《みぎゐさい》の傳授《でんじゆ》をば狐《きつね》に聞《きい》て書《かい》たるか又《また》は靈天蓋《れいてんがい》を拾《ひろ》ふ時《とき》より數年《すうねん》を積《つん》で北斗《ほくと》を百遍拜《へんはい》するまで狐《きつね》につき從《したが》ひ見覺《みおぼえ》にて書《かい》たるか不審《いぶか》しき事《こと》なり學者《がくしや》と喚《よば》るゝ輩《はい》は我國《わがくに》の書《しよ》に少《すこ》しにても怪說《くわいせつ》あるをば猥《みだり》に信《しん》じて眞僞《しんぎ》をも考《かんが》へず兎《と》にも角《かく》にも隣《となり》の甚太味噌《じんたみそ》が好物《かうぶつ》なるぞ可笑《をか》しと記《しる》されたるは甚《はなは》だ手《て》嚴《きび》しき說《せつ》なり要《えう》するに五雜俎《ざつそ》及狐妖或問珍《およびこえうわくもんちん》の說《せつ》の附會《ふくわい》せる處《ところ》あるにもせよ全然《ぜん〳〵》根據《こんきよ》なき說《せつ》といふこと能《あた》はず此點《このてん》は靈獸雜記《れいじうざつき》の說最《せつもつと》も當《たう》を得《え》たり曰《いは》く酉陽雜俎段成式云《ようやうざつそだんせいしきいふ》、狐《きつね》の夜《よる》、尾《を》をうつて火《ひ》をいたし將《まさ》に怪《あやし》をなさんとする時《とき》、必《かなら》ず髑髏《どくろ》を戴《いたゞ》き北斗《ほくと》を拜《はい》す髑髏《どくろ》をちざれば化《はけ》て人《ひと》となるとこれより物《もの》にもこれを書《か》き其圖《そのづ》を畫師《ゑし》の筆《ふで》に見《み》すれば女童《をんなわらべ》もをさ〳〵之《これ》を知《し》れり然《しか》れども髑髏《どくろ》のみに限《かぎ》らぬにや亡友《ばういう》某《それがし》の話《はなし》に嘗《かつ》て上毛《じやうもう》にありし時《とき》、九月《ぐわつ》の頃《ころ》ふり續《つゞ》きたる雨晴《あめは》れにければ端山《はやま》に茸狩《たけがり》せばやとて友達兩《ともだちりやう》三輩《はい》を誘引《いざなひ》て田中《たなか》の捷徑《ちかみち》を行《ゆ》く程《ほど》に野狐《やこ》の何《なに》やらんするを見《み》つ近《ちか》くなりてよく之《これ》を見《み》れば此狐《このきつね》、一條《ひとすぢ》の枯蘆《かれあし》をまさぐりて畔《ちぜ》に散《ち》りたる柿《かき》の葉《は》を拾《ひろ》ひつゝ此蘆《このあし》へ貫《つらぬ》きたるなりされば彼《かれ》、何《なん》の爲《ため》に斯《か》く爲《な》すや音《おと》なせぞと密語《さゝやき》て皆諸共《みなもろとも》に掛稻《かけいね》の蔭《かげ》に集《つど》ひて垣間見《かいまみ》たるに狐《きつね》は夫《それ》とも知《し》らざりけん柿《かき》の葉《は》を指《さ》し通《とほ》し〳〵して其蘆《そのあし》を輪《わ》の如《ごと》く押《お》し彈《たわ》め頂《うなじ》にかつぐ樣《やう》になりしが忽《たちま》ち見失《みうしな》ひぬよしなきもの見《み》んとて不意《ゆくり》なく日《ひ》は傾《かたむ》きたり誘《さそ》ひ給《たま》へとて先後《ぜんご》になりつゝ亦《また》二三町《ちやう》行《ゆ》くに向《むか》ひなる獨木橋《いつぽんばし》のほとりに甚美《いみじき》なりしたる廊《らうたけ》たる若《わか》き女《をんな》の楓《かへで》のいろこく染《そめ》たる一枝《ひとえだ》を肩《かた》にして立《た》てり怪《あやし》いかな此邊《あたり》に見《み》も知《し》らぬ美《うつく》しき女《をんな》なり彼處《あそこ》のものは怪《あや》し疑《うたが》ふ可《べ》くもあらぬ今《いま》の野狐《のきつね》なり驚《おどろ》かして魅《ばけ》の程《ほど》を現《あらは》さばやとて手《て》に〳〵に石礫《こいし》塊《つちくれ》を取《こ》り美《いみじ》くも化《ば》けぬるよ如何《いか》で汝《なんぢ》は我々《われ〳〵》を魅《ばか》し得《え》んと罵《のゝし》り續《つゞ》けバラ〳〵と打《うち》かくれば美《うつく》しき女《をんな》は甚《いた》く驚《おどろ》きて田《た》の中《なか》を五反《たん》ばかりも飛《とび》たりけん軈《やか》て右手《めて》なる小松山《こまつやま》へ走《はし》り登《のぼ》り見《み》る時《とき》に元《もと》の狐《きつね》になり後《あ》方《と》を見返《みかへ》り〳〵叢《くさむら》の中《なか》に入《い》りぬ昔《むかし》より狐《きつね》の魅《ばけ》る時《とき》は髑髏《どくろ》を戴《いたゞ》き藻《も》を被《かつ》ぐとか謂《い》へどそれには限《かぎ》らず別《べつ》に、其術《そのてだて》あるならんと云《い》へり之《これ》に由《より》て考《かんが》ふれば靈獸雜記《れいじうざつき》の此説《このせつ》は是《こ》れ狐《きつね》の化《は》け始《はじめ》にして一度其術《いちどそのてだて》を得《う》るときは何時《いつ》にても容易《たやす》く化《は》け得《う》るものならん斯《か》くて年《とし》と共《とも》に種々《いろ〳〵》の智加《ちくは》はりそれだけの機根《きこん》あるものは靈狐《れいこ》に其法《そのはふ》を聞《き》き或《あるひ》は自然《しぜん》に談《かた》る處《こゝろ》ありて神變不思議《しんぺんふしぎ》の事《こと》を爲《な》すに至《いた》るものならん一説《せつ》に狐《きつね》は自《し》然《ぜん》に聖智《せいち》を備《そな》へたるものにて大概《たいがい》、數《すう》十百年《ねん》を經《へ》ぬれば必《かなら》ず變化《へんくわ》の術《じゆつ》を悟《さと》るものなりと傳《つた》ふそれ必《かた》ず然《しか》らんか。

◉靈狐《れいこ》と茶吉尼《だきちに》の差別《さべつ》

嬉遊笑覽《きいうせうらん》に狐《きつね》つかひ＝狐《きつね》の怪《あやし》を爲《な》すこと＝文德實錄《ぶんとくじつろく》に席田郡《むしろだこほり》に狐巫《きつねつかひ》あり其狐《そのきつね》の靈《れい》、轉行《てんかう》して人《ひと》の心《しん》を噉《くら》ふ此《この》一種《しゆ》の法滋蔓《はふじまん》して民《たみ》の毒害《どくがい》を蒙《かう》むる者少《ものすくな》からず 心を噉ふ茶吉尼に二種あり實類と曼茶羅是なり實類茶吉尼は人の心を噉ひ食ふ業通自在なりと雖、邪法と名く祭て福を得ることを忘ず曼茶羅の中の茶吉尼は如々の應迹にして人の垢を噉ひ盡すもの故に大涅槃に住す所謂、乘如と名く天龍八部等は皆この義なり故に茶吉尼に正邪ありと云 谷響集《こくきやうしふ》に見《み》ゆされば茶吉尼《だきちに》は噉食《かんしよく》の義《こゝろ》なるか想《おもふ》に是《こ》れ荼吉尼天《だきにてん》の邪法《じやはふ》なるべしと之《これ》に由《より》て靈狐《れいこ》を考《かんが》ふれば稻荷大神《いなりおほかみ》の神使《かんづかひ》たる靈狐《れいこ》は荼吉《だき》尼《に》と異《こと》なれるものなり因《ちなみ》に荼吉尼修法《だきにしつはふ》の事《こと》を記《しる》せば古今著聞集《ここんちよぶんしゆ》に知足院殿何事《ちそくゐんでんなにごと》にてか、さしたる御望《おんのぞみ》深《ふか》かりける事《こと》の侍《はんべり》けむ御歎《おんなげき》のあまり大權坊《だいごんばう》といふ效驗《しるし》ある僧《そう》に荼吉尼《だきに》の法修行《はふしうぎやう》せられけり日限《ひきり》をさしてしるしある事《こと》なりけり、せめての懇切《こんせつ》のあまりに件《くだん》の僧《そう》を召《め》して仰《あふ》せ合《あは》せられけるに僧《そう》の申《まう》しけるは此法未《このはふいま》だ疵《きづ》つかず二七日《ふたなぬか》が中《うち》にしるしあるべきか夫《それ》にかなはずば速《すみやか》に流罪《るざい》に行《おこな》はれかしと煌《きらび》やかに申《まう》してけり仍《くだん》の供物以下《くもついか》のこと注進《ちうしん》に任《まか》せて給《たま》へてけり扨《さて》、始《はじめ》て行《おこな》ふに七日《なぬか》に驗《しるし》なし其時《そのとき》、七日《なぬか》に驗《しるし》なし如何《いか》にと仰《あふ》せられければ道場《だうちやう》を見給《みたま》ひしにや賴母《たのも》しき驗《しるし》ぞあらんと申《まう》しければ則《すなは》ち人《ひと》を遣《つかは》して見《み》せられけるに狐一疋《きつねひき》來て供物等《くもつなど》を喰《くら》ひ居《を》れり更《さら》に人《ひと》を恐《おそ》るゝ事《こと》なしさて其後七日《そのごなぬか》延《の》べ行《おこな》はせらるゝに滿《まん》ずる日《ひ》知足院殿御晝寢《ちたりゐんでんおひるね》ありけるに容顏美麗《ようがんびれい》なる女房御枕《にようばうおんまくら》を通《とほ》りける其髮《そのかみ》、重《かさ》ねの衣《きぬ》の裙《すそ》より三尺《じやく》許《はかり》あまりたりけるを見《み》、美《うつく》しく覺召《おほしめし》けるまゝに其髮《そのかみ》に取《とり》つかせ給《たま》ひぬ女房見返《にようばうみかへ》りて「さまあしういかにかくは」と申《まう》しける聲《こゑ》と氣勢《きせい》かほの樣《やう》すべて此世《このよ》の類《たぐひ》にあらず天人《てんにん》の天《あま》くだりたらんも斯《かく》やと覺《おほ》えさせ給《たま》ひ彌々《いよ〳〵》、忍《しの》びあへさせ給《たま》はで強《つよ》く取留《とりとゞ》めさせ給《たま》ひけるを女房《にようばう》あしく引放《ひきはな》ちて通《とほ》りぬと覺《おほ》し召《め》しける程《ほど》に其髮切《そのかみき》れにけり片腹痛《かたはらいた》く淺猿《あさま》しく覺《おぼ》す程《ほど》に御夢《おゆめ》さめぬ、幻《うつゝ》に御手《おて》に物《もの》を握《にぎり》あるを御覽《ごらん》じければ狐《きつね》の尾《を》なりける也《なり》本朝怪談故事に知足院殿は後に其尾を箱に納れて妙法院護法殿に藏められしが後また冷泉東の洞院に祠をたて祭り福大明神と號すと記せり。不思議《ふしぎ》に覺《おほ》し召《め》して大權《だいごん》坊《ばう》を召《め》して其《その》やうす仰《あふせ》られければ去《され》ばこそ申《まう》しつれ如何《いか》に空《むな》しかる間敷《まじ》けむ年頃《としごろ》、嚴重《げんぢう》の驗《しるし》、多《おほ》くあ

豐川稻荷

荼吉尼天之尊像

りつれ共《ども》、是程《これほど》にあらたなる事《こと》は未《いま》だあらず御望《おんのぞみ》のこと明日午《みやうにちうま》の刻《こく》にかならず叶《かな》ひ申《まう》すべし此上《このうへ》は流《る》罪《ざい》の事《こと》はあり間敷《まじ》きやと枉《まげ》て申《まう》し出《いで》にけり、かつ〴〵とて女房《にようばう》の装束一襲《しやうぞくひとかさね》かつけ給《たま》へけり申《まう》すが如《ごと》く次《つぎ》の日《ひ》の午《うま》の刻《こく》に御歡《おんよろこび》のこと公家《こうけ》より申《まう》されたりけりと併《しか》しながら此茶吉尼《このだきちに》の法《はふ》は一種《しゆ》の靈狐《れいこ》を使《つか》ふ法《はふ》にして稲荷神社考《いなりじんじやかう》に云《い》へる如《ごと》く藤原高房朝臣《ふぢはらたかふさあそん》の酷《きび》しく刑《つみ》せし美濃國《みのゝくに》の狐巫《きつねつかひら》等は賊《あし》き心《こゝろ》ある故《ゆゑ》に使《つか》ふ茶吉尼《だきちに》も邪《あし》かりけむ東寺《とうじ》に住《すめ》る茶吉尼《だきちに》は使《つか》ふ人《ひと》の志《こゝろ》と氣《き》正《たゞ》しき故《ゆゑ》、人《ひと》を害《そこな》ふやうの事《こと》なかりしなるべけれど彼《かれ》も是《これ》も東寺に茶吉尼を祭る之を夜叉神摩多羅神と名くこの神も美濃國の妖巫の使ひしものと相倶同じ 茶吉尼《だきちに》は同《おな》じきものなるをやされば往古《むかし》、茶《だ》吉尼《きちに》を祭《まつ》りて其法《そのはふ》を修《しう》するものは甚《はなは》だ祕密《ひみつ》にして顯露《あらは》に其名《そのな》を稱《となふ》るを忌《い》み憚《はゞか》りて別《べつ》に稲荷《いなり》の神使《かんづかひ》の名《な》を假《かり》たるなりけり、されば茶吉尼《だきちに》は印度《いんど》の靈狐《れいこ》なること明白《めいはく》にして此《これ》を使《つか》ふ法《はふ》は其使《そのつか》ふ人《ひと》の心《こゝろ》の善惡《ぜんあく》により法《はふ》に正邪《せいじや》を分《わか》てるものなること明《あきら》かなり。

◉靈狐《れいこ》と飯綱《いひづな》の奇蹟《きせき》

靈獸雑記《れいじうざつき》に飯綱法《いひづなのはふ》――苦陀持《くだもち》――大前使《おさきつかひ》――近世飯綱《きんせいいひづな》の法《はふ》と謂《い》ひて狐《きつね》を仕《つかふ》ものあり傳《つた》へ聞《きく》に至《いたつ》て小《せう》なる狐《きつね》なりと謂《い》へり苦陀持《くだもち》、大前使《おさきづかひ》のたぐひなるか松屋外集《まつのやぐわいしふ》に鞍馬《くらま》天狗《てんぐ》の謠《うたひ》を引《ひい》て飯綱《いひづな》の法《はふ》は狐《きつね》を祭《まつ》るにあらず天狗《てんぐ》を祭《まつ》るなりとあれど鞍馬天狗《くらまてんぐ》の謠《うたひ》を慥《たしか》なる證《しるし》とも定《さだ》めがたし又諸國《またしよこく》の飯綱《いひづな》の社《やしろ》も祭神《さいじん》は天狗《てんぐ》なりといへるは明《あきら》かなる徵《しるし》ありや這《こ》は世《よ》の人《ひと》の謂《い》へる如《ごと》く茶吉尼《だきちに》天《てん》の法《はふ》を祭《まつ》りて狐《きつね》をつかふものなり斯《か》く邪法《じやはふ》を行《おこな》ふ處《ところ》ゆゑ其邪法《そのじやはふ》を歡《よろこ》びて交《まじ》はれるなれば飯綱《いひづな》に住《す》めば飯綱三郎《いひづなさぶらう》と謂《い》ふならむ前《さき》に謂《い》へる苦陀持《くだもち》、大前使《おほさきづかひ》などいふ狐《きつね》は古《ふる》き史《ふみ》には未《いま》だ見當《みあた》らねど、ありやなしやは定《さだ》かならず、されど強《たつ》ていはゞ扶桑略記《ふさうりやくき》に載《の》する相應和尚《さうおうをしやう》の皐后《くわうごう》につけ奉《たてま》つりし狐《きつね》、康富記《かうふうき》に見《み》ゆる高天《たかま》醫師の使《つか》ひし狐《きつね》などにてもありなんか又稲荷神社考《またいなりじんじやかう》に今《いま》の世《よ》の中《なか》にも上野信濃出羽《かうづけしなのでは》等《こう》の國内《こくない》に妖狐《えうこ》を使《つか》ふものありて民《たみ》を病《なやま》し狂《くる》はしめて人《ひと》を害《そこな》ふ事《こと》あり或《あるひ》は苦陀持或《くだもちあるひ》は大前使《おほさきづかひ》など呼《よん》で國民《こくみん》みな忌《い》み恐《おそ》る其國《そのくに》にても大《おほい》に禁《いまし》めらるれど猶《な》ほ其類絶《そのやからたえ》ずと謂《い》ひ且《か》つ飯綱《いひづな》より眼《ま》のあたり狐《きつね》を受《う》け來《きた》れりといふ人《ひと》あるを以《もつ》て考《かんがふ》れば飯綱《いづな》は正《まさ》しく一種《しゆ》の狐《きつね》なること明《あきら》かなり、夫《そ》れかくの如《ごと》く靈《ふしぎ》なるものなるも其行《そのおこな》ふことゝ使《つか》ふものが邪《よこしま》なるときは飯綱《いゝづは》は惡狐《あくこ》となりて靈狐《れいこ》と謂《い》ふこと能《あた》はざるに至《いた》る因《ちなみ》に飯綱《いひづな》は一に伊縄《いつな》とも書《か》けり信州戸隱《しんしうとかくし》山《やま》の近邊《きんぺん》の山《やま》なり此飯綱山《このいひづなさん》に本宮《ほんみや》、里《さと》の宮《みや》あり二處其間《にかしよそのかん》一里《り》ばかり隔《へだ》たる御手洗《みたらし》を一《いち》の倉池《くらいけ》といふ縦《たて》五丁《ちやう》横《よこ》三町《ちやう》ばかりにて中《なか》に島《しま》あり此池《このいけ》の沙《すな》を飯沙《いひすな》と呼《よ》び飯《めし》の如《ごと》くにして白粒《しろつぶ》なり其味《そのあぢ》が飯《めし》に隣《ちか》くして食《く》ひ得《う》るものなりと傳《つた》ふれど著者《ちよしや》は未《いま》だ其眞儀《そのしんぎ》を知《し》らず要《えう》するに此等《これら》の事《ここ》よりしてこの地名起《ちめいおこ》れるものならん或《あるひ》はイズナを通《かよ》はしイヅナといふは杯《さかづき》をツキともスキともいふの類《たぐひ》なりといふものなり

猶此他《なほこのほか》、飯綱《いひづな》を使《つか》ふ法《はふ》は本朝食鑑《ほんてうしよくかん》中《ちう》に詳《くは》しく記《しる》しあれど今《いま》は故《こと》さら略《りやく》してのせず。

●靈狐《れいこ》人《ひと》の子《こ》を生《う》める奇蹟《きせき》

狐《きつね》の人《ひと》の子《こ》を生《う》める談《はなし》にして最《もつと》も人口《じんこう》に膾炙《くわいしや》せるものは前述《ぜんじゆつ》せる信田《しのだ》の森《もり》の葛《くづ》の葉狐《はきつね》なり是《これ》は我《わ》が陰陽道《いんやうだう》の聖《ひじり》、安倍《あべ》晴明《せいめい》の母《はゝ》なりしなり而《しか》して此狐《このきつね》は白狐傳《びやくこでん》に狐 語《きつねかたつ》て曰《いは》く我《われ》はもと殷《いん》の太康《たいかう》の代《よ》、虞《ぐ》の槐山《くわいざん》と謂《い》へる處《ところ》に生《うま》れたる雌狐《めきつね》なるが周《しう》の桓王《くわんわう》の御時《おんとき》、齊《せい》に錬氣《れんき》の道人《だうじん》あり深山《みやま》に入《い》りて仙術《せんじゆつ》を學《まな》ぶ我《われ》と遊《あそん》で不死《ふし》長生《ちやうせい》の道《みち》を錬《ね》るに常《つね》に葛《くづ》の根《ね》をとりて互《たがひ》に食《くら》ふ我《われ》は道人《だうじん》を稱《とな》へて葛公《かつこう》と云《い》へば道人《だうじん》また我《われ》を葛葉《かつえふ》と呼《よ》ばれぬ此葛公金烏玉兎集《このかつこうきんうぎよくとしふ》簠簋内傳の別稱也を撰《えら》み齊 襄 侯《せいのじやうこう》に奉《たてま》つる時《とき》に我《われ》に告《つげ》て曰《いは》く此書《このしよ》廣《ひろ》く世《よ》に傳《つた》へて以《もつ》て幽冥《いうめい》の鬼《おに》の人《ひと》に祟《たゝり》を爲《な》すを知《し》らせんとす汝《なんぢ》、永《なが》く此書《このしよ》の護《まもり》となりて堙滅《いんめつ》せしむること勿《なか》れと而《しか》してより已來《いらい》、常《つね》に金烏玉兎集《きんうぎよくとしふ》の側《そば》にありて時《とき》の間《ま》も離《はな》るゝことなし代改《よあらたま》り時移《ときうつ》り唐玄宗《たうげんそう》の開《かい》元《げん》の間《あひだ》、吉備《きび》大臣《だいじん》入唐《にふたう》して此書《このしよ》を得《え》て日本《にほん》に歸《かへ》れり我《われ》も 隨《したがつ》て此國《このくに》に渡《わた》り舊《むかし》の如《ごと》く護《まも》り居《を》らんとすれど此書《このしよ》、禁中《きんちう》に入《い》られ、いとも畏《かしこ》し三種《しゆ》の神寶《しんはう》の鎮《しづ》めまします御牆《みがき》の中《なか》へ狐《きつね》の身《み》のかなしさ入《い》るべき事《こゝ》もならず時《とき》の大臣《だいじん》、 橘 諸兄《たちはなもろえ》が夢《ゆめ》に告《つげ》て金烏玉兎集《きんうぎよくとしふ》を武臣《ぶしん》清原春連《きよはらはるつら》に渡《わた》して守《まも》らしめたり爰《こゝ》に於《おい》て我再《われふたゝ》び此書《このしよ》の側近《そばちか》く護《まも》ることを得《え》たりしが春連《はるつら》が胤《のち》に春雄《はるを》なる人《ひと》あり偶然《ふと》亂《みだ》れ初《はじめ》にし白菊《しらきく》の 叢《くさむら》に棲《す》む我《われ》、畜生《ちくしやう》の身《み》をも忘《わす》れ春雄《はるを》が艶《やさ》しき身《み》さまに執着《しふちやく》して此信田《このしのだ》の社 詣《やしろまうで》の時《とき》、美《うつく》しき乙女《なごめ》に化《ば》け箏《こゝ》ひき歌《うた》よみ今樣《いまやう》うたひ其折柄《そのをりから》にかなでたりし唱歌《せうか》に

ついにさへ雲《くも》にほへなんけだもの丶
露《つゆ》ほどだにもかけぬ君《きみ》かな

夫《それ》より春雄《はるを》いと愛《あい》させ給《たま》ひ御館《みたち》に具《ぐ》して添臥《そひね》の夜《よ》の御伽《おとぎ》に召《め》されしぞ是《こ》れ千百歳《さい》を經《へた》りし世《よ》に人間《にんげん》に交《まじ》りし始《はじめ》なりき何日《いつ》しか此身《このみ》に人《ひと》の種《たね》を胎《やど》し生《う》み落《おと》せしものは狐《きつね》にもあらぬ美《うつ》くしき女《をんな》の兒《こ》にて之《これ》を名《なづ》けて豐子《とよこ》と呼《よ》びたり去《され》ば子《こ》をもうけし者《もの》とて正妻《せいさい》と敬《うやま》はれ豐子《とよこ》が三歳《さい》になりし時《とき》、禁中《きんちう》に祭《まつ》られ給《たま》ふ内侍所《ないじごころ》の胙《もろき》を食《く》ひしにアラ恐《おそ》ろし我《わ》が本相《ほんさう》忽《たちま》ち現《あら》はれ耻《はづ》かしや獸《けもの》の容《すがた》を春雄《はるを》に見《み》せて清原《きよはら》の家《いへ》を去《さ》りしが簠簋《ほき》内傳《ないでん》の守《まも》りといひ豐子《とよこ》が愛着《あいちやく》に引《ひ》かされ遠《とほ》くも去《さ》り得《え》ず楠《くすのき》の下《した》を栖家《すみか》として蔭《かげ》に添《そ》うて我子《わがこ》を守《まも》れど悲哉《かなしいかな》、道《みち》ならぬ人間《にんげん》に瞳《まこ》ひ交《まじ》はりしより八萬《まん》四千《せん》の眷屬《けんぞく》に見離《みはな》され獨《ひと》り信田《しのだ》の森《もり》の蔭《かげ》に辛《つら》き月日《つきひ》を送《おく》りしなりと而《しか》して此葛《このくづ》の葉狐《はぎつね》はその子《こ》の豐子《とよこ》が災難《さいなん》にかゝれる時《とき》、安倍《あべ》保名《やすな》に助《たす》けられしを以《もつ》て狐《きつね》は其禮《そのれい》いはんとて保名《やすな》を請《じやう》じたりしに豐子《とよこ》の契《ちぎ》れるを打忘《うちわす》れ遂《つひ》に保名《やすな》とも契《ちぎ》りしが豐子《とよこ》死《し》し加茂《かも》保憲《やすのり》の女《むすめ》、葛《くづ》の葉《は》が保名《やすな》の後妻《ごさい》となり保憲《やすのり》一家《か》災《わざはひ》に罹《かゝ》り葛《くづ》の葉《は》の行衞《ゆくゑ》不明《ふめい》となれる時《とき》、狐《きつね》は葛《くづ》の葉《は》に化《ば》けて保名《やすな》に添臥《そひふ》して童子《ごうじ》を生《う》めり是《こ》れ卽《すなは》ち晴明《せいめい》にして晴明《せいめい》三歳《さい》の時《とき》、保名《やすな》が許《もと》へ葛《くづ》の葉《は》歸《かへ》り來《きた》れるより

戀《こひ》しくば尋《たづ》ねても見《み》よ和泉《いづみ》なる
信田《しのだ》の森《もり》の忍《しの》び〱に

と云《い》へる一種《しゆ》の歌《うた》を遺《のこ》して去《さ》れり斯《こゝ》に於《おい》て始《はじめ》て保名《やすな》は曩《さき》の葛《くづ》の葉《は》は信田《しのだ》の森《もり》の狐《きつね》なりし事《こと》を知《し》りぬ其《その》夏《なつ》、田《た》の面《も》に草《くさ》いや繁《しげ》りに茂《しげ》れど夜毎《よごと》に二十人程《にんほご》の聲《こゑ》して

戀《こひ》しさに夜《よ》は通《かよ》へど明行《あけゆ》けば
晝《ひる》は信田《しのだ》の森《もり》に住《す》むやもめ烏《からす》の音《ね》にぞなく

と謠《うた》ひつれて生《はへ》たる草《くさ》をば皆《みな》とりたりしを見《み》て保名《やすな》は

せめて夜《よ》は通《かよ》ふても見《み》よ子《こ》をいかに
晝《ひる》は信田《しのだ》の森《もり》に住《すみ》ても

とよみ童子《ごうし》と葛《くづ》の葉《は》を誘《さそ》ひ信田《しのだ》の森《もり》にいたり草《くさ》に坐《ぎ》して童子《ごうし》をして母《はゝ》を呼《よ》ばしめたるに丑《うし》みつ頃《ごろ》、夜《よ》嵐《あらし》の冷々《ひやひや》と身《み》に泌《し》みて心地《こゝち》例《つね》ならざる時《ときき》、嬉《うれ》しくも尋《たづ》ね來《き》つるものかなといふ聲《こゑ》する方《かた》を見《み》るに朽葉《くちは》色《いろ》の唐衣《からぎぬ》に手絹《てぎぬ》の裳《も》ながく引《ひい》てもえ立《た》つばかりの緋《ひ》の袴《はかま》、あこめの檜扇《ひあふぎ》に梅《うめ》と松《まつ》の造《つく》り花《はな》つけたるを以《もつ》て面《おもて》を覆《おほ》ひ年《とし》のほど十二三四五なる侍女《じぢよ》、五十餘人《よにん》を左右《さいう》に隨《したが》へ動《ゆ》るぎ出《い》でたりしが時《とき》は暗《くらく》も文《あや》なき暑《あつ》き夜半《やは》なるに光明赫奕《くわうみやうかくやく》としてあたり耀《かゞや》けりかくて母《はゝ》はするするとと寄《よ》り保名《やすな》の膝《ひざ》より童子《ごうじ》をとり乳房《ちぶさ》を含《ふく》め潸々《さめざめ》と泣《な》き因果《いんぐわ》の道理《だうり》を童子《ごうじ》に謂《い》ひ含《ふく》め己《おの》が以上《いじやう》の素性《すじやう》を語《かた》り別《わか》れんとせるを保名《やすな》と葛《くづ》の葉《は》はともに童子《ごうじ》が十三四まで歸《かへ》り育《そだ》てよと口說《くご》けど狐《きつね》はかくせば我《わ》が通力《つうりき》も失《う》せ御身等《おみら》も畜生道《ちくしやうだう》に落《お》ち給《たま》はんとて白狐《びやくこ》となりて失《うせ》たりしと云《いふ》、猶《な》ほ此類《このたぐひ》よに多《おほ》けれど煩《わづら》はしければ略《りやく》して載《の》せず。

抑々《そもそも》、狐《きつね》を和訓《わくん》にキツネと訓《よ》むは本朝靈異記《ほんてうれいいき》及本朝相撲鑑《およびほんてうすまふかゞみ》に此名義《このめいぎ》の由來《ゆらい》を載《の》せられぬ此說《このせつ》を讀《よめ》るものは狐《きつね》よく人《ひと》に交《まじ》はりて人《ひと》の子《こ》を生《う》めることがらの虛言《そらごと》ならざるを知《し》るを得《う》べし同書《どうしよ》に曰《いは》く欽明天《きんめいてん》皇《わう》の御世《みよ》に三野國《みのへくに》昔は三野前國三野後國とて兩國なり後に一國となりて美濃國となる大野郡《おほのごほり》の人《ひと》、よき女《をんな》を求《もと》めて妻《つま》にせんと思《おも》へども心《こゝろ》に協《かなふ》ものなし或時《あるとき》、野中《のなか》を行《ゆ》くに一人《にん》の美女《びぢよ》に行《ゆ》き遇《あ》ひたり男《をとこ》、近付《ちかづ》きて何處《いづく》へ行《ゆ》くぞと問《と》へばよき縁《えん》を求《もと》めん爲《ため》に行《ゆ》くと答《こた》ふ男《をとこ》、さあらば我《わ》が妻《つま》とせんといふに女《をんな》も同心《どうしん》せしかば伴《ともなひ》つれ家《いへ》に歸《か》へり夫婦《ふうふ》となる程《ほど》なく女《をんな》、懷姙《くわいにん》して男子《だんし》を生《う》む折《をり》しも其家《そのいへ》の犬《いぬ》も子《こ》を生《う》めり此犬《このいぬ》の子《こ》かの妻女《さいぢよ》を見《み》る毎《ごと》に吠《ほ》えしかば妻恐《つまおそ》れて夫《をつと》に此犬《このいぬ》を打殺《うちころ》してたべと再々《さい〳〵》云《い》ひしかども聞き入《い》れずして打《う》ち過《す》ごせり二三月《がつ》の頃《ころ》、下女《げぢよ》ども米《こめ》を搗《つ》くに妻《つま》、飯《めし》を炊《た》きて彼等《かれら》に食《く》はせんとて竈《かまど》の前《まへ》に居《ゐ》ける時《とき》、犬《いぬ》の子急《こきふ》に來《きた》りて喰付《くひつ》かんとす妻驚《つまおどろ》き恐《おそ》れ忽《たちま》ち野干《やかん》と成《なり》て籬《まがき》の上《うへ》に昇《のぼ》り居《を》れり夫之《をつとこれ》を見《み》て驚《おどろ》きながら我《われ》と汝《なんぢ》が中《なか》に已《すで》に子《こ》あり我《われ》、汝《なんぢ》を忘《わす》れず常《つね》に來《きた》りて寢《ね》よと謂《い》ひしに夫《をつと》が言葉《ことば》に任《まか》せ來《きた》りて寢《ね》るが故《ゆゑ》に之《これ》より野干《やかん》を岐都禰《きつね》といへり夫《をつと》が讀《よ》める歌《うた》に

戀《こひ》しやな我《わ》が戸《と》に落《おち》ぬ玉籬《たまがき》の
ひそかに見《み》えていにしてゆゑに

その生《う》みたる子《こ》を名《なづ》けて狐《きつね》の値《あたひ》といふ强力《きやうりよく》にして早《はや》く走《はし》ること鳥《とり》の飛《と》ぶが如《ごと》し此《この》四代《だい》の孫《まご》に三野狐《みのへきつね》と云《い》へる女《をんな》あり聖武天皇《しやうむてんわう》の御宇《ぎよう》の人《ひと》なり百人力《にんりき》の女《をんな》と稱《しよう》せられたり倭訓栞《わくんしをり》に狐《きつね》の訓《よみ》キは黄《き》なりツは助《じよ》辭《じ》ネは猫《ねこ》の略《りやく》なり東雅《とうか》の細註《さいちう》にキツネのキは臭《くさき》なり五辛菜《ごしんのさい》をすべてキといふツは助辭《じよじ》ネは寢《ね》なりと云《い》へど皆誤《みなあやま》れり

◉靈《れい》狐《こ》の奇《き》行《かう》一班《はん》

聖智《せいち》と神靈《しんれい》を備《そな》へたる狐《きつね》は正念寺狐《しやうねんじぎつね》の謂《い》ひし如《ごと》く一旦《たん》の怨《うらみ》、永久忘《えいきうわす》れざる事《こと》、人《ひと》よりも甚《はなはだ》しと同時《どうじ》に恩義《おんぎ》を重《おもん》ずる事《こと》、人《ひと》に勝《まさ》れるもの少《すくな》からずいま其奇《そのき》行《かう》の一班《はん》を擧《あ》ぐれば今昔《こんじやく》物語《ものがたり》に載《の》せられし越前《ゑちぜん》の國《くに》の利仁將軍《としひとしやうぐん》の若《わか》き時《とき》、五位《ゐ》の侍《さむらひ》を伴《ともな》ひ歸國《きこく》の途次《とじ》、三津《つ》ケ濱《はま》にて狐《きつね》を捕《とら》へ我《われ》、客人《きやくじん》を伴《ともな》ふて歸《かへ》れば明日高島《みやうにちたかしま》まで二匹《ひき》の馬《うま》を引《ひ》き男共《をとこども》に迎《むかへ》に出《い》づべきやう汝《なんぢ》、使《つかひ》すべき由《よし》を命《めい》ぜられしに狐《きつね》は見《み》返《かへ》り〳〵去《さ》りしが翌日巳《よくじつみ》の刻《こく》ばかりに利仁將軍《としひとしやうぐん》の家來共《けらいども》二匹《ひき》の馬《うま》を引《ひ》き出迎《でむか》へ且《か》つ御前《おんまへ》利仁將軍の奥方也に狐託《きつねつ》き云々口走《しか〳〵くちはし》り遲《おそ》く參《まゐ》らば我勘當蒙《われかんだうかうむ》りなんとて急《いそ》ぎ出迎《でなか》はせたる事等最《ことなどもつと》も人口《じんこう》に膾炙《くわいしや》し靈狐《れいこ》の奇行《きかう》を稱《とな》へらる此他《このほか》、東遊記《とういうき》の越後《ゑちご》村上《ならかみ》の狐《きつね》が己《おの》が子《こ》の毒殺《どくさつ》せられし鼠《ねずみ》を喰《く》ひ死《し》したるを怨《うら》みその家《いへ》の百姓《しやう》の娘《むすめ》を取殺《とりころ》せし時《とき》、百姓夫婦《しやうふうふ》は狐子《きつねのこ》の貪《むさぼ》りし行《おこなひ》の爲《た》め死《し》せしにて我等《われら》は殺《ころ》すために鼠《ねずみ》を捨《す》てしにあらずとて娘《むすめ》を殺《ころ》せし事《こと》の不義《ふぎ》なるを述《の》べしに翌日《よくじつ》、親狐夫婦《おやきつねふうふ》百姓《しやう》の軒《のき》の下《した》に死《し》したる類《たくひ》、海西漫錄《かいせいまんろく》の多《た》摩川狐《まがはきつね》、秋里《しうり》隨筆《ずゐひつ》の孝狐《かうこ》孝《かう》に死《し》したる等《など》の奇行極《きかうきはめ》て多《おほ》しまた今昔《こんじやく》物語《ものがたり》の狐《きつね》、女形《をんながた》に變《へん》じ播磨《はりま》安高《あたか》に値《あた》ひし事《こと》、女化原《をなはけはら》の狐《きつね》が孝子《かうし》に嫁《か》し恩《おん》を報《むく》い安倍《あべ》保名《やすな》が妻《つま》は信田《しのだ》の狐《きつね》なりし事蹟頗《じせきすこぶ》る多《おほ》し此外《このほか》に松亭《しようてい》反古錄《ほごろく》に記《しる》されし如《ごと》く人《ひと》の惡業《あくごふ》を懲《こ》らさんとて美女《びぢよ》に化《くわ》し精氣《せいき》を奪《うば》ひ或《あるひ》は人《ひと》に託《つ》きて懲《こ》らしめし事等《ことなど》みな世《よ》の知《し》る處《ところ》なり併《しか》し畏《かしこ》くも後鳥羽《ごとは》天皇《てんわう》を惱《なや》まし奉《たてま》つれる玉藻前《たまものまへ》（金毛《こんもう》九尾《び》の惡狐《あくこ》）の如《ごと》きは例外《れいぐわい》といふべし。

以上《いじやう》、狐《きつね》は人《ひと》をして愧死《きし》せしむべき奇行《きかう》ありて且《か》つ吉祥幸福《きつしやうかうふく》を人《ひと》に授《さづ》けよく千里《り》の外《ほか》を知《し》り變化《へんくわ》自在《じざい》にして神靈極《しんれいきは》まりなきは靈狐《れいこ》の聖智《せいち》なり斯《こゝ》に奇行《きかう》の一として掲《かゝ》ぐべきは今《いま》は昔《むかし》、江戸《えど》小石川傳通院《こいしかはでんづうゐん》の伯藏主《はくざうす》と云《い》へる狐《きつね》はよく禪《ぜん》を談《だん》じ上野《かうづけ》の茂林寺《もりんじ》の伯鶴《はくかく》は佛教《ぶつけう》の大旨《たいし》を悟《さと》りたる等螢雪《などけいせつ》の學僧《がくそう》を後《しりへ》に瞠着《ごうぢやく》たらしむるものありたり猶《な》ほ芝《しば》の增上寺《ぞうじやうじ》の花崎《はなさき》と云《い》へる狐《きつね》は洛西《みやこ》の久世《くぜ》に數百歲經《すうさいへ》たる老狐《らうこ》にして此老狐《このらうこ》の書《か》きたりし花崎社《はなさきしや》の三字《じ》は時《とき》の能書《のうしよ》をして舌《した》を卷《ま》き顏色《がんしよく》なからしめたりまた三養雜記《やうざつき》に記《しる》されたる狐狸《こり》の書畫《しよぐわ》の說《せつ》には老狐幸庵《らうこかうあん》が書《か》きし紀事《きじ》は藍田文集《らんでんぶんしふ》に見《み》え老狐蛻庵《らうこせつあん》が書《かき》し槃若心經《はんにやしんきやう》は墨帖《ぼくちやう》につくられ世《よ》に傳《つた》はりしが元祿《げんろく》の始濃州席田郡《はじめのうしうむしろだごほり》 春近村《はるちかむら》の野干坊正元《やかんぼうしやうげん》は村長井上與三郎《そんちやうゐのうへよさぶらう》と交《まじ》はり與《よ》三郎《らう》に遣《つか》はせる一書《しよ》あり此他靈狐《このたれいこ》の詩歌俳句《しかはいく》をよみ文學《ぶんがく》の道《みち》にいそしみし美談少《びだんすく》なからずこれ實《じつ》に奇行中《きかうちう》の奇行《きかう》といふべきなり。

◉王《わう》子《じ》稻《いな》荷《り》靈《れい》驗《げん》記《き》

當社《たうしや》は關八州《くわんしう》の稻荷《いなり》の總司《そうつかさ》なり往古《むかし》は岸稻荷《きしいなり》と稱《しよう》す江戸名所圖會《えごめいしよづゑ》に云《いふ》、王子稻荷社《わつじいなりやしろ》――同《おな》じく北《きた》の方《かた》（王子權現の北の方）にあり昔《むかし》は岸《き》稻荷《いなり》と號《なづ》けしにやいま當社《たうしや》より出《いだ》すところの牛黃寶印《ごわうはういん》にしか記《しる》せりと因《よつ》て考《かんか》ふるに岸稻荷《きしいなり》と稱《しよう》せるは新篇武藏風土記《しんぺんむさしふうごき》――王子《わうじ》の小《こ》名《な》を擧《あ》げたるうちに岸《きし》、稻荷社《いなりやしろ》の邊《あたり》を唱《とな》ふこれ往《むか》古《し》岸村《きしむら》と稱《しよう》せし名殘《なごり》なりといふまた曰《いは》く稻荷社《いなりやしろ》、舊《ふる》くは岸稻荷《きしいなり》と號《がう》するは村名《そんめい》に云《い》へる如《ごと》く荒川《あらかは》の流《ながれ》廣濶《くわうくわつ》なりし時《とき》、その岸《きし》に鎭座《ちんざ》の神《かみ》なればかく號《がう》せしなりと想《おもふ》に往古以來《わうこいらい》、我《わ》が國民崇神《こくみんすうしん》の結果《けつくわ》、地《ち》を開《ひら》き家《いへ》を建《た》つれば必《かなら》ず先《ま》づ何《いづ》れの神《かみ》か奉齋《ほうさい》せざる事《こと》なきこと一般《ぱん》の信念《しんねん》にして就中《なかんづく》、多《おほ》く稻荷大神《いなりおほかみ》を祀《きつ》るを以《もつ》て慣習《くわんしふ》となせるものゝ如《ごと》し是《こ》れ各地《かくち》に稻荷神社《いなりじんじや》多《おほ》き所以《ゆゑん》なりと云《い》ふ抑々《そもそく》、江戸《えど》は草《くさ》より出《い》でて草《くさ》に入《い》る月《つき》と和歌《わか》に讀《よ》まれたりし如《ごと》き荒野《あらの》なりしを以《もつ》て之《これ》を拓《ひら》きたる人々《ひとびと》が五穀豐穰《こくほうじやう》、家內安全《かないあんぜん》の祈禱《きたう》を爲《な》すべく稻荷大神《いなりおほかみ》を勸請《くわんじやう》し奉《たてま》つれるは素《もと》より當然《たうせん》の事《こと》ならん而《しか》して本社《ほんしや》の御鎭座《ごちんざ》を案《あん》ずるに江戸名所圖會《えごめいしよづゑ》に云《いふ》本殿倉稻魂命《ほんでんうがのみたまのみこと》聖觀世音＝藥師如來＝陀枳尼天也本宮《ほんきう》十一面觀世音《めんくわんぜおん》＝王子權現緣起《わうじごんげんえんき》に曰《いは》くいづれの世《よ》にかありけん此社《このやしろ》王子權現の傍《かたはら》に稻荷明神《いなりみやうじん》を遷《うつ》しいはひければ每年《まいねん》の臘晦《おほつまり》の夜《よ》、諸方《しよはう》の命婦《みやうぶ》この社《やしろ》へ集《あつま》り來《きた》り其《その》ともせる火《ひ》の連《つらな》りつゞけること、そくばくの松明《たいまつ》を竝《なら》ぶるが如《ごと》く數斛《すうこく》の螢《ほたる》を放《はな》ち飛《と》ばさしむるに似《に》たり其道《そのみち》、野山《のやま》を通《かよ》ひ河邊《かはべ》をかよへる不同《ふごう》を見《み》て明年《みやうねん》の豐凶《ほうきよう》を知《し》ると聞《きこ》ゆ命婦《みやうぶ》の色《いろ》の白《しろ》きと九の尾《な》あるは奇瑞《きずゐ》のものなりと古《ふる》き書《ふみ》にありとなむ元亨年中《げんきやうねんちう》今を距ること五百八十餘年當地《たうち》の豪族《がうぞく》豐島氏《としまし》が其發祥《そのはつしやう》の地《ち》として自己《じこ》の氏神及人民《うちがみおよびじんみん》の爲《た》めかたぐ稻荷大神《いなりおほかみ》を勸請《くわんじやう》し奉《たてまつ》れるものなる事《こと》あきらかなり而《しか》して當《たう》社《しや》を世人《せじん》は王子權現《わうじごんげん》の末社《まつしや》の如《ごと》く心得《こゝろえ》をるものあり是《こ》れ王子權現《わうじごんげん》の別當金輪寺《べつたうこんりんじ》が當社《たうしや》を兼帶《けんたい》せるより起《おこ》れる話《はなし》なると林道春《はやしだうしゆん》が台命《たいめい》を受《う》け稻荷大神《いなりおほかみ》の緣起《えんき》をつくれる時《とき》、當社《たうしや》をば王子樺現《わうじごんげん》の末社《まつしや》の如《ごと》く記《しる》せる誤《あやまり》により以上《いじやう》の謬說《びうせつ》出《いで》しものにして之《これ》を新篇武藏風土記稿《しんぺんむさしふうどきかう》は江戸名所圖會《えごめいしよづゑ》と同《おな》じ說《せつ》を爲《な》し次《つぎ》に云々《しか〳〵》によれば當社《たうしや》は權現《ごんげん》（王子權現）の末社《まつしや》の如《ごと》く聞《きこ》ゆれど左《さ》にはあらず金輪寺《こんりんじ》の中興宥養《ちうこういうやう》を王子兩社《わうじりやうしや》（王子權現稲荷神社）の別當《べつたう》に補《ほ》せらるといふにても當社《たうしや》の王子《わうじ》權現《ごんげん》の末社《まつしや》にあらざるを知《し》らる道春《だうしゆん》たま〳〵誤記《ごき》せられしならん故《ゆゑ》に當社《たうしや》へ御成《おなり》（將軍社參）ある時《とき》は其日《そのひ》一日開帳《にちかいちやう》しまた十年《ねん》に一度御成《ごおなり》の跡《あと》にて十五日間《にちかん》の開帳《かいちやう》を免《ゆる》さると記《しる》せり要《えう》するに本社《ほんしや》は豊島氏《としまし》一己《こ》の氏神及《うぢがみおよび》一郡《ぐん》の鎮守《ちんしゆ》として勸請《くわんじやう》せられたるものなるも漸《ぜん》漸武藏野《ぜんむさしの》の拓《ひら》かるゝに連《つ》れ神威赫々《しんゐくわく〳〵》、靈驗灼灼《れいげんしやく〳〵》たるものあるにより江戸開府以來《えごかいふいらい》、特《とく》に將軍家《しやうぐんけ》の尊崇《そんすう》深《ふか》かりしこと別當金輪寺《べつたうこんりんじ》に藏《ざう》せる御由緒書《ごゆゐしよがき》を見《み》てもその如何《いか》に將軍家《しやうぐんけ》の渇仰《かつかう》の頭《かうべ》を傾《かたむ》けられしかを知《と》るに足《た》らん。

以上《いじやう》、鎮座及《ちんざおよび》その沿革《えんかく》を記《しる》せり仍《よつ》て更《さら》に其靈驗《そのれいげん》を述《の》ぶれば御鎮座《ごちんざ》以來《いらい》の口碑《こうひ》は荒唐無稽《くわうたうむけい》のこと少《すくな》からず爲《ため》に神威《しんゐ》を汚《けが》す恐《おそれ》あるを以《もつ》て這回《このくわい》は最《もつと》も世人《せじん》の知《し》れる近世以來《きんせいいらい》の靈驗《れいげん》を述《の》べんにかの裝束《しやうぞく》榎《えのき》の事《こゝ》は已《すで》に述《の》べたりし如《ごと》くなれば略《りやく》して述《の》べざるも圓稲荷物語《ゑんいなりものがたり》のうちに記《しる》されたる事柄《ことがら》は實《じつ》に信仰《しんかう》すべきものなり同書《どうしよ》に曰《いは》く王子《わうじ》は東國《とうごく》の惣司《そうつかさ》なれば野狐《のきつね》などは同座《どうざ》する事《こと》ならぬものなり。

いく（本郷春木町にいくといふ老女あり王子いなり神託あるよしにて數年(享保十二年前後)以來、狐付等恐れて直ぐ離ると云）に王子《わつじ》の神使《かんづかひ》の託《たく》すといへども我《われ》は神明《しんめい》なれば王子《わうじ》のいなりに對面《たいめん》して人《ひと》の疑《うたがひ》を晴《はら》さんと思《おも》ふなりと（是はゐん女につきし狐の物語せし事なり）また十七日《にち》（享保十三年三月十七日）朝《あさ》、四ッ時《とき》、ゐん事《こと》、親族《しんぞく》その外《ほか》を引《ひき》つれ本郷春木町《ほんがうはるきちやう》いく女《ぢよ》の方《はう》へ參《まゐ》りゐんは座《ざ》に直《なほ》りいくに向《むか》ひ王子參《わうじまゐ》れ候《さふらふ》哉《や》いく女答《ぢよこたへ》て曰《いは》く未《ま》だ參《まゐ》られず候《さふらふ》と云《い》ひしが程《ほど》なく王子《わうじ》の神使見《かんづかひみ》えゐんにつきしものゝ神明《しんめい》なることを證據《しようこ》だてられしといふされば大神《おほかみ》の使者《つかはしめ》は大神《おほかみ》の神慮《しんりよ》を人々《ひと〴〵》に傳《つた》ふるものにして強《あなが》ちに靈狐《れいこ》が獸《けだもの》の身《み》なりとて之《これ》を卑下《ひげ》すべきにあらずまた當社《たうしや》を信仰《しんかう》せる人《ひと》一夜《や》參籠《さんろう》しける夢《ゆめ》に白狐《びやくこ》現《あら》はれ靈告《れいこく》を爲《な》し空《そら》をかけ去《さ》れる靈驗《れいげん》ありしを以《もつ》てこの不思議《ふしぎ》を額《がく》に描《ゑが》き奉納《ほうなふ》せられしもの現《げん》に當社《たうしや》に存在《そんざい》せりと云《い》ふまた社《やしろ》の後《うしろ》の稻荷《いなり》山《やま》に於《おい》て靈狐《れいこ》の尾《を》の寶珠《はうじゆ》を感得《かんとく》して家《いへ》に祀《まつ》り無量《むりやう》の福徳《ふくとく》を得《え》たること或《あるひ》は惡狐《あくこ》の機《はた》に織《おり》かけたる絹布《きぬ》を斷《た》ち切《き》ること頻《しきり》なるより大神《おほかみ》に祈誓《きせい》して此難《このなん》を免《まぬが》れ一生《しやう》の間《あひだ》、大神《おほかみ》の神號《みな》を記《しる》すべき幟《のぼり》の絹布《きぬ》を獻《たてま》つれることあり。また文化年中《ぶんくわねんちう》、府下《ふか》小名木川通《をなぎがはごほり》に大厦《たいか》を構《かま》へ釜問屋《かまごんや》として有名《いうめい》なる釜《かま》七の當主《たうしゆ》死亡《しばう》せる後《のち》、後妻《ごさい》は番頭《ばんとう》と共謀《きようぼう》して前妻《ぜんさい》の子《こ》を殺害《さつがい》し後妻《ごさい》の子《こ》をして跡目《あとめ》相續《さうぞく》せしめんとせしが端《はし》なくもその惡事《あくじ》、與力同心等《よりきどうしんら》の聞《き》く處《ところ》となり町奉行所《まちぶぎやうしよ》にひかれける時《とき》、前妻《ぜんさい》の子《こ》のうちに啞《おし》ありたりしが啞《おし》がその兄《あに》の殺害《さつがい》の處《ところ》にありしと云《い》へるを以《もつ》て參考人《さんかうにん》として白洲《しらす》に呼《よ》び出《だ》されしに死亡《しばう》せし釜《かま》七が當社《たうしや》を信仰《しんかう》せる結果《けつくわ》、大神神慮《おほかみしんりよ》を垂《た》れ其家《そのいへ》を守《まも》り給《たま》ひて物《もの》いふことあたはざりし天性《うまれつき》の啞《おし》が忽《たちま》ち言語《げんご》を爲《な》すことを得《え》て其見《そのみ》し處《ところ》また兼《かね》てたくめる事《こと》の心《こゝろ》に思《おもひ》つきし事柄《ことがら》など詳《つまびらか》に申立《まうした》てしかば後妻《ごさい》と惡番頭《あくばんとう》顏《がん》　色《しよく》蒼白《さうはく》　色《しよく》に變《へん》じ殘《のこ》る處《ところ》なく惡事《あくじ》を白狀《はくじやう》しける故《ゆゑ》、此等《これら》は夫々《それ〴〵》刑罰《けいばつ》に處《しよ》せられ梟首《けうしゆ》せられしと云《いふ》、是《こ》れ後妻《ごさい》と惡番頭《あくばんとう》が啞《おし》の密《ひそか》に蒲團《ふとん》のすそより之《これ》を見《み》し事《こと》を疑《うたが》ひしも敢《あへ》て殺害《さつがい》せざりしは因果《いんぐわ》は小車《をぐるま》の廻《まは》るが如《ごと》く神慮《しんりよ》忽《たちま》ち現《あら》はれて此靈驗《このれいげん》ありし故《ゆゑ》、釜《かま》七の家《いへ》今《いま》に連綿《れんめん》して安泰《あんたい》に暮《くら》し居《を》れり猶《な》ほ此他《このはか》、參籠《さんろう》の時《とき》、江戸市中《えどしちう》の火災《くわさい》を夢《ゆめ》、幻《まぼろし》の如《ごと》く見《み》て馳《は》せ歸《かへ》り燒米《やけごめ》を買《か》ひて財產《ざいさん》をつくれる靈驗談《れいげんだん》あり後《のち》、維新《ゐしん》以來《いらい》、夥多《あまた》の靈驗《れいげん》ありしうちに明治《めいぢ》の忠臣《ちうしん》の鑑《かゞみ》たる乃木大將及《のぎたいしやうおよび》夫人《ふじん》の信仰實《しんかうじつ》にふかかりしを以《るつ》て大神神慮《おほかみしんりよ》を垂《た》れ大將及《たいしやうおよ》び夫人《ふじん》の靈驗《れいげん》を得《え》られたること多《おほ》かりしが就中《なかんづく》、日露戰役《にちろせんえき》にあたりて、大將《たいしやう》は難攻不落《なんこうふらく》の旅順《りよじゆん》をせめ士卒《しそつ》と艱苦《かんく》を共《とも》にせられ夫人《ふじん》は家《いへ》に在《あ》りて大將《たいしやう》の武運《ぶうん》を祈《いの》り軍國《ぐんこく》の夫人《ふじん》、戰時《せんじ》の母《はゝ》としての勤《つとめ》怠《おこた》りなかりしうちにも當社《たうしや》へ參詣《さんけい》せらるゝこと常《つね》に異《こと》ならざりしが一夜《や》、夫人《ふじん》の夢《ゆめ》に白狐顯《びやくこあら》はれその令息保典《れいそくやすすけ》、勝典《かつすけ》二氏《し》の戰死《せんし》せらるべきことと同《およ》びこれ奉公《ほうこう》のため君國《くんこく》のためなれば是非《ぜひ》なき趣《おもむき》を示現《しげん》して失《う》せしその跡《あと》に白狐《びやくこ》の毛《け》、殘《のこ》れり仍《よつ》て夫人《ふじん》はやがて令息《れいそく》の戰死《せんし》の報知《しらせ》の至《いた》るべきを信《しん》じ神燈《みあかり》を大神《おほかみ》の神前《しんぜん》に獻《けん》じて夫君《ふくん》の武運《ぶうん》を祈《いの》り令息《れいそく》の奉公《ほうこう》の甲斐《かひ》ありしてとなど思《おも》ひつゞけ夜《よ》の明《あく》るを俟《ま》ちて當社《たうしや》に參詣《さんけい》せられ白狐《びやくこ》の殘《のこ》せし毛《け》を當社《たうしや》に納《をさ》められしが後《のち》、いくばくもなく令息戰死《れいそくせんし》の報知《しらせ》至《いた》りしと云《いふ》、後大正《のちたいしやう》元年《ぐわんねん》九月明治天皇桃山御陵御發靷《ぐわつめいぢてんわうもゝやまごりようごはつじん》の夜《よ》に當《あた》り、大將《たいしやう》及《およ》び夫人《ふじん》天皇《てんわう》に殉死《じゆんし》し奉《たてまつ》られたりしが其後《そのご》、大將《たいしやう》の親族湯池少佐《しんぞくゆちせうさ》は大將及《たいしやうおよ》び夫人《ふじん》の當社《たうしや》の尊崇《そんすう》を追《つゐ》懷《くわい》し本社《ほんしや》に參詣《さんけい》して神饌等《しんせんなど》を奉獻《ほうけん》せられしと傳《つた》ふ此外《このほか》、靈驗多《れいげんおほ》しと雖《いへども》、今《いま》は省略《しやうりやく》して載《の》せざる事《こゝ》とせり。

◉豐《とよ》川《かは》稻《い》荷《なり》靈《れい》驗《げん》記《き》

豐川稻荷《とよかはいなり》は荼吉尼天《だきにてん》を祀《まつ》れるものなり已《すで》に述《の》べし如《ごと》く荼吉尼《だきに》に二類《るゐ》あり曼荼羅《まんだら》と實類《じつるゐ》これなりされ

ば實類《じつるゐ》茶吉尼《だきに》は曼荼羅茶吉尼《まんだらだきに》に攝《せつ》せらるゝものにして恰《あだか》も我《わ》が國《くに》の野狐《やこ》が靈狐《れいこ》に攝《せつ》せらるゝが如《ごと》し由《ゆ》來《らい》、曼荼羅茶吉尼《まんだらだきに》は印度《いんど》の靈狐《れいこ》の神格化《しんかくくわ》したる一種《しゆ》の天等《てんとう》にして佛道《ぶつだう》を成《じやう》せるものなり故《ゆゑ》に世間《せけん》、出《しゆつ》世間《せけん》の利《り》益《やく》廣大無邊《くわつだいむへん》なるは皆《みな》、人《ひと》の知《し》る處《ところ》にして古昔《こせき》は此法靈驗《このはふれいげん》新《あらた》かなりしを以《もつ》て之《これ》を行《おこな》ふことを嚴《げん》禁《きん》せられたりと云《いふ》、而《しか》していまこゝに述《の》べんとする同稻荷《どういなり》は嘉吉元年《かきつぐわんねん》、曹洞宗《そうどうしう》の聖僧東海義易和尚《せいそうとうかいぎえきをしやう》、參州豐川《さんしうとよかは》の地《ち》を相《さう》して禪刹《ぜんせつ》を建《た》て之《これ》を妙嚴寺《めうかんじ》と號《なづ》け寺中《じちう》の鎭守《ちんじゆ》として手《て》づから茶吉尼天《だきにてん》の尊像《そんざう》を彫刻《てうこく》して之《これ》を祀《まつ》り有緣《うえん》の道俗《だうぞく》をして隨意《ずゐい》に禮拜祈願《れいはいきぐわん》せしめられしに靈驗響《れいげんひゞき》の物《もの》に應《おう》ずるが如《ごと》く極《きはめ》て嚴重《げんぢう》なりしを以《もつ》て今川義元《いまがはよしもと》、織田信長《おだのぶなが》、豐臣秀吉《とよとみひでよし》、徳川家康諸公《とくがはいへやすしよこう》深《ふか》く之《これ》を尊崇《そんすう》せられたりと傳《つた》ふ或曰《あるひはいは》く同《どう》寺《じ》に茶吉尼天《だきにてん》を祀《まつ》れるは平八狐《へいぎつね》の三百一の眷屬《けんぞく》を牽《ひき》ゐ護法《ごはふ》となれるを以《もつ》て開山東海和尚《かいざんとうかいをしやう》は佛道《ぶつだう》を成《じやう》せる茶吉尼天《だきにてん》を祀《まつ》りて此靈狐《このれいこ》の神聖《しんせい》を增大《ぞうだい》ならしめられしものなりといふ今同寺《いまどうじ》の緣起略《えんきりやく》によるに世往《よわう》往當山《わうたうさん》の鎭守豐川茶吉尼眞天《ちんじゆとよかはだきにしんてん》を目《もく》するに平八郎稻荷《へいらういなり》の名《な》を以《もつ》てし且《か》つ三百一の眷屬《けんぞく》を有《いう》し給《たま》ふと稱《しよう》せることは是《こ》れまた一種《しゆ》の因由《いんいう》を傳《つた》ふるものなり抑々《そも〳〵》開山東海義易和尚《かいざんとうかいぎえきをしやう》が當山《たうざん》を開創《かいさう》せらるゝに當《あた》り忽《たちま》ち一老翁《らうをう》ありて參《さん》じ自《みづか》ら平八郎《へいらう》と稱《しよう》し常《つね》　和尚《をしやう》に隨侍《ずゐじ》してよく庫堂《くり》の庶務《しよむ》を管掌《くわんしやう》せり翁《をう》携《たづさ》ふる處《ところ》の釜《かま》、極《きは》めて不思議《ふしぎ》なり以《もつ》て飯《はん》を炊《かし》ぎ菜《さい》を調《とゝの》へ湯《ゆ》を煮《せん》じ茶《ちや》を點《てん》ず食時《しよくじ》、供《きよう》をうくるもの縦《たと》ひ幾《いく》十員《にん》の多《おほ》きに上《のぼ》るも未《いま》だ嘗《かつ》て不足《ふそく》あることを見《み》ず其神通妙用人力《そのしんつうめうようじんりき》の得《そ》て及《およ》ぶ處《ところ》にあらざりしを以《もつ》て人《ひと》、翁《をう》に問《とふ》て曰《いは》く一人《にん》一釜《ふ》、未審《いぶか》しゝ何《いか》なる術《てだて》ありてかよく多衆《たしゆう》に供《きよう》すること是《かく》の如《ごと》くなるや翁答《をうこたへ》て曰《いは》く我《われ》に三百一の眷屬《けんぞく》あり事《こと》として辨《べん》ぜざるはなく願《ねかひ》として成《じやう》ぜざるはなしと開山遷化《かいざんせんげ》の後《のち》、僅《わづか》に荼毘《だひ》を了《おは》るやたゞ一釜《ふ》を遺《のこ》して飄然《へうぜん》として去《さ》り終《つひ》に行《ゆ》く處《こころ》を知《し》らず翁《をう》の如《ごと》きは實《じつ》にこれ權化《ごんけ》世《よ》を濟《すく》ひ善神法《ぜんじんはふ》を護《まも》るものといふべし人《ひと》、其奇《そのき》蹟《せき》を尊《たつと》び以《もつ》て荼吉尼眞天《だきにしんてん》の化現《けげん》なりと爲《な》せり遂《つひ》に之《これ》を平《へい》八郎稲荷《らういなり》と稱《しよう》し三百一の眷族《けんぞく》ありと唱《とな》ふるに至《いた》れりと實《じつ》に神變不測《しんぺんふしき》の利益《りやく》と謂《い》はざる可《べか》らず後《のち》、大岡越前守忠相《おほをかゑちぜんのかみただすけ》深《ふか》く豐川《とよかは》稲荷《いなり》を信仰《しんかう》し常《つね》に同寺《どうじ》第《だい》十九世萬牛和尚《せいまんぎうをしやう》に請《こひ》て荼吉尼天《だきにてん》の靈驗《れいげん》を祈《いの》り利益《りやく》を蒙《かう》むれること屢々《しば〳〵》なりしを以《もつ》て遂《つひ》に荼吉尼天《だきにてん》の尊像《そんざう》を邸内《ていない》に安置《あんち》し尊崇《そんすう》せられたりしが其靈驗《そのれいげん》著《いちじる》しかりしを以《もつ》て遠近《ゑんきん》より歩《あゆみ》を運《はこ》び塀越《へいごし》に參拜《さんぱい》せるもの 夥《おびたゞ》しかりしが故《ゆゑ》、同邸《どうてい》にて塀《へい》を穿《うが》ち門《もん》をつくりて自由《じいう》に參拜《さんぱい》することを得《え》せしめられしを以《もつ》て靈驗《れいげん》ます〳〵顯《あきらか》にして一度歩《ひとたびあゆみ》をはこぶものは願望《ぐわんもう》を達《たつ》し二度歩《ふたゝびあゆみ》をはこぶものは終生《しうせい》の福徳《ふくとく》を授《さづ》かり三度歩《みたびあゆみ》をはこぶもの家内和合《かないわがふ》の安樂《あんらく》を得《え》て佛道《ぶつだう》を成《じやう》するの因《いん》を得《う》るが故《ゆゑ》、渇仰《かつかう》の頭《かうべ》をかたむくる人々《ひと〳〵》、日夜《にちや》絶《た》ゆることなし斯《かく》て世《よ》は明治維新《めいぢゐしん》に及《およ》び同《ごう》九年《ねん》私邸《してい》の神社佛閣《じんじやぶつかく》に衆庶《しゆうしよ》の參《さん》拜《はい》を禁《きん》ぜられしを以《もつ》て之《これ》を赤坂表町《あかさかおもてまち》に奉祀《ほうし》して參州豐川妙巖寺《さんしうとよかはめうかんじ》の支院《しゐん》と爲《な》し靈祠《れいし》は依然《いぜん》、豐川稲荷《とよかはいなり》と稱《しよう》し道俗《だうぞく》の尊崇《そんすう》ます〳〵多大《ただい》にして靈驗《れいげん》層々《ます〳〵》、嚴重《げんぢう》なりしが故《ゆゑ》、縁日賽日《えんにちさいじつ》は勿論晝夜《もちろんちうや》參拜《さんぱい》の人《ひと》、法施《はつせ》の妙樂《めうらく》たえずと云《いふ》實《じつ》に尊崇《そんすう》せざる可《べか》らず。

豐受稻荷靈驗記《とようけいなりれいげんき》

鶴見《つるみ》稻荷《いなり》山神誠敎《やましんせいけう》の祭神《さいじん》は造化《ざうくわ》の三神《しん》、天御中主神《あめのみなかぬしのかみ》、高産靈神《たかうみのみたまのかみ》、神産靈神《かみうみのみたまのかみ》を始《はじ》め奉《たてまつ》り、天照《てんせう》皇大神《くわうだいじん》、伊佐那岐神《いざなぎのかみ》、伊佐那美神《いざなみのかみ》を國家《こくか》道德《だうとく》の指導神《しだうかみ》として之《これ》を崇敬《すうけい》し更《さら》に國民生活上《こくみんせいくわつじやう》を司《つかさ》どる豐《とよ》受《うけ》稻荷《いなり》大神《だいじん》を實際《じつさい》の主護神《しゆごかみ》として奉祀《ほうし》するのである、大神《おほかみ》は倉稻魂命《うがのみたまのみこと》、大己貴命《おほあなむちのみこと》、太田命《おほたのみこと》、大宮姫《おほみやひめ》命《みこと》、保食神《やすうけのかみ》の五柱神《はしらのかみ》の合稱《がつしよう》で、西京《さいきやう》の伏見《ふしみ》稻荷《いなり》山《やま》に御鎭座《ごちんざ》在《おはし》ます五社稻荷《しやいなり》である。畏《かしこ》くも官幣大社《くわんぺいたいしや》伏見《ふしみ》稻荷《いなり》神社《じんじや》は伊勢《いせ》の外宮豐受大神宮《げくうとようけだいじんぐう》と御同神《ごごうじん》に在《おはし》ます倉稻魂命《うがのみたまのみこと》であらせられ、豐受稻荷大神《とようけいなりだいじん》は古來朝廷《こらいてうてい》では國家《こくか》鎭護《ちんご》の神《かみ》として各所《かくしよ》に祀《まつ》り、其祭祀《そのさいし》毎《ごと》に勅使參向《ちよくしさんかう》の典《てん》あり、國民《こくみん》も亦之《またこれ》に習《なら》ひ稻《いな》荷《り》大神《だいじん》と稱《しよう》して鄕社村社或《がうしやそんしやあるひ》は邸内《ていない》の主護神《しゆごのかみ》として各々之《おの〳〵これ》を祀《まつ》り、子《し》孫繁昌《そんはんじやう》、家《か》運長久《うんちやうきう》の守護《しゆご》を祈念《きねん》するのである、大神《おはかみ》は人《ひと》の衣食住《いしよくぢう》を主宰《しゆさい》し國《くに》を富《とま》し家《いへ》を榮《さか》えさせ、人《ひと》の不運《ふうん》を開運《かいうん》に導《みち》びき、不幸病難《ふかうびやうなん》の人《ひと》は必《かなら》ず之《これ》を助《たす》け、人《ひと》の福德壽《ふくとくじゆ》を支配《しはい》する守護神《しゆごのかみ》であるから、何人《なんびと》も大神《おほかみ》を信仰《しんかう》して其《そ》の幸福《かうふく》を祈《いの》らぬものはないのである、稻荷《いなり》大神《だいじん》を信仰《しんかう》してゐるものは、商業《しやうげふ》は繁昌《はんじやう》し、身體《しんたい》は健全《けんぜん》に、藝術《げいじゆつ》も上《じやう》達《たつ》して出世《しゆつせ》も出來《でき》るのである。大神《おほかみ》は信仰《しんかう》の者《もの》には必《かな》らず其《そ》の御靈驗《ごれいげん》を顯《あら》はされるのである。

大神《おほかみ》の御靈驗《ごれいげん》に依《よつ》て

神誠教《しんせいけう》の一教《けう》を創開《さうかい》す

神誠教《しんせいけう》の主唱《しゆしやう》たる私《わたし》が如何《いか》なる經歴《けいれき》を經《へ》、如何《いか》にして大神《おほかみ》の靈驗《れいげん》を蒙《かうむ》り本教《ほんけう》を開《ひら》くことを得《え》しかは世人《せじん》の知《し》らんと欲《ほつ》せらるゝ所《ところ》であらうと思《おも》ひますから、茲《こゝ》に其《そ》の大要《たいえう》を記《しる》して參考《さんかう》に供《きよう》します、無論《むろん》私《わたし》は大偉人《だいゐじん》、大英雄《だいえいゆう》でもありませんが唯我《たゞわ》が國體《こくたい》の神聖《しんせい》に基《もとづ》き固《こ》有神道《いうしんだう》の精華《せいくわ》を宣揚《せんやう》して、敬神《けいしん》の眞《しん》義《ぎ》と神徳《しんとく》の廣大《くわうだい》を實地《じつち》に感知《かんち》せしめ、敬神崇祖《けいじんすうそ》、忠孝《ちうかう》一本《ぽん》の大義《たいぎ》を遵奉《じゆんぽう》するものであります。

予《よ》は慶應元年《けいおうぐわんねん》八月《ぐわつ》、新潟縣中魚沼郡《にひがたけんなかうをぬまごほり》千手町《しゆまち》に生《うま》る、年少《ねんせう》より敬神《けいしん》の念篤《ねんあつ》く又文學《またぶんがく》を好《この》み初《はじ》め長岡《ながをか》の藩士《はんし》山口織平先生《やまぐちおりへいせんせい》の門《もん》に入《い》り漢籍《かんせき》を學《まな》んだ。幼《そう》より至《いた》つて壯健《さうけん》にて近村《きんそん》の先達行者《せんだつぎやうじや》に從《したが》ひ、八海山《はつかいさん》、苗場山《なへばやま》、木曾御嶽山《きそみたけさん》、高野山《かうやさん》、四國《こく》八十八ヶ所《しよ》、西國《さいこく》三十三ヶ所《しよ》の觀音靈場《くわんおんれいぢやう》等數回《こうすうくわい》順拜《じゆんぱい》し、其他《そのた》各高山《かくかうざん》に登《のぼ》り禊《はらひ》や宮籠《みやごも》り或《あるひ》は千仭《せんじん》の瀧《たき》にて水行《みづぎやう》を爲《な》し、或《あるひ》は仙窟《せんくつ》に入《い》り木食斷食等《きしよくだんじきこう》の神道《しんだう》の修行《しうぎやう》を以《も》つて唯一《ゆゐいつ》の樂《たのしみ》としてゐた、遂《つひ》に御嶽教管長《みたけけうくわんちやう》平山成齋《ひらやまなりよろし》氏の門《もん》に入《い》つた。氏《し》の教《けう》は身《み》に白衣《はくい》を纏《まこ》ひ口《くち》に六根清淨《ろくこんせいじやう》を唱《とな》へ、毎年《まいねん》木曾御嶽山《きそみたけさん》に登《のぼ》りて神事《こんじ》の修行《しうきやう》を積《つ》み、世《よ》の病難《びやうなん》又《また》は不幸《ふかう》の者《もの》を救《すく》ふを第《だい》一の目的《もくてき》として居《を》られた、予《よ》は此《こ》の敎《をしへ》を服膺《ふくよう》し其法《そのはふ》を確守《かくしゅ》し修行《しうぎやう》を怠《おこた》らなかつたが、明治《めいぢ》二十七年信《ねんしな》濃川大洪水《のがはだいこうずゐ》の爲《た》めに、田畑悉《たはたけことごと》く荒廢《くわうはい》に歸《き》し一家散亂《かさんらん》の大不幸《だいふかう》に陷《おちい》り、日夜《にちや》其《そ》の囘復《くわいふく》に苦心《くしん》したるも更《さら》に其《そ》の名案《めいあん》もなく殆《ほと》んど絕望《ぜつばう》に沈《しづ》んだが、人窮《ひときう》すれば則《すなは》ち通《つう》ずと云《い》ふ聖訓《せいくん》もあれば、茲《こゝ》に畢生《ひつせい》の勇《ゆう》氣《き》を奮《ふる》ひ、大《おほひ》に奮勵《ふんれい》して一大目的《だいもくてき》を起《た》て、最後《さいご》の成功《せいこう》を收《をさ》めんと堅《かた》く決心《けつしん》をして起《た》つたのである。

抑々《そもそも》我《わ》が家《いへ》には古來《こらい》より奉祀《ほうし》せる靈驗不思議《れいげんふしぎ》の五社稻荷《ごしやいなり》ノ神《だいじん》があつて、先代《せんだい》の話《はなし》に家《いへ》に凶事《きよじ》ある時《とき》は必《かなら》ず之《これ》を前知《ぜんち》せしむるを例《れい》とする由《よし》、予《よ》も亦屢々《またしばしば》其《そ》の靈驗《れいげん》を蒙《かうむ》れり、左《さ》れば是《こ》れ屈强《くつきやう》なり、予《よ》は何《なに》國《こく》に赴《おもむ》くも此《こ》の大神《おほかみ》を奉持《ほうぢ》して、其《そ》の靈驗《れいげん》の加護《かご》を仰《あふ》ぎ以《も》つて一代成功《だいせいこう》を期《き》せんと、卽《すなは》ち之《これ》を懷《ふところ》にして、明治《めいぢ》二十八年橫濱《ねんよこはま》に來《きた》り、高島嘉右衞門先生《たかしまかうゑもんせんせい》の門《もん》に入《い》り專《もつぱ》ら易道《えきだう》を學《まな》ぶ。師曰《しいは》く「易《えき》は人智《じんち》の及《およ》ばざる所《ところ》を神明《しんめい》に質《たゞ》し、神慮《しんりよ》を伺《うかゞ》ひ以《もつ》て未來《みらい》を前知《ぜんち》するの學術《がくじゆつ》なれば眞劍《しんけん》を以《も》つて學《まな》ぶべし」と、師《し》の敎《をし》へに從《したが》ひ堅忍持久《けんにんぢきう》殆《ほと》んど寢食《しんしよく》を忘《わす》れ、拮据精勵《きつきよせいれい》せしが、師大《しおほひ》に予《よ》を愛《あい》して其《そ》の前途《ぜんと》を奬勵《しやうれい》し遂《つひ》に易《えき》の蘊奧《うんあう》を傳《つた》へられたり、是《こ》れ一は予《よ》の熱誠《ねつせい》と努力《ごりよく》にありと雖《いへど》も、要《えう》するに大神《おほかみ》の御加護《ごかご》に依《よ》りしものなりと、日夜益々信仰《にちやますますしんかう》を怠《おこた》らず之《これ》を崇《あが》め之《これ》を祭《まつ》りき。

次《つ》いで明治《めいぢ》三十一年《ねん》、師《し》の指導《しだう》に從《したが》ひ東京市本鄕區湯島《とうきやうしほんがうくゆしま》四丁目《ちやうめ》に於《おい》て恩師《おんし》より給《たま》はりし、高島易斷《たかしまえきだん》總本部《そうほんぶ》、神誠館《しんせいくわん》の名稱《めいしよう》を以《も》つて易學《えきがく》の敎授及《けうじゆおよび》易書著述出版《えきしよちよじゆつしゆつぱん》の業《げふ》を開始《かいし》せしに其《そ》の入門者日々《にふもんしやにちにち》に增加《ぞうか》し遂《つひ》に易學講習會《えきがくかうしふくわい》を組織《そしき》し、數十人《すうにん》を一堂《だう》に會《くわい》して敎授《けうじゆ》を爲《な》し、又地方遠隔《またちはうゑんかく》の者《もの》には通信敎授《つうしんけうじゆ》を以《も》つてせり、斯《か》くて斯道《しだう》に於《お》ける其《そ》の名聲《めいせい》を博《はく》し目今《もくこん》にては全國《せんこく》を通《つう》じて三千餘名《よめい》の門人《もんじん》を有《いう》してゐる。易書《えきしよ》の著述出版《ちよじゆつしゆつぱん》は、易學講義錄《えきがくかうぎろく》、易學大全《えきかくたいぜん》、方鑑圖解大全《はうかんづかいたいせん》、其他《そのた》五十餘種《よしゆ》に及《およ》び、更《さら》に神書《しんしよ》に於《おい》ては神職祭式寶鑑《しんしよくさいしきはうかん》、神佛祕法大全《しんぶつひはふたいぜん》、眞言祕密大全《しんごんひみつたいせん》、宗敎祕密法門總攬《しつけうひみつはふもんそうらん》、等其《とうそ》の他《た》五十餘種《よしゆ》に及《およ》び、中《なか》にも毎年發行《まいねんはつかう》の御壽寶《ごじゆはう》、農家曆《のうかれき》、高島曆《たかしまこよみ》等《とう》は全國《ぜんこく》一萬《まん》五千餘《せんよ》の書店《しよてん》より取次販賣《とりつぎはんばい》を乞《こ》はれ毎年《まいねん》の發行高《はつかうだか》は數《すう》百萬《まん》を以《も》つて數《かぞ》ふべし、之《これ》に準《じゆん》じて神誠館《しんせいくわん》の名《な》が全國《ぜんこく》に行《ゆ》き亙《わた》れるは皆人《みなひと》の知《し》る所《ところ》である、斯《かく》の如《ごと》く事業《じげふ》の發展《はつてん》は固《もと》より其人《そのひと》の活動力《くわつどうりよく》によると雖《いへど》も又《また》一方《はう》には必《かなら》ず神明《しんめい》を信念《しんねん》し、神德《しんとく》の加護《かご》を蒙《かうむ》るに非《あらざ》れば決《けつ》して成就《じやうじゆ》すきものべに非《あら》ず。

依《よ》つて報恩謝德《はうおんしやとく》の爲《た》め、明治《めいぢ》四十一年《ねん》、東京府廳《とうきやうふちやう》の認可《にんか》を得《え》て神誠敎《しんせいけう》の一敎《けう》を組織《そしき》し、創開以來《さうかいいらい》益《ます》々その布敎《ふけう》に勉《つと》め漸次《ぜんし》大發展《だいはつてん》して、今日《こんにち》に至《いた》りては幾數萬人《いくすうまんにん》の信徒《しんと》を有《いう》し之《これ》が布敎宣傳部《ふけうせんでんぶ》も三百有餘《いうよ》名《めい》を有《いう》し盛《さか》んに布敎《ふけう》しつゝあり、これが爲《た》め引續《ひきつゞ》き入會員《にふくわいゐん》も日《ひ》に月《つき》に增加《ぞうか》の盛況《せいきやう》に進《すゝ》みつゝある爲《た》めに、其祭典毎《そのさいてんごと》に社殿《しやでん》の狹隘《けふあい》を感《かん》じ、社殿建設《しやでんけんせつ》の必要《ひつえう》に迫《せま》り其《そ》の候補地《こうほち》を選定中《せんていちう》の處《ところ》不思議《ふしぎ》なる哉《かな》、大神《おほかみ》の神勅《しんちよく》により、神奈川縣京濱中央《かながはけんけいひんちうあう》の鶴見《つるみ》稻荷《いなり》山《やま》に靈地《れいち》あることを知《し》り、同地《どうち》に赴《おもむ》き一見《けん》爲《な》したるに同山《どうざん》は高臺幽玄《かうだいいうげん》なる靈地《れいち》なれば、此《こ》の山脈全部《さんみやくぜんぶ》を數萬金《すうまんきん》を投《とう》じて之《これ》を買收《はいしう》し、神靈《しんれい》の導《みちび》く靈場《れいちやう》として玆《こゝ》に御神殿《ごしんでん》、奉齋殿《ほうさいでん》、神樂殿《かぐらでん》、敎務所《けうむしよ》、高島陰陽寮《たかしまいんやうれう》、其他大小各種《そのただいせうかくしゆ》の建物《たてもの》を建設《けんせつ》せり、當山《たうさん》は高臺《たかだい》にして數百《すう》の老樹《らうじゆ》に包《つゝ》まれ、山《やま》の半腹《はんぷく》には神明水《しんめいすゐ》の淸瀧《せいろう》あり眞《しん》に神境《しんきやう》の靈地《れいち》である、今《いま》や五ヶ年《ねん》に亙《わた》つた大工事《だいこうじ》も全《まつた》く落成《らくせい》を告《つ》げ、其《そ》の工費《こうひ》の如《ごと》きも、實《じつ》に二十餘萬圓《よまんゑん》に上《のぼ》りしが、唯々《たゞ〱》神明《しんめい》に報恩謝徳《はうおんしやとく》の爲《た》め私財《しざい》を抛《なげう》ち以《も》つて完成《くわんせい》したる次第《しだい》である。

鶴見稻荷山《つるみいなりやま》に豐受稻荷御示現《とようけいなりごじげん》の事《こと》

人《ひと》の一心《しん》は巖《いは》をも貫《つらぬ》くと云《い》ふ譬《たとへ》の如《ごと》く、古來何事《こらいなにごと》でも一廉《わん》の成功《せいこう》を爲《な》したるものは、必《かなら》ず金鐵《きんてつ》の如《ごと》き堅《かた》き決心《けつしん》を持《も》つて居《を》らぬものはない。殊《こと》に宗教的《しうけうてき》の開山《かいざん》とか教祖《けうそ》とか云《い》はれる人《ひと》は、大磐石《だいばんじやく》の如《ごと》き堅固《けんご》なる大精神《だいせいしん》と不《ふ》惜身命《せきしんめい》の大覺悟《だいかくご》とを備《そな》へてゐる。釋迦《しやか》が六年《ねん》の難行苦行《なんぎやうくぎやう》五十餘年《よねん》不斷《ぶだん》の說法《せつぽふ》と云《い》ひ、又我《またわ》が國《くに》の法然《はふせん》と云《い》ひ、親鸞《しんらん》と云《い》ひ、日蓮《にちれん》と云《い》ひ、何《いづ》れも非常《ひじやう》なる大決心《だいけつしん》を以《も》つて終始《しうし》一貫遂《くわんつひ》に數《すう》百歲《さい》の後《のち》に至《いた》るまで開山祖師《かいざんそし》として、永《なが》く幾《いく》百千萬《まん》の信徒《しんと》に渴仰崇敬《かつかうすうけい》せられつゝあるのである。

我《わ》が神誠教《しんせいけう》の開創《かいさう》に當《あた》りて、予《よ》は當初幾多《たうしよいくた》の辛苦《しんく》を嘗《な》め難行《なんぎやう》を積《つ》みて、漸《やうや》く神人不二《しんじんふじ》の眞髓《しんずゐ》を體得《たいとく》し、爾來《じらい》四十餘年《よねん》一意專心《いせんしん》、我《わ》が豐受稻荷《とようけいなり》大神《だいじん》の御神德《ごしんとく》を宣揚《せんやう》し、幾萬人《いくまんにん》の化導《くわだう》に努《つと》め、微力至《びりよくいた》らざるも只《た》だ其《そ》の至誠熱烈《しせいねつれつ》の信仰《しんかう》は夙《つと》に大神《おほかみ》の感應《かんおう》する所《ところ》となり、先《さ》きには不思議《ふしぎ》の御示現《ごじげん》によつて奇異《きい》なる因緣《いんねん》の下《もと》に、大神《おほかみ》の御神寶《ごしんぽう》を得《え》、其《そ》の後神誠教《ごしんせいけう》の益々發展《ます〱はつてん》して、信徒《しんと》の參拜《さんぱい》すべき拜殿《はいでん》の狹隘《けふあい》を告《つ》ぐるや、然《しか》るべき靈地《れいち》を尋《たづ》ねて本院《ほんゐん》を建設《けんせつ》せんとて日夜苦心《にちやくしん》を重《かさ》ぬるに至《いた》りては、茲《こゝ》に忽《たちま》ち靈夢《れいむ》を感得《かんとく》し、大神《おほかみ》の御導《おんみちび》きに依《よ》つて、西京《さいきやう》の伏見《ふしみ》稲荷《いなり》山《やま》にも擬《き》すべき、東都《とうと》の近郊《きんかう》にして北《きた》に帝都《ていと》を望《のぞ》み東《ひがし》に東京灣《とうきやうわん》を控《ひか》へ、西南《せいなん》に濱港《ひんかう》を廻《めぐ》らせる眺望絶勝《てうばうぜつしよう》の高臺《たかだい》にして而《し》かも老樹欝蒼《らうじゆうつそう》神泉瀧《しんせんたき》の如《ごと》く湧出《ゆうしゆつ》する鶴見《つるみ》稲荷《いなり》山《やま》の神域靈地《しんゐきれいち》を發見《はつけん》し、卽時《そくじ》之《これ》を買收《ばいしう》し、本院《ほんゐん》の建設《けんせつ》に着手《ちやくしゆ》し一氣《き》呵《か》成《なり》に其《そ》の工《こう》を竣《を》へ、更《さら》に御神殿竝《ごしんでんならび》に奥《おく》の院《ゐん》を建設《けんせつ》せんとするに當《あた》り、山内《さんない》に五柱《はしら》の大神《おほかみ》の奥殿《おくでん》を配置《はいち》すべき、其位置《そのゐち》選定《せんてい》の折節《をりふし》、大正《たいしやう》八年《ねん》四月《ぐわつ》十五日卽《にちすなは》ち早朝予《さうてうよ》は例《れい》によつて山内《さんない》を逍遙《せうえう》しつゝ、目下《もくか》命婦明神《みやうぶみやうじん》の神殿御造營《しんでんござうえい》の豫定地《よていち》に於《お》ける、此時《このとき》旭光《きよくくわう》未《いま》だ輝《かゞや》かず、曉霧《げうむ》靉靆《あいたい》として咫尺《しせき》を辨《べん》ぜざる有様《ありさま》なりしが、あら不思《ふし》議《ぎ》や前面《ぜんめん》なる老樹《らうじゆ》の下《もと》に當《あた》り忽然《こつせん》として、一條《でう》の光明《くわうみやう》赫々《かく／＼》と閃《ひら》めき渡《わた》り、其光明《そのくわうみやう》の中《なか》には畏《かしこ》くも穀神《こくしん》たる保食神《やすうけのかみ》、御姿《おすがた》あり／＼と現《あら》はれ給《たま》ひければ、思《おも》はずひれ伏《ふ》し拍手《はくしゆ》して拜《はい》しければ、其《そ》の中《うち》に光《ひかり》も消《き》え御神姿《ごしんし》も朦朧《もうろう》として霧《きり》の中《なか》に隠《かく》れさせ給《たま》へり。

熟々《つく／＼》史《し》を按《あん》ずるに聖武天皇《しやうむてんわう》が行基《ぎやうき》と共《とも》に南都《なんと》の大佛《だいぶつ》を建立《こんりふ》せんとするや、八幡大神《はちまんたいじん》の御神夢《ごしんむ》あり、又弘法大師《またこうぼふだいし》が日本唯一《にほんゆゐいつ》の根本道場《こんぽんだうぢやう》を求《もと》めんとして、紀州《きしう》に至《いた》るや、丹生明神《にぶみやうじん》は老翁《らうおう》と化《くわ》して大師《だいし》を高《かう》野山《やさん》に導《みちび》き給《たま》ひ、親鸞上人《しんらんしやうにん》が淨土眞宗《じやうどしんしう》を開《ひら》かんとする時《とき》は、六角觀音《かくくわんおん》の靈驗《れいげん》あり、降《くだ》つて黒住敎祖《くろずみけうそ》黒《くろ》住宗忠《すみむねたゞ》は天照大御神《あまてらすおほみかみ》の御示現《ごしげん》によりて陽氣《やうき》の祈禱法《きたうはふ》を感得《かんとく》し、自己《じこ》の病《やまひ》を癒《いや》し、又多《またおほ》くの人《ひと》を救《すく》ひ遂《つひ》に宗忠神社《むねたゞじんじや》と祀《まつ》られ、一敎《けう》の敎祖《けうそ》と仰《あふ》がるゝに至《いた》れり、眞心《まごころ》は神《かみ》に通《つう》じ、至誠天地《しせいてんち》を動《うご》かす、一心遂《しんつひ》に萬代《よろづよ》の基《もとゐ》を開《ひら》く、先蹤空《せんじうむな》しからず、後世豈眞人無《こうせいあにしんじんな》からんや。

豐受稻荷御示現の圖

予《よ》が本教《ほんけう》の爲《た》めに致《いた》せる苦心難行《くしんなんぎやう》は既《すで》に極《きは》まれり、其《そ》の至誠《しせい》一貫《くわん》渝《かは》りなき、神明《しんめい》も確《たし》かに之《これ》を御覽《ごらん》じ給《たま》ひしならむ、只《たゞ》一心《しん》岩《いは》をも透《とほ》す熱烈《ねつれつ》の念力《ねんりよく》により、始《はじ》めには神寶《しんはう》の感得《かんとく》と同時《どうじ》に、神易活用《しんえきくわつよう》の妙《めう》法現神法《はふげんしんはふ》を授《さづ》かり、中頃《なかごろ》は靈場《れいぢやう》の發見《はつけん》に神託《しんたく》の瑞異《づゐい》を蒙《かうむ》り、今又《いままた》まのあたり、御神體《ごしんたい》を拜《はい》するの靈驗《れいげん》を得《う》るに至《いた》れり、之《これ》を以《もつ》て鶴見《つるみ》稻荷《いなり》山《やま》が我《わ》が豐受稻荷《とようけいなり》大神《だいじん》の御鎭座地《ごちんざち》として、如何《いか》に神慮《しんりよ》に叶《かな》ひ御神《ごしん》志《し》に體達《たいたつ》し居《を》るかを知《し》るに足《た》らん。

附言《ふげん》　此《こ》の御鎭座日《ごちんざひ》を記念《きねん》として毎年《まいねん》の大祭日《たいさいじつ》と定《さだ》め之《これ》に依《よ》つて本教《ほんけう》の大祭《たいさい》は二月初午日《ぐわつはつうまび》、春《はる》四月《くわつ》十五日《にち》、秋《あき》十月《ぐわつ》十五日《にち》、又毎月午《またまいげつうま》の日《ひ》例祭《れいさい》を執行《しつかう》す。

神道修行《しんだうしうぎやう》と白狐勸請祕法《びやくこくわんじやうひはふ》

第一節　初位《しよゐ》の修行《しゆぎやう》

夫《そ》れ神域《しんゐき》に入《い》り、神人交互《しんじんかうご》の修養《しうやう》を爲《な》さんとせば、先《ま》づ心身共《しん〳〵とも》に俗塵《ぞくぢん》を脱《だつ》し、神仙古淸《しんせんこせい》の跡《あと》を追躡《ついせつ》せんことを期《き》すべし、神道實地《しんだうじつち》の修行《しうぎやう》を示《しめ》せば、初位《しよゐ》卽入信位《そくにふしんゐ》、二位《ゐ》卽觀信位《そくくわんしんゐ》、三位《ゐ》卽本明位《そくほんみやうゐ》、四位《ゐ》卽感應位《そくかんおうゐ》、五位《ゐ》卽極位《そくきよくゐ》所謂成神位《いはゆるせいじんゐ》にして、更《さら》に之《これ》を十八行《きやう》に分《わか》ち得《う》べし。

一　行《ぎやう》水《すゐ》と祓《はらひ》

行水《ぎやうずゐ》は早旦《さうたん》、日中《につちう》、就床前《しうしやうぜん》の三回《くわい》に行《おこな》ふ、行水《ぎやうずゐ》の時《とき》は既定《きてい》の水行場《すゐぎやうぢやう》に入《い》り、水面《すゐめん》に向《むか》ひて先《ま》づ禊祓《みそぎはらひ》を唱《とな》ふること三回《くわい》、次《つぎ》に衣服《いふく》を脱《だつ》し、腰卷《こしまき》一つとなり、更《さら》に水面《すゐめん》を望《のぞ》んで水想觀《すゐさうくわん》を爲《な》す、

水想觀《すゐさうくわん》とは、第《だい》一に水《みづ》の功德《くどく》を想《おも》ふ、一切《さい》の生物《せいぶつ》は水《みづ》に依《よ》つて生存《せいそん》す、水《みづ》なければ何物《なにもの》も生育《せいいく》する能《あた》はずと觀《くわん》ず、第《だい》二に水《みづ》の普遍性《ふへんせい》を想《おも》ふ、水《みづ》は地下《ちか》何《いづ》れの所《ところ》にも潛在《せんざい》し、又水蒸氣《またすゐじようき》となりて虛空《きよくう》に充滿《じうまん》し、如何《いか》なる所《ところ》にも存在《そんざい》せざるなし、實《じつ》に水神水靈《すゐしんすゐれい》は、天地《てんち》に遍滿《へんまん》し居《ゐ》れりと觀《くわん》ず、第《たい》三に

水《みづ》の清淨《しやうじやう》を想《おも》ふ、水《みづ》は一切《さい》の汚《よご》れを洗《あら》ひ、又如何《またいか》なる汚《よご》れを入《い》るゝも忽《たちま》ち沈澱《ちんでん》せしめて澄《す》む、吾《ご》人《じん》の神靈《しんれい》も又斯《またか》くの如《ごと》しと觀《くわん》ず、第《だい》四に水《みづ》の猛利《まうり》を想《おも》ふ、水《みづ》は靜《しづ》かなるものなるも、一旦激《たんげき》すれば怒濤山《ごたうやま》をも崩《くづ》し、雷雨地軸《らいうちぢゆく》を轟《とゞろ》かす、動靜自《ごうせいみづか》ら因《いん》あり、船《ふね》を浮《うか》ぶるの水《みづ》は、船《ふね》を覆《かへ》すの波《なみ》なり、善《ぜん》惡《あく》の生《しやう》ずるも亦々斯《また〳〵か》くの如《ごと》しと觀《くわん》ず。

水想觀終《すゐさうくわんをは》れば水中《すゐちう》に浴《よく》するか、又《また》は水桶《みづをけ》にて頭《あたま》より水《みづ》をかぶるか、それは其場《そのは》の結構《けつこう》による、この行水《きやうずゐ》の間《ま》も禊祓《みそぎはらひ》を唱《とな》ふるを可《か》とす、又行水《またぎやうずゐ》は五分間《ふんかん》を適度《てきど》とす、尤《もつと》も伸縮《しんしゆく》は時宜《じぎ》に從《したが》ふべし、行水《きやうずゐ》終《をは》れば能《よ》く拭《ふ》きて着衣《ちやくい》し、場外《ぢやうぐわい》に出《い》で朝《あさ》に限《かぎ》りて先《ま》づ東向旭日《ひがしむきあさひ》を拜《はい》し、更《さら》に南西北《なんせいほく》を拜《はい》す、拜日《はいにち》の時《とき》は先《ま》づ拍手《はくしゆ》三回《くわい》、而《しか》してトウカミエミタミ、ハライタマヘ、キヨメタマヘを三回《くわい》、次《つぎ》に大神號《おほかみがう》を三回《くわい》、更《さら》に拍手《はくしゆ》三回《くわい》、他《た》の三方《はう》は前《まへ》のトウカミの方丈《はうだ》け三回《くわい》と拍手《はくしゆ》す、かく四方拜終《はうはいをは》れば、歸《かへ》つて修行《しうぎやう》殿《でん》に入《い》り既定《きてい》の座《ざ》に着《つ》く、夫《それ》より主神禮拜《しゆしんれいはい》を爲《な》し、次《つぎ》に大祓《おほはらひ》を奏上《そうじやう》す、成《な》る丈《た》け大聲《おほごゑ》にて一時間位《じかんくらゐ》十三回以上《くわいいじやう》。

右《みぎ》の如《ごと》く初位《しよゐ》の第《だい》一行《ぎやう》二法則《はふすなは》ち行水《ぎやうずゐ》と大祓《おほはらひ》を行《おこな》ふこと普通《ふつう》一週間《しうかん》、早《はや》きは三日《か》、遠《とほ》きは一ヶ月其期《げつそのき》間《かん》は師《し》の鑑定《かんてい》に任《まか》す、此《こ》の第《だい》一行終《ぎやうをは》れば第《だい》二行《ぎやう》に移《うつ》る。

二行調《てう》氣《き》法《はふ》

第《だい》二行《ぎやう》は行水《ぎやうずゐ》と四方拜《はうはい》は第《だい》一行《ぎやう》と同《おな》じく、次《つぎ》に大祓《おほはらひ》は三回《くわい》に減《げん》じ、大祓《おほはらひ》の次《つぎ》に約《やく》一時間《じかん》に亙《わた》り三回《くわい》共《とも》調氣法《てうきはふ》を修《しう》す、此《これ》は一ヶ月以上《げついじやう》とす、

調氣法《てうきはふ》とは、先《ま》づ端座《たんざ》して姿勢《しせい》を正《ただ》し、兩掌《りやうしやう》を胸前《きようせん》にて金剛合掌《こんがうかふしやう》し、兩食指《りやうしよくし》を立《た》て、半眼《はんがん》にて口《くち》を開《ひら》き胸《むね》より腹《はら》、腸《はらわた》より足先《あしさき》までに籠《こも》れる毒氣《どくき》を強《つよ》く長《なが》く吐《は》き出《だ》し、此《こ》れは體內《たいない》の惡魔《あくま》を征伐《せいはつ》するものとすべし、吐《は》きたる後口《のちくち》を閉《と》ぢ、鼻《はな》より新氣《しんき》を深《ふか》く長《なが》く吸《す》ひ入《い》れ、氣海丹田《きかいたんでん》は愚《おろ》か、足《あし》の爪《つま》先《さき》まで此《こ》の神氣《しんき》が充《み》ち滿《み》つる如《ごと》くにして此《こ》れは神《かみ》を迎《むか》へ眞《まこと》を養《やしな》ふものなりと觀《くわ》ずべし、深呼吸《しんこきふ》、腹《ふく》式呼吸《しきこきふ》、靜座法《せいざはふ》、坐禪《ざぜん》と其形似《そのかたちに》たれども、其意義《そのいぎ》自《みづか》ら異《ことな》るものあり、之《これ》を吐魔迎神《とまげいしん》と云《い》ふ。

三行　淸《しやう》淨《じやう》觀《くわん》

第《だい》二行調氣法《ぎやうてうきはふ》を修得《しうとく》せる上《うへ》は、第《だい》三行《ぎやう》に移《うつ》る、第《だい》三行《ぎやう》に於《おい》ても、行水《ぎやうずゐ》、四方拜《はうはい》は前《まへ》の如《ごと》く、次《つぎ》に大《おほ》祓《はらひ》一回《くわい》、次《つぎ》に調氣法《てうきはふ》二十分《ぶん》、それより淸淨觀《しやうじやうくわん》を行《おこな》ふ、其期間《そのきかん》一ヶ月《げつ》、

淸淨觀《しやうじやうくわん》は一方《はう》より云《い》へば不淨觀《ふじやうくわん》なり、不淨《ふじやう》を觀《くわん》じて淸淨《しやうじやう》に入《い》ると云《い》ふ、例《たと》へば美食《びしよく》の慾念強《よくねんつよ》きものは美味美食《びみびしよく》も一旦口中《たんこうちう》に入《い》れば靡爛《びらん》して臭氣《しうき》を發《はつ》し、遂《つひ》に糞尿《ふんねう》となり、蛆蟲之《うぢむしこれ》に沸《わ》くと觀《くわん》じ又淫慾《またいんよく》の強《つよ》きものは、朝《あさ》に紅顏《かうかん》ありと雖《いへど》も夕《ゆふ》には白骨《はくこつ》となると觀《くわん》じ、慾《よく》は皆不淨《みなふじやう》なり、苦穢《くくわい》なりと想《おも》ひ、慾《よく》を去《さ》れば天眞玉空自性本來淸淨《てんしんきよくくうじせいほんらいしやうじやう》なるを得《う》ると念《ねん》ずるが如《ごと》きを云《い》ふ。

此《こ》の清浄観《しやうじやうくわん》を行《おこな》ふこと毎日《まいにち》三回《くわい》、一回《くわい》一時間内外《じかんないぐわい》とす、而《しか》して観後《くわんご》は六根清浄祓《ろくこんしやうじやうはらひ》を三回宛《くわいづつ》毎回《まいくわい》奏上《そうじやう》すべし。

四行神《しん》威《ゐ》観《くわん》

第《だい》三行清浄観《ぎやうしやうじやうくわん》終《をは》れば、第《だい》四行神威観《ぎやうしんゐくわん》に移《うつ》る、行水《ぎやうずゐ》、四方拝《はうはい》、大祓《おほはらひ》、調氣法《てうきはふ》を行《おこな》ふことは前《まへ》に同《おな》じ、斯《か》く毎日《まいにち》三回約《くわいやく》一時間位神威観《しかんくらゐしんゐくわん》を行《おこな》ふ、其期間《そのきかん》三週間以上《しうかんいじやう》とす、

神威観《しんゐくわん》とは、先《ま》づ膜冲無《きくちうむ》膜《まく》の宇宙《うちう》の大霊《たいれい》が発動《はつどう》して萬有《ばんいう》を化生《くわせい》し、生《せい》に變化活動《へんくわくわつどう》の次第《しだい》を観《くわん》ず、次《つぎ》に偉人《ゐじん》の神霊《しんれい》が虚空《きよくう》に遍満《へんまん》し、宇宙《うちう》の大霊《たいれい》と參差《さんさ》して衆人《しゆうじん》を監視《かんし》すると観《くわん》ず、次《つぎ》に吾人乃至《ごじんないし》萬有《ばんいう》の精霊《せいれい》が此等《これら》神霊《しんれい》と互《たがひ》に交渉《かうせふ》し、吉凶禍福《きちきようくわふく》の運命《うんめい》を惹起《ひきおこ》するものなることを観《くわん》ず、次《つぎ》に神威《しんゐ》は秋霜《しうさう》の如《ごと》く、信賞必罰寸毫《しんしやうひつばつすんがう》も假借《かしやく》することなく、其《そ》の厳手《げんしゆ》なる眞《しん》に人間界《にんげんかい》の名法官《めいはふくわん》と異《こと》なることなしと観《くわん》ず。

かく神威観《しんゐくわん》を修《しつ》したる後《のち》は、毎回必《まいくわいかなら》ず十種《しゆ》の神霊辭《しんれいじ》を七回宛《くわいづつ》奏上《そうじやう》すべし。

以上《いじやう》にて初位《しよゐ》入信位《にふしんゐ》は修得《しうとく》せり、信仰《しんかう》は茲《こゝ》に愈々確定《いよいよかくてい》して、亦決《またけつ》して動《うご》くことなし、未《いま》だ以《も》つて人《ひと》を教化《けうくわ》することは不可能《ふかのう》なるも、宗教家《しうけうか》たるの基礎《きそ》は立《た》ち、所謂獨善君子《いはゆるくぜんくんし》たるの位置《ゐち》に達《たつ》せしものなり。

第二節　二位《ゐ》の修《しう》行《ぎやう》

第《だい》二位《ゐ》觀《くわん》信《しん》位《ゐ》は、宇《う》宙《ちう》の眞《しん》相《さう》、人《じん》生《せい》の歸《き》趣《しゆ》を覺《かく》悟《ご》するを目《もく》的《てき》とするを以《も》つて斯《か》く名《な》づく、二位《ゐ》亦《また》四行《ぎやう》に分《わか》つ、但《たゞ》し初《しよ》位《ゐ》より行《ぎやう》數《すう》を追《お》ひ以《もつ》て十八行《ぎやう》に及《およ》ぼさんとする故《ゆゑ》茲《こゝ》には五行《ぎやう》として始《はじ》むべし。

五行　宇《う》宙《ちう》觀《くわん》

行《ぎやう》水《すゐ》、四方《はう》拜《はい》、大《おほ》祓《はらひ》、調《てう》氣《き》法《はふ》を行《おこな》ふことは前《まへ》の如《ごと》し、夫《それ》より靜《せい》座《ざ》して宇《う》宙《ちう》觀《くわん》を行《おこな》ふこと毎《まい》日《にち》三回《くわい》、一回《くわい》約《やく》一時《じ》間《かん》にして、其《その》期《き》間《かん》一ヶ月《げつ》以《い》上《じやう》とす、

宇《う》宙《ちう》觀《くわん》とは宇《う》宙《ちう》の眞《しん》相《さう》如《い》何《かん》と觀《くわん》ずるものにして、宇《う》宙《ちう》は實《じつ》に此《かく》の如《ごと》きものなりと縱《じう》觀《くわん》、横《わう》觀《くわん》、達《たつ》觀《くわん》、大《たい》觀《くわん》するを云《い》ふ、此《こ》の觀《くわん》を修《しう》する時《とき》は、其《そ》の然《しか》る所《ゆ》以《ゑん》を體《たい》覺《かく》自《じ》得《とく》し、哲《てつ》理《り》と化《くわ》して自《じ》信《しん》と爲《な》すべきものとす、實《じつ》に一切《さい》の根《こん》本《ぽん》たる原《げん》理《り》にして、眞《しん》智《ち》の關《くわん》門《もん》なれば決《けつ》して誤《あやま》るべからず。

六行　自《じ》心《しん》觀《くわん》

第《だい》五行《ぎやう》に於《おい》て宇《う》宙《ちう》の眞《しん》相《さう》を自《じ》覺《かく》したる上《うへ》は、更《さら》に進《すゝ》みて自《じ》心《しん》の如《い》何《か》なるものなるかを覺《さと》るべし、此《こ》の六行《ぎやう》は先《ま》づ行《ぎやう》水《すゐ》、四方《はう》拜《はい》、大《おほ》淨《はらひ》、調《てう》氣《き》法《はふ》を行《おこな》ふことは前《まへ》に同《おな》じく、然《しか》る後《のち》毎《まい》日《にち》三回《くわい》一回《くわい》約《やく》一時《じ》間《かん》に

亙《わた》りて自心觀《じしんくわん》を爲《な》すこと普通《ふつう》四週間《しうかん》、早《はや》きは七日《か》、遲《おそ》きは三ケ月《げつ》を要《えう》すべし。

自心觀《じしんくわん》とは、肉體《にくたい》と精神《せいしん》、潜在《せんざい》の活力《くわつりよく》、常住《じやうちう》の活力《くわつりよく》、特發《とくはつ》の活力等《くわつりよくとう》の意義《いぎ》を觀《くわん》ずるものにして、結局自分《けつきよくじぶん》の心《こゝろ》の有樣《ありさま》、善惡兩心《ぜんあくりやうしん》の發動《はつどう》の次第《しだい》を自覺《じかく》するものとす、而《しか》して更《さら》に又自己《またじこ》の心《こゝろ》を一つの胞種《はつしゆ》と假定《かてい》し、それが次第《しだい》に萠芽發育《はうがはついく》して、順次枝葉《じゆんじしえふ》を生《しやう》じ、遂《つひ》に冲天《ちうてん》の大木《たいぼく》となる有樣《ありさま》より、更《さら》に此《こ》の大木《たいぼく》が朽《く》ち果《は》てゝ烟《けむり》と爲《な》り土《つち》と化《くわ》するの形勢《けいせい》を順逆縱橫《じゆんぎやくじうわう》に觀《くわん》じ、以《もつ》て自心《じしん》の活動《くわつどう》と變通《へんつう》とを想《おも》ふべし。

七行靈《れい》力《りよく》觀《くわん》

第《だい》七行《ぎやう》も行水《ぎやうずゐ》、四方拜《はうはい》、大祓《おほはらひ》、調氣法《てうきはふ》を行《おこな》ふこと前《まへ》の如《ごと》し、而《しか》して後《の》ち毎日《まいにち》三回《くわい》一回《くわい》一時間靈力《じかんれいりよく》觀《くわん》を行《おこな》ふべし、此《こ》の靈力觀《れいりよくくわん》は頗《すこぶ》る困難《こんなん》なる觀法《くわんはふ》なれば、其期間《そのきかん》を豫定《よてい》し難《がた》きも通常《つうじやう》五十日《にち》、早《はや》きは十日《か》、遲《おそ》きは際限《さいげん》なく、或《あるひ》は體得《たいとく》、修成《しうせい》を了《れう》し難《がた》き者《もの》さへあり。

靈力觀《れいりよくくわん》とは宇宙《うちう》の活力《くわつりよく》としての神《かみ》、偉人《ゐじん》の靈力《れいりよく》としての神《かみ》、異物《ゐぶつ》の通力《つうりき》としての神《かみ》の意義《いぎ》を充《じう》分《ぶん》に觀得《くわんとく》し、更《さら》に其《そ》の相互《さうご》の關係交涉《くわんけいかうせふ》を覺了《かくれう》することを要《えう》するものにして、宇宙《うちう》の大靈《たいれい》と自己《じこ》の精《せい》神《しん》、偉人《ゐじん》の神靈《しんれい》と自己《じこ》の精神《せいしん》とが互《たがひ》に交涉《かうせふ》する有樣《ありさま》より、更《さら》に狐《きつね》の通力《つうりき》、猫《ねこ》の通力等《つうりきとう》の動物《どうぶつ》と吾人《ごじん》との精神的交涉《せいしんてきかうせふ》より、老木古木《らうぼくこぼく》の精靈等《せいれいとう》に至《いた》るまで、一種不可思議《しゆふかしぎ》の活力《くわつりよく》を有《いう》し、そが人間《にんげん》と相關《さうくわん》するものなることを具體的《ぐたいてき》に覺了《かくわう》すべきものとす。

八行　鎭《ちん》魂《こん》入《にふ》神《しん》

第《だい》八行《きやう》も始《はじ》めに、行水《ぎやうずゐ》、四方拜《はつはい》、大祓《おほはらひ》、調氣法《てうきはふ》を行《おこな》ふことは前《まへ》に同《おな》じ、次《つき》に鎭魂入神《ちんこんにふしん》の法《はふ》を行《おこな》ふ、此《これ》は何回《なんくわい》と定《さた》む可《べか》らず、又時間《またじかん》も一定《てい》するを得《え》ず、十分間《ぷんかん》にて鎭魂《ちんこん》するあり、二時間《じかん》にても鎭魂《ちんこん》せざるあり、從《したが》つて其《そ》の期間《きかん》の如《ごと》きも、早《はや》きは一週日《しうにち》、長《なが》きは三ケ月《げつ》、或《あるひ》は六ケ月《げつ》を要《えう》することあり。

鎭魂法《ちんこんはふ》は調氣法《てうきはふ》と似《に》て非《ひ》なるものにして、端坐合掌《たんざがつしやう》して、一切《さい》の妄念《もうねん》を斷《た》ち、冥想《めいさう》にも非《あら》ず、默《もく》想《さつ》にも非《あら》ず、又烈《またはげ》しく呼吸《こきふ》せず、單《たん》に蟲《むし》の息《いき》の通《かよ》ふと云《い》ふ程度《ていご》にて、考《かんが》へもせず、息《いき》を太《ふと》く吐《は》かず動《うご》きもせず、視《み》もせず、寂然不動《せきぜんふごう》の姿《すがた》に居《を》りて、無念無想《むねんむさう》の三昧《まい》に入《い》るものなり。

鎭魂《ちんこん》は卽入神《そくにふしん》にして、入神《にふしん》は又歸神《またきしん》とも云《い》ふ。自己《じこ》の妄念《もうねん》を止《とゞ》むれば、本來《ほんらい》の神明《しんめい》と歸同《きごう》し、神《しん》靈《れい》に入還《にふくわん》するを以《も》つてなり、既《すで》に鎭魂《ちんこん》すれば茲《こゝ》に入神《にふしん》し、入神《にふしん》すれば直《たゞ》ちに積極的《せききよくてき》に活動《くわつごう》して現神《げんしん》となる、然《しか》れども今此《いまこ》の行《ぎやう》は消極的鎭魂《せうきよくてきちんこん》を目的《もくてき》とし、未《いま》だ積極的現神《せききよくてきげんしん》の活動《くわつごう》には至《いた》らざる程度《ていご》のものなり。

以上《いじやう》にて第《だい》二位《ゐ》の修行《しうぎやう》を終《をは》れり、此《こ》れにて最早《もは》や宗教家《しうけうか》としての見識《けんしき》は定《さだ》まり、理論《りろん》に於《おい》ては至《いた》れり、左《さ》れば祈禱修法者《きたうしうはふしや》として、人《ひと》を濟《すく》ふことは未《いま》だ及《およ》ばざれども、口《くち》に理《り》を解《と》くことは可能《かのう》なり。

第三節　三位《ゐ》の修《しう》行《ぎやう》

第《だい》三位《ゐ》の修行《しうぎやう》は本明位《ほんみやうゐ》と云《い》ふ、これは自己《じこ》及《およ》び宇宙《うちう》の本質《ほんしつ》を明《あき》らかにして、以《もつ》て宇宙《うちう》と自我《じが》、即《すなは》ち小《せう》我《が》と大我《たいが》、神明《しんめい》と人間《にんげん》との具體的交渉《ぐたいてきかうせふ》、所謂物質上《いはゆるぶつしつじやう》の關係《くわんけい》を結《むす》び得《う》る根源《こんげん》を了得《わうとく》する階位《かいゐ》なり、この第《だい》三本明位《ほんみやうゐ》も亦《また》四行《ぎやう》に分《わか》る其《そ》の行法下《ぎやうはふもと》の如《ごと》し。

九行　五行《ぎやう》觀《くわん》

如上《じよじやう》の所觀《しよくわん》は無形《むけい》の方面《はうめん》より、宇宙及《うちうおよ》び人心《じんしん》を觀察《くわんさつ》したるものなるが、今茲《いまここ》には有形的物質方面《いうけいてきぶつしつはうめん》より、一切《さい》を觀測《くわんそく》せんとするにあり、九行《きやう》も初《はし》めは、行水《ぎやうすゐ》、四方拜《はうはい》、大祓調氣法《おほはらひてうきはふ》を行《おこな》ふこと前《まへ》の如《ごと》く、次《つぎ》に五行觀《ぎやうくわん》を修《しう》する、此《こ》の觀《くわん》は一日《にち》一回《くわい》二時間位《じかんくらゐ》とし、他《た》の餘暇《よか》は前《まへ》八行《ぎやう》の復習《ふくしふ》を隨意《ずゐい》に爲《な》すべし此《こ》の觀行《くわんきやう》は二十日《か》位《くらゐ》にて達《たつ》し得《う》べきものとす。

五行觀《きやうくわん》は、上《かみ》は日月星辰《につげつせいしん》より、下《しも》は人獸蟲魚《じんじうちうぎよ》、草木《さうもく》に至《いた》るまで、皆木火土金水《みなもくくわどきんすゐ》の五行《ぎやう》の氣《き》より成《な》るものか、左《さ》もなければ、其《その》五行《ぎやう》の質《しつ》より成《な》らざるものあることなし、故《ゆゑ》に星辰《せいしん》の五行《ぎやう》も、人間《にんげん》の五行《ぎやう》も蟲魚《ちうきよ》の五行《ぎやつ》も、草木《くさき》の五行《ぎやう》も、道理《だうり》に於《お》て少《すこ》しも異《ことな》るものに非《あら》ず、左《さ》れば彼《かれ》の五行《ぎやう》即《すなは》ち此《こ》れの五行《ぎやう》、此《こ》れの五行《ぎやう》即《すなは》ち彼《かれ》の五行《ぎやう》にして、渾然《こんぜん》として截斷《さいだん》すべきに非《あら》ず、東流西流南流北流《とうりうせいりうなんりうほくりう》所在異《しよざいことな》るも、水性敢《すゐせいあへ》て異《こと》ならず、從《したが》つて等《ひと》しく海《うみ》に入《い》つて一水無別《すゐむべつ》の水《みづ》となる。此《こ》の理《り》を推《お》せば人《ひと》變《へん》じて蟲魚《ちうぎよ》と化《くわ》し、狐狸化《こりくわ》して人《ひと》と爲《な》るも亦難《またかた》きに非《あら》ず、精神的感應《せいしんてきかんおう》は今更云《いまさらい》ふまでもなく、物質《ぶつしつ》的《てき》にも亦彼此互《またかれこれたがひ》に感應《かんおう》し、又病態《またびやうたい》にある物質即《ぶつしつすなは》ち肉體《にくたい》と變《へん》じて、換《くわん》して强健體《きやうけんたい》と爲《な》すことも亦可能《またかのう》なりと觀《くわん》ず、其他此《そのたこ》の例《れい》に準《じゆん》じて、一切《さい》を觀察《くわんさつ》し、同體同源宇宙《どうたいどうげんうちう》一體《たい》の大全《たいぜん》に到達《たうたつ》すべし。

十行　靈《れい》肉《にく》調《てう》和《わ》觀《くわん》

此《こ》の第《だい》十行《ぎやう》も亦先《またま》づ、行水《ぎやうずゐ》、四方拜《はうはい》、大祓《おほはらひ》、調氣法《てうきはふ》を行《おこな》ひ、然《しか》る後靈肉調和觀《のちれいにくてうわくわん》に入《い》る、これは毎日《まいにち》三回一回《くわい》約《くわいやく》一時《じ》間宛《かんづつ》にして、十日間位《かかんくらゐ》を期間《きかん》とす。

靈肉調和觀《れいにくてうわくわん》とは、從來《じうらい》は精神《せいしん》は精神《せいしん》、物質《ぶつしつ》は物質《ぶつしつ》と別々《べつ〳〵》に觀《くわん》じて、其各作用《そのかくさよう》を究めたる故《ゆゑ》、今玆《いまこゝ》に至《いた》つては物《もの》と心《こゝろ》、靈《れい》と肉《にく》との兩者《りやうしや》が互《たかひ》に調和《てうわ》一致《ち》して、神變不思議《しんぺんふしぎ》の作用《さよう》を爲《な》すと同時《どうじ》に、靈《れい》の力《ちから》が肉《にく》を動《うご》かし、肉《にく》の力《ちから》が靈《れい》を感《かん》ぜしめ、更《さら》に進《すゝ》んで乙《おつ》の靈《れい》が甲《かふ》の肉《にく》を動《うご》かし、丙《へい》の肉《にく》が丁《てい》の靈《れい》を刺戟《しげき》する等《とう》の綜錯《そうさく》せる關係《くわんけい》を觀察《くわんさつ》し、悟了《ごれう》するものにして、此《こ》れに依《よ》つて療病消息《りやうびやうせうそく》の祈禱《きたう》、並《ならび》に間《かん》接《せつ》祈禱《きたう》の有効《いうかう》なる所以《ゆゑん》の原理《げんり》を自覺《じかく》するものなり。

十一行　靈《れい》肉《にく》分《ぶん》離《り》觀《くわん》

行水《ぎやうすゐ》、四方拜《はつはい》、大祓《おほはらひ》、調氣法《てうきはふ》は前《まへ》に同《おな》じ、然《しか》る後每日《のちまいにち》三回《くわい》一回《くわい》一時間以上《じかんいじやう》、この靈肉分離觀《れいにくぶんりくわん》を行《おこな》ふべし、此《こ》れは三週間位《しつかんくらゐ》にて達《たつ》するものあり、又《また》一年以上《ねんいじやう》を要《えう》するものあり、天才利根《てんさいりこん》の者《もの》と雖《いへど》も、一週間以上《しつかんいじやう》を費《つひや》すべし。

靈肉分離觀《れいにくぶんりくわん》は、過去《くわこ》の吾人《ごじん》、未來《みらい》の吾人等《ごじんら》の意義《いぎ》を稽《なら》へ、夢《ゆめ》に就《つ》いての考察《かうさつ》、潛在意識《せんざいいしき》の狀態《じやうたい》より、生靈《せいれい》、死靈等《しれいとう》に就《つ》いて詳《つまび》らかに觀察《くわんさつ》し、靈《れい》と肉《にく》との分離《ぶんり》する次第《しだい》、靈《れい》と肉《にく》と分離《ぶんり》せる間《あひだ》に於《お》ける雙方《そうはう》の間《あひだ》の狀態《じやうたい》、靈《れい》と肉《にく》と再《ふたゝ》び結合《けつかふ》する順序《じゆんじよ》、分離《ぶんり》に終《をは》る狀態《じやうたい》、死時《しじ》斷末魔《だんまつま》の形況等《けいきやうとう》を思惟《しゐ》すべし。

十二行　神《しん》道《だう》護《ご》摩《ま》法《はふ》

此《こ》の第《だい》十二行《ぎやう》も、行水《ぎやうすゐ》、四方拜《はうはい》、大祓《おほはらひ》、調氣法《てうきはふ》は前《まへ》に同《おな》じく修行殿《しうぎやうでん》にて行《おこな》ひ、夫《それ》より別《べつ》に設《まう》けある護摩殿《ごまでん》に入《い》りて、神道護摩法《しんだうごまはふ》を行《おこな》ふべし、護摩殿《ごまでん》の設《まう》けなき時《とき》は、修行殿《しうきやうでん》に火爐《くわろ》を假設《かせつ》して其方式《そのはつしき》を習《なら》ふも可《か》なり。

以上《いじやう》にて第《だい》三本明位《ほんみやうゐ》の修行終《しうきやうをは》れり。

第四節　四位《ゐ》の修行《しうぎやう》

第《だい》四を感應位《かんおうゐ》と云《い》ふ、神人感應《しんじんかんおう》して靈驗《れいげん》を現《あら》はし得《う》る地位《ちゐ》に達《たつ》するを目的《もくてき》とす、此《こ》の位《くらゐ》を又《また》四行《きやう》に分《わか》つ、主《しゆ》として祈禱《きたう》の方式《はうしき》を學《まな》ぶにあり。

十三行　加《か》持《ち》禁《きん》厭《えん》法《はふ》

第《だい》十三行《ぎやう》も亦行水《またぎやうずゐ》、四方拜《はうはい》、大祓《おほはらひ》、調氣法《てうきはふ》を行《おこな》ふことは前《まへ》に同《おな》じ、斯《か》くて後祈禱殿《のちきたうでん》に入《い》り、神道所《しんだうしよ》傳《でん》の加持禁厭《かちきんえん》の法《はふ》を學《まな》ぶ、時間《じかん》、回數《くわいすう》、期限等《きげんとう》は制限《せいげん》なし、其方式《そのはうしき》に熟達《じゆくたつ》して獨立實行《どくりつじつかう》し得《う》れば即《すなは》ち可《か》なり、加持禁厭《かちきんえん》の方式《はうしき》、所流《しよりう》、理義等《りぎとう》は「加持祈禱神傳《かちきたうしんでん》」の書《しよ》に依《よ》るべし。

十四行　自《じ》修《しう》祈《き》禱《たう》法《はふ》

行水《ぎやうずゐ》、四方拜《はうはい》、大祓《おほはらひ》、調氣法《てうきはふ》は前《まへ》に同《おな》じく修行殿《しうぎやうでん》にて行《おこな》ひ、夫《それ》より祈禱殿《きたうでん》に入《い》り、自己《じこ》の主神《しゆしん》を勸《くわん》請《じやう》して、自修祈禱法《じしうきたうはふ》を行《おこな》ふべし、毎日朝夕《まひにちあさゆふ》二回《くわい》一回《くわい》一時間餘《じかんよ》、其期《そのき》三七日《にち》とす。

自修祈禱《じしうきたう》は自己《じこ》の眞心即《まごころすなは》ち神明《しんめい》の御分身《ごぶんしん》たる精神《せいしん》を發動《はつどう》せしめて、主神《しゆしん》と感應《かんおう》一致《ち》するを目的《もくてき》とす。俗《ぞく》に所謂神降《いはゆるかみくだ》しと相似《あひに》たるものなり、默念《もくねん》して主神《しゆしん》の示現《じげん》を求《もと》め、又神託《またしんたく》を受《う》くることあるべし、方式《はうしき》は一定《てい》するを要《えう》せず、如何《いか》なる順序方法《じゆんじよはうはふ》によるも、神人《しんじん》一致《ち》、神明《しんめい》の示現《じげん》を得《う》るに至《いた》れば可《か》なり、此《こ》れは三七日《にち》にて示現《じげん》を得《う》ること能《あた》はざれば、其《そ》の人《ひと》は此《こ》の法《はふ》に適《てき》せざるものと知《し》るべし尤《もつと》も更《さら》に發奮《はつぷん》して強《た》て通達《つうたつ》せんとするなれば三週間位斷食《しうかんくらゐだんじき》して祈念《きねん》すべし。

十四行　太《たい》占《せん》行《ぎやう》事《じ》

行水《ぎやうずゐ》、四方拜《はうはい》、大祓《おほはらひ》、調氣法《てうきはふ》は前《まへ》の如《ごと》し、而《しか》して後神格殿《のちしんかくでん》に入《い》り、太占行事《たいせんぎやうじ》を習《なら》ふべし、神格殿《しんかくでん》の設《もう》け無《な》き時《とき》は神殿《しんでん》に於《おい》て爲《な》すべし、回數《くわいすう》、時間《じかん》、期間《きかん》の制限《せいげん》なし、充分占《じうぶんうらな》ひ得《う》るに至《いた》れば卽《すなは》ち可《か》なり

太占行事《たいせんぎやうじ》は神代《かみよ》諾冊兩尊《たくさくりやうそん》及《およ》び天岩戸《あまのいはと》開《ひら》きの際《さい》にも行《おこな》はれ、爾來支那《じらいしな》の陰陽道《いんやうだう》、又《また》は周易《しうえき》と相依《あひよ》りて益々發達《ますますはつたつ》せり、尤《もつと》も正式《せいしき》の太占行事《たいせんぎやうじ》は事頗《ことすこぶ》る面倒《めんだう》なれば、之《こ》れに代《か》ゆるに神易《しんえき》を以《も》つてするも可《か》なり、神易《しんえき》とは前《まへ》の自修祈禱法《じしうきたうはふ》により、神人感應《しんじんかんおう》一致《ち》の際《さい》に筮竹《ぜいちく》を分《わか》ち、神勅《しんちよく》によりて卦《け》を立《た》て、其判斷《そのはんだん》をば周易《しうえき》に依《よ》つて行《おこな》ふものにして、我神道卽《わがしんだうすなは》ち惟神《かんながら》の大道《だいだう》と周易《しうえき》との其《そ》の特長《とくちやう》を弄《もてあそ》び用《もち》ふる故《ゆゑ》に神易《しんえき》と云《い》ふ、蓋《けだ》し易《えき》は天地《てんち》の理致《りち》に基《もとづ》き神祕的《しんぴてき》のものにして、孔子《こうし》も我早《われはや》く易《えき》を知《し》らば過《あやま》ち少《すくな》かりしならんと云《い》はれ、又易《またえき》を讀《よ》むに葦編《ゐへん》三《み》たび絶《た》つといひ、本來自然神祕《ほんらいしぜんしんぴ》に出《い》で、之《これ》に四聖《せい》の肝膽《かんたん》を碎《くだ》きて翼斷《よくたん》を加《くは》へられしものなれば天地《てんち》の玄機《げんき》、人事《じんじ》の機微《きび》至《いた》らざるなし、卽《すなは》ち太占《たいせん》より便宜《べんぎ》にしてよく人事《じんじ》に適恰《てきかつ》する點《てん》あり、故《ゆゑ》に神事《しんじ》は太占《たいせん》、人事《じんじ》は神易《しんえき》を用《もち》ふるを可《か》とす。

十五行　息災增益祈禱法《そくさいぞうえききたうはふ》

行水《ぎやうずゐ》、四方拜《はつはい》、大祓《おほはらひ》、調氣法《てうきはふ》は前《まへ》に同《おな》じ、それより祈禱殿《きたうでん》に入《い》り息災《そくさい》及《およ》び增益《ぞうえき》に關《くわん》する祈禱法《きたうはふ》を修《しう》得《とく》すべし、時間等制限《じかんこうせいげん》はなし。

息災《そくさい》には療病《れうびやう》、除厄《ぢよやく》、其他《そのた》各種《かくしゆ》の災難除《さいなんよ》け祈禱《きたう》あり、然《しか》れども其方式《そのはうしき》は同《どう》一なり、一法《はふ》を得《う》れば他《た》は推《お》して知《し》るべし、增益《ぞうえき》には、開運《かいうん》、成功《せいこう》、繁昌等《はんじやうこう》その數頗《すうすこぶ》る多《おほ》し、而《し》かも是亦《これまた》一を知《し》つて他《た》は之《これ》に準《じゆん》ずべし、而《しか》して此等《これら》の祈禱法《きたうはふ》は護摩殿《ごまでん》にて護摩《ごま》を焚《た》きつゝ修法《しうはふ》することもあり、尤《もつと》も護摩祈《ごまき》禱《たう》は餘程大事《よほどだいじ》の時《とき》に行《おこな》ふものとす、祈禱法及《きたうはふおよ》び各祈禱《かくきたう》の方式《はうしき》は「加持祈禱神傳《かぢきたうしんでん》」によるべし。

十六行　敬愛《けいあい》、召留祈禱法《せうりうきたうはふ》

行水《ぎやうずゐ》、四方拜《はうはい》、大祓《おほはらひ》、調氣法等《てうきはふこう》は前《よへ》に同《おな》じ、次《つぎ》に祈禱殿《きたつでん》に入《い》り敬愛《けいあい》、鎭護《ちんご》、召鈎《せうく》、柳留《りう〳〵》等《こう》の祈禱法《きたうはふ》を學《まな》ぶ、其時間《そのじかん》、期間《きかん》には制限《せいげん》なし。

敬愛《けいあい》とは他《た》に信任《しんにん》せられ、美男美女《びなんびぢよ》を得《う》る事等《ことこう》より種々《しゆ〴〵》あり、次《つぎ》に國家《こくか》の鎭護法《ちんごはふ》、社會家庭《しやくわいかてい》の平《へい》和《わ》、一切《さい》の安全《あんぜん》、鎭火法《ちんくわはふ》、用《よう》ある人《ひと》を自然《しぜん》と來《きた》らしめる召鈎法《せうくはふ》、又《また》は走《はし》れる人《ひと》を留《とゞ》むる法《はふ》あり、其《その》方式根本《はうしきこんぽん》に於《おい》て大差《たいさ》なきも、又各々特殊《またおの〳〵とくしゆ》の形《かた》ちあり、それ〳〵充分《じつぶん》に會得《ゑとく》すべし、其《そ》の方式理義等《はつしきりぎこう》は「加持祈禱神傳《かぢきたうしんでん》」に依《よ》るべし。

以上《いじやう》にて第《だい》四位感應位《ゐかんおうゐ》は終《をは》れり。

第五節　極位《ごくゐ》の修行《しうぎやう》

第《だい》五位《ゐ》即《すなは》ち極位《ごくゐ》は現神位《げんしんゐ》なり。此《こ》れは自己《じこ》の神《かみ》と宇宙《うちう》の大靈《たいれい》なる神明《しんめい》とが現顯《げんけん》して、互《たがひ》に活躍《くわつやく》する位《くらゐ》にして、極地《きよくち》に入《い》り神化《しんくわ》せらるゝものなり、第《だい》四位《ゐ》の修行《しうぎやう》終《をは》れば自然《しぜん》と玆《こゝ》に至《いた》るべきものにして此《こ》の位《くらゐ》は修行《しつぎやう》の階級《かいきふ》もなき筈《はず》なるも、便宜上《べんぎじやう》二行《ぎやう》に分《わか》ち、又期《またき》間《かん》は修身《しうしん》行《おこな》ふべきものにして、別《べつ》に一定《てい》の制限《せいげん》を要《えう》せず、是《こ》れ大敎師《だいけうし》、人天《じんてん》の師《し》たる究竟《きつきやう》の位《くらゐ》、結局《けつきよく》名《な》づくべき名《な》なく、單《たん》に神化《しんくわ》とか、成神《せいじん》とか、靈化《れいくわ》とか云《い》ふの外《ほか》なきものとす。

十七行　調伏救靈祈禱法《てうふくきうれいきたうはふ》

行水《ぎやうすゐ》、四方拜《はうはい》、大祓《おほはらひ》、調氣法《てうきはふ》は前《まへ》の如《ごと》く、此《こ》の四位《ゐ》は終身《しうしん》一定時《ていじ》に必《かな》らず行《おこな》ふべきものとす。

調伏法《てきはふ》は常人《じやうじん》に許《ゆる》さず、眞《しん》に現神位《げんしんゐ》に入《い》りたるものにして始《はじ》めて行《おこな》ふべし、又次《またつぎ》に死靈救濟《しれいきうさい》、生靈《せいれい》憑異性《ひよいうせい》の怪憑《くわいひよう》、祈雨《きう》、祈晴《きせい》等の祈禱法《きたうはふ》あり、極位《ごくゐ》に上《のぼ》りたるものは此等《これら》の法《はふ》をも修《おさ》め置《お》くべし、但《たゞ》し妄《みだ》りに行《おこな》ふべからず、天下國家《てんかこくか》の爲《た》め、或《あるひ》は多數人《たすうじん》、或《あるひ》は善人《ぜんにん》の生命《せいめい》に關《くわん》するが如《ごと》き際《さい》に至《いた》つて始《はじ》めて行《おこな》ふべし、其方式《そのはうしき》は別項《べつかう》に說《と》くべし。

十八行　神《しん》力《りよく》活《くわつ》現《げん》

十八行《ぎやう》は實《じつ》に神聖《しんせい》の位《くらゐ》にして、行《ぎやう》の行《ぎやう》とすべきものなく、坐作行歩《ざさくぎやうほ》悉《ことごと》く神力《しんりよく》の發現《はつげん》となり、大《だい》は天地《てんち》の變異《へんい》國際《こくさい》の問題《もんだい》より、一國《こく》の政治的變化《せいぢてきへんくわ》、社會《しやくわい》の消長《せうちやう》を始《はじ》めとして、一家《か》一人《にん》の吉凶禍福《きちきようくわふく》、念《ねん》じて明《あき》らかならざるはなく、語《かた》つて當《あた》らざるなく、未來《みらい》を洞察《どうさつ》して豫言《よげん》し、一念禍福《ねんくわふく》を轉換《てんくわん》し、一言《げん》能《よ》く人《ひと》を動《うご》かし、一擧遂《きよつひ》に天地《てんち》を感《かん》ぜしむるに至《いた》るものにして、之《こ》れを忘我《はうが》の大我《たいが》、無念《むねん》の大念《たいねん》、神人同化《しんじんどうくわ》の最上位《さいじやうゐ》とす、實《じつ》に無修《むしう》の修《しう》、無行《むぎやう》の大行《だいぎやう》なり、斯《か》くの如《ごと》くにして自己《じこ》の爲《な》すべき修行《しうぎやう》は終《をは》れり。

第六節　自《じ》然《ぜん》の鍊《れん》行《ぎやう》法《はふ》

前《まへ》に示《しめ》したる五位《ゐ》十八行《ぎやう》は、修行《しうぎやう》する爲《た》めに作《つく》られたる殿堂《でんだう》に於《おい》て、指導者《しだうしや》たる師匠《ししやう》あり、一定《てい》の方式《はうしき》の下《もと》に修行《しうぎやう》する正法《せいはふ》なり、然《しか》るに之《これ》に反《はん》したる別途《べつと》の修行法《しうぎやうはふ》あり、そは卽《すなは》ち殿堂《でんだう》に於《おい》てす、又敢《またあへ》て師《し》に就《つ》かず、且《か》つ秩序立《ちつじよだ》ちたる方式《はうしき》に依《よ》るにも非《あら》ずして、自修自得《じしうじとく》するものこれなり、勿論此《もちろんこ》れは頗《すこぶ》る拔群《はつぐん》の天才《てんさい》を有《いう》し、百折不撓《せつふたう》の傑物《けつぶつ》に非《あら》ざれば能《あた》はざる所《ところ》なり。

此《こ》の自然的自修法《しぜんてきじしうはふ》も、或《あるひ》は何等《なんら》かの因緣《いんゑん》を以《も》つて、修法《しうはふ》の方式《はつしき》を聞《き》けることあり、或《あるひ》は書物《しよもつ》に於《おい》て見得《けんとく》せしことあり、或《あるひ》は自然《しぜん》に自覺感得《じかくかんとく》するあり、斯《か》くて林間又《りんかんまた》は幽窟《いうくつ》に住《す》み、或《あるひ》は大食《たいしよく》を斷《た》ちて、木實《きのみ》等《とう》を食《く》ひ、或《あるひ》は吸霞《きふか》飲雲《いんうん》、或《あるひ》は水《みづ》に入《い》り、或《あるひ》は巖頭《がんとう》に坐《ざ》し、以《もつ》て妄《まう》を遣《や》り、眞《しん》を錬《ね》り、遂《つひ》に宇宙《うちう》の大靈《たいれい》と同化《どうくわ》して、神通自在《じんつうじざい》の境界《きやうかい》に至《いた》るものなり。

或《あるひ》は閑靜《かんせい》の地《ち》に隱棲《いんせい》して、一方《はう》には自然《しぜん》の風月《ふうげつ》を友《とも》とし、一方《はう》には一定《てい》の方式《はうしき》によりて自修《じしう》する、所謂隱士《いはゆるいんし》の類《たぐひ》あり、此《こ》れは前《まへ》の仙人流《せんじんりう》とは稍々《やゝ》趣《おもむき》を異《こと》にして、頗《すこぶ》る風流《ふうりう》あるものなり、而《し》かも其《そ》の至《いた》る所《ところ》は結局同《けつきよくどう》一地點《ちてん》にして、現神位《げんしんゐ》に上《のぼ》るもの少《すく》なからず、されば其人《そのひと》の性格機《せいかくき》能《のう》の如何《いかん》に依《よ》りて自然的《しぜんてき》の自修《じしう》も又決《またけつ》して不可能《ふかのう》に非《あら》ず、然《しか》れども自修《じしう》の岐道《きだう》に走《はし》り易《やす》く、又既《またすで》に成就《じやうじゆ》するも濟民《さいみん》の活《くわつ》動《どう》に缺《か》くる所《ところ》なきにしも非《あ》らず、故《ゆゑ》に常途《じやうと》の人《ひと》は師々《しゝ》相承《さうしよう》の正法《せいはふ》を形《かた》の如《ごと》く傳《つた》ひ學《まな》ぶを便宜《べんき》なりとす

第七節　節《せつ》食《しよく》と斷《だん》食《じき》

入門式《にふもんしき》を行《おこな》ひ修行《しつきやう》の成就《じやうじゆ》するまでは、飲食物《いんしよくふつ》に就《つ》いて左《さ》の方規《はうき》を遵守《じゆんしゆ》すべきものとす。

一、朝夕《てうせき》二食《しよく》、一食米《しよくこめ》五勺《しやく》、麥《むぎ》五勺以内《しやくいない》とす。

二、難法《なんはふ》の際《さい》は二食共粥《しよくともかゆ》三杯《はい》、又《また》一食丈粥《しよくだけかゆ》二椀《わん》となすことあるべし。

三、酒類《さけるゐ》、肉類《にくるゐ》は一切嚴禁《さいげんきん》の事《こと》。

四、葱韮等《ねぎしやうがとう》の如《ごと》き辛《から》き物《もの》、臭氣《しつき》高《たか》きものは禁止《きんし》の事《こと》。

五、菜類《なるゐ》、芋類少許《いもるゐすこしばかり》、豆腐《とうふ》、蕎麥類《そばるゐ》は用《もち》ゆべし。

六、梅干《うめぼし》は白湯《さゆ》三回迄用《くわいまでもち》ふるを許《ゆる》す。

七、茶其他亢奮性《ちやそのたかうふんせい》、刺戟性《しげきせい》を帶《お》ぶるものは禁止《きんし》の事《こと》。

食事《しよくじ》の際《さい》は、飯菜《はんさい》を盛《も》りて膳《ぜん》に供《そな》へ、之《こ》れに向《むか》つて拍手禮拜《はくしゆれいはい》し、是《こ》れ神明《しんめい》の分靈《ぶんれい》なり、我《わ》が生命《せいめい》の親《おや》なりと觀《くわん》じ徐々《じよく》に飮食《いんしよく》すべし。

次《つぎ》に修行進歩《しゆぎやうしんぽ》し難《がた》きものは、左《さ》の順序《じゆんじよ》によりて、遂《つひ》に斷食《だんじき》すべし。

一、先《ま》づ火食《くわしよく》を斷《た》ち、水《みづ》を呑《の》み、梅干《うめぼし》、蕎麥粉等《そばことう》を食《く》ふ事《こと》。

二、最初《さいしよ》は一日間斷食《にちかんだんじき》し、次《つぎ》は二日間《かかん》、次《つぎ》は三日間斷食《かかんだんじき》すべし。

三、大誓願《だいせいぐわん》を發《はつ》し、猛烈《まうれつ》の荒修行《あらしゆぎやう》を爲《な》さんとする時《とき》は五週間《しうかん》の斷食《だんじき》を爲《な》すべし、但《たゞ》し一週間每《しうかんごと》に一日宛休《にちづつやす》み、粥《かゆ》の重湯《おもゆ》一日《にち》三回《くわい》一椀《わん》づつ飮《の》むべし。

四、斷食中《だんじきちう》も行水《ぎやうずゐ》、四方拜《はうはい》、大祓《おほはらひ》は缺《か》く可《べか》らず。

五、一週間以上斷食《しうかんいじやうだんじき》の時《とき》は、二日以上《かいじやう》四日間《かかん》は固形食《こけいしよく》を用《もち》ひず、重湯葛湯等《おもゆくづゆとう》にて漸次回復《ぜんじくわいふく》することを圖《はか》るべし。

因《ちなみ》に五週間《しうかん》の斷食《だんじき》は不可能《ふかのう》に非《あら》ず、又生理上決《またせいりじやうけつ》して害《がい》あるものに非《あら》ず、然《しか》れども病患《びやうくわん》あるものは用《もち》ゆべからず。

節食《せつしよく》、斷食《だんじき》の出來《でき》ざるが如《ごと》きものは、到底宗敎家《たうていしうけうか》たるの資格《しかく》なしと知《し》るべし。

第八節　物《ぶつ》　忌《き》　行《ぎやう》　事《じ》

物忌《ぶつき》は齋戒《さいかい》に同《おな》じく此《こ》の行事《ぎやうじ》は神代諾冊兩尊蛭兒《しんだいだくさくりやうだくさくたるひこ》を生《う》み給《たま》ひし時《とき》より行《おこな》はれたるものにして、上代以來忌部《じやうだいいらいきぶ》なるものありて、之《これ》を掌《つかさご》り極《きは》めて嚴格《げんかく》なる行事《ぎやうじ》なり、通常《つうじやう》の祭儀《さいぎ》すら猶此《なほこ》の物忌《ぶつき》を以《も》つて、神《かみ》に仕《つか》ふる唯一《ゆゐいつ》の至道《しだう》となせり、況《いは》んや現神《げんしん》の境《さかひ》に至《いた》らんとするものには、苟《いやし》くも之《これ》を忽諸《ゆるかせ》に附《ふ》すべからず、蓋《けだ》し神人《しんじん》の感應《かんおう》は至誠《しせい》にあり、至誠《しせい》は先《ま》づ邪僞《じやぎ》を去《さ》り、神氣形體《しんきけいたい》の汚穢《をくわい》を洗滌《せんでつ》して後神《のちしん》思《し》を凝《こ》らすの他《ほか》なし。

抑《そもそ》も物忌《ぶつき》には、致齋卽《ちさいすなは》ち眞忌《しんき》とて、百事《ひやくじ》を悉《ことごと》く廢《はい》し、淨身沐浴《じやうしんもくよく》して、唯々神事《たゞ〳〵しんじ》のみを行《おこな》ふものと散齋卽《さんさいすなは》ち疏忌《そき》とて、喪《も》を弔《とむら》はず、刑殺《けいさつ》を判《はん》ぜず、肉《にく》を食《く》はず、汚穢等《をくわいとう》の事《こと》に預《あづか》らざる等《とう》の禁忌《きんき》とありこれは大祀《たいし》、小祀《せつし》に依《よ》りて分《わか》つものとす、各物忌《かくぶつき》の要項《えうかう》を左《さ》に列記《れつき》すべし。

一、別室《べつしつ》に居《きよ》を移《うつ》し、其《そ》の室《しつ》は淸掃《せいさう》して、注繩《しめなは》を張《は》る事《こと》。

二、社會《しやくわい》の人《ひと》と交《まし》はらず、要務《えうむ》ある時《とき》は間《あひだ》を隔《へだ》てゝ談《だん》ずること。

三、食器《しよくき》は淨器《じやうき》とて、白木具《しろきぐ》、瓦器等《かはらきとう》を用《もち》ふること。

四、厠《かはや》に入《い》る度毎《たびごと》に行水又《ぎやうずゐまた》は湯浴《たうよく》する事《こと》。

五、喪家《もか》に入《い》らざる事《こと》。
六、肉食及《にくしよくおよ》び五年飲酒《ねんいんしゆ》せざる事《こと》。
七、喧嘩爭論其他騷擾《けんくわさうろんそのたさうぜう》しき場所《ばしよ》に立寄《たちよ》り、又見聞等《またけんぶんとう》せざる事《こと》。
八、婦人《ふじん》に接《せつ》せず、又婦人《またふじん》を室內《しつない》に入《い》らしめざる事《こと》、特《とく》に不淨《ふじやう》ある婦人《ふじん》の觸《ふ》れたるものは一切用《さいもち》ひざる事《こと》。
九、火《ひ》は每朝改《まいあさあらた》めて切《き》り火《ひ》とする事《こと》、マッチ等《とう》は不淪《ふりん》なり用《もち》ふべからず、宿火《やどび》を用《もち》ふる勿《なか》れ、穢人《くわいじん》家《いへ》に入《い》れば火《ひ》を改《あらた》むべし。
十、高歌放聲《かうかはうせい》、高笑《かうせう》、諧談《かいだん》、横目《よこめ》上目《うはめ》、横臥《わつくわ》、踦居《ききよ》、疾走《しつそう》、盜步《たうほ》、悲泣《ひきう》、瞋怒《しんど》、暴語《はうご》、横議《わうき》、詰責《きつせき》等《とう》一切嚴禁《さいげんきん》の事《こと》。

右《みぎ》の內特《うちとく》に穢火《くわいひ》を忌《い》む、蓋《けだ》し世間《せけん》の災《わざはひ》はすべて、火《ひ》の穢《けが》れより起《おこ》り、生火《せいくわ》、淸火《せいくわ》は造化《ざうくわ》の功《こう》を助《たす》け生々《いく／＼》として日《ひ》に月《つき》に榮《さか》え行《ゆ》くものなればなり、故《ゆゑ》に鎭火《ちんくわ》の祭儀《さいぎ》は神代《しんだい》より行《おこな》はれ、又出雲宮司家《またいづもきうしけ》には齋殿《さいでん》ありて物忌《ぶつき》行事《ぎやうじ》を主《しゆ》とし、火鑽臼《くわさんきう》ありて神代《しんだい》より傳《つた》はれり。

或《あるひ》は淨穢《じやうくわい》不《ふ》二とか、生死《せいし》一如《じよ》とか、正邪《せいじや》一基《き》等《とう》と云《い》ふ者《もの》あれど、そは大悟徹底《たいごてつてい》したる人《ひと》の云《い》ふことにて、而《しか》も又哲學的《またてつがくてき》、理想的《りさうてき》の觀想《くわんさう》に過《す》ぎず、現實《げんじつ》に於《おい》ては矢張《やは》り淨《じやう》は淨《じやう》、穢《くわい》は穢《くわい》、生《せい》は生《せい》、死《し》は死《し》と分別《ふんべつ》して之《これ》を取扱《とりあつか》はざる可《べか》らず、殊《こと》に修行《しうぎやう》を爲《な》すもの〻祈禱《きたう》を行《おこな》ふものは此《こ》の物忌行事《ふつきぎやうじ》を尤《もつと》も嚴格《げんかく》に守《まも》らざる可《べか》らず、現神《げんしん》の法《はふ》は實《じつ》に森嚴《しんげん》の法《はふ》にして極《きは》めて神聖《しんせい》なり、物忌《ぶつき》を嚴守《げんしゆ》せざるが如《ごと》き者《もの》は其心旣《そのこゝろすで》に放漫《はうまん》にして、其身《そのみ》は弛怠《ちたい》せり、又何《またな》んぞ斯道《しだう》に達《たつ》するを得《え》んや。

第九節　祈《き》禱《たう》行《ぎやう》事《じ》

祈禱《きたう》には息災《そくさい》、增益《ぞうえき》、敬愛《けいあい》、調伏《てうふく》の四種《しゆ》を通例《つうれい》とし、此《こ》の他《ほか》、柳留《りつてき》、祈晴雨《きせいう》等《とう》あり、又《また》四種《しゆ》のうちにも、それ〳〵特殊《とくしゆ》のものありて、或《あるひ》は八大祈禱法《だいきたうはふ》、十大祈禱法《だいきたうはふ》あるも、要《えう》するに大體《だいたい》の方式《はうしき》は一定《てい》し居《を》れば、今玆《いまこゝ》には各祈禱《かくきたう》に共通《きようつう》せる點《てん》を示《しめ》し、各祈禱《かくきたう》に於《おい》て異《こと》なる點《てん》は、別書《べつしよ》に依《よ》るべし、又各祈禱《またかくきたう》とも大中小《だいちうせう》あり、小祈禱《せうきたう》は司法主《しはふしゆ》一人《にん》にて祈禱殿或《きたうでんあるひ》は其他《そのた》即《すなは》ち療病祈禱《れうびやうきたう》なれば、病人《びやうにん》の自邸等《じていとう》に於《おい》て隨時《ずゐじ》行《おこな》ふことを得《え》、神饌《しんせん》の如《ごと》きも水《みづ》、洗米《せんまい》、鹽燭大《えんしよくだい》にて足《た》るが如《ごと》きものなり。中祈禱《ちうきたう》は必《かな》らず、一定《てい》の祈禱殿又《きたうでんまた》は特設《とくせつ》の祈禱場《きたうぢやう》に於《おい》て、始《はし》め時日《じじつ》を豫定《よてい》して行《おこな》ふものにして、司法主《しはふしゆ》、副司法主《ふくしはふしゆ》、係員《かゝりゐん》を少《すく》なくとも三人《にん》の司法者《しはふしや》を要《えう》し、神饌《しんせん》の如《ごと》きも現行祭式《げんかうさいしき》の中祭《ちうさい》に準《じゆん》ずべきものとす、又祈禱《またきたう》は總《す》べての裝儀《さうぎ》、神饌等《しんせんとう》は大祭《たいさい》に準《じゆん》じ、司法者《しはふしや》五人以上《にんいじやう》を要《えう》するものとす、以下《いか》一般的祈《はんてきき》禱方式《たうはうしき》を擧《あ》げ順次左《じゆんじさ》に解說《かいせつ》すべし。

第一法　潔《けつ》齊《さい》法《はふ》

潔齋法《けつさいはふ》は前段《ぜんだん》に述《の》べたる物忌行事《ぶつきぎやうじ》と同《どう》一なるが、此《こ》の潔齋《けつさい》には理想上《りさうじやう》のものと、現實的《げんじつてき》のものとあり、或《あるひ》は精神的肉體的《せいしんてきにくたいてき》とも云《い》ふべし、精神《せいしん》を常《つね》に清淨《しやうじやう》にして、一切《さい》の不淨不潔《ふじやうふけつ》なる觀念《くわんねん》を起《おこ》さゞるを現實的潔齋《げんじつてきけつさい》と云《い》ひ又現實上《またげんじつじやう》の潔齋《けつさい》は、前記物忌行事《ぜんきぶつきぎやうし》十ヶ條《でう》を實行《じつかう》することを云《い》ふ、次《つぎ》に又潔齋《またけつさい》に常住《じやうちう》と臨時《りつじ》とあり、常住《じやうちう》とは祈禱者《きたつしや》が最初修行殿《さいしよしつぎやうでん》に入《い》り、修行《しうぎやう》に着手《ちやくしゆ》せし當時《たうじ》より終生《しうせい》もしくは祈禱《きたつ》を行《おこな》ふ年月《ねんげつ》の間《あひだ》、不斷《ふだん》に物忌行事《ぶつきぎやうじ》を嚴守《げんしゆ》することにして、臨時《りんじ》とは或《あ》る祈禱《きたう》の當月《たうげつ》一日《じつ》、又《また》は大祈禱《だいきたう》の場合《はあひ》に前日《せんじつ》若《も》しくは三日前《かまへ》より特《とく》に物忌《ぶつき》すると云《い》ふ、祈禱《きたう》を以《も》つて本職《ほんしよく》とするものは、常住不斷《じやうちうふだん》の物《ぶつ》忌《き》をすべきものとす。

元來祈禱《ぐわんらいきたう》を行《おこな》ふ、其《そ》の一時間又《じかんまた》は二時間《じかん》の方式《はうしき》は格別困難《かくへつこんなん》なるものに非《あら》ず、又祈禱法《またきたうはふ》とて別《べつ》に珍妙《ちんめう》不思議《ふしき》のものにあらず、要《えう》は祈禱《きたう》を爲《な》す人《ひと》の修行如何《しつぎやういかん》、平素《へいそ》の物忌如何《ぶつきいかん》、精神信念《せいしんしんねん》の如何《いかん》によつて、功驗《こうけん》の有無《うむ》を生《しやう》ずるものなれば、不斷《ふだん》の修養《しつやう》、常住《じやうちつ》の潔齋等肝要《けつさいこうかんえう》なるはなく、如何《いか》に祈禱《きたつ》の方式《はうしき》に熟《じゆく》達《たつ》し、如何《いか》に森嚴《しんげん》の法《はふ》を行《おこな》ふも、祈禱者《きたうしや》が平素《へいそ》の行爲神聖《かうゐしんせい》ならざれば其效薄《そのかううす》く、却《かへ》つて巫女《みこ》や山伏《やまぶし》に劣《おこ》ることあるべし。

第二法　裝《さう》殿《でん》法《はふ》

第《だい》一に神位《しんゐ》は祈禱《きたう》の種類《しゆるゐ》に依《よ》つて、或《あるひ》は南面《なんめん》、或《あるひ》は北面《ほくめん》、或《あるひ》は東面等異《とうめんとうことな》るものなれば、そは各祈禱《かくきたう》法《はふ》によつて知《し》るべし、尤《もつと》も神床平素《しんしやうへいそ》より飾《かざ》り付《つ》けとなり居《を》るものは、其《そ》の儘《まゝ》にて觀念丈《くわんねんだ》け東《ひがし》にあるも西《にし》よりと思《おも》うて祈禱《きたう》を行《おこな》ふも可《か》なり、第《だい》二には神位《しんゐ》の次《つぎ》の壇《だん》に、中央《ちうあう》に幣《へい》、向《むか》つて右《みぎ》に神鏡《しんきやう》、左《ひだり》に神《しん》璽《じ》、鏡《かゞみ》の脇《わき》に太麻《ふとあさ》、玉《たま》の脇《わき》に眞榊《まさかき》を飾《かざ》るべし、第《だい》三壇《だん》には中央《ちうあう》に水《みづ》、右《みぎ》に鹽《しほ》、其右《そのみぎ》に劍《つるぎ》、左《ひだり》に洗米《せんまい》、其左《そのひだり》に鉾《ほこ》を飾《かざ》るべし、第《だい》四壇《だん》には中央《ちうあう》に燃料《ねんれう》、其《そ》の左右《さいう》に燭火《しよくくわ》、又《また》は油火《あぶらび》を供《そな》ふ、斯《か》くて少《すこ》し離《はな》れて別《べつ》の案《ちん》に神饌《しんせん》を供《きやう》すべく準備《じゆんび》す、神饌案《しんせんあん》の前《まへ》には小机《せうき》を設《まう》け、祝詞《しゆくし》、鈴等《すゞとう》を置《お》くべし。

以上《いじやう》は其正式《そのせいしき》なるも適宜《てきぎ》參酌《さんしやく》して可《か》とす。

第三法　禁《きん》護《ご》法《はふ》と修《しう》祓《はつ》

祈禱《きたう》の際《さい》には魔鬼之《まきこれ》を忌《い》みて、或《あるひ》は主神卽《しゆしんすなは》ち本尊《ほんそん》を壓迫《あつはく》せんと試《こゝろ》み、或《あるひ》は司法者《しはふしや》を迫害《はくがい》せんと試《こゝろ》み或《あるひ》は祈禱《きたう》の依頼者卽《いらいしやすなは》ち祈願人《きぐわんじん》を脅威《けふゐ》せんとするものなり、爲《た》めに祈禱《きたう》の前後《ぜんご》、又《また》は其當時《そのたうじ》に於《おい》て、種《しゆ》種《じゆ》の障害《しやうかい》を生《しやう》じ、祈禱《きたう》を完全《くわんせん》に圓滿《ゑんまん》に遂《と》げ終《をは》ること能《あた》はざらしむること多《おほ》し、此等《これら》の障害《しやうがい》を豫防《よばう》する爲《た》めに、禁護法《きんごはふ》又《また》は結護法《けつごはふ》なるものを行《おこな》ふ、禁護《きんご》とは勇猛《ゆうまう》の神《かみ》、若《も》しくは天御中主神《あめのみなかぬしのかみ》の荒魂《くわうこん》、或《あるひ》は經《かる》津主神《つぬしのかみ》の御魂《みたま》を勸請《くわんしやう》して、祈禱殿《きたうでん》の四隅《よすみ》に奉安《ほうあん》し、以《も》つて此等《これら》の障害《しやうかい》を拂《はら》ひ、惡鬼《あくき》の殿内《でんない》に入《い》ることを得《え》ざらしむを云《い》ふ、又結護《またけつご》とは祈禱殿以外《きたうでんいぐわい》に新《あら》に行場《きやうぢやう》を設《まう》けて祈禱《きたう》する際《さい》、第《だい》一その土地《とち》の地《ち》神《しん》に結界《けつかい》の土地《とち》使用《しよう》と守護《しゆご》を祈《いの》り、次《つぎ》に禁護神《きんごしん》を勸請《くわんじやう》することなり、祈禱殿《きたうでん》は最初建築《さいしよけんちく》の時《とき》に、地《ち》神《しん》に祈願《きぐわん》を爲《な》しおかば祈禱毎《きたうごと》に祈《いの》るの必要《ひつえう》なし。

偖《さ》てこの禁護法《きんごはふ》は、祈禱執行《きたうしつかう》に先《さき》だちて、司法主《しはふしゆ》親《した》しく勸請式《くわんじやうしき》を行《おこな》ひて、御神像《ごしんざう》又《また》は御神符《ごしんぷ》を殿《でん》の四隅《よすみ》に安置《あんち》すべし、尤《もつと》もこれは修祓式《しうはつしき》を別室《べつしつ》にて行《おこな》ふ時《とき》の順《じゆん》にして、修祓《しうはつ》を行《おこな》ひたる上《うへ》禁護法《きんごはふ》を行《おこな》ふべし、又《また》祈禱殿內《きたうでんない》にて、修祓《しうはつ》を行《おこな》ふ時《とき》は、修祓《しうはつ》、禁護《きんご》、勸請法《くわんじやうはふ》を引續《ひきつゞ》き執行《しつかう》すべし。

修祓《しうはつ》の方式《はうしき》は現行祭式《げんぎやうさいしき》に準《じゆん》ずべし、修祓《しうはつ》は司法者《しはふしや》、願人《ねがひにん》の汚《けが》れを祓《はら》ふもの故《ゆゑ》、孰《いづ》れの方式《はうしき》にても其《その》意《い》を得《う》れば可《か》なり。

第四法　勸《くわん》請《じやう》式《しき》

祈禱《きたう》の性質《せいしつ》に依《よ》つて、其主神即《そのしゆしんすなは》ち本尊《ほんそん》を異《こと》にするものなれば、祈禱殿《きたうでん》には神床《しんしやう》を設《まう》け置《お》くとするも神明《しんめい》は常住奉安《じやうぢうほうあん》せざるを通則《つうそく》とす、而《しか》して祈禱毎《きたうごと》にそれ相應《さうおう》の主神《しゆしん》を勸請《くわんじやう》し、昔《むかし》の神離式《しんりしき》に依《よ》りて奉安《ほうあん》すべし、尤《もつと》も御神像《ごしんざう》より御神影《ごしんえい》より、御神號《ごしんがう》なりを神位《しんゐ》に奉安《ほうあん》するも可《か》なり、例《たと》へば第一上段《だいじやうだん》の神位《しんゐ》を司法主《しはふしゆ》が奉安《ほうあん》する時《とき》は、奏樂《そうがく》、警蹕《けいひつ》を行《おこな》ひ、更《さら》に司法主《しはふしゆ》は勸請《くわんじやう》の祝詞《しゆくし》を奏上《そうじやう》すべし、若《も》しまた既《すで》に奉安《ほうあん》しある主神《しゆしん》に對《たい》して祈禱《きたう》する場合《はあひ》は、現行祭式《げんかうさいしき》の開扉式《かいひしき》に準《じゆん》じて行《おこな》ふべし、尤《もつと》も大祈禱《だいきたう》に非《あらざ》れば、奏樂等《そうがくとう》は行《おこな》ひ難《がた》き場合多《はあひおほ》かるべし。

今茲《いまこゝ》に極祕《ごくひ》たる稻荷大神《いなりおほかみ》の勸請式《くわんじやうしき》を左《さ》に示《しめ》すべし、此《こ》れは一例《れい》なるも他《た》は推《お》して知《し》るべし、尤《もつと》も畢《をはり》に何々《なに〳〵》大神《おほかみ》を今茲《いまこゝ》に勸請《くわんじやう》し奉《たてまつ》ると云《い》ふ祝詞《しゆくし》を奏上《そうしやう》するのみにても差支《さしつか》へなきものとす。

稲荷大神勸請法《いなりおほかみくわんじやうはふ》

大神勸請《おほかみくわんじやう》の祕傳《ひでん》は兩部神道《りやうぶしんたう》の極意《ごくい》なり、其方式左《そのはふしきさ》の如《ごと》し。

(一) 極祕神體勸請《ごくひしんたいくわんじやう》＝大神《おほかみ》の御璽《ぎよじ》の箱《はこ》は五握四方《あくはう》、檜木《ひのき》を以《もつ》て作《つく》る、蓋《ふた》あり箱《はこ》の內《うち》に神體《しんたい》を納《い》れ藏《をさ》む、箱《はこ》は錦《にしき》を以《もつ》て包《つゝ》み絲《いと》を以《も》つて結《むす》び堅《かた》めて前表《ぜんへう》に札《ふだ》を挿《はさ》み立《た》つ、神體《しんたい》は渾沌《こんとん》の形《かたち》なり(口傳《こうでん》に曰《いは》く御璽《ぎよじ》の寸法《すんぱふ》は五握《あく》に定《さだま》らず、社《やしろ》の大小《だいせう》に應《おう》じ其御璽《そのぎよじ》箱《はこ》、大小宜《だいせつよろ》しく造《つく》るべし)極祕《ごくひ》に傳《つた》ふ、山靈《さんれい》の淸《きよ》き所《こゝろ》の四面《めん》に榊《さかき》を立《た》て鎭繩《ちんじやう》を引《ひ》き一年前《ねんまへ》或《あるひ》は一月前《つきまへ》、或《あるひ》は一旬前《じゆんまへ》より淸祓《せいはつ》を行《おこな》ひ其處《そこ》の埴土《ねばつち》を取《こ》つて圓形《ゑんけい》の玉《たま》に造《つく》り白絹《しろきぬ》を以《も》つて包《つゝ》み奉《たてまつ》るものなりと(口傳《こうでん》に曰《いは》く神明《しんめい》は其元始《そのげんし》を貴《たつと》む、未《いま》だ勸請《くわんじやう》せざる神體《しんたい》は天地《てんち》開《ひら》けざるが如《ごと》し、故《ゆゑ》に渾沌《こんとん》と名《な》づく、神體《しんたい》となるべき玉《たま》を安置《あんち》すべき處《こゝろ》を渾沌殿《こんとんでん》と申《まを》す、此玉《このたま》を白絹《しろきぬ》にて幾重《いくへ》にも包《つゝ》み奉《たてまつ》ること肝要《かんえう》なり)。

(二) 御柱勸請《みはしらくわんじやう》＝大神《おほかみ》の御璽《ぎよじ》の箱《はこ》は檜木《ひのき》を以《も》つて造《つく》る、箱《はこ》の內《うち》の上下《じやうげ》に縱橫《じうわう》の木《き》を入《い》れ御柱《みはしら》を立《た》つ御柱《みはしら》は靈山《れいざん》の淸《きよ》き處《こゝろ》の榊《さかき》の本末《ほんまつ》を斷《き》り捨《す》て、中段《ちうだん》を長《なが》さ五握《あく》に作《つく》つて白絹《しろきぬ》を以《も》つて包《つゝ》み、麻《あさ》にて纏《まこ》ひ奉《たてまつ》り、麻二筋《あさふたすぢ》を以《も》つて下《した》より上《うへ》へ一筋《ひこすぢ》は左《ひだり》に纏《まこ》ひ、一度《ご》に纏《まこ》ひ上《あ》げ、左《ひだり》の表《おもて》より上下《じやうげ》に結《むす》び奉《たてまつ》り箱《はこ》の中央《ちうあう》に立《た》て奉《たてまつ》り、此箱《このはこ》の中《なか》の御柱《みはしら》の外《そと》を榊《さかき》の枝《えだ》にて飾《かざ》り奉《たてまつ》る、箱《はこ》の外《そと》は極祕《ごくひ》神體勸請《しんたいくわんじやう》の如《ごと》し。

（三）　榊勸請《さかきくわんじやう》—檜木《ひのき》の圓《まる》き器《うつは》を作《つく》り内《うち》に靈山《れいざん》の埴土《ねばつち》を納《なさ》めて榊《さかき》の枝《えだ》を美《うつく》しく中央《ちうあう》に差《さ》し立《た》てゝ木綿《もめ》を垂《た》れて神體《しんたい》とし、外《そと》に幾重《いくへ》にも榊《さかき》の枝《えだ》を立《た》てゝ中央《ちうあう》の榊《さかき》を覆《おほ》ひ藏《ざう》し外《そと》に注連《しめ》を引《ひ》く、此《これ》を神籬勸請《かみさがきくわんじやう》と云《い》ふ、上《うへ》に衾《よぎ》を覆《ねほ》ひ奉《たてまつ》る、或傳《あるつたへ》に御璽《ぎよじ》の神體《しんたい》は勸請《くわんじやう》に同《おな》じく榊《さかき》の枝《えだ》二本《ほん》を左右《さいう》の手《て》に持《も》ち器《うつは》の内《うち》へ幸魂《かうこん》、奇魂《きこん》を思入《おもひい》れて打《う》ちこみ、則《すなは》ち警蹕《けいひつ》ありて蓋《ふた》を覆《おほ》ひ奉《たてまつ》る。

（四）　神體封緘《しんたいふうかん》—清殿《せいでん》にて封《ふう》ずるものなり、先《ま》づ清殿《せいでん》へ神體《しんたい》を具《く》し神寶等《しんほうこう》を移《うつ》し、左右《さいう》の案《あん》に置《お》き御璽《ぎよじ》の箱錦絹《はこにしききぬ》、絲等悉《いとこうこと〴〵》く祓《はら》ひ清《きよ》む、榊枝《しんし》に水《みづ》を灑《そゝ》ぎ洗《あら》ひ清《きよ》め、大麻《おほあさ》にて祓《はら》ひ清《きよ》め、箱《はこ》は錦《にしき》にて包《つゝ》み蓋《ふた》を覆《おほ》ひ、案《あん》の上《うへ》に置《お》き奉《たてまつ》り、衾《よぎ》を掛《か》け奉《たてまつ》る、箱《はこ》は五握《あく》四方《はう》、蓋《ふた》は上《うへ》にあり、板《いた》は厚《あつ》さを用《もち》ひ、木《き》は檜《ひのき》を用《もち》ひ、四方釘《はうくぎ》を以《も》つて打《うち》つけ、蓋《ふた》は釘《くぎ》を用《もち》ひず錦《にしき》を以《も》つて四方《はう》より包《つゝ》み下《した》を折《を》り返《かへ》した上《うへ》に、錦《にしき》を餘《あま》して蓋《ふた》を覆《おほ》ひ後《のち》、飾《かざり》を折《を》り返《かへ》して包《つゝ》むなり、斯《か》くて纒《まこひ》の後《のち》に掛《か》くる絲《いこ》は、白絲《しろいこ》の組又《くみまた》は紫《むらさき》又《また》は緋《ひ》なり、向《むかう》より下《した》、次《つぎ》に南《みなみ》より西《にし》、次《つぎ》に東《ひがし》、次《つぎ》に前《まへ》、次《つぎ》に隅《すみ》、次《つぎ》に右《みぎ》、次《つぎ》に向《むかう》、次《つぎ》に左《ひだり》、次《つぎ》に南《みなみ》、次《つぎ》に隅《すみ》、次々《つぎ〳〵》に掛《か》け奉《たてまつ》る總《す》べて縱《たて》五筋《すぢ》、横《よこ》も五筋《すぢ》、二殿掛《でんか》け奉《たてまつ》る、左右《さいう》へ廻《まは》して掛《か》け結《むす》び鎮《しづ》め奉《たてまつ》る（口傳《こうでん》に曰《いは》く纒《まこひ》は勸請《くわんじやう》以後《いご》に掛《か》け奉《たてまつ》るなり）、又始《またはじ》めより神體《しんたい》を箱《はこ》に藏《なさ》め封纒《ふうまこ》ひ奉《たてまつ》りて後《のち》に勸請《くわんじやう》を爲《な》すものあり……封《ふう》じ事終《ごとをは》りて清殿《せいでん》の御戸《おんこ》を閉《と》ぢて退出《たいしゆつ》す。

（五）　勸請法式《くわんじやうはふしき》—御靈《みたま》移《うつ》しは子《ね》の刻《こく》なり、先《ま》づ清殿《せいでん》の階下《かいか》にて美曾幾《みそいく》し進《すゝ》んで清殿《せいでん》に入《い》り、御璽箱《ぎよじはこ》を戴《いたゞ》き、渾沌殿《こんとんでん》の前階《ぜんかい》より進《すゝ》みて、殿内《でんない》の渾沌社《こんとんしや》の内《うつ》の案《あん》に置《お》き奉《たてまつ》る、從者渾沌殿《じうしやこんとんでん》の燈《ともしび》に雲蓋《うんかい》を覆《おほ》ひ、殿《でん》を出《い》で外《そこ》より前《まへ》の御戸《みと》を閉《と》ぢ後《うしろ》の御戸《みと》を開《ひら》く、祭主勸請《さいしゆくわんじやう》の極祕《ごくひ》あり、勸請終《くわんしやうをは》りて微音《びゐん》に從者《じうしや》を召《め》す、從者進《じうしやすゝ》んで後《うしろ》の御戸《みと》を閉《と》ぢ前《まへ》の御戸《みと》を開《ひら》く、進入《すゝみい》りて雲蓋《うんがい》を撤《てつ》す、祭主面《さいしゆおもて》を覆《おほ》ひ、手襁《しゆきやう》を掛《か》く、從者又退出《じうしやまたたいしゆつ》す、御戸《みと》を閉《と》づ、祭主御纏《さいしゆみまこゝ》を掛《か》け、御札《おふだ》を立《た》て御舟《みふね》に乘《の》せ奉《たてまつ》り衾《よき》を覆《お》ひて退出《たいしゆつ》す、かくて勸請《くわんじやう》の時《とき》、祭《まつ》る所《ところ》の神來《かみきた》り給《たま》ひて、御璽《ぎよじ》の箱《はこ》に止《とゞま》り給《たま》ふ、(口傳《こうでん》に曰《いは》く勸請前《くわんじやうまへ》の行事《ぎやうじ》一切《さい》は祭式恒例《さいしきこうれい》による、勸請極祕《くわんじやうごくひ》は虚津彦《きよつひこ》、神光《しんくわう》、鳴動《めいごう》、感心《かんしん》これなり)。

白《びやく》狐《こ》勸《くわん》請《じやう》祕《ひ》法《はふ》

(一) 吒枳尼天《だきにてん》の印明《いんめい》＝印明《いんめい》は南莫三滿多沒駄南訖利訶莎婆訶《なむさんまんたほつたなんきりかそはか》、百八遍《べん》を唱《とな》へ、印相《いんめい》は金剛合掌《こんごうがつしやう》を用《もち》ゆ。

(二) 惣體《そうたい》、諸佛救世者《しよぶつきうせいしや》、住於大神通《ぢうにだいしんつう》、爲悅衆生故《ゐえつしうせいこ》、現無量神力《げんむりやうしんりよく》……次《つぎ》に南無歸命頂禮荼枳尼天王子《なむきめいちやうれいだきにてんわうじ》眷屬心中所願決定圓滿《けんそくしんちうしよくわんけつていゑんまん》（三遍唱《べんとな》ふ）

(三) 敬白《けいはく》＝敬《つゝし》んで常住《じやうちう》の三寶荼枳尼天《はうだきにてん》、王子眷屬等《わうじけんぞくとう》に白《はく》して言《まう》さく、夫《そ》れ本地《ほんち》は大聖文珠師利菩薩《たいせいぶんじゆしりぼさつ》なり、傳《つた》へ聞《き》く辰狐王《しんこわう》は一切衆生《さいしゆうせい》の願《ねが》ふ所《ところ》に隨《したが》ひ悉地《しつち》に施與《せよ》し給《たま》ふと、爰《こゝ》に我等《われら》貧究《ひんきう》の身《み》に生《うま》れて、萬品《まんぴん》の望《のぞみ》に叶《かな》はず、就中《なかんづつ》、貧者《ひんしや》を救《すく》はんと欲《ほつ》するも財寶《ざいはう》闕《か》く、愚者《ぐしや》導《みちび》かんと欲《ほつ》すれども船《ふね》若《もし》乏《とぼ》し、但《たゞ》し晏然《あんぜん》として日《ひ》を暮《くら》し、昏昏《こん〳〵》として夜《よ》を明《あか》す、憑《たの》む所《ところ》は彼《か》の天《てん》の願海《ぐわんかい》、仰《あふ》ぐ處《ところ》は此《こ》の尊《みこと》の本誓《ほんせい》なり、故《ゆゑ》に經《きやう》に曰《いは》く、此《こ》の天《てん》を持念《じねん》すれば利生《りしやう》を施與《せよ》すること十九種《しゆ》あり、一には諸病《しよびやう》を除《のぞ》き二には福徳《ふくとく》を得《え》せしめ三には敬愛《けいあい》を得《え》せしめ、乃至《ないし》十九には一切《さい》の靈驗《れいげん》自然《しぜん》無究《むきう》なりと 加之《しかのみならず》、四天王子《てんわうじ》、八大童《だいごう》子《じ》各々《おの〳〵》其本誓《そのほんせい》に任《まか》せて衆生《しゆうせい》の願《ねかひ》を滿《みた》すこと圓月《ゑんげつ》の遍水《へんすゐ》に浮《うか》ぶが如《ごと》し、凡《およ》そ此尊《このみこと》の本迹《ほんしやく》は幽玄《いつけん》にして思《し》儀《ぎ》すべからず、悉地《しつち》遠《とほ》からず誠《まこと》を祈《いの》るの有無《うむ》により感應近《かんおうちか》きにあり、誠《まこと》の心《こゝろ》の厚薄《こうはく》に任《まか》す、仰《あふ》ぎ願《ねがは》くは大聖尊者吒枳尼天伏《たいせいそんしやだきにてんぷく》して乞《こ》ふ八大聖子《だいせいし》部類從屬本誓《ぶるゐじうそくほんせい》を誤《あやま》らず我等《われら》が願《ねか》ふ所《ところ》を心《こゝろ》の願《ねかひ》の如《ごと》く成就圓滿《じやうじゆゑんまん》せしめ法界《はふかい》に及《およ》ぼし平等利益《びやうどうりやく》し給《たま》へ敬《つゝし》んで白《はく》す。次《つぎ》に此天《このてん》の印明《いんめい》、唵吒枳尼曳莎婆訶《おんたきにゑいそはか》、百八遍を唱《とな》ふべし、斯《か》くして至誠眞心《しせいまごころ》に祈念《きねん》する時《とき》は、白狐《びやくこ》の活現感應《くわつげんかんおう》あること必定《ひつちやう》なり。

祈禱式《きたうしき》と勸請法《くわんじやうはふ》

神明《しんめい》の冥護《みやうご》を受《う》け、其靈驗《そのれいけん》によりて、自己《じこ》の希望目的《きばうもくてき》を滿足《まんぞく》せしめんとして、立願求救《りつぐわんきうく》するを祈禱《きたう》と云《い》ふ、而《しか》して其希望《そのきばう》は萬人萬樣《まんにんまんやう》にして一ならざれど、結局《つまり》普通《ふつう》の人力《じんりよく》にては到底《たうてい》出來《でき》難《かた》き事柄《ことがら》を、宇宙《うちう》の大主宰者大能力者《だいしゆさいしやだいのうりよくしや》たる神明《しんめい》の威力《ゐりよく》に賴《よ》りて成就《じやうじゆ》せんとするのであつて神明《しんめい》は能《よ》く吾人《ごじん》の請願《じやうぐわん》を感受《かんじゆ》し、其目的《そのもくてき》を達《たつ》せしむる事《こと》は、吾《われ》に誠《まこと》さへあれば響《ひびき》の物《もの》に應《おう》ずる如《ごと》くである、併《しか》し祈禱《きたう》と請願《じやうぐわん》するには夫《そ》れ〳〵禮儀《れいぎ》法式《はふしき》がある、今《いま》左《さ》に其通式順序《そのつうしきじゆんじよ》を示《しめ》すべし。

最初《さいしよ》　祈禱《きたう》の祭壇《さいだん》を設《ほう》く。但壇《たゞしだん》は南面《なんめん》とす。

次《つぎに》　祭壇《さいだん》に向《むか》ひて敬拜《けいはい》す。

次《つきに》　着座《ちやくざ》　座《ざ》しながら禮《れい》す。

次《つぎに》　稽首再拜《けいしゆさいはい》し拍手《はくしゆ》して祓詞《はらひことば》を宣《のぶ》る。

次《つきに》　幣《へい》にて不淨《ふじやう》を拂《はら》ふ、又《また》は警蹕《けいひつ》。

次《つきに》　招神《せうしん》の詞《のりと》を奏上《そうじやう》す。

次《つぎに》　獻供《けんく》す　一拍《いつぱく》して供進《くしん》す。

次《つぎに》　祝詞《のりと》　音容端正《おんようたんせい》にして中音《ちうおん》にて奏上《そうじやう》す。

次《つきに》　行事《ぎやうじ》　願《ねが》ふ所《ところ》の呪法《じゆはふ》を行《おこな》ふ事《こと》。

次《つきに》　手《て》を胸《むね》に當《あ》て瞑目《めいもく》して祈念《きねん》す。

次《つきに》　稽首再拜《けいしゆさいはい》し、拍手《はくしゆ》二度《ご》。

次《つきに》　供物《くもつ》を撤《さ》ぐ、此《これ》は時宜《じぎ》によりて其儘供置《そのまゝそなへお》くも妨《さまたげ》なし。

次《つぎに》　送神詞《そうしんし》を奏上《そうじやう》す。

次《つぎに》　起座《きざ》して座揖《ざしふ》す。

次《つぎに》　退場《たいぢやう》　此時《このとき》三《み》足《あし》後退《すざり》て一拝《いつぱい》して去《さ》る。

又勸請《またくわんじやう》の法《はふ》には橘式《たちはなしき》、多々良式《たゝらしき》其他《そのた》種々《しゆ〲》ありて一様《やう》ならず、左《さ》れば今茲《いまこゝ》には單《たん》に其勸請《そのくわんじやう》の名目《めいもく》を記《き》するに止《とゞ》め、實式具法《じつしきぐはふ》は直傳《ちきでん》に讓《ゆづ》るものとす。

極祕勸請《ごくひくわんじやう》　玉勸請《たまくわんじやう》　笏勸請《しやくくわんじやう》　御柱勸請《みはしらくわんじやう》　鏡勸請《かゞみくわんじやう》　榊勸請《さかきくわんじやう》　神籬勸請《かみまがきくわんじやう》

札勸請《ふだくわんじやう》

心《こゝろ》だに誠《まこと》なれば祈《いの》らずとも神《かみ》や守《まも》らんと云《い》ふけれど、夫《それ》は聖人君子《せいじんくんし》か大悟徹底《たいごてつてい》した者《もの》の事《こと》であつて、普通《ふつう》の人《ひと》はさうはゆかぬ、矢張《やは》り祈禱《きたう》せねば心《こゝろ》が本氣《ほんき》にならぬ、而《しか》して又人間相互《またにんげんさうご》の間《あひだ》でも、禮儀《れいぎ》萬《はん》端正《たんたゞ》しく整《とゝの》はねば、相談《さうだん》が出來《でき》惡《にく》いと同《おな》じく、神《かみ》に對《たい》しても法式《はふしき》を嚴格《げんかく》にせねばいけぬのである。

神勅降臨《しんちよくかうりん》の法式《はふしき》

神明《しんめい》の冥護《みやうご》を受《う》け、其靈驗《そのれいげん》を仰《あふ》ぐには、祈禱《きたう》せねばならぬ、祈禱《きたう》するには、先《ま》づ神《かみ》の降臨《かうりん》を仰《あふ》がねばならぬ、夫《それ》には前《まへ》の祈禱《きたう》の通式《つうしき》に從《したが》つて招神之詞《せうしんのりこと》を奏上《そうしやう》するのが必要《ひつえう》である、今《いま》左《さ》に其《そ》の詞文《しぶん》を示《しめ》すべし。

招神之詞《せうしんのし》

謹而《つゝしんで》奉勸請《くわんじやうたてまつる》御社奈岐《みやしろなき》此所爾《このところに》降臨鎮座《かうりんちんざ》仕給而《したまひて》神祇之《しんきの》祓可壽《はらひかず》々々《〳〵》平介久《たひらけく》安良介久《やすらけく》聞食旦《きこしめして》願布所《ねがふところ》
乎《を》感應納受《かんおうなふじゆ》奈《な》左《さ》志《し》女《め》給幣《たまへ》誠恐《せいきよう》誠惶《せいくわう》降列來座《かうれつらいざ》敬白《けいはく》
大《おほいなる》哉《かな》賢《けんなる》哉《かな》乾元亨利《けんげんかうり》貞《てい》如律令《によりつれい》

又卜筮《またぼくぜい》に據《よ》りて吉凶《きつきよう》を伺《うかゞ》はんと欲《ほつ》する時《とき》は左《さ》の文《ぶん》を唱《とな》ふべし。

伏而惟《ふしておもんみるに》易者《えきは》民用《みんよう》を前《すゝ》め卦《くわ》神明《しんめい》合《にあふ》顯若《きようじやくとして》有レ孚《まことあり》感而《かんじて》遂《つひに》通《つうず》謹而《つゝしんで》先天之《せんてんの》肇敎《てうけう》を叩《たゝ》く願《ねがはくは》後進《こうしんの》其事《そのことを》祈禱《きたうす》猶豫《いうよ》
迷途《めいとを》開玉《ひらきたまひ》敬《つゝしんで》燼香《ろかう》を燃《たい》て朔聞《さくぶん》す
惟皇《これくわうたる》上帝《じやうてい》宇宙之《うちうの》神聖《しんせい》此聞二寶香一《このはうかうをきいて》願《ねがはくは》降臨仕玉《かうりんしたまひ》
某年某月某日某國某郡某町村某姓某名
未レ決《いまだけつせず》所レ疑《うたがうところ》質二神靈一《しんれいにたゞす》請《こふ》皇愍《くわうびん》垂而《をたれて》速《すみやかに》吉凶《きつきよう》を示玉《しめしたま》へ。

此詞《このゝりと》を奏上《そうじやう》して揲筮《てふせい》す可《べ》し。

次送納之《つぎにそうなふの》要文《えうぶん》

（此《これ》は神《かみ》を送《おく》り歸《かへ》す詞文《しぶん》なり）

掛卷毛賢岐《かけまくもかしこき》天神地祇《てんじんちぎ》爰爾《こゝに》降臨一切乃《かうりんいつさいの》諸神等元乃《しよしんたちもとの》本宮幣《ほんぐうへ》送利奉留《おくりたてまつる》恐禮奈加良《おそれながら》承引給幣《うけひきたまへ》送納《そうなふ》歸宮《きぐう》住社《ぢうしや》
敬白《けいはく》天福《てんぷく》皆來《かいらい》地福《ちふく》圓滿《ゑんまん》神道《しんたう》神力《しんりよく》一切《いつさい》諸願《しよくわん》成就《じやうじゆ》守良世給幣止《まもらせたまへと》恐美《おそれみ》恐美《〳〵》申須《まをす》

又卜筮之《またぼくぜいの》送文《そうぶん》

小子《せうし》其事《そのこと》に臨《のぞん》で猶豫《いうよ》未レ決《いまだけつせず》依《よつて》所レ疑《うたがうところ》神靈《しんれい》に質《ただ》す靈鑑炳然《れいかんへいぜん》として其卦爻《そのくわかう》を得《え》せしむ、小子恭敬《せうしきやうけい》して敢《あへ》て其變《そのへん》に隨《したが》ひ稽首《けいしゆ》して送《おく》り奉《たてまつ》る、各上天《かくじやうてん》に歸玉《かへりたま》ひ、重《かさね》て告愬《こくさく》あらば願《ねがはく》ば降臨《かうりん》を望《のぞ》まん、稽首歸依《けいしゆきえ》、伏《ふし》て惟《おもんみる》に珍重《ちんちよう》

右《みぎ》の招神《せうしん》の詞《のりと》と送納《そうなふ》の文《ぶん》とは、中音《ちうおん》にて極《きは》めて靜《しづ》かに底力《そこぢから》のある音聲《おんせい》にて讀《よ》むべし、又之《またこ》れを讀《よ》むときは少《すこ》しく體《からだ》を前《まへ》に屈《かゞ》め、神《かみ》が前《まへ》に來《きた》り居《を》る樣《やう》に、或《あるひ》は神《かみ》が前《まへ》に過《す》ぎ行《ゆ》くを後《あと》より之《こ》れを送《おく》る樣《やう》の態度《たいど》を執《と》るべし。

誠心誠意《せいしんせいい》は申《まを》すまでもないが、神《かみ》は音聲《おんせい》に應《おう》じて降臨《かうりん》あり、又祈願《またきぐわん》の趣意《しゆい》を聞食《きこしめ》すのであるから、降神送納《かうしんそうたふ》の詞《じ》文《ぶん》や、祈請《きせい》の辭《じ》は、極《きは》めて流暢《りうやう》なる美文《びぶん》でなくてはならぬ又之《またこれ》を讀《よ》む音聲《おんせい》は腹《はら》の底《そこ》から出《で》る誠《まこと》の籠《こも》つた力《ちから》のある嚴格《げんかく》なものでなくてはならぬ、整《とゝの》ふ談《はなし》でも詞遣《ことばづかひ》が惡《わる》い爲《た》め、敬意《けいい》の無《な》い爲《た》めに打壞《うちこわ》す事《こと》は、人間界《にんげんかい》でも神明《しんめい》でも同《おな》じ道理《だうり》である。

九字《じ》の切方《きりかた》圖解《づかい》

九字《じ》とは臨兵闘者皆陳烈在前《りんひやうとうしやかいちんれつざいぜん》にて、臨《りん》は外縛二中立印《げばくにちうりついん》、兵《へう》は大金剛輪印《だいこんかうりんいん》、闘《とう》は外縛二頭立合印《げはくにとうりつかふいん》、者《しや》は内獅子印《ないしヽいん》、皆《かい》は外獅子印《げじしいん》、陳《ちん》は隱形印《いんぎやういん》、烈《れつ》は智拳印《ちけんいん》、在《ざい》は日輪印《にちりんいん》、前《ぜん》は寶瓶印《はうへいいん》なり、此《こ》の九字《じ》は元《ぐわん》來抱朴子《らいはうぼくし》に出《い》で、陰陽道《いんやうだう》の一大事《だいじ》とせるもの、眞言密教等《しんごんみつけうとう》にても修験者《しゆげんしや》は九字《じ》を切《き》ると稱《しよう》し、劒印《けんいん》を結《なす》び、其印《そのいん》にて此《こ》の九字《じ》を劃《くわく》し、惡魔《あくま》を斬捨《きりすて》ることを爲《な》せり、神道《しんだう》にては禁厭法中此《きんえんはふちうこれ》に類《るゐ》せるものあり、要《えう》するに此《こ》の九字《じ》を切《き》り一切《さい》の災難《さいなん》を拂《はら》ふことは、神道祓《しんだうはらひ》の意《い》を骨《ほね》と爲《な》し、陰陽道《いんやうだう》と佛教《ぶつけう》の印明《いんみやう》とを合《あは》せて大成《たいせい》せしものにて、戰陣旅行其他《せんちんりよかうそのた》一切《さい》の災害惡魔《さいがいあくま》を拂《はら》ふに神變不思議《しんぺんふしき》の功徳靈驗《くどくれいけん》あるものなり。

九字《じ》を切《きる》とか印《いん》を結《むす》ぶとか眞言《しんごん》を唱《とな》ゆるとか云《い》ふ僅《わづ》か指《ゆび》や口《くち》を動《うご》かす位《くらゐ》の事《こと》に、何《なん》でそんな不思議《ふしぎ》があらうか夫《それ》は野蠻《やばん》である、誤魔化《ごまくわし》であると云《い》ふものもあるが、夫《それ》は實《じつ》に淺墓《あさはか》である、全體人間《ぜんたいにんげん》は宇《う》宙大靈《ちうたいれい》の分身《ぶんしん》で、宇宙《うちう》の縮圖《しゆくづ》である、指《ゆび》一本《ぽん》の屈伸《くつしん》でも、夫《それ》は直《たゞ》ちに宇宙全體《うちうぜんたい》に關係《くわんけい》するのである、塞爾比亞《セルビヤ》の一壯漢《さうかん》が僅《わづ》かに人指指《ひとさしゆび》を三分《ぶ》ばかり屈《かゞ》めて、短銃《ピストル》の引金《ひきがね》を引《ひい》たばかりに、歐亞《おうあ》の大戰亂《だいせんらん》が起《おこつ》て、何《なん》百萬《まん》の死人《しにん》や、何《なん》百億《おく》の金《かね》を費《つひや》し、殆《ほと》んど世界全體人類《せかいぜんたいじんるゐ》の總《すべ》てが安穩《あんをん》にして居《を》られぬと云《い》ふ事《こと》になつたのである、又《また》一言《ごん》で帝者《ていしや》の師《し》と爲《な》るとか、一語《ご》で幾萬人《いくまんにん》を動《うご》かすとか、一句《く》の金言《きんげん》が幾《いく》千年《ねん》の久《ひさ》しい間《あひだ》多《おほ》くの人心《じんしん》を支配《しはい》することもある、夫《それ》で何事《なにごと》でも誠心《せいしん》と法術《はふじゆつ》と儀式《ぎしき》と相《あひ》一致《ち》する時《とき》は、一《ひとつ》の指《ゆび》を彈《はぢ》くのでも、一言《おん》の詞《ことば》でも天地《てんち》を動《うご》かし、神明《しんめい》を感格《かんかく》せしめ、又諸《またもろ〳〵》の惡魔《あくま》邪鬼《じやき》を印《しりぞ》くるのは固《もと》より當然《たうぜん》である、又神明《またしんめい》の降臨《かうりん》を仰《あふ》ぎたる時《とき》は左《さ》の神向《かみむかひ》の歌《うた》を誦《しやう》すべし。

神《かみ》向《むかひ》の歌《うた》

○千早《ちはや》ふる爰《こゝ》も高天原《たかまがはら》なり集《あつま》り給《たま》へ四方《よも》の神々《かみ〴〵》

○幣立《へいたて》て此處《こゝ》も高天原《たかまがはら》なれば集《あつま》り給《たま》へ四方《よも》の神々《かみ〴〵》

○明《あけ》て見《み》よ神《かみ》の寶藏《はうぞう》に何《なに》もなし祈《いの》りし所神風《ところかみかせ》ぞふく

○神垣《かみがき》や居垣《ゐがき》にばかりすがたにて無《な》きこそ神《かみ》の姿《すかた》なりけり

○心《こゝろ》だに誠《まこと》の道《みち》に叶《かな》ひなば祈《いの》らずとても神《かみ》や守《まも》らん

南無《なむ》九萬八千神來臨守護急急如律令《しんらいりんしゆごきふきふによりつれい》

合掌《がつしやう》天之御柱 地之御柱　次《つぎ》に彈指《だんし》但し右の五種の歌を三遍唱ふべし 後に三種の祓を再度讀むべし

九字を戻す法

九字《じ》を戻《もど》す法《はふ》は種々《しゆ〴〵》あるも、普通《ふつう》に行《おこな》はるゝは、左《さ》の除垢《ぢよこう》の呪《じゆ》を三遍《べん》唱《とな》ふるに在《あ》り。

をんきりきやら、はらはら、ふたらん、ばそつ、そわか。

九字《じ》の切方《きりかた》左圖《さづ》の如《ごと》し

又《また》九字《じ》を切《き》るには、先《ま》づ金剛合掌《こんかうがつしやう》し、南無《なむ》本尊會界《ほんぞんゑかい》摩利支天《まりしてん》來臨影向《らいりんえかう》其甲《そのかふ》守護令給《まもらしめたまへ》と唱《とな》ふべし。

臨《りん》

普賢三昧耶《ふけんさんまいや》

天照皇太神宮《てんせうくわうだいじんぐう》

毘沙門天《びしやもんてん》

闘《こう》

外獅子《げじし》

春日大明神《かすがだいみやうじん》

如意輪觀世音《によいりんくわんせおん》

兵《へう》

大金剛輪《たいこんがうりん》

正八幡大神《しやうまんだいじん》

十一面觀世音《めんくわんぜおん》

者《しや》

內獅子《ないじし》

加茂大明神《かもだいみやうじん》

不動明王《ふどうみやうわう》

皆《かい》

外《げ》縛《はく》

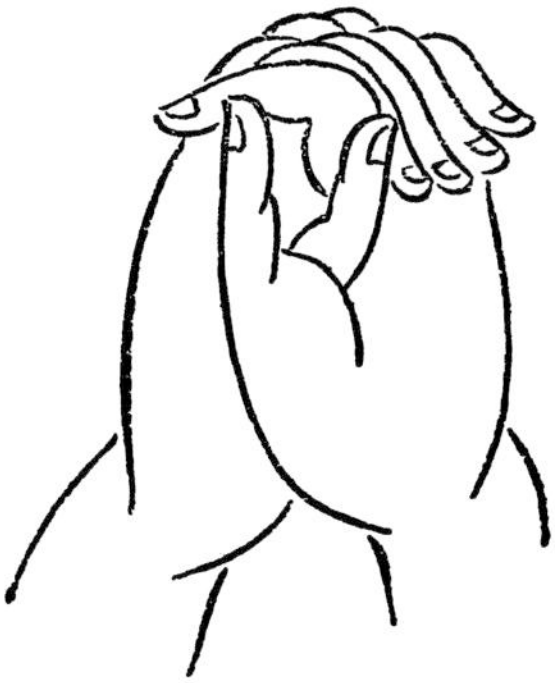

稲《いな》荷《り》大《だい》明《みやう》神《じん》

愛染《あいぜん》明王《みやうわう》

烈《れつ》

智《ち》拳《けん》

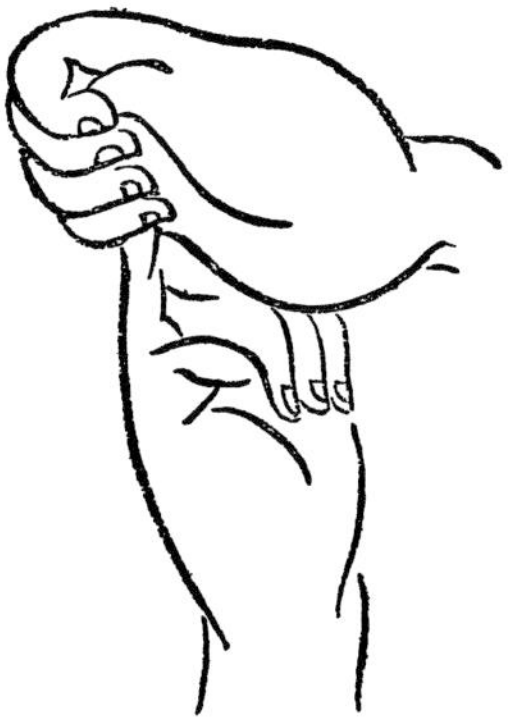

丹《た》生《にふ》大明神《みやうじん》

阿《あ》彌《み》陀《だ》如來《によらい》

陣《ちん》

内《ない》縛《はく》

住吉《すみよし》大《だい》明《みやう》神《じん》

正《しやう》觀《くわん》世《せ》音《おん》

在《ざい》

日《にち》輪《りん》

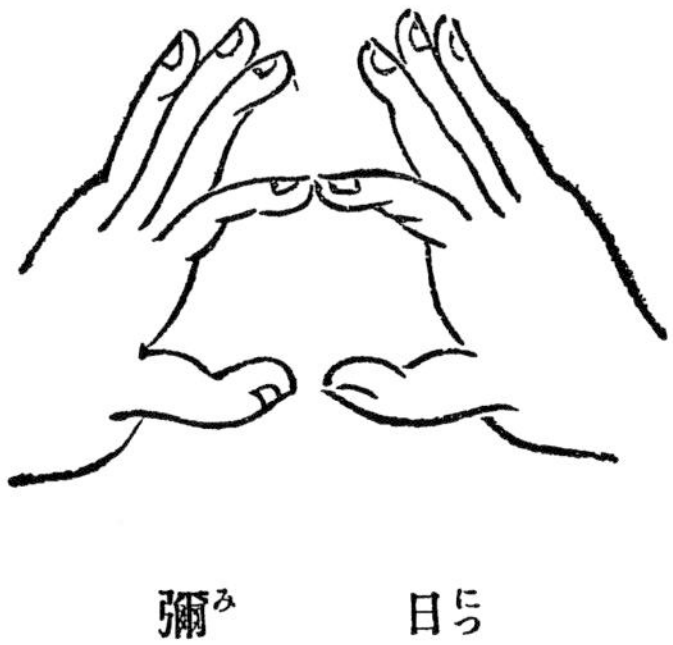

日《につ》天《てん》子《し》

彌《み》勒《ろく》菩《ぼ》薩《さつ》

前《ぜん》

隱《をん》形《ぎやう》

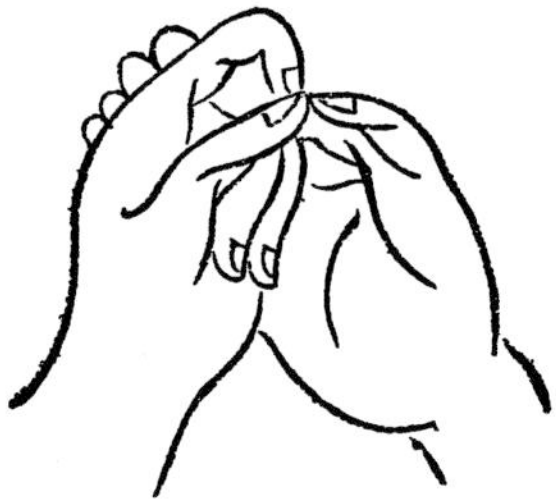

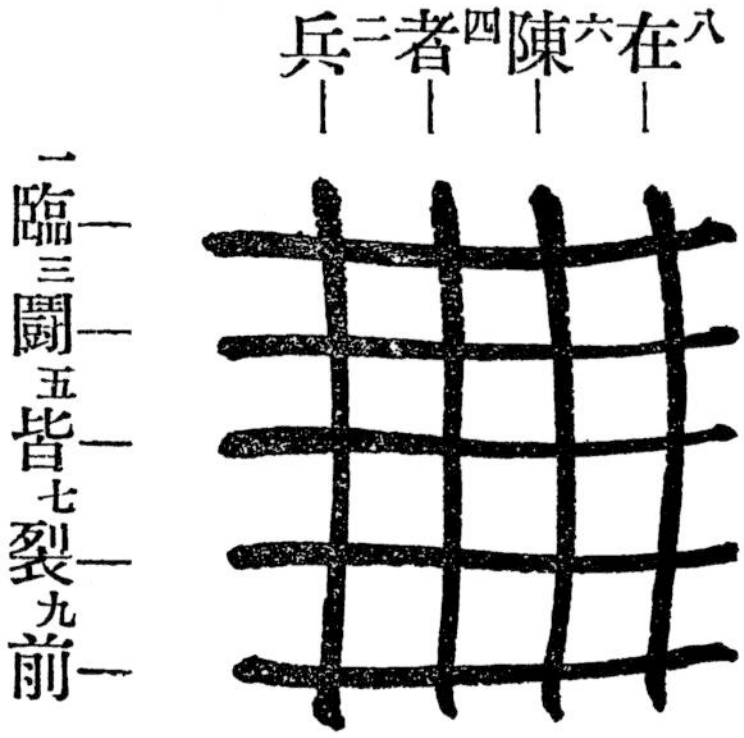

摩利支天《まりしてん》

文珠菩薩《もんじゆぼさつ》

此《こ》の隱形《いんけい》の事《こと》は陰陽道《いんやうだう》にても、眞言祕密《しんごんひみつ》の法《はふ》にても、一大事《だいじ》として容易《ようい》に發表《はつぺう》せざるものなり、蓋《けだ》し惡用《あくよう》の恐《おそれ》あるが故《ゆゑ》なり、此《こ》の修法《しうはふ》の別說拙著神通術奧傳《べつせつちよしんつうじゆつおくでん》に詳說《しやうせつ》せり。

狐憑《きつねつき》を放《はな》す法《はふ》

狐憑《きつれつき》を放《はな》す尤《もつと》も簡單法《かんたんはふ》で何人《なんびと》にも出來得《できう》る方法《はうはふ》左《さ》の如《ごと》し。

由來《ゆらい》狐《きつね》と犬《いぬ》とは其性氣《そのせいき》相反《あひはん》せるものにして支那《しな》に狐憑《こひよう》なきは全《まつた》く彼國《かのくに》に、犬蠱《けんこ》あるによるなり、また狐《きつね》の居《を》る國《くに》には犬蠱《けんこ》なしと傳《つた》ふ之《これ》により方術者《はうじゆつしや》は狐憑《こひよう》に犬《いぬ》の牙《きは》を粉《こ》にしたるものを素湯《さゆ》にて呑《の》ましむる時《とき》、犬《いぬ》の牙《きは》を懷《ふところ》に入《い》れしむ若《も》し狐憑之《こひようこれ》を太《いた》く厭《いと》ふことあるも強《しひ》て此法《このはふ》を行《おこな》ふときは三回《くわい》を出《い》でずして狐憑《こゝよう》必《かなら》ず去《さ》るものなり實《じつ》に不思議《ふしぎ》の妙法《めうはふ》と謂《い》ふべし。

又兩部法《またりやうぶはふ》に由《よ》れば、不動《ふどう》の眞言《しんごん》を唱《とな》へ、九字《じ》を切《き》りて、病人《びやうにん》を加持《かぢ》し、額《ひたひ》、胸及頭《むねおよびかしら》、脇《わき》、腹《はら》、左《さ》右《いう》の手《て》に不動眞言《ふどうしんごん》の梵字《ぼんじ》を珠數《じゆず》にて書《か》くべし。

又狐憑《またこひよう》なるや否《いな》やを知《し》るには、病人《びやうにん》を神前《しんせん》に安座《あんざ》せしめて幣《へい》を持《も》たしめ、稲荷大神《いなりおほかみ》の勸請文《くわんじやうぶん》を讀《よ》む時《とき》は、狐憑《こひよう》なれば御幣震動《ごへいしんどう》す、其時背《そのときせ》に犬《いぬ》と云《い》ふ字《じ》を三字書《じか》きて、其背《そのせ》を打《う》てば卒倒《そつたう》して憑《よ》りし狐《きつね》は忽《たちま》ち落《おつ》るなり。

此他病人《このたびやうにん》に掛《か》けしむる兩部《りやうぶ》の祕符《ひふ》及《および》　狐《きつね》退散《たいさん》の神灸祕法《しんきうひはふ》等《とう》あり、詳《くは》しくは口傳《くでん》を要《えう》す。

因《ちなみ》に狐憑《きつねつき》の有無《うむ》に就《つい》ては種々議論《しゆぐぎろん》あるも、全體動物《ぜんたいどうぶつ》は人間《にんげん》に及《およ》ばざる點多《てんおほき》も、又《また》一點丈《てんだけ》は人間以《にんげんい》上《じやう》の能力《のうりよく》を有《いう》し、人間《にんげん》に對《たい》して此能力《こののうりよく》を善《せん》にも惡《あく》にも使用《しよう》すると云《い》ふ事《こと》は最早確說《もはやかくせつ》となれり。

昭和六年一月五日印刷
昭和六年一月十日發行

定價壹圓五拾錢也

著作者　東京市本郷區湯島四丁目五番地　柄澤照覺

發行者　東京市本郷區湯島四丁目五番地　柄澤正義

印刷者　東京市本郷區眞砂町三十六番地　日東印刷株式會社

發賣所　東京市本郷區湯島四丁目五番地　高島易斷總本部　神誠館　振替東京五三六五番

同　横濱市鶴見區東寺尾稻荷山　神誠教會本院　振替東京六六七七六番

同　東京市神田區錦町三丁目三番地　永樂堂書店　振替東京一二九九四番

柳田幾作先生閲　權大教正柄澤照覺著

夢判斷實驗書

東京　神誠館藏版

○三百餘種發賣の說

易學陰陽書は太古支那に於て專ら行はれし書にして中古支那と交通するに及んで龜卜の法傳はり又卜筮の法傳はりて神人交通の道大に備はり未來前知の法益々明かとなり玆に於て朝廷には陰陽寮を中務省の中に備へ陰陽師陰陽學士陰陽博士等の吏員を置き人事の盡せる限りを盡して神明に伺ひ諸々の吉凶を決する事とせり
○中古以來今日に亘り斯道の爲め諸國に苦學難行せし學士博士の研究と實地經驗とに依りて著作せられたる陰陽書は全國を通じて實に三百餘種類あり

進呈　神誠舘發賣書目

本舘にては右に掲載せる各書の外我朝陰陽諸書の一切三百餘種類賣捌き居り候得ば望みの人は本書目錄御熟覽の上御購求被下度爰に申上置き候

夢判斷實驗談

目次

夢《ゆめ》の靈驗《れいげん》ある事《こと》 一頁
夢《ゆめ》の故事《こじ》
黄帝《くわうてい》の夢《ゆめ》 二
湯王《たうわう》の夢 三
高宗《かうそう》の夢 三
王濬《わうしゆん》の夢 四
丁固《ていこ》の夢 四
曹操《さうそう》の夢 五
何祇《かぎ》の夢 五
黄平《くわうへい》の夢 五
岳飛《がくひ》の夢 六
晋侯《しんこう》の夢 六
紀《き》の氏光《うじみつ》の夢 七
後醍醐《ごだいご》天皇《てんわう》の夢 七
平政子《たいらのまさこ》の夢 八
夢《ゆめ》みたる日《ひ》の干支《かんし》により吉凶《きつけう》ある事《こと》 八
夢《ゆめ》を人《ひと》に語《かた》るべからざる日《ひ》の事《こと》 一二
夢《ゆめ》の吉凶判斷《きつけうはんだん》
天文類《てんもんるゐ》 一三
地理《ちり》類 二〇
人物《じんぶつ》類 二七
身體《しんたい》類 三一
服飾《ふくしよく》類 四五

飲《いん》食《しよく》類《るゐ》 五一
宮《きう》室《しつ》類 五六
器《き》財《ざい》類 六〇
人《じん》事《じ》類 七二
神《しん》佛《ぶつ》類 八〇
文《ぶん》學《がく》類 八五
植《しよく》物《ぶつ》類 八九
動《どう》物《ぶつ》類 九八

伊《い》呂《ろ》波《は》分《わけ》索《さく》引《いん》

いの部

電《いなびかり》 一八
井《ゐ》 二三
石《いし》 二四
市《いち》 二五
池《いけ》 二七
異《い》國《こく》人《じん》 二八
陰《いん》門《もん》 四五
衣《い》服《ふく》 四六
泉《いづみ》 五一
井《ゐ》の泉《いづみ》 五一
家《いへ》 五七

狗小屋《いぬごや》　六〇
椅子《いす》　六四
衣桁《いかう》　六五
棘《いばら》　九二
犬《いぬ》　一〇一
鼬《いたち》　一〇四
猪《いのしゝ》　一〇四
螽斯《いなご》　一一一

ろの部

樓閣《ろうかく》　五七
驢馬《ろば》　一〇四

はの部

墓《はか》　二五
橋《はし》　二五
裸《はだか》　三四
鼻《はな》　三七
齒《は》　四〇
腹《はら》　四三
帽子《ぼうし》　四五
袴《はかま》　四八
飯《はん》　五三
薑《はじかみ》　五四
蜂《はち》　五六
　一一〇

旗《はた》 六四
箱《はこ》 六五
箒《はうき》 六五
箸《はし》 六七
秤《はかり》 六七
庖《はう》丁《てう》 六八
桔《はね》槔《つるべ》 六八
機《はた》 六八
針《はり》 七〇
馬《ば》具《ぐ》 七一
裸《はだ》體《か》 七六
針《はり》灸《やいと》 七七
烟《はな》火《び》 七七

罵《ば》詈《り》 七九
怪《ばけ》物《もの》 八一
法《はー》會《え》 八四
薔《ば》薇《ら》 九四
芭《ば》蕉《せを》 九五
蓮《はすの》花《はな》 九五
鳩《はと》 一〇八
蛤《はまぐり》蜊《あさり》 一〇九
蠅《はい》 一一〇

にの部

虹《にじ》 二〇
濁《にごり》酒《さけ》 五二

蒜《にんにく》　五四
雛小屋《にはとりごや》　六〇
二王《にわう》　八四
雛《にはとり》　一〇五

はの部

星《ほし》　一六
北斗《ほくと》　一七
暴風《ばうふう》　一八
黒子《ほくろ》　四五
奔走《ほんそう》　七五
捕縛《ほばく》　七九
佛《ほとけ》　八二
木瓜《ぼけ》　九四
牡丹《ぼたん》　九四
鳳仙花《ほうせんくわ》　九五
杜鵑《ほとゝぎす》　一〇七
螢《ほたる》　一一二

への部

屏《べら》風《ぶ》　六四
蛇《へび》　一〇九

との部

童子《どうじ》　二八
盗賊《とうぞく》　二八　七七

頭《とう》髪《はつ》 三一
鳥《とり》類《るゐ》 五五
戸《と》 五八
床《とこ》 五八
刀《とう》剣《けん》 六四
斗《と》量《りやう》 六四
弔《とむら》喪《ひ》 八〇
鳥《とり》居《ゐ》 八四
虎《とら》 九八
鳶《とひ》 一〇七
蜻《とんほ》蛉《う》 一一一

ちの部

地《ち》 二〇
地《ち》震《しん》 二〇
乳《ちゝ》 四四 五六
茶《ちや》 五一
粽《ちまき》 五三
血《ち》 五六
茶《ちや》器《き》 六六
地《ち》獄《ごく》 八四

りの部

流《りう》星《せい》 一七
流《りう》水《すゐ》 二三

林《りん》檎《ご》 九三
龍《りやう》 一〇八

ぬの部

盗《ぬす》賊《びと》 二八 七七

をの部

夫《おつと》 三〇
唖《おし》 四二
帯《おび》 五一
送《おくり》迎《むかへ》 七四
狼《をゝかみ》 九九
鴛《をし》鴦《どり》 一〇七
大《をほ》亀《かめ》 一〇八

わの部

草《わら》鞋《じ》 四九
蕨《わらび》 五四
笑《わらひ》罵《のゝしる》 七五
鷲《わし》 一〇八
鰐《わに》 一〇八

かの部

風《かぜ》 一七
高《かう》山《ざん》 二一
川《かは》水《みづ》 二三

河《かは》 二二
頭《かしら》 三三
顔《か》面《は》 三六
肩《かた》 四三
笄《かんざし》 五〇
介《かい》類《るゐ》 五五
蛙《かはづ》 五六
竈《かまど》 五九
蠶《かいこの》室《へや》 六〇
紙《かみ》 六三
釜《かま》 六七
勝手《かつて》道具《だうぐ》 六七
鞄《かばん》 六八

傘《からかさ》 六九
曲《かね》尺《ざし》 七〇
鉋《かんな》 七〇
鏡《かゞみ》 七〇
交《かう》接《せつ》 七三
交《かう》換《くわん》 七四
風《かぜの》神《かみ》 八二
看《かん》經《きん》 八五
柏《かや》 九一
楓《かへで》 九一
柿《かき》 九三
柑《かうじ》 九三
海《かい》棠《だう》 九三

桂《かつら》 九四
杜若《かきつばた》 九五
鵝鳥《がてう》 一〇六
雁《がん》 一〇六
烏《からす》 一〇七
鵲《かさゝぎ》 一〇七
龜《かめ》 一〇八
蟹《かに》 一〇九
蠶《かひこ》 一一二
蚊《か》 一一二
蝸牛《かたつむり》 一一三

たの部

大星《たいせい》 一七
大風雨《たいふうう》 一八
瀧《たき》 二四
道路《だうろ》 二四
田《た》 二六
太子《たいし》 二七
足袋《たび》 四八
團子《だんご》 五三
大根《だいこん》 五四
高臺《たかだい》 五七
大神宮《だいじんぐう》 八四
橘《たちばな》 九三

橙《だいだい》 九三
竹《たけ》 九四
狸《たぬき》 一〇〇
鷹《たか》 一〇七
龍《たつ》 一〇八
鯛《たひ》 一〇九
大《たい》魚《ぎよ》 一〇九

れの部

禮《れい》服《ふく》 四六

ろの部

僧《そう》 二八

算《そろ》盤《ばん》 六七
送《そう》迎《げい》 七四
訴《そ》訟《しやう》 七九

つの部

月《つき》 一五
露《つゆ》 二〇
机《つくえ》 六四
杖《つゑ》 六六
椿《つばき》 九一
柘《つげ》 九二
鶴《つる》 一〇六
燕《つばめ》 一〇六

ねの部

寝臺《ねだい》 六五
寝床《ねどこ》 六五
猫《ねこ》 一〇〇
鼠《ねずみ》 一〇四

なの部

茄子《なす》 五四
長椅子《ながいす》 六五
鍋《なべ》 六七
哭泣《なく》 七五
棗《なつめ》 九三
梨《なし》 九三
菜《な》の花《はな》 九五

らの部

雷《らい》 一八
老人《らうじん》 二八
蠟燭《らうそく》 七一
裸體《らたい》 七六
雷神《らいじん》 八二
臘梅《らうばい》 九四
蘭《らん》 九四
駱駝《らくだ》 一〇〇

むの部

胸《むね》　四四
槿《むくげ》　九四
貉《むじな》　一〇〇
蜈蚣《むかで》　一一〇

うの部

瓜類《うりるゐ》　五四
魚類《うをるゐ》　五四
廐《うまや》　五九
馬立《うまたて》　六〇
牛小屋《うしごや》　六〇
團扇《うちは》　七一
漆《うつし》　九二
梅《うめ》　九二
兎《うさぎ》　九九
牛《うし》　一〇二
馬《うま》　一〇三
鶉《うづら》　一〇六
鶯《うぐひす》　一〇六
鰻《うなぎ》　一〇九
魚《うを》（雜）　一〇九
蛆《うじ》　一一三

のの部

喉《のど》　四一

熨《の》斗《し》 七〇
鋸《のこぎり》 七〇
鑿《のみ》 七〇
蚤《のみ》虱《しらみ》 一一三

くの部

雲《くも》 一八
官《くわん》員《ゐん》 二七
頸《くび》 四二
沓《くつ》 四九
靴《くつ》 四九
菓《くだもの》類《るゐ》 五四
車《くるま》 六三
鎖《くさり》鑰《かぎ》 六五
棺《くわん》 七一
官《くわん》吏《り》 七二
懷《くわい》孕《よう》 七四
火《くわ》災《さい》 七七
軍《ぐん》事《じ》 七八
怪《くわい》物《ぶつ》 八一
官國幣社《くわんこくへいしや》 八四
觀音堂《くわんおんだう》 八四
楠《くすのき》 九一
櫟《くぬぎ》 九二
桑《くは》 九二
楮《くうぞ》 九二

栗《くり》　九三
梔子《くちなし》　九四
熊《くま》　一〇〇
孔《く》雀《じやく》　一〇六
鯨《くじら》　一〇八
蜘《く》蛛《も》　一一〇

やの部

山《やま》　二一
山《やま》伏《ぶし》　二八
夜《や》具《ぐ》　四九　六五
櫓《やぐら》　五七
疾病《やまひ》　七六
夜《や》叉《しや》　八二
柳《やなぎ》　九二

まの部

孫《まご》　二八
眉《まゆ》　四五
睫《まつげ》　四五
枕《まくら》　四九
饅《まん》頭《ぢう》　五三
豆《まめ》　五四
祭禮《まつり》　七四
松《まつ》　九一
鱒《ます》　一〇八

鮪《まぐろ》 一〇八

けの部

兄弟《けうだい》 三〇
下駄《げた》 四九
雞卵《けいらん》 五五
獸類《けだものるゐ》 五五
月給《げつきふ》 七二
爭鬪《けんくわ》 七八
經史《けいし》 八五
雞冠花《けいとう》 九五

ふの部

富士《ふじ》 二三
夫婦《ふうふ》 二八
不具者《ふぐしや》 二八
父母《ふぼ》 二九
蒲團《ふとん》 四九
豚小屋《ぶたごや》 六〇
船《ふね》 六〇
筆《ふで》 六三 八九
蓋類《ふたるゐ》 六八
袋《ふくろ》 六八
袱包《ふろしきづゝみ》 六八
佛像《ぶつざう》 八二

葡萄《ぶだう》 九三
芙蓉《ふやう》 九五
豕《ぶた》 一〇一
梟《ふくろう》 一〇八

この部

江湖《こうこ》海《かい》 二四
乞食《こつじき》 二九
子《こ》 三〇
腰《こし》 四四
瘤《こぶ》 四五
氷《こほり》 五一
米《こめ》 五三
小屋《こや》 六〇
烙鐵《こて》 七〇
小刀《こがたな》 七〇
琴《こと》 七一
婚姻《こんいん》 七二
哭泣《こくきふ》 七五
暦《こよみ》 八九
鯉《こひ》 一〇八

えの部

江《え》 二四
繪《え》の具《ぐ》 六五
宴會《えんくわい》 七五

閻《えん》魔《ま》　八二
繪《え》馬《ま》　八四
繪《え》　八九
槐《えんじゆ》　九二

ての部

天《てん》　一三
庭《てい》園《えん》　二六
天《てん》子《し》　二七
手《て》　四二
手巾《てぬぐひ》　五〇
銚《てう》子《し》　六七
提《てう》灯《ちん》　六九
打《てう》擲《ちやく》　七九
弔《てう》喪《そう》　八〇
天《てん》狗《ぐ》　八二
貂《てん》　一〇〇
蝶《てふ》　一一〇

あの部

天《あまの》河《がは》　一三
雨《あめ》　一八
足《あし》　四二
足《あし》駄《だ》　四九
扇《あふぎ》　五〇
醴《あまざけ》　五二

油《あぶら》 五三
飴《あめ》 五六
穴《あな》藏《ぐら》 六〇
網《あみ》 六九
挨《あい》拶《さつ》 七五
按《あん》摩《ま》 七六
梧《あを》桐《ぎり》 九二
杏《あんず》 九二
牽《あさ》牛《が》花《ほ》 九五
藍《あい》 九五
鸚《あう》鵡《む》 一〇七
蜊《あさり》 一〇九
蟻《あり》 一一二

さの部

彩《さい》色《しき》 一八
山《さん》林《りん》 二一
妻《さい》 三〇
酒《さけ》 五二
酒《さけ》粕《かす》 五二
酒《さけの》泉《いづみ》 五二
觴《さかづき》 六六
杯《さかづき》碗《いん》皿《さら》 六六
祭《さい》祀《し》 七四
爭《さう》鬪《とう》 七八
罪《ざい》人《にん》 八〇

祭《さい》禮《れい》　八一
石《ざく》榴《ろ》　九三
山《さ》茶《ざん》花《くわ》　九三
象《ざう》　九九
猿《さ》猴《る》　一〇〇
鷺《さぎ》　一〇六

きの部

客《きやく》人《じん》　二八
宮《きう》殿《でん》　五六
宮《きう》城《じやう》　五七
砧《きぬた》　七〇
錐《きり》　七〇
祈《き》禱《たう》　七四
行《ぎやう》水《ずゐ》　七六
糺《きう》問《もん》　七九
鬼《き》神《しん》　八〇
銀《ぎん》杏《なん》　九三
菊《きく》　九四
麒《き》麟《りん》　九八
狐《きつね》狸《たぬき》　一〇〇
雉《きじ》　一〇六
蟋《きりゞ》蟀《す》　一一一

ゆの部

雪《ゆき》　二〇　五一

指《ゆび》 四二
弓《ゆみ》 六四

めの部

目《め》 三九
麵類《めんるゐ》 五三
妾《めかけ》 七三

みの部

霙《みぞれ》 二〇
水《みづ》 二二 五一
溝《みぞ》 二四
湊《みなど》 二四
湖《みづうみ》 二四
身《み》 三四
耳《みゝ》 三九
水瓶《みづがめ》 六八
水桶《みづおけ》 六八
水車《みづぐるま》 七〇
鷦鷯《みをさゝひ》 一〇七
蜜蜂《みつばち》 一一二
蚯蚓《みゝず》 一一三

しの部

日月《じつげつ》 一四
霜《しも》 二〇

城《しろ》 二七
女《によ》子《し》 二八
死《し》人《にん》 二九
死《し》骸《がい》 二九
師《し》友《いう》 三〇
舌《した》 四一
白《しろ》酒《ざけ》 五二
鹽《しほ》水《みづ》 五三
鹽《しほ》魚《うを》 五五
銃《じう》砲《はう》 六四
酒《しゆ》器《き》 六六
漏《じやう》斗《ご》 六七
情《にやう》婦《ふ》 七三

出《しゆつ》産《さん》 七四
笑《しやう》罵《ば》 七五
疾《しつ》病《ぺい》 七六
針《しん》灸《きう》 七七
死《し》尸《し》 八〇
死《し》亡《ばう》 八三
諸《しよ》佛《ぶつ》 八四
寺《じ》社《しや》 八四
神《じん》社《じや》 八四
社《しや》寺《じ》 八四
神《じん》事《じ》 八四
誦《じゆ》經《きやう》 八四
書《しよ》籍《じやく》 八五

書《しよ》　八八
詩《し》歌《か》　八八
樹《じゆ》木《ぼく》　八九
薔《しやう》薇《び》　九四
芍《しやく》薬《やく》　九四
紫《し》蘇《そ》　九五
菖《しやう》蒲《ぶ》　九五
植《しよく》物《ぶつ》（雑）　九五
獅《し》子《し》　九八
鹿《しか》　九九
白《しろ》馬《うま》　一〇四
白《しろ》鼠《ねずみ》　一〇五
蜆《しゞみ》　一〇九
蛇《じや》　一〇九
虱《しらみ》　一一三

ひの部

日《ひ》　一四
非《ひ》人《にん》　二九
病《びやう》人《にん》　二九
人《ひと》　三〇
額《ひたひ》　三五
羊《ひつじご》小屋《や》　六〇
火《ひ》筋《ばし》類《るゐ》　六八
燧《ひうちの》具《ぐ》　六八
檜《ひのき》　九一

枇《び》杷《は》 九三
向日葵《ひまはり》 九四
菱《ひし》の花《はな》 九五
豹《ひやう》 九八
狒《ひ》々 一〇〇
羊《ひつじ》 一〇二
蛾《ひとりむし》 一一一

もの部

盲《もう》人《じん》 二九
餅《もち》 五三
門《もん》戸《こ》 五八
毛《もう》氈《せん》 六五

桃《もゝ》 九二
木《もく》蘭《らん》 九四
鼹鼠《もぐらもつ》 一〇五

せの部

泉《せん》水《すゐ》 二三
聖《せい》賢《けん》 二九
背《せ》 四四
雪《せつ》隱《いん》 六〇
席《せき》 六五
蒸籠《せいろう》 六七
妾《せふ》 七三
召《せう》喚《くわん》 七五

殺《せン》傷《しやう》　七八
仙《せん》人《にん》　八四
肖《せう》像《ぞう》　八九
旃《せん》檀《だん》　九一

すの部

醋《す》　五三
西《すゐ》瓜《くわ》　五四
硯《すり》　六三 八九
墨《すみ》　六三 八九
杉《すぎ》　九一
李《すもゝ》　九三
水《すゐ》仙《せん》　九四

雀《すゞめ》　一〇七
鱸《すゞき》　一〇九

目次終

夢判斷實驗書

柄澤照覺著

夢《ゆめ》の靈驗《れいげん》ある事《こと》

夢《ゆめ》に靈驗《れいげん》あることは和漢《わかん》ともに古《いにし》へより言《い》ひ傳《つた》ふる所《ところ》にして歴史《れきし》に載《の》する所《ところ》を見《み》るも皆《みな》徴《ちやう》すべきものあり其最《そのもつと》も古《ふる》きは支那《しな》の古昔《こせき》に在《あ》りて黄帝《くわうてい》の夢殷《ゆめいん》の天子《てんし》湯《たう》の夢《ゆめ》及高宗《およびかうそう》の夢《ゆめ》（後《のち》に出《い》づ）等《とう》にして周《しう》に至《いた》りては夢《ゆめ》を重《おも》んじ特《とく》に占夢《せんむ》の官《くわん》を設《まう》け六夢《む》の吉凶《きつけう》を占《うらな》はしめしこと周禮《しうれい》といふ書《しよ》に見《み》へたり六夢《む》とは夢《ゆめ》に六種《しゆ》あることにして第《だい》一を正夢《せいむ》と云《い》ひ心《こゝろ》に感《かん》ずるところなくして自然《しぜん》に夢《ゆめ》みるを謂《い》ひ第《だい》二を噩夢《がくむ》と云《い》ひ心《こゝろ》に驚《おどろ》くことありて夢《ゆめ》みるを謂《い》ひ第《だい》三を思夢《しむ》と云《い》ひ心《こゝろ》に思《おも》ふところあるより寤《さと》りて夢《ゆめ》みるを謂《い》ひ第《だい》四を喜夢《きむ》と云《い》ひ心《こゝろ》に喜《よろこ》ぶてとありて夢《ゆめ》みるを謂《い》ひ第《だい》五を寤夢《ごむ》と云《い》ひ心《こゝろ》に寤《さと》ることありて夢《ゆめ》みるを謂《い》ひ第《だい》六を懼夢《くむ》と云《い》ひ懼《おそ》るゝことありて夢《ゆめ》みるを謂《い》ふ其他《そのた》にも亦大卜《またたいぼく》三夢《む》の法《はふ》を掌《つかさど》ると云《い》ふことあり三夢《む》は致《ち》

夢《む》觭《き》夢《む》及《およ》び咸陟《かんちよく》なりと謂《い》ふ

列子《れつし》に曰《いは》く天地《てんち》陰陽《いんやう》の氣《き》皆物《みなもの》に應《おう》ず故《ゆゑ》に人《ひと》にして陰氣《いんき》壯《さか》んなれば夢《ゆめ》に大水《たいすゐ》を渉《わた》りて恐懼《きやうく》し陽氣《やうき》壯《さか》んなれば夢《ゆめ》に大火《たいくわ》に遇《あ》ふて燒《や》かれ陰陽《いんやう》の氣《き》共《とも》に壯《さか》んなれば夢《ゆめ》に生殺《せいさつ》し又甚《またはなは》だ飽《あ》くときは夢《ゆめ》に物《もの》を與《あた》へ甚《はなは》だ飢《うゆ》るときは夢《ゆめ》に物《もの》を取《と》り虛浮《きよふ》の疾《やまひ》あるものは飛《と》ぶことを夢《ゆめ》み沈實《ちんじつ》の疾《やまひ》あるものは溺《おぼ》れしことを夢《ゆめ》み又帶《またおび》を敷《し》きて寢《い》ぬれば蛇《じや》を夢《ゆめ》み飛鳥《ひてう》已《おの》れの髪《かみ》を啣《ふく》めば空《そら》を行《ゆ》くことを夢《ゆめ》み將《まさ》に疾《や》まんとするときは食《しよく》することを夢《ゆめ》み酒《さけ》を飲《の》みて寢《いぬ》るものは夢《ゆめ》にうれひ歌《うた》ひ舞《ま》ひて寢《い》ぬるものは夢《ゆめ》に泣《な》くと云《い》へり

夢《ゆめ》の故事《こじ》

黃帝《くわうてい》の夢《ゆめ》

昔《むかし》支那《しな》の天子《てんし》黃帝《くわうてい》は天下《てんか》の治《おさま》らざることを憂《うれ》ひ三月《みつき》の間《あひだ》閉《と》ぢ籠《こも》りて謹愼《きんしん》し政事《せいじ》をも親《みづか》らせられざりしに偶《たまた》ま晝寢《ひるい》ねて夢《ゆめ》に華胥《くわしよ》といへる國《くに》に遊《あそ》び其國《そのくに》の甚《はなは》だ治《おさま》れるを見《み》既《すで》に覺《さ》めて心《こゝろ》に自得《じとく》する所《ところ》あり其後《そのゝち》廿九年《ねん》にして天下《てんか》大《おほい》に治《をさ》まり殆《ほとん》ど華胥國《くわしよこく》の如《ごと》くなりしと云《い》へり

又《また》黃帝《くわうてい》或《あ》る時《とき》の夢《ゆめ》に大風《たいふう》天下《てんか》の塵垢《ちんこう》を吹《ふ》き掃《はら》ふと見《み》又重《またおも》き弩弓《どきう》を持《も》ち羊數萬頭《ひつじすまんとう》を驅《か》る者《もの》あるを見《み》る覺《さ》めて歎《たん》じて曰《いは》くかぜは風《ふう》なり垢《こう》は后《こう》なり天下《てんか》に姓《せい》は風《ふう》にして名《な》は后《こう》なる者《もの》あるか又重《またおも》き弩弓《どきう》を持《も》つは力《ちから》なり羊《ひつじ》の群《むれ》を驅《か》るは牧《ぼく》なり天下《てんか》に姓《せい》は力《りよく》にして名《な》は牧《ぼく》なる者《もの》あるかと夢《ゆめ》に依《よ》りて之《これ》を判《はん》じ偏《あまね》く其人《そのひと》を求《もと》めて風后力牧《ふうこうりよくぼく》の二人《にん》を得《え》たれば重《おも》く之《これ》を用《もち》ひしに皆《みな》賢者《けんしや》にして大《おほい》に黃帝《くわうてい》を補佐《ほさ》したりと云《い》ふ

湯王《たうわう》の夢《ゆめ》

殷《いん》の先祖《せんぞ》湯《たう》といふ天子《てんし》未《いま》だ天子《てんし》とならざりし時賢者《ときけんしや》を得《え》んことを思《おも》ひ夢《ゆめ》に伊尹《いいん》を得《え》て之《これ》を求《もと》め遂《つひ》に此人《このひと》の力《ちから》に由《よ》りて夏《か》の無道《ぶだう》なる天子桀《てんしけつ》を討《う》ち天子《てんし》と爲《な》ることを得《え》たり

高宗《かうそう》の夢《ゆめ》

殷《いん》の天子《てんし》高宗《かうそう》は殷《いん》の中興《ちうこう》の主《しゆ》にして夢《ゆめ》に天《てん》より良臣《りやうしん》を授《さづ》け給《たま》ふと見《み》其人《そのひと》の容貌《ようばう》を記憶《きおく》せしまゝ其像《そのざう》を畫《えが》かしめ偏《あまね》く天下《てんか》に求《もと》めたりしに傅巖《ふがん》といふ所《ところ》にて土《つち》を荷《にな》ひ建築《けんちく》に從《したが》ひ居《を》りし

者《もの》の中《なか》に其像《そのぞう》に似《に》たる者《もの》ありしを以《もつ》て之《これ》を連《つ》れ歸《かへ》り高宗《かうそう》に拜謁《はいえつ》せしめしに高宗其人《かうそうそのひと》の非凡《ひぼん》なることを知《し》り之《これ》を登庸《とうよう》して政事《せいじ》を執《と》らしめたれば果《はた》して傅説《ふえつ》といふ大賢人《だいけんじん》にして大《おほい》に高《かう》宗《そう》を輔《たす》けたること書經《しよきやう》の説命《えつめい》に見《み》へたり

王濬《わうしゆん》の夢《ゆめ》

晉《しん》の王濬《わつしゆん》といふ人《ひと》三の刀《かたな》を得《え》たりと夢《ゆめ》み不祥《ふしやう》の兆《てう》ならんと疑《うたが》ひ或人《あるひと》をして之《これ》を占《うらな》はしめしに其人《そのひと》の曰《いは》く是《こ》れ吉夢《きつむ》なり刀《かたな》の字《じ》を三《み》つ重《かさ》ねれば刕《しう》の字《じ》と爲《な》る是《こ》れ一刕《しう》の太守《たいしゆ》たるべきの兆《てう》なりと王濬又《わうしゆんまた》一刀《たう》を得《え》たる夢《ゆめ》を見《み》たりし故再《ゆゑふたゝ》び其人《そのひと》に問《と》ひたれば一刀《とう》を益《ま》すは益《えき》なり君《きみ》は益刕《えきしう》の太守《たいしゆ》に任《にん》ぜらるべしと後其言《のちそのこと》の如《ごと》くなりしと云《い》ふ

丁固《ていこ》の夢《ゆめ》

吳《ご》の丁固《ていこ》といふ人夢《ひとゆめ》に吾《わ》が腹《はら》の上《うへ》に松《まつ》の木《き》の三本生《ほんしやう》じたるを見《み》たれば覺《さ》めて不吉《ふきつ》の兆《てう》ならんと思《おも》ひ或人《あるひと》に語《かた》りしに其人《そのひと》の曰《いは》く松《まつ》の字《じ》を分析《ぶんせき》すれば十八公《こう》の字《じ》となる故《ゆゑ》に君《きみ》は十八年《ねん》

の後《のち》公爵《こうしやく》に升《のぼ》るべしと云《い》はれしが彼其言《のちそのこと》の如《ごと》くなりしと云《い》ふ

曹操《さうそう》の夢《ゆめ》

魏《ぎ》の曹操《さうそう》夢《ゆめ》に三頭《とう》の馬《うま》一《ひと》つの槽《ふね》にて秣豆《まぐさ》を食《くら》ふと見《み》たれば之《これ》を賈詡《かく》といふ人《ひと》に問《と》ひしに別《べつ》條《でう》なしと答《こた》へたりしが後《のち》に司馬懿《しばい》司馬師《しばし》司馬昭《しばせう》の三人《にん》に國《くに》を簒《うば》はれしは此夢《このゆめ》に應《おう》じたるものなりと云《い》へり

何祇《かぎ》の夢《ゆめ》

蜀《しよく》の何祇《かぎ》といふ人夢《ひとゆめ》に井《ゐ》の中《なか》に桑《くわ》の木《き》の生《しやう》ずるを見《み》る趙直《てうちよく》といふ人之《ひとこれ》を聞《き》きて曰《いは》く桑《くは》は井《ゐ》の中《なか》に生《しやう》ずべきものに非《あら》ず井《ゐ》は亦桑《またくは》を生《しやう》ずるの地《ち》に非《あら》ず而《しか》して桒《くは》の字《じ》は四十八となれば君《きみ》恐《おそ》らくは四十八にして壽終《じゆおは》るべしと云《い》ひしに其言果《そのげんはた》して驗《けん》ありと云《い》ふ

黄平《くわうへい》の夢《ゆめ》

黄平《くわうへい》といふ人夢《ひとゆめ》に馬《うま》の頻《しき》りに踊《おど》り舞《ま》ふを見《み》る覺《さ》めて後思《のちおも》ふに午《うま》は南《みなみ》の方《かた》にして火《ひ》の象《しやう》なり

馬《うま》の舞《ま》ふば火《ひ》の燃《も》へたつ意《い》なれば或《あるひ》は火災《くわさい》あらんかと其用意《そのようゐ》を怠《おこた》らざりしに果《はた》して火災《くわさい》ありしと云《い》ふ

岳飛《がくひ》の夢《ゆめ》

宋《そう》の岳飛《がくひ》といふ人或《ひとあ》る夜《よ》の夢《ゆめ》に兩《ふた》つの犬《いぬ》のものいふを見《み》る覺《さ》めて之《これ》を友人《いうじん》に語《かた》りしに友人《いうにし》曰《いは》く兩犬《りやうけん》のものいふを字《じ》と爲《な》せば獄《ごく》の字《じ》となる君《きみ》は獄《ごく》に下《くだ》るの患《うれ》ひあらんことを恐《おそ》ると後《のち》果《はた》して秦檜《しんくわい》といふ人《ひと》の讒《ざん》に遇《あ》ひ獄《ごく》に入《い》りて死《し》せり

晋侯《しんこう》の夢《ゆめ》

左傳《さでん》に晋《しん》の景公疾《けいこうやまひ》ありて秦《しん》の國《くに》より良醫《りやうい》を呼《よ》び迎《むか》へんとせしに公《こう》の夢《ゆめ》に疾《やまひ》二人《にん》の童子《どうじ》と爲《な》りて一人《にん》の曰《いは》く今《い》ま秦《しん》の國《くに》より良醫至《りやういいた》らば吾等《われら》は害《がい》せらるべしと一人《にん》の曰《いは》く若《も》し膏《かう》の上肓《かみから》の下《しも》に在《あ》らば良醫《りやうい》と雖《いへど》も如何《いかん》ともすること能《あた》はざらんと（膏肓《かうかう》とは胸鬲《けうかく》の邊《へん》なり）後醫至《のちいいた》りて公《こう》を診察《しんさつ》し疾己《やまひすで》に膏《かう》の上肓《かみから》の下《しも》に在《あ》れば鍼灸《しんきう》も施《ほどこ》すに由《よし》なく藥《くすり》も亦達《またたつ》せず故《ゆゑ》に之《これ》を治《ち》

すること能《あた》はずと云《い》へり晋侯因《しんこうより》て厚《あつ》く禮《れい》して其醫師《そのいし》を歸《かへ》したり後幾《のちいく》ばくもなくして命終《いのちをは》れりと云《い》ふ

以上《いじやう》は支那《しな》の故事《こじ》に屬《ぞく》すれども我國《わがくに》にも亦之《またこれ》に類《るゐ》すること多《おほ》し今其《いまその》一二を左《さ》に擧《あ》ぐ

紀《き》の氏光《うじみつ》の夢《ゆめ》

清和《せいわ》天皇《てんわう》の皇子《わうじ》貞純親王《さだずみしんわう》御違例《ごゐれい》ありしとき府生紀《ふしやうき》の氏光《うじみつ》の夢《ゆめ》に親王《しんわう》の御園《みその》の池水俄《いけみづにはか》に波《なみ》たち親王《しんわう》忽《たちま》ち白龍《はくりう》と化《くわ》し世々《よゝ》源氏《げんじ》守護《しゆご》の神《かみ》たるべしと誓《ちか》ひ給《たま》ふと見《み》しかば覺《さ》めて後驚《のちおどろ》きて直《たゞち》に親王《しんわう》の邸《てい》に伺候《しこう》せしに親王已《しんわうすで》に薨御《かうぎよ》の後《のち》なりしと云《い》ふ

後《ご》醍醐《だいご》天皇《てんわう》の夢《ゆめ》

後醍醐天皇《ごだいごてんわう》笠置《かさぎ》に籠《こも》らせ給《たま》ひしときの御夢《おんゆめ》に紫宸殿《ししんでん》の庭前《ていぜん》に大《おほい》なる常盤木《ときはぎ》ありて綠《みどり》の蔭茂《かげしげ》りたるもとに二人《にん》の童子《どうじ》來《きた》りて南《みなみ》の枝《えだ》の木蔭《こかげ》に玉座《ぎよくざ》を設《まう》けたりと見《み》給《たま》ひ覺《さ》め給《たま》ひて南《みなみ》の木《き》は楠《なん》といふ字《じ》なれば楠氏《くすのきうじ》の士《さむらひ》あるべしとて之《これ》を尋《たづ》ねさせられ遂《つひ》に楠正成《くすのきまさしげ》を得《え》給《たま》ひ其力《そのちから》

にて北條《ほうでう》の逆徒《ぎやくと》を誅《ちう》し給《たま》へり

平政子《たひらのまさこ》の夢《ゆめ》

平《たひら》の政子《まさこ》は妹《いもと》の夢《ゆめ》に鳩《はと》の金《きん》の函《はこ》を啣《ふく》みて來《きた》りしを得《え》たりとのことを聞《き》き其夢《そのゆめ》を買《か》はんとて鏡《かゞみ》を妹《いもー》に與《あた》へ其夢《そのゆめ》と交換《かうくわん》せしむることと爲《な》し後《のち》遂《つゐ》に頼朝《よりとも》に通《つう》じ夫人《ふじん》と爲《な》りて富貴《ふつき》の身《み》となりたり

夢《ゆめ》に關《くわん》する故事《こじ》は和漢《わかん》共《とも》に少《すく》なからざれども本書紙數《ほんししよすう》に限《かぎ》りあれば筆《ふで》を此《こゝ》に留《とゞ》む

夢《ゆめ》みたる日《ひ》の干支《かんし》により吉凶《きつけう》ある事《こと》

きのえねの日《ひ》の夢《ゆめ》は何事《なにごと》も心《こゝろ》にかゝることなし○きのとのうしの日《ひ》の夢《ゆめ》は女子《じよし》につき三日《みつか》のうちに口舌《くせつ》あるべし

ひのえとらの日《ひ》の夢《ゆめ》はよきことあるべし○ひのとのうしの日《ひ》の夢《ゆめ》は大切《たいせつ》なり萬事《ばんじ》むづかしきことあるべし

つちのえたつの日《ひ》の夢《ゆめ》はうれひあるべし〇つちのとのみの日《ひ》の夢《ゆめ》はよろこびごとあるべし
かのえうまの日《ひ》の夢《ゆめ》はよろづ心《こゝろ》にまかすることなり〇かのとのひつじの日《ひ》の夢《ゆめ》はたからを
得《う》るなり
みづのえさるの日《ひ》の夢《ゆめ》は口舌《くぜつ》あるべしつゝしみてよし〇みづのとのとりの日《ひ》の夢《ゆめ》は下人《げにん》に
つきむづかしきことあるべし
きのえいぬの日《ひ》の夢《ゆめ》は悦《よろこ》びありたからをうべし〇きのとのゐの日《ひ》の夢《ゆめ》は疾《やまひ》あるべし
ひのえねの日《ひ》の夢《ゆめ》は口舌《くぜつ》又《また》はうれひごとあり〇ひのとのうしの日《ひ》の夢《ゆめ》はよろづよし
つちのえとらの日《ひ》の夢《ゆめ》は無事《ぶじ》なり〇つちのとのうの日《ひ》の夢《ゆめ》はよろづよし
かのえたつの日《ひ》の夢《ゆめ》は酒《さけ》を得《う》べし〇かのとのみの日《ひ》の夢《ゆめ》はよろこびごと多《おほ》し
みづのえうまの日《ひ》の夢《ゆめ》は何事《なにごと》も心《かな》に叶ふべし〇みづのとのひつじの日《ひ》の夢《ゆめ》は女子《じよし》につきく
せつあり
きのえさるの日《ひ》の夢《ゆめ》は命《いのち》ながし但《たゞ》し金銭《きんせん》につき口舌《くぜつ》あり〇きのとのとりの日《ひ》の夢《ゆめ》はよろづ
よし又酒《またさけ》を得《う》るなり

ひのえいぬの日《ひ》の夢《ゆめ》はよろづいむべし大事《だいじ》なり○ひのとのゐの日《ひ》の夢《ゆめ》は疾《やまひ》あり愼《つゝし》むべし
つちのえねの日《ひ》の夢《ゆめ》はたからを得《う》べし○つちのとのうしの日《ひ》の夢《ゆめ》は女子《にょし》につき口舌《くぜつ》あり
かのえとらの日《ひ》の夢《ゆめ》は大《だい》ふく來《きた》る○かのとのうの日《ひ》の夢《ゆめ》は大《おほい》によし
みづのえたつの日《ひ》の夢《ゆめ》は口舌又《くぜつまた》はうれひありそとへ出《い》づべからず夢みづのとのみの日《ひ》の夢《ゆめ》
もあしゝつゝしむべし
きのえうまの日《ひ》の夢《ゆめ》はたからを得《う》るなり○きのとひつじの日《ひ》の夢《ゆめ》は幸《さひはい》あり又酒《またさけ》を得《う》べし
ひのえさるの日《ひ》の夢《ゆめ》はつみをうくるなりつゝしみひかへてよし○ひのとのとりの日《ひ》の夢《ゆめ》は
よろづよし但口舌《たゞしくぜつ》をふせぐべし
つちのえいぬの日《ひ》の夢《ゆめ》は大《おほい》によし○つちのとのゐの日《ひ》の夢《ゆめ》はよろづよし
かのえねの日《ひ》の夢《ゆめ》はよろこびあり又酒《またさけ》を得《う》べし○かのとのうしの日《ひ》の夢《ゆめ》はむづかしきこと
おこるなり
みづのえとらの日《ひ》の夢《ゆめ》は位《くらゐ》を進《すゝ》むるなり○みづのとのうの日《ひ》の夢《ゆめ》は幸《さいはひ》あるべし
きのえたつの日《ひ》の夢《ゆめ》はよろこびあれども又口舌《またくぜつ》あるべし○きのとのみの日《ひ》の夢《ゆめ》ははじめあ

しく後《のち》によろこびあるべし
ひのえうまの日《ひ》の夢《ゆめ》は金銭《きんせん》につきてなやみあり○ひのとのひつじの日《ひ》の夢《ゆめ》はたからを得《う》れどもむづかしきことといでくるなり
つちのえさるの日《ひ》の夢《ゆめ》はいむべし○つちのとのとりの日《ひ》の夢《ゆめ》は女子《によし》につき口舌《くぜつ》あり
かのえいぬの日《ひ》の夢《ゆめ》は悪《あし》きことあれども祟《たゝり》なし○かのとのゐの日《ひ》の夢《ゆめ》はたからを得《う》べし
みづのえねの日《ひ》の夢《さけ》は酒につきて口舌《くせつ》あるべし○みづのとのうしの日《ひ》の夢《ゆめ》は口舌《くせつ》あり大《おほい》にいむべし
きのえとらの日《ひ》の夢《ゆめ》は大《おほい》によし○きのとのうの日《ひ》の夢《ゆめ》はたからをうれどもむづかしきことあるなり
ひのえたつの日《ひ》の夢《ゆめ》は神《かみ》のたゝりあるべしのちはよし○ひのとのみの日《ひ》の夢《ゆめ》はあしきことありそとへいづべからず
つちのえうまの日《ひ》の夢《ゆめ》は寶《たから》を得《う》べし○つちのとのひつじの日《ひ》の夢《ゆめ》は願《ねが》ふこと心《こゝろ》に叶《かな》ふべし
かのえさるの日《ひ》の夢《ゆめ》は酒《さけ》にて悩《なやみ》あり愼《つゝし》むべし○かのとのとりの日《ひ》の夢《ゆめ》は酒《さけ》を得《う》べし

みづのえいぬの日《ひ》の夢《ゆめ》は口舌《くぜつ》をいむべし○みづのとのゐの日《ひ》の夢《ゆめ》は口舌《くぜつ》あり人《ひと》に別《わか》るゝことありつゝしむべし

夢《ゆめ》を人《ひと》に語《かた》るべからざる日《ひ》の事《こと》

正月	ひつじ	さる	いぬ	
二月	とり	さる	み	
三月	ひつじ	うま	ゐ	
四月	うま	うし	う	ゐ
五月	うま	うし	う	ゐ
六月	ね	うし	ゐ	
七月	ね	うし	う	たつ
八月	とら	たつ	ね	ゐ
九月	とら	たつ	ね	ゐ
十月	たつ	み		
十一月	さる	ひつじ	いぬ	
十二月	うま	ひつじ	ゐ	

すべて陰暦《いんれき》にてみるなり但《たゞ》しよき夢《ゆめ》はいつにても人《ひと》に語《かた》らざるをよしとするなり

夢《ゆめ》の吉凶判断《きつけうはんだん》

天文類《てんもんるゐ》

○天《てん》に登《のぼ》ると見《み》れば官位《くわんゐ》を得《う》るなり

○天《てん》にすむと見《み》れば高官《かうくわん》に登《のぼ》り威權盛《ゐけんさか》んなり女《をんな》は位《くらゐ》ある人《ひと》の妻《つま》となるなり

○天《てん》の晴《は》るゝを見《み》れば愁《うれ》ひを去《さ》り喜《よろこ》びごとあり

○天《てん》の紅《くれない》なるを見《み》れば吉《きつ》

○天《てん》の光《ひか》り身《み》を照《てら》すと見《み》れば病癒《やまひいゆ》るなり

○天《てん》の崩《くづ》るゝを見《み》れば父母《ふぼ》の死亡《しばう》を主《つかさ》どる

○天《てん》の黒《くろ》きを見《み》れば凶《けう》

○天《てん》より降《くだ》ると見《み》れば辱《はぢ》を得《う》ることあり

○天《てん》の神己《かみおのれ》を召《め》すとみれば立身出世《りつしんしゆつせ》すべし

○天低《てんひく》く身《み》に近《ちかづ》くと見《み》れば目上《めうへ》の人《ひと》より愛《あい》せらるべし

○天色將《てんしよくまさ》に曉《あ》けんとするを見《み》れば益〻《ます》繁榮《はんえい》すべし

○天晩《てんく》れ光《ひかり》なきを見《み》れば家内《かない》に變事《へんじ》あるべし

○天河《あまのがは》を渡《わた》るとみれば男女《だんぢよ》の情意相通《じやうゐあひつう》じて良縁《りやうえん》を得《う》べし

○子《こ》を抱《いだ》きて天《てん》に上《のぼ》るとみれば子《こ》なき者《もの》は貴子《きし》を得《え》已《すで》に子《こ》ある者《もの》は官祿《くわんろく》を進《すゝ》むべし

○天《てん》の色赤《いろあか》きを見《み》れば四方《はう》に騒動《さうどう》あるの兆《てう》とす

○天《てん》の色《いろ》青《あを》きをみれば家《か》業《げふ》繁《はん》榮《えい》し一家《か》安《あん》泰《たい》の兆《てう》とす
○天《てん》の色《いろ》黒《くろ》きか又《また》白《しろ》きはよきことに非《あらざ》ればつゝしむべし
○天《てん》を巡《めぐ》りて星《ほし》をさくるとみれば官《くわん》祿《ろく》にありつくべし又《また》よき子《こ》を得《う》べし
○舟《ふね》や車《くるま》にのりて天《てん》に上《のぼ》るとみれば旅《りよ》行《かう》の兆《てう》天《てん》に上《のぼ》るなればよきことの如《ごと》くなれども又《また》一方《はう》より見《み》れば高《たか》きに上《のぼ》るにて危《あやふ》き意《い》あり故《ゆゑ》につゝしむべし
○梯子《はしご》にのりて天《てん》に登《のぼ》るとみれば名《めい》位《ゐ》共《とも》に升《のぼ》りて榮華《えいぐわ》あるべし
○天《てん》の神《かみ》より紙《かみ》筆《ふで》等《とう》を授《さづ》かるとみれば文《ぶん》筆《ひつ》に達《たつ》すべし
○天《てん》を仰《あほ》ぎて星《ほし》の光《ひか》るを見《み》れば家《いへ》富《と》み幸《かう》福《ふく》あるの兆《てう》
○鶴《つる》にのりて天《てん》に上《のぼ》るとみれば長《ちやう》壽《じゆ》の兆《てう》
○天《てん》より鏠《ほこ》の落《お》つるを見《み》れば災《わざはい》の下《くだ》る兆《てう》なればつゝしむべし
○日《ひ》を負《お》ふと見《み》れば貴《たつと》きことを主《つかさ》どる
○朝日《あさひ》の出《いづ》るを見《み》れば子《し》孫《そん》の榮《さか》へを主《つかさ》どる
○日月《じつげつ》を呑《の》むは何《いづ》れも貴《たつと》き子《こ》を生《う》むなり
○夕日《ゆふひ》の傾《かたふ》くを見《み》れば公《く》事《じ》訴《そ》訟《しやう》あり
○日蝕《につしよく》を見《み》れば妻《さい》孕《はら》むことあるべし
○日《ひ》の地《ち》に落《お》つるを見《み》れば病《やまひ》を主《つかさ》どる又《また》願《ねが》ひごと成《な》らざるなり

○日月並《じつげつなら》び出《い》づると見《み》れば婢僕《ひぼく》に欺《あざむ》かるゝことあり
○月蝕《げつしよく》を見《み》れば安産《あんざん》を主《つかさ》どる
○日月《じつげつ》一所《しよ》にありとみれば父母《ふぼ》安泰夫婦和《あんたいふうふわ》合《がふ》の兆《てう》とす
○日《ひ》や月《つき》の吾《わ》が身《み》につくと見《み》れば祿位《ふくゐ》升《のぼ》り婚姻調《こんいんとゝの》ひ商業利益《しやうげふりえき》あるの兆《てう》
○日《ひ》の黒《くろ》きをみれば萬事《ばんじ》に吉《きつ》ならず父母疾《ふぼやまひ》にかゝり婦人《ふじん》は夫《おつと》に別《わか》るゝことあるべし
○日《ひ》のかけたるを見《み》れば父母《ふぼ》に利《り》あらず萬《ばん》事不吉《じふきつ》の兆《てう》
○雲開《くもひら》けて日《ひ》の出《い》づるを見《み》れば埋《うづ》もれたる人《ひと》も世《よ》に出《い》づるの兆病人《てうべうにん》は平癒《へいゆ》すべし

○日《ひ》の水底《すゐてい》に沈《しづ》むとみれば貴《たつと》き人《ひと》の没《ぼつ》し又《また》は零落《れいらく》するの兆《てう》
○日《ひ》の光《ひか》り門内《もんない》に入《い》ると見《み》れば幸《さいはひ》あり又《また》望外《ばうぐわい》の利益《りえき》あるべし
○二《ふた》つの日《ひ》門戸《もんこ》を照《てら》すと見《み》れば貴人《きにん》二人來《にんきた》るの兆幸福《てうかうふく》あるべし
○日《ひ》に五色《しき》の色《いろ》ありとみれば富貴榮華《ふうきえいぐわ》の兆《てう》
○日《ひ》の光吾《ひかりわ》が身《み》を照《てら》すとみれば君父《くんぷ》に寵愛《てうあい》せらるゝの兆商業《てうしやうげふ》に利益《りえき》あるべし
○月《つき》の圓《まろ》きをみれば高位高官《かうゐかうくわん》に上《のぼ》るの兆凡《てうすべ》て願《ねが》ひを遂《と》げ縁談成《えんだんな》り生《う》める子《こ》は貴《たつと》くして名《な》を後世《こうせい》に擧《あ》ぐるの兆訴訟《てうそしやう》する者《もの》はかち病《やまひ》は治《ぢ》すべし

○月《つき》の暗《くら》きをみれば母《はゝ》或《あるひ》は妻《さい》疾《やまひ》にかゝることあるべし

○月《つき》の落《お》つるをみれば百事《じ》に宜《よろ》しからず父《ふ》母《ぼ》妻子《さいし》の間《あひだ》に爭《あらそ》ひごと起《おこ》るべし

○月《つき》の海中《かいちう》より出《い》づるとみれば財産《ざいさん》を得《え》家《か》門繁昌《もんはんじやう》するの兆《てう》なり

○弓《ゆみ》を射《ゐ》て月《つき》に中《あつ》るとみれば 志《こゝろざし》を遂《と》ぐるなり

○月《つき》の光《ひか》り身《み》をてらすとみれば貴人《きにん》の寵愛《てうあい》を受《う》くるなり

○月《つき》の井中《せいちう》に墜《お》つるとみれば人《ひと》の譏《そし》りを受《う》くることあり商賣利《しやうばいり》あらず又危《またき》險《けん》のこと多《おほ》し

○月船中《つきせんちう》に入《い》るとみれば求《もと》めずして幸福《かうふく》あり又《また》よき妻妾《さいせふ》を得《う》べし

○月《つき》に向《むか》ひて書物《しよもつ》を讀《よ》むとみれば立身出世《りつしんしゆつせ》すべし

○月出《つきい》でゝ雲《くも》に遮《さへぎ》らるゝとみれば人《ひと》に欺《あざむ》かるゝことあり又旅行《またりよかう》するものは人《ひと》に妨《さまた》げられ音信《いんしん》は人《ひと》に隔《へだ》てられ訴訟《そしやう》には勝《か》たざるの兆《てう》

○月《つき》を呑《の》むと見《み》れば貴人腹《きにんはら》に入《い》るの象《しやう》にして貴《たつと》き子《こ》を生《う》むべし又才學日《またさいがくひ》に進《すゝ》むの兆《てう》

○星《ほし》の大《だい》にして光《ひか》り明《あきら》かなるを見《み》れば立身《りつしん》し家榮《いへさかふ》るの兆《てう》

○星《ほし》の動《うご》くとみれば故《ふる》きを改《あらた》めて新《あら》たなる

事業《じげふ》を興《おこ》し或《あるひ》は婚姻《こんいん》を爲《な》すの兆《てう》
○星《ほし》のおつるをみれば病《やまひ》あり
○星《ほし》落《お》ちて散亂《さんらん》するとみれば災《わざはひ》あるべし
○星《ほし》の並《なら》びよく行列《ぎやうれつ》せしとみれば家内和合《かないわがふ》し子《し》孫繁榮《そんはんえい》するの兆《てう》
○流星地《りうせいち》におつるとみれば命數《めいすう》の限《かぎ》られたる象《しやう》にして現在《げんざい》の事業《じげふ》を止《や》むることとあるべし
○流星口中《りうせいこうちう》に入《い》るとみれば身《み》に禍《わざはひ》あり爭《あらそ》ひごとあるの兆《てう》
○大星地《たいせいち》におつるとみれば一切《さい》事《こと》の敗《やぶ》るゝ兆災難起《てうさいなんおこ》ることあり
○星《ほし》の光《ひかり》月《つき》の如《ごと》くなるをみれば幸運《かううん》の兆《てう》

○大《だい》なる星懐《ほしふところ》に入《い》るとみれば悦《よろこ》びごとあるべし
○星《ほし》の流《なが》れておちざるをみれば事《こと》に變動《へんどう》あるの兆又病人《てうまたびやうにん》は治《ち》すべし
○三つの星戸《ほしと》を照《てら》すとみれば富貴長壽《ふうきちやうじゆ》の兆《てう》
○星《ほし》の寢所《しんじよ》に落《お》つるとみれば女子《ぢよし》は子《こ》を孕《はら》むの兆男子《てうだんし》は幸福《かうふく》あるべし
○北斗星《ほくとせい》のくらきをみれば事業《じげふ》成《な》り難《がた》く心《こゝろ》に憂《うれ》ひ多《おほ》きの兆《てう》
○風東《かぜひがし》より吹《ふ》くとみれば萬事吉立身出世《ばんじきつりつしんしゆつせ》の兆《てう》
○風烈《かぜはげし》くふくとみれば疾《やまひ》を主《つかさ》どる
○風樹木《かぜじゆもく》を吹《ふ》き倒《たふ》すとみれば相談契約違《さうだんけいやくたが》ふ

ことあるべし

○風《かぜ》吹《ふき》て家《いへ》を倒《たほ》すとみれば財寶散亂《ざいはうさんらん》すべし

○風《かぜ》にのりて空《そら》をかけると見《み》れば人《ひと》に欺《あざむ》かるゝことあり

○北風《きたかぜ》の烈《はげし》く吹《ふ》くとみれば目下困難《もくかこんなん》に遇《あ》ふ兆然《てうしか》れども後《のち》には吉《きつ》

○暴風砂石《ばうふうしやせき》を飛《と》ばすとみれば盗難《とうなん》あるべし又家内《またかない》に變事《へんじ》あるの兆《てう》

○風《かぜ》の身《み》にしみて寒《さむ》きを覺《おぼ》ふると見《み》れば淫《いん》邪《じや》の情起《じやうおこ》るの兆謹《てうつゝし》まざれば災《わざはひ》あり

○大風雨《たいふうう》に遇《あ》ふとみれば主人《しゆじん》を亡《うしな》ふとあり

○雷《らい》に驚《おどろ》くとみれば住所《じうしよ》につき苦勞《くらう》あるべし

○雷《らい》四方《はう》より作《おこ》るとみれば商業《しやうげふ》に利《り》あり

○雷鳴《らいめい》するとみれば商人《しやうにん》は不時《ふじ》の利《り》を得官《えくわん》吏《り》は祿《ろく》を増《ま》すべし

○雷《らい》にうたるゝとみれば吉萬事成《きつばんじな》るの兆《てう》

○雷天《らいてん》に上《のぼ》るとみれば願望成《ぐわんまうな》らざるの兆《てう》

○電光《でんくわう》身《み》をてらすと見《み》れば婦女《ふじよ》は子《こ》を孕《はら》み男子《だんし》は喜《よろこ》びごとあるべし

○電光《でんくわう》にふれて死《し》するとみれば萬事意《ばんじい》の如《ごと》くならず又病《またやまひ》の兆《てう》

○電光《でんくわう》の閃《ひらめ》くをみれば病《やまひ》の兆《てう》

○雲《くも》の起《おこ》るとみれば親類《しんるゐ》と爭《あらそ》ふことあり

○雲開《くもひら》きて日《ひ》の出《い》づるを見《み》れば凶《けふ》を轉《てん》じて吉《きつ》とするの兆《てう》

○彩雲《さいうん》四方《はう》より起《おこ》るとみれば商事《しやうじ》に利《り》あり女《をんな》は立身《りつしん》することあるべし
○雲《くも》の青《あを》き又黒《またくろ》きを見《み》れば病難《べうなん》あり
○雲《くも》の赤《あか》きか白《しろ》きをみれば願望叶《ぐわんもうかな》ふべし
○雲日月《くもじつげつ》を遮《さへ》ぎると見《み》れば人《ひと》に讒言《ざんげん》せらるべし
○雲霧身《くもきりみ》を遮《さへ》ぎるは大《おほい》によし宜《よろし》き住所《じうしよ》を得《う》べし
○黄《き》なる雲《くも》を見《み》れば商事《しやうじ》に利《り》あり
○浮雲《うきくも》を見《み》れば相談《さうだん》ごと調《とゝの》はず商事《しやうじ》に利《り》あらず
○雲《くも》の地《ち》に落《お》つるを見《み》れば病《やまひ》あり
○五色《しき》の雲《くも》を見《み》れば大吉《だいきつ》

○空《そら》に上《のぼ》り雲《くも》を通《とほ》りぬけて行《ゆ》くと見《み》れば死《し》に近《ちか》きの兆《てう》
○雲《くも》に上《のぼ》ると見《み》れば人《ひと》にすぐれてよきことあるべし
○雨降《あめふ》りつゞくとみれば病《やまひ》あり又遠方《またえんはう》の親《しん》類《るゐ》に凶事《けうじ》あり
○道《みち》にて雨《あめ》に遇《あ》ふとみれば酒食《しゆしよく》を得《う》べし
○雨《あめ》に遇《あ》ひて傘《かさ》なしと見《み》れば家《いへ》を移《うつ》すことあるべし
○大風雨《たいふうう》に遇《あ》ふと見《み》れば主人《しゆじん》を亡《うしな》ふとあり
○霜《しも》のおつるを見《み》れば事《こと》ならず
○霜《しも》のさき芒《すゝき》の如《ごと》くに光《ひか》るとみれば爭《あらそ》ひごと絶《た》へざるの兆《てう》

○霜《しも》の消《き》へざるを見《み》れば口舌《くせつ》あり
○雪《ゆき》ふりて身《み》にかゝると見《み》れば事《こと》なるべし
○雪《ゆき》ふるとみれば苦労《くらう》を去《さ》るべし
○雪紅《ゆきくれなひ》なりと見《み》れば命長《いのちなが》し
○霰屋《みぞれやね》の上《うへ》をはしるとみればよき子《こ》を設《まう》くべし
○露《つゆ》の衣裳《へしやう》を沾《うるほ》すとみれば幸《さいはひ》あり又《また》酒食《しゆしよく》の喜《よろこ》びあり
○虹《にじ》の赤《あか》きを見《み》れば吉立身出世《きつりつしんしゆつせ》の兆《てう》
○虹《にじ》の黒《くろ》きを見《み》れば口舌《くせつ》あり

地《ち》理《り》類《るゐ》

○地《ち》の裂《さ》くるを見《み》れば官位《くわんゐ》を得《う》べし
○地《ち》の動《うご》くを見《み》れば身分《みぶん》の變《へん》ずることありて吉《きち》
○地《ち》を掘《ほ》ると見《み》れば口舌《くせつ》を主《つかさ》どる
○地中《ちちう》に入《い》ると見《み》れば百事吉兆《ごきつてう》
○地《ち》に凹凸《くぼたか》ありと見《み》れば驚《おどろ》きごとあり
○地上《ちじやう》に座《ざ》すると見《み》れば酒食《しゆしよく》を得《う》るなり
○地上《ちじやう》に臥《ふ》すと見《み》れば憂《うれ》ひあり
○家《いへ》の内《うち》にて地《ち》に陥《おちい》るを見《み》れば父母《ふぼ》の病難《べうなん》死亡《しばう》の事《こと》あり
○地《ち》を掘《は》りて埋《うづ》めらるゝと見《み》れば金銀財寶《きんぎんさいほう》を殖《ふや》すべし
○地裂《ちさ》けて身陥《みおちい》るとみれば病絶《やまひた》へず居所《きよしよ》の苦労《くらう》あり

○地震《ちしん》して家動《いへうご》くとみれば公事訴訟《くじそしやう》のことあり
○地《ち》の白《しろ》きを見《み》れば物價《ぶつか》の上《あが》る兆《てう》商人《しやうにん》は利《り》益《えき》あり
○地《ち》の缺《か》けたるを見《み》れば家内《かない》和合《わがふ》せず母《はゝ》に災《わざはひ》あり
○地《ち》の赤《あか》きをみれば患《うれ》ひごと絶《た》へず不意《ふい》の災《わざはひ》あるべし又火難《くわなん》の兆《てう》
○地《ち》に苔《こけ》の生《しやう》ずるを見《み》れば商業《しやうげふ》利《り》あり萬事《ばんじ》志《こゝろざし》を得るの兆《てう》
○一望《ばう》して地《ち》の廣《ひろ》く平《たいら》かなるとみれば諸事《しよじ》意《い》の如《ごと》くなるの兆《てう》
○山《やま》を見《み》るは總《すべ》て吉下《きつしも》より仰《あを》ぎ望《のぞ》むは吉山《きつやま》に登《のぼ》ると見《み》るは愼《つゝし》むべし
○山林《さんりん》に行《ゆ》くと見《み》れば金銀《きんぎん》の利《り》を得《う》べし
○山崩《やまくづ》るゝと見《み》るは目上《めうへ》の人《ひと》に憂《うれ》ひごとあるべし
○山《やま》より火《ひ》の出《い》づるを見《み》れば大吉《だいきつ》相談《さうだん》ごと調《とゝの》ふべし
○高《たか》き山《やま》に雲《くも》のたなびくを見《み》れば願《ねが》ひごと成《な》るべし
○山坂《やまさか》を下《くだ》ると見《み》れば凶病《けうやまひ》あるべし
○馬《うま》を走《はし》らして山《やま》に登《のぼ》るとみれば火難《くわなん》の兆《てう》
○山崩《やまくづ》れて大水《たいすゐ》ありとみるは大凶《だいけう》
○山林上《さんりんじやう》の穴《あな》に在《あ》りとみるは吉《きつ》なり
○山高《やまたか》く岩《いは》に塞《ふさ》がれて路《みち》の絶《た》へたるとみれ

ば困難《こんなん》することあるべし
○山高《やまたか》く廣《ひろ》くして空《そら》の霽《は》れたるをみれば一家和合《かわがふ》の兆萬事意《てうばんじい》の如《ごと》くなるべし病《やまひ》は治《ち》するなり
○夏山《なつやま》の青《あを》き富士《ふじ》をみれば喜《よろこ》びごとあり
○山中《さんちう》に居《お》るとみれば吉《きつ》
○水《みづ》の上《うへ》を行《ゆ》くとみれば吉相談《きつさうだん》ごと成《な》る
○水《みづ》の上《うへ》に立《た》つと見《み》れば便《たよ》りとする人死《ひとし》すべし
○水《みづ》に溺《おぼ》るゝと見《み》れば住所《じうしよ》につき苦勞《くらう》あり
○水《みづ》の流《なが》るゝを見《み》ればよき緣談《えんだん》あるべし但《たゞ》し女難《じよなん》を愼《つゝし》むべし
○水《みづ》の清《す》みたるを見《み》れば人《ひと》の頭《かしら》となるべし

○人家《じんか》に大水《たいする》のつくと見《み》れば子《こ》を失《うしな》ふ
○川水《かはみづ》むせび流《なが》るゝと見《み》れば公事訴訟《くじそしやう》あるべし
○溝《みぞ》の中《なか》に水《みづ》の流《なが》るゝをみれば命長《いのちなが》し
○河《かは》の水涸《みづか》れたりとみれば萬事《ばんじ》によし
○水深《みづふか》く廣《ひろ》くして波平《なみたひら》かなるを見《み》れば吉《きつ》にして幸《さいはひ》あり
○水《みづ》の下《した》に人《ひと》の居《お》るを見《み》れば意外《いぐわい》の利益《りえき》あり又女子《またじよし》は良緣《りやうえん》あり
○水《みづ》の漲《みなぎ》るを見《み》れば百事吉兆《じきつてう》
○井《ゐ》の水沸《みづわ》きあふるゝを見《み》れば財《ざい》を得《う》べし
○井《ゐ》を浚《さら》ひ井《ゐ》を掘《は》るを見《み》れば大《おほい》に貴《たつと》きことを主《つかさ》どる

○井《ゐ》の水《みづ》を取《と》ると見《み》れば吉《きつ》

○井《ゐ》を窺《うかゞ》ひて水《みづ》を見《み》れば大吉《だいきつ》

○井《ゐ》に墜《お》ち井《ゐ》に坐《ざ》するは大凶《だいけう》

○井《ゐ》の水《みづ》を汲《く》むとみれば他國《たこく》に行《ゆ》きたる人《ひと》歸《かへ》るべし

○井《ゐ》の水《みづ》に身《み》をうつすとみれば思《おも》ひよらざる難儀《なんぎ》あるべし婦人《ふじん》は懷姙《くわいにん》すべし

○井《ゐ》の水《みづ》渇《つ》くると見《み》れば住所《じうしよ》につき苦勞《くらう》あり又《また》は一家《か》分散《ぶんさん》することあり

○井《ゐ》崩《くづ》れつぶるゝと見《み》れば金銀《きんぎん》のことにて辛勞《しんらう》あるべし

○井《ゐ》の中《なか》に聲《こゑ》ありと見《み》れば家内《かない》に口舌《くぜつ》絶《た》へず

○井《ゐ》の水《みづ》清《きよ》しと見《み》れば吉《きつ》但《たゞ》し病人《びやうにん》は凶《けう》

○井《ゐ》の水《みづ》濁《にご》ると見《み》れば凶《けう》但《たゞ》し病《やまひ》は愈《い》ゆべし

○井《ゐ》の中《なか》へ物《もの》を墜《おと》すと見《み》れば損失盜難等《そんしつとうなんとう》あるべし

○井《ゐ》の中《なか》に大魚《たいぎよ》あるを見《み》れば財《ざい》を得《う》べし

○流水《りうすゐ》身《み》を遶《めぐ》ると見《み》れば訴訟《そしやう》ごとあり

○流水《りうすゐ》の盛《さか》んなるを見《み》れば婚姻《こんいん》の慶《よろこ》びあり

○流水《りうすゐ》の清《す》むを見《み》れば福《さいはひ》あり

○身《み》水中《すゐちう》に在《あ》りと見《み》れば貴人《きにん》の扶助《ふじよ》を得《う》るなり

○泉水《せんすゐ》をみれば旅行《りよかう》の兆《てう》

○瀧《たき》の水《みづ》を呑《の》むとみれば神《かみ》のめぐみあるべし

○大道《たいだう》を行《ゆ》くとみれば大吉事《だいきつじ》あるべし

○道《みち》の斷《た》へたるをみれば事《こと》の遂《と》げざる兆又《てうまた》盜難《とうなん》の恐《おそ》れあり

○路《みち》の曲《まが》りくねりたるを見《み》れば前途《せんと》に苦勞《くらう》あるの兆《てう》

○行《ゆ》く路《みち》の次第《しだい》に高《かた》くなるとみれば立身出世《りつしんしゆつせ》の兆《てう》

○路《みち》の前後《せんご》ともに斷《た》れたるをみれば百事《じ》望《のぞ》みなきの兆《てう》

○路《みち》に草木《さうもく》の茂《しげ》りたるをみれば都《すべ》て利益《りえき》あるの兆《てう》

○路《みち》に危險《きけん》の所《ところ》あるを見《み》れば心中安《しんちうやす》からざるの兆《てう》

○路《みち》に砂《すな》ほこりの立《た》つとみれば一家不和《かふわ》の兆《てう》

○道《みち》の廣《ひろ》さをみれば患《うれ》ひ去《さ》り志遂《こゝろざしと》げ萬事意《ばんじい》の如《ごと》くなるの兆《てう》

○路《みち》の狹《せば》くして不潔《ふけつ》なるをみれば疑《うたが》ひ多《おほ》く憂慮絶《いうりよた》へざるの兆《てう》にして萬《ばん》事に宜《よろ》しからず

○大石《たいせき》をみれば財寶《ざいはう》を得《う》べし

○石《いし》を移《うつ》して宅《たく》に入《い》るゝとみれば大吉《だいきつ》

○岩上《がんじやう》の石《いし》に登《のぼ》るとみれば吉《きつ》

○湊《みなと》に至《いた》るとみれば人《ひと》に愛《あい》せらるべし

○江湖海水等《こうこかいすゐとう》を見《み》るは吉兆《きつてう》なり

○新《あら》たなる墓《はか》をみれば出世《しゆつせ》するなり

○墓《はか》の上《うへ》に雲《うん》氣ありとみるは吉《きつ》

○墓《はか》を見《み》て明《あきら》かなるは吉《きつ》暗《くら》きは凶《けう》

○墓《はか》の穴《あな》を見《み》るは凶《けう》

○墓《はか》の中《なか》の棺《くわん》を見《み》るときは秘密《ひみつ》の事《こと》露《あらは》るゝなり

○墓所《ぼしよ》の門《もの》の開《ひら》くをみるは吉《きつ》

○墓《はか》に木《き》の生《しやう》ずるをみれば吉《きつ》

○墓原《はかはら》に寝《いね》たるを見《み》るときは旅行《りよかう》することあるべし

○墓參《ぼさん》すると見《み》れば酒食《しゆしよく》を得《う》べし

○墓原《はかはら》に火《ひ》のもゆると見《み》れば大吉《だいきつ》商《あきな》ひに利《り》あり

○市《いち》にて物《もの》をうるとみれば他《た》より酒食《しゆしよく》を得《う》べし

○市《いち》にて物《もの》をかふとみれば人《ひと》の世話《せわ》して心《しん》勞《らう》することあるべし

○市《いち》より出《い》づるとみれば大《おほい》に財《ざい》を散《さん》ずることあり又女色《またによしよく》に迷《まよ》ふことあり

○市《いち》にて酒《さけ》を飲《の》むとみれば思《おも》ひよらざる幸《さいはひ》あるべし

○橋《はし》を渡《わた》るとみれば災《わざはひ》の散《さん》ずるとを主《つかさ》どる

○橋《はし》を修復《しゆふく》すると見《み》れば凶事《けうじ》去《さ》るなり

○橋《はし》の上《うへ》に坐《ぎ》すると見《み》れば位高《くらゐたか》きことを主《つかさ》どる

○橋《はし》の柱《はしら》析《お》るゝと見《み》れば妻《さい》の死亡《しばう》することあり

○橋《はし》の上《うへ》にて人《ひと》を喚《よ》ぶとみれば訴訟《そしやう》ごとあり喚《よ》びて應《こた》ふる人《ひと》あれば吉《きつ》否《しからざ》れば凶

○橋《はし》の中斷《なかた》ゆるとみれば不意《ふい》の禍《わざはひ》あり又色《またしき》情《じやう》の難《なや》みあり

○橋《はし》の高《たか》く平《たいら》かにして廣《ひろ》きをみれば萬事《ばんじ》に吉《きつ》

○庭《には》の中《なか》に橋《はし》ありとみれば死別《しべつ》の患《うれ》ひあるべし

○橋《はし》を渡《わた》りたる後《のち》に其橋《そのはし》の崩《くづ》れたるとみれば諸事《しよじ》に吉病《きつやまひ》は治《ぢ》すべし

○田《た》に穀物《こくもつ》の實《み》のりたるをみれば一家和合《かわがふ》し萬事《ばんじ》喜《よろこ》びあり

○田《た》の荒《あ》れたるを見《み》れば損害《そんがい》を被《かむ》り又《また》は疾《やまひ》に罹《かゝ》ることあり

○田《た》に大水《たいすゐ》ありて稻《いね》なしとみれば洪水《こうずゐ》の兆《てう》病人《びやうにん》は治《ぢ》すべし田《た》に稻《いね》の熟《じゆく》するを見《み》れば酒食《しゆしよく》の喜《よろこ》びあり

○田《た》に泥《どろ》の多《おほ》きを見《み》れば子孫《しそん》繁榮《はんえい》し喜事《よろこびごと》あるべし

○田植《たうへ》爲《な》すとみれば利益《りえき》あるの兆《てう》

○田《た》を買《か》ふとみれば吉《きつ》

○庭園《ていえん》の草《くさ》亂《みだ》れたるをみれば家亂《いえみだ》れ又《また》は驚《おどろ》くことあるべし

○庭園《ていえん》を繕《つくろ》ふとみれば衰運《すゐうん》を挽回《ばくわい》して利《り》を得《う》るの兆《てう》

○園内《えんない》に水《みづ》の流《なが》れあるを見《み》れば求《もと》めずして

福來《さいはひきた》るの兆《てう》

○園中《えんちう》の花枝牆《はなのえだかき》の外《そと》に伸《の》び出《い》でたるを見《み》れば家内不和《かないふわ》の兆《てう》

○園中《えんちう》の花落《はなお》つるとみれば吉婦人《きつふじん》は子《こ》を孕《はら》むべし

○城《しろ》の壁堅固《かべけんご》にして垣《かき》の高《たか》きを見《み》れば立身《りつしん》の兆《てう》

○城《しろ》の崩《くづ》れんとするをみれば凶事《けうじ》將《まさ》に來《きた》らんとするの兆《てう》

○城《しろ》に遊《あそ》び城内《じやうない》を上下《じやうか》するとみれば利《り》を得《え》志《こゝろざし》を遂《と》ぐるの兆《てう》

○城《しろ》の上《うへ》に在《あ》りとみれば盜難《とうなん》の兆《てう》

○城《しろ》の破《やぶ》るゝをみれば苦勞《くらう》あり不意《ふい》に災《わざはひ》あるの兆《てう》

○兩《ふた》つの城相對《しろあひたい》し立《た》つをみれば男女良緣《なんによりやうえん》あるの兆《てう》

○池《いけ》に溺《おぼ》るゝとみれば事過《ことす》ぎて後悔《こうくわい》することあるべし

○池《いけ》を掘《ほ》るとみれば隱居《いんきよ》するの兆《てう》

○池《いけ》のうちに魚《うを》の游《あそ》ぶを見《み》れば子《こ》を設《まう》くるの兆《てう》

人物類《じんぶつるゐ》

○天子《てんし》を見《み》れば貴《たつと》きことを主《つかさ》どる

○太子《たいし》を見《み》れば富《と》みを主《つかさ》どる

○官員《くわんいん》の來《きた》りて面會《めんくわい》を求《もと》むるを見《み》れば大吉《たいきつ》

夫婦
不具者
老人
女子
山伏
僧
異國人
仙人
童子
孫
客人
盜賊

○大官人《だいくわんじん》に親近《しんきん》すると見《み》れば大吉《たいきつ》

○夫婦釵《ふうふかんざし》を争《あらそ》ふとみれば別《わか》れを主《つかさ》どる

○妻《さい》に會《あ》ふと見《み》るも離別《りべつ》のことを主《つかさ》どる

○女子《ぢよし》と交《まじは》ると見《み》れば凶《けう》

○女子《ぢよし》と同行《どうかう》すると見《み》れば財《ざい》を失《うしな》ふとあり

○僧《そう》の座《ざ》に上《のぼ》るをみれば疾《やまひ》を得《う》べし

○異國人《いこくじん》と物語《ものがたり》するとみれば財《ざい》を損《そん》すべし

○童子《どうじ》童女《どうによ》を見《み》るは吉神佛《きつしんぶつ》の冥助《みやうじよ》を得《う》るなり

○盜賊家《とうぞくいへ》に入《い》るとみれば惡事身《あくじみ》を去《さ》るの兆《てう》

○盜賊《とうぞく》衣類《いるゐ》を持《も》ち去《さ》るとみれば疾治《やまひぢ》す

○盜賊《とうぞく》と同行《どうかう》するとみれば吉酒食《きつしゆしよく》を得《う》べし

○盜賊《とうぞく》を逐《お》ふとみれば大吉《たいきつ》

○盜賊《とうぞく》に逐《お》はるゝとみれば凶《けう》

○不具《ふぐ》の人《ひと》をみれば辛勞多《しんらうおほ》し

○老人又《らうじんまた》は老僧《らうそう》等《とう》をみるは吉災難身《きつさいなんみ》を去《さ》るの兆《てう》

○山伏《やまぶし》の類《るゐ》をみれば病難《べうなん》あり

○山伏《やまぶし》の類《るゐ》と語《かた》るは吉《きつ》

○仙人家《せんにんいへ》に到《いた》るとみるは大吉《だいきつ》

○多《おほ》く孫《まご》を愛《あい》するとみれば酒食《しゆしよく》を得《う》べし

○遠方《えんはう》より客《きやく》の來《きた》るとみれば吉《きつ》

○客來《きやくき》りて物《もの》を交易《かうえき》し又品物《またしなもの》を賣《う》るとみれば病《やまひ》あり

○常《つね》に憎《にく》しと思《おも》ふ人來《ひときた》るとみれば病難《べうなん》あり

○貧《まづし》き人《ひと》を客《きやく》とするとみれば願望《ぐわんまう》成るべし

○盲人《まうじん》を見《み》れば疾《やまひ》あるべし

○盲人《まうじん》眼《まなこ》を開《ひら》くとみれば吉《きつ》

○死人《しにん》笑《わら》ふとみれば病《やまひ》愈《い》ゆべし

○死人《しにん》を見《み》れば相談《さうだん》ごと成《な》る

○死人《しにん》を抱《いだ》くとみれば官位《くわんゐ》進《すゝ》み財寶《ざいほう》集《あつ》まる

○死人《しにん》を見《み》て泣《な》くとみれば望《のぞ》み事成《ことな》らず

○非人乞食《ひにんこつじき》の類《るゐ》を見《み》れば福《さいはひ》あり

○死骸《しがい》の棄《す》てたるを見《み》れば凶人《けうひと》に見放《みはな》さるゝことあり

○死骸腐《しがいくさ》りて臭《くさ》しとみれば吉家業繁昌《きつかげふはんじやう》の兆《てう》

○病人《べうにん》泣《な》くとみれば病愈《やまひい》へず

○病人《べうにん》衣服《いふく》を改《あらた》むるとみれば病《やまひ》あしゝ

○病人面《べうにんかほ》を洗《あら》ふとみれば病治《やまひぢ》す

○病人《べうにん》の船《ふね》に在《あ》るを見《み》れば死亡《しばう》を主《つかさ》どる

○病人《べうにん》の裝束《しやうぞく》するを見《み》れば其病人《そのべうにん》死《し》すべし

○古《いにしへ》の聖人賢人等《せいじんけんじんとう》を見《み》るは德《とく》ある人《ひと》に吉德《きつとく》なき人《ひと》に凶男子《けうだんし》に吉女子《きつぢよし》に凶少年《けうせうねん》に吉老《きつらう》人《にん》に凶《けう》

○聖人賢人等《せいじんけんじんとう》を打《う》ち殺《ころ》すと見《み》れば天《てん》の祐《たす》けありて吉《きつ》打《う》ち殺《ころ》さるゝと見《み》れば凶凡《けうおよ》そ相《あひ》爭《あらそ》ふて血《ち》を見《み》れば吉否《きつしからざ》れば凶《けう》

○父母《ふぼ》天《てん》に升《のぼ》ると見《み》れば父母《ふぼ》の命長《いのちなが》からざるなり

○父母雷《ふぼらい》に打《う》たるとみれば病難《べうなん》或《あるい》は災難《さいなん》あり

○父母《ふぼ》溺《おぼ》るゝと見《み》れば父母《ふぼ》死《し》するの兆《てう》

○夫天《おつとてん》に上《のぼ》るとみれば吉《きつ》
○夫雷《おつとらい》に打《う》たるゝと見《み》れば子《こ》を孕《はら》み其子《そのこ》賢《けん》なるべし但舊惡《たゞきうあく》あるものは凶《けう》
○妻天《さいてん》に上《のぼ》ると見《み》れば榮達《えいたつ》す
○妻雷《さいらい》に打《う》たるゝと見《み》ればよき子《こ》を設《まう》くべし但《たゞ》し舅姑《きうこ》に孝《かう》ならざる妻《さい》は災《わざはひ》あるべし
○妻孕《さいはら》むとみれば凶《けう》
○子天《こてん》に上《のぼ》ると見《み》れば其子《そのこ》立身《りつしん》の兆但《てうたゞ》し其《その》子《こ》に病《やまひ》あれば凶《けう》
○子雷《こらい》に打《う》たるゝと見《み》れば其子貴《そのこたつと》し
○兄弟雷《けいていらい》に打《う》たるゝと見《み》れば骨肉分散《こつにくぶんさん》の兆《てう》
○兄弟山《けいていやま》に上《のぼ》るとみれば兄弟共《けいていとも》に立身出世《りつしんしゆつせ》の兆《てう》

○師友天《しいうてん》に上《のぼ》るとみれば吉《きつ》なれども病《やまひ》には凶《けう》
○人《ひと》の内《うち》より出《い》づるとみればよし
○人《ひと》の聚《あつ》まると見《み》れば疾《やまひ》あり
○人《ひと》にうたるゝと見《み》ればよし
○人《ひと》の水《みづ》に溺《おぼ》るゝと見《み》るは親族《しんぞく》と他人《たにん》とを問《と》はず都《すべ》て我《わ》が身《み》に凶事《けうじ》あるの兆《てう》
○人《ひと》と喜《よろこ》び笑《わら》ふとみれば吉但親族《きつたゞしんぞく》と喜《よろこ》び笑《わら》ふは凶《けう》
○人《ひと》と泣《な》き悲《かなし》むとみれば喜《よろこ》びごとあるの兆《てう》但兄弟師友《たゞしけいていしいう》と泣《な》き悲《かなし》むとみれば別離《べつり》の兆《てう》
○人《ひと》を殺《ころ》して血《ち》を見《み》れば利益《りえき》あり
○人《ひと》に殺《ころ》さるゝと見《み》れば事《こと》ならず

○人《ひと》を殺《ころ》し其人《そのひと》叫喚《けうくわん》するとみれば幸《さいはひ》あり
○人《ひと》に殺《ころ》されて血《ち》を出《い》だし叫《さけ》ぶと見《み》れば財《ざい》産《さん》を失《うしな》ふべし血《ち》を見《み》ざれば名譽《めいよ》を失《うしな》ふべし
○人《ひと》をうちて其相手《そのあひて》を傷《きづゝ》けざれば志《こゝろざし》を遂《と》げず
○人《ひと》をうちて其人《そのひと》叫《さけ》べば吉《きつ》
○人《ひと》にうたれて痛《いた》みを叫《さけ》べば凶意外《けういぐわい》の災《わざはひ》あり
○生《い》きて居《お》る人《ひと》の死《し》するとみれば吉事《きつじ》あるべし
○親屬中《しんぞくちう》の人自《ひとみづか》ら來《きた》りて死《し》を告《つ》ぐるとみれば大凶《だいけう》

○死《し》せし親屬《しんぞく》をみれば大吉《だいきつ》
○男子《だんし》にして女子《じよし》を夢《ゆめ》み女子《よし》にして男子《だんし》を夢《ゆめ》むは皆不吉《みなふきつ》の兆《てう》

身《しん》體《たい》類《るゐ》

○頭髮《とうはつ》を梳《くしけづ》るとみれば萬事大吉《ばんじだいきつ》
○髮《かみ》を洗《あら》ふと見《み》れば立身出世《りつしんしゆつせ》の兆《てう》
○髮落《かみお》つるとみれば子孫《しそん》の凶事《けうじ》を主《つかさ》どる
○髮《かみ》の白《しろ》きを見《み》れば長壽《ちやうじゆ》の兆《てう》
○髮《かみ》の毛《け》を剃《さ》くとみれば衰《おとろ》ふる兆《てう》
○髮黑《かみくろ》しとみれば幸《さいはひ》あり
○髮俄《かみにはか》に白《しろ》くなるとみれば身《み》に過《す》ぎたることにて心勞《しんらう》すべし

○髪《かみ》に油《あぶら》をつくるとみれば凶《けう》
○ちらし髪《がみ》にて市中《しちう》を行《ゆ》くとみれば大利益《だいりえき》あり
○ちらし髪面《がみめん》を掩《おほ》ふとみれば大凶《だいけう》災《わざはひ》の至《いた》ると知《し》るべし
○髪《かみ》をきりて人《ひと》に與《あた》るとみれば一家《か》和《わ》合《がふ》の兆《てう》
○髪《かみ》の毛《け》亂《みだ》れて麻《あさ》の如《ごと》くなるを見《み》れば凶《けう》なれども梳《くしけづ》りたる毛《け》の散《ち》るは色情《しきじやう》の兆《てう》
○結《むす》びたる髪《かみ》の自《おのづか》ら解《と》け亂《みだ》るゝと見《み》れば離《り》別《べつ》の患《うれ》ひあり
○髪《かみ》の白《しろ》くして落《お》つるとみれば憂《うれ》ひあり老《らう》人《じん》は死《し》に近《ちか》きの兆《てう》

○髪《かみ》を剪《き》ると見《み》れば病《やまひ》を得心安《こゝろやす》からざるべし
○髪《かみ》の斷《た》へて再《ふたゝ》び連《つらな》り又長《またなが》き毛《け》を短《みぢか》き毛《け》と接《つ》ぎ合《あは》せるとみれば失敗《しつぱい》せしことの再《ふたゝ》び成功《せいこう》する兆又男子《てうまただんし》は妻《さい》を迎《むか》へ女子《ぢよし》は夫《をつと》を得《う》るの兆《てう》
○髪白《かみしろ》くなりしが再《ふたゝ》び黒《くろ》しとみれば長壽《ちやうじゆ》の兆《てう》
○髪《かみ》の毛《け》半分《はんぶん》ほど亂《みだ》れ散《ち》るとみれば苦勞《くらう》の事《こと》あるべし
○髪《かみ》の中《なか》に蛆蟲《うぢむし》の生《しやう》じたるを見《み》れば家富《いへと》むの兆《てう》
○髪《かみ》の毛長《けなが》くして足《あし》もとまで垂《た》れたりとみ

れば大吉《だいきつ》
○髪《かみ》の毛《け》黒《くろ》きをみれば長壽《ちやうじゆ》の兆《てう》
○髪《かみ》を剃《そ》るとみれば災《わざはひ》あり又《また》離別《べつ》のことあるべし
○髪《かみ》の禿《は》げたるをみれば凶兆《けうてう》老人《らうじん》は死期《しき》の近《ちか》きなり
○頭痛《かしらいた》むとみれば官《くわん》に進《すゝ》み願望《ぐわんまう》成《な》る
○頭《かしら》に角《つの》の二つ生《しやう》ずとみれば爭《あらそ》ひごとあり一つの角《つの》生《しやう》ずとみるときは劒難《けんなん》あるべし
○頭《かしら》の斷《こ》ゆると見《み》るは大吉《だいきつ》
○頭《かしら》の骨起《はねおこ》るとみれば官《くわん》に進《すゝ》むべし
○頭《かしら》の香《かう》ばしきとみれば幸福《かうふく》を得《う》るの兆《てう》
○自《みづか》ら頭《かしら》の頂《いたゞ》きを見《み》るとみれは人《ひと》の頭《かしら》となるの兆《てう》
○頭《かしら》の長《なが》く大《だい》なりとみれば吉《きつ》
○頭《かしら》を斷《た》たれて行《ゆ》くとみれば富貴《ふうき》の身《み》と爲《な》るなり
○自《みづか》ら刀《かたな》を以《もつ》て頭《かしら》を斷《た》つとみれば幸《さいはひ》あり病《べう》人《にん》は治《ぢ》するなり
○頭《かしら》なくして頭《かしら》を尋《たづ》ぬるとみれば大吉《だいきつ》
○頭《かしら》を斫《き》るとみれば人《ひと》の助《たす》けありて福《さいはひ》を得《う》べし
○頭《かしら》を人《ひと》に斫《き》り落《おと》されたりとみれば大吉《だいきつ》
○人《ひと》の頭《かしら》を斫《き》りとるとみれば人《ひと》の長《おさ》となるの兆《てう》
○頭《かしら》に二本《はん》の角《つの》を生《しやう》ずるとみれば吉《きつ》

○頭《かしら》に一本《ぽん》の角《つの》を生《しやう》ずるとみれば不慮《ふりよ》の災《わざはい》あるべし

○頭《かしら》に草《くさ》を生《しやう》ずるとみれば幸《さいはひ》あり

○身《み》に羽翼《うよく》を生《しやう》ずるとみれば吉《きつ》金錢《きんせん》の利《り》あるべし又羽翼《またうよく》を生《しやう》じて天《てん》に登《のぼ》ると見《み》ればはやまりて後悔《こうくわい》することあるべし

○身《み》に瘡《かさ》を生《しやう》ずと見《み》れば財《ざい》を得《う》べし

○身《み》に汗出《あせい》づるとみれば大凶《だいけう》

○身《み》に光《ひか》りあるとみれば大吉《だいきつ》

○身《み》白《しろ》しと見《み》れば人《ひと》の爲《た》めに事《こと》を謀《はか》ることあり

○身《み》肥《こ》へたりとみれば凶人《けうひと》に疎《うと》まるゝことあり又家業《またかげふ》を廢《はい》すべし

○身《み》肥《こ》へて膩《あぶら》つくとみれば病《やまひ》あり

○身《み》痩《や》せるとみれば學問進《がくもんす》み願望叶《ぐわんもうかな》ふべし

○身《み》に腫物《しゆもつ》ありとみれば妾又《せふまた》は養子等《やうしとう》の事《こと》につきて口舌《くぜつ》あり腫物潰《しゆもつつい》へ破《やぶ》るゝは凶《けう》

○我身《わがみ》の眼前《がんぜん》に現《あら》はるゝとみれば吉發達《きつはつたつ》の兆《てう》

○身《み》に甲《かふ》の生《しやう》じたるをみれば人《ひと》の頭《かしら》となり又長壽《またちやうじゆ》の兆《てう》

○裸《はだか》にて立《た》つとみれば吉《きつ》

○婦人《ふじん》の裸体《らたい》をみれば立身出世《りつしんしゆつせ》の兆《てう》女子《じよし》は良縁《りやうえん》を得《う》べし

○身《み》の短《みじか》くなりたるをみれば萬事吉《ばんじきつ》

○身《み》のひらたくなりしをみれば凶《けう》

○身《み》小《せう》にして童子《どうじ》の如《ごと》くなるをみれば老人《らうじん》は吉少年《きつせうねん》のものは學問進《がくもんす》まざるの兆《てう》

○身《み》地中《ちう》に入《い》りて半身《はんしん》を出《いだ》すとみれば土地《とち》を得《う》るの兆《てう》

○身《み》の黒《くろ》きをみるは病《やまひ》を得《え》萬事《ばんじ》不吉《ふきつ》の兆《てう》

○火《ひ》にて身《み》を焚《や》くとみれば家《いへ》を富《と》ますの兆《てう》

○身《み》に悉《ことごと》く毛《け》を生《しやう》ずるとみれば吉血氣《けつけつき》の強《つよ》き兆《てう》

○身《み》に鱗《うろこ》の生《しやう》ずるをみれば吉《きつ》

○身《み》の分《わか》れて二《ふた》つとなるをみれば一人《にん》にて二人《にん》の事《こと》を兼《か》ぬることあるべし

○五體《たい》の皆《みな》ちぎれたるを見《み》れは力《ちから》となるべき人皆離《ひとみなはな》るゝの兆事《てうじ》成《な》らざるなり

○身《み》の丈《た》けを量《はか》るとみれば吉《きつ》

○身《み》の重《おも》さを量《はか》るとみれば吉《きつ》

○額《ひたい》の上《うへ》に蠅《はい》の生《しやう》ずるとみれば財産《ざいさん》を増《ま》すべし

○額《ひたい》に耳《みゝ》のつくとみれば高官《かうくわん》に上《のぼ》り又遠方《またえんはう》より音信《いんしん》あるの兆《てう》

○額《ひたい》に目《め》を生《しやう》ずるとみれば開運《かいうん》の兆又長壽《てうまたちやうじゆ》なるべし

○額《ひたい》に舌《した》を生《しやう》ずるとみれば人《ひと》と爭《あらそ》ふことあるべし

○額《ひたい》に長《なが》き毛《け》を生《しやう》ずるとみれば萬事《ばんじ》成功《せいこう》するの兆《てう》

○自《みづか》ら我《わ》が額《ひらい》を打《う》つとみれば人《ひと》の力《ちから》を得《う》る

なり人《ひと》の額《ひたい》をうつは凶《けう》
○額《ひたい》に腫物《しゆもつ》を生《しやう》ずるとみれば名誉《めいよ》を得《うる》なり
○人《ひと》に額《ひたい》を刺《さ》さるゝとみれば憂《うれ》ひあり
○額《ひたい》に名《な》を署《しよ》するとみれば百事《じ》意《い》の如《ごと》くなるの兆《てう》
○額《ひたい》に朱《しゆ》の圏《けん》を畫《えが》くとみれば上《うへ》の人《ひと》に救《すく》はれ幸運《かううん》に遇《あ》ふの兆《てう》
○面《かほ》の大《だい》なるをみれば立身出世《りつしんしゆつせ》の兆《てう》
○顔《かほ》の常《つね》と異《こと》なるをみれば總《すべ》て喜《よろこ》びごとあり
○顔《かほ》に三つの口《くち》を生《しやう》ずるとみれば大吉《だいきつ》
○我《わ》が面鬼《かほおに》の如《ごと》くなるをみれば百事《じ》喜《よろこ》びあり

○友人《いうじん》の面鬼《かほおに》の如《ごと》くなるを見《み》れば其人《そのひと》に凶《けつ》事《じ》あるべし
○面《かほ》に黒《へろ》き疵《きつ》を生《しやう》ずるをみれば凶兆《けうてう》
○面色青黒《めんしよくあをくろ》くして痩《や》せたりとみれば病《やまひ》を得《う》べし又驚《またおどろ》くことあるべし
○面色《めんしよく》の赤又《あかまた》は紫又《むらさきまた》は黄《き》なるをみれば皆幸《みなかう》福《ふく》の兆《てう》
○面《かほ》の上《うへ》に金錢《きんせん》あるをみれば散財《さんざい》の兆《てう》
○面《かほ》に垢《あか》をつけたりとみれば耻《はぢ》を得《え》又盗難《またたうなん》の患《うれ》ひあるべし
○面《かほ》の垢《あか》を洗《あら》ひ去《さ》るとみれば禍《わざはひ》を變《へん》じて福《さいはい》と為《な》すの兆《てう》
○妻《さい》の顔常《かほつね》に變《かは》るをみれば離別又《りべつまた》は家内和《かないわ》

合《がふ》せざるの兆《てう》
○鏡《かゞみ》をみて我《わ》が面《めん》の醜《みにく》きを見《み》るは吉兆《きつてう》
○知《し》る人《ひと》の顔《かほ》の常《つね》に變《かは》るを見《み》れば其人《そのひと》に凶《けう》事《じ》あるべし
○顔《かほ》を掩《おほ》ひかくすとみれば耻《はぢ》をかくす意《い》にて心中《しんちう》にやましきことあるの兆《てう》災《わざはひ》にあふべし
○顔《かほ》に墨《すみ》を塗《ぬ》るとみれば意外《いぐわい》の災難《さいなん》あるべし
○知《し》る人《ひと》の顔《かほ》に墨《すみ》の塗《ぬ》られたるをみれば其《その》人《ひと》に災難《さいなん》あるべし
○顔《かほ》を洗《あら》ひて垢《あか》の落《お》ちざるをみれば禍《わざはひ》を逃《のが》れ難《がた》く悪《あ》しき兆《てう》

○顔《かほ》に鱗《うろこ》や甲《かふ》の生《しやう》じたるをみれば災難《さいなん》あるの兆《てう》
○顔《かほ》に毛《け》を生《しやう》ずるとみれば凶《けう》
○顔《かほ》に瘡《かさ》を生《しやう》ずるとみれば盛運《せいうん》の兆《てう》
○顔《かほ》に黒子《ほくろ》の生《しやう》ずると見《み》れば凶故郷《けうこきやう》を去《さ》ることあり
○鼻高《はなたか》くなるとみれば凶口《けうく》舌絶《ぜつた》へず散財《さんざい》の兆《てう》
○鼻腐《はなくさ》りて落《お》つるとみれば居所《いどころ》につきて苦《く》勞《らう》すべし
○鼻血《はなぢ》多《おほ》く出《い》づるとみれは大吉財《だいきつざい》を得《う》べし
○鼻大《はなだい》にして長《なが》しとみれは身體壮健《しんたいさうけん》となるの前兆《ぜんてう》

○鼻《はな》に長《なが》き毛《け》を生《しやう》ずるとみれば百事《じ》成《な》らざるの兆《てう》但《たゞし》老人《らうじん》は長壽《ちやうじゆ》の兆《てう》

○鼻《はな》に蠅《はい》の集《あつま》るとみれば災難《さいなん》あるの兆《てう》

○人《ひと》に鼻《はな》を斫《き》らるゝとみれば今困難《いまこんなん》なれども後《のち》に幸《さいはひ》あるの兆《てう》病《やまひ》は治《ち》すべし

○鼻《はな》の形《かたち》を正《たゞ》しく直《なは》すとみれば志《こゝろざし》を達《たつ》し好《かう》事至《じいた》るの兆《てう》

○鼻《はな》より烟《けむり》の出《い》づるをみれば大利《たいり》を得《う》るの兆《てう》

○鼻《はな》しるの口中《こうちう》に入《い》るとみれば口舌《くせつ》の爭《あらそ》ひ散《さん》じ一家和合《かわがふ》して酒食《しゆしよく》の樂《たのし》みあるべし

○鼻《はな》に角《つの》を生《しやう》ずるとみれば立身出世《りつしんしゆつせ》の兆《てう》

○鼻《はな》に兩孔《りやうこう》なしとみれば無病息災萬事《むべうそくさいばんじ》幸運《かううん》に向《むか》ふの兆《てう》

○鼻《はな》と口《くち》と連《つらな》るとみれば神《かみ》の助《たす》けを得《え》て福《さいはひ》を得《う》るの兆《てう》

○鼻《はな》の中《なか》に息《いき》なしとみればよき友人《いうじん》を得《う》るの兆《てう》

○鼻《はな》の孔《あな》の乾《かは》くとみれば病《やまひ》に罹《かゝ》ることあるべし鼻《はな》を傷《いた》めたりとみれば災難或《さいなんあるい》は爭《あらそ》ひごとあり

○鼻《はな》の上《うへ》に黑點《こくてん》ありとみれば女子《ぢよし》に就《つ》きて災《わざはひ》あるべし

○鼻赤《はなあか》しとみれば酒食《しゆしよく》の喜《よろこ》びあり

○鼻柱《はなばしら》の碎《くだ》くるを見《み》れば散財又《さんざいまた》は死亡者《しばうしや》を出《い》だすの兆《てう》

○耳《みゝ》を洗《あら》ふとみれば患《うれひ》を去《さ》るなり
○耳《みゝ》のきこえざるとみれば凶兆《けうてう》
○耳《みゝ》の垢《あか》を去《さ》るとみればよきことをきくの兆《てう》
○耳《みゝ》の大《だい》なりとみれば爭《あら》ひごとを仲裁《ちうさい》し又《また》は利《り》を得《う》べし
○耳《みゝ》の三《み》つ四《よ》つありとみれば吉《きつ》
○人《ひと》に耳《みゝ》を割《さ》き去《さ》らるとみれば大凶《たいけう》
○耳《みゝ》に長《なが》き毛《け》を生《しやう》ずるとみれば長壽《ちやうじゆ》の兆《てう》
○耳《みゝ》に穴《あな》なしとみれば萬事《じ》凶兆《けうてう》
○耳《みゝ》より血《ち》出《い》づるとみれば家内《かない》に變事《へんじ》あり
○耳《みゝ》の内《うち》に肉《にく》を生《しやう》ずとみれば家内不和《かないふわ》の兆《てう》
○耳《みゝ》に舌《した》を生《しやう》ずるとみればよきことをきくの兆《てう》

○耳《みゝ》の垂《た》れて乳《ち》の邊《へん》に至《いた》るとみれば一家和《かわ》合《がふ》してよき子《こ》を得《う》るの兆《てう》
○耳《みゝ》を口《くち》の下《した》に移《うつ》すとみれば交際《かうさい》を廣《ひろ》くするの兆《てふ》
○目《め》一《ひと》つのみとみれば富貴《ふうき》となるの兆《てう》
○目《め》の三《み》つあるとみるは喜《よろこ》びごとあるの兆《てう》
○目《め》の四《よ》つあるとみれば大吉《だいきつ》
○目《め》に物《もの》の入《い》りたるをみれば盜難《とうなん》あり他人《たにん》の目《め》に物《もの》あるを拔《ぬ》きたるは吉《きつ》
○目《め》より血《ち》の出《い》づるをみれば萬事意《じい》の如《ごと》くならざるの兆《てう》
○目《め》くらくして物《もの》をみること能《あた》はずとみれば一家和《かくわ》せず又疾《またやまひ》あるの兆《てう》

○目《め》を瞋らして人《ひと》を見《み》るとみれば吉病人《きつべうにん》は治《ぢ》すべし

○目《め》を洗《あら》ふとみれば故《ふろ》きを去《さ》りて新《あら》たなるに就《つ》くの兆《てう》

○目《め》やにの出《い》づるとみれば快《こゝろよ》からざる者《もの》の遠《とほ》ざかる兆眼病《てうがんべう》あるものは治《ぢ》すべし

○人《ひと》に目《め》を刺《さ》さるゝとみれば凶病人《けうべうにん》は吉《きつ》

○口《くち》の大《だい》なると見《み》れば富貴《ふうき》となるの兆《てう》

○口《くち》の小《せう》なると見《み》れば凶口舌《けうくぜつ》の爭《あらそ》ひあり又《また》事成《ことな》らざるの兆《てう》

○己《おの》れ他人《たにん》の口《くち》に入《い》るとみれば凶《けう》

○人來《ひときた》りて已《おのれ》の口《くち》に入《い》るとみれば大難《だいなん》あるべし

○口《くち》の碎《くだ》くるとみれば災難《さいなん》の兆《てう》

○口兩《くちふた》つ生《しやう》ずるとみれば善人《ぜんにん》に遇《あ》ひ幸《さいはひ》を受《う》くるの兆《てう》

○人《ひと》の口中《こうちう》に毛《け》ありとみれば富貴《ふうき》となるの兆《てう》

○口《くち》より涎《よだ》れを流《なが》すとみれば衣食《いしよく》に窮《きう》するの兆《てう》

○人《ひと》に口《くち》を掩《おほ》はれて聲《こえ》を出《いだ》すこと能《あた》はずとみれば望《のぞ》みこと叶《かな》はざるの兆《てう》

○口《くち》に金《きん》を入《い》るゝとみれば禍《わざは》ひ來《きた》らんとする兆《てう》

○齒《は》を拔《ぬ》きさらるゝとみれば親屬《しんぞく》に災難《さいなん》あるの兆《てう》

○歯《は》の露《あら》はれたるをみれば争《あらそ》ひを生《しやう》ずるの兆《てう》

○歯《は》の大《だい》なるをみれば我《わ》れを助《たす》くるものあるの兆《てう》

○歯脱《はぬ》けて血《ち》なきとみれば父母《ふぼ》妻子《さいし》等《とう》を失《うしな》ふの兆《てう》

○歯《は》を洗《あら》ふとみれば口舌《くぜつ》の争《あらそ》ひ等《とう》止《や》み仇《あだ》あれども害《がい》を為《な》さゞるの兆《てう》

○歯《は》を落《おと》し血《ち》を出《い》だすとみれば財産《ざいさん》を損《そん》じ親族《しんぞく》に災《わざはひ》あるの兆《てう》

○歯《は》の長《なが》きをみれば一家《か》繁榮《はんえい》又《また》長壽《ちやうじゆ》の兆《てう》

○歯落《はお》ちて又生《またしやう》ずるとみれば衰運《すゐうん》去《さ》りて好《かう》運來《うんきた》るの兆《てう》

○歯《は》の動《うご》くとみれば親族《しんぞく》に憂《うれ》ひあるの兆《てう》

○歯《は》の多《おほ》きをみれば長壽《ちやうじゆ》の兆《てう》

○歯《は》の黄《き》なるをみれば入《い》り組《く》みたることの生《しやう》ずる兆《てう》

○舌《した》の長《なが》きをみれば諸事《しよじ》吉兆《きつてう》

○舌《した》の二枚《まい》生《しやう》ずるをみれば訴訟《そしやう》を生《しやう》ずるの兆《てう》

○舌《した》なしとみれば争《あらそ》ひを去《さ》りて平和《へいわ》の兆《てう》

○舌《した》にて己《おの》れの目《め》をねぶるとみれば憂《うれ》ひ悲《かなし》むことあるの兆《てう》

○喉《のど》の塞《ふさが》るとみれば災難《さいなん》の兆《てう》又《また》財《さい》を損《そん》ず

○喉《のど》の斷《た》へて又連《またつらな》るとみれば衰運《すゐうん》去《さ》りて幸《かう》運《うん》となるの兆《てう》

○唖《おし》となるとみれば凶兆《けうてう》

○頸《くび》の忽《たちま》ち長《なが》しとみれば多忙《たばう》にして旅行《りよかう》の兆《てう》

○頸《くび》の二《ふた》つに割《わ》れたるとみれば新《あら》たに官位《くわんゐ》或《あるひ》は衣食等《いしよくとう》を得《う》るの兆《てう》

○頸《くび》の切《き》れて又連《またつらな》るとみれば悪事《あくじ》災難《さいなん》消滅《せうめつ》するの兆《てう》

○頸《くび》に腫物《しゆもつ》を生《しやう》ずるとみれば萬事《じ》吉兆《きつてう》

○頸《くび》の痛《いた》むとみれば驚《おどろ》くことあり

○手足《てあし》の長《なが》きをみれば萬事《じ》吉《きつ》

○手《て》の小《せう》なるとみれは立身出世《りつしんしゆつせ》の兆《てう》

○手《て》の指《ゆび》より血《ち》の出《い》でたるをみれは萬事《じ》旺盛《わうせい》の兆《てう》

○手《て》を打《う》つとみれは一家《か》親睦《しんぼく》の兆《てう》

○手足《てあし》を洗《あら》ふとみれは兄弟《けいてい》の間《あひだ》睦《むつまし》く禍《わざはひ》去《さ》り福來《さいはひきた》るの兆《てう》病人《びやうにん》は治《ぢ》すべし

○手足《てあし》の一時《じ》に折《お》れたるをみれば人《ひと》の頭《かしら》となり永《なが》く其位置《そのゐち》を占《し》むるの兆《てう》

○手足《てあし》の一方《はう》づゝ折《お》るゝとみれば兄弟離散《けいていりさん》の兆《てう》

○手《て》の長《なが》さ足《あし》に至《いた》るとみれば人《ひと》と共《とも》に事業《じげう》を成《な》し利《り》を得《う》るの兆《てう》

○手《て》を合《あは》するとみれば吉婚姻《きつこんいん》成《な》り一家《か》睦《むつまし》く繁榮《はんえい》するの兆《てう》

○指《ゆび》の折《お》るゝとみれば兄弟子孫《けいていしそん》災難《さいなん》に遇《あ》ふの兆《てう》

○指《ゆび》の痛《いた》むとみれば子孫《しそん》に禍《わざはひ》あるの兆《てう》人《ひと》に手《て》を斬《き》らるゝとみれば、一家《か》平和《へいわ》の兆《てう》

○足《あし》の泥《どろ》に汚《けが》れたるをみれば人《ひと》より辱《はづ》かしめらるゝの兆《てう》

○刀《かたな》を以《もつ》て足《あし》を斬《き》りたりとみれば利益《りえき》を得《う》べし

○足《あし》を傷《きづ》つけて血《ち》の出《い》づるをみれば吉事《きつじ》あるの兆《てう》

○肩《かた》をきらるゝとみれば禍《わざはひ》あれども輕《かろ》く利《り》を求《もと》むれば大《おほい》に得《う》ることあり

○肩《かた》のつき出《い》でたるとみれば人《ひと》を助《たす》け又人《またひと》に助《たす》けらるゝことあり

○肩《かた》に腫物《しゆもつ》の生《しやう》ずるとみれば諸事《しよじ》意《い》の如《ごと》くなるの兆《てう》

○肩《かた》に力《ちから》なしとみれば扶《たす》くるもの少《すくな》きの兆《てう》又父母《またふぼ》兄弟《けいてい》に變事《へんじ》あるべし

○腹《はら》に刀《かたな》を刺《さ》さるゝとみれば大《おほい》に利益《りえき》あるの兆《てう》

○腹《はら》に毛《け》を生《しやう》ずるとみれば不慮《ふりよ》の災《わざはひ》あるべし

○腹《はら》の上《うへ》に草《くさ》を生《しやう》ずるとみれば立身出世《りつしんしゆつせ》の兆《てう》腹《はら》に鼠《ねずみ》の入《い》るとみれば盗難《とうなん》の兆《てう》

○人《ひと》に腹《はら》を破《やぶ》らるゝとみれば人《ひと》に用《もち》ひらるゝの兆《てう》

○腹《はら》に水《みづ》の入《い》るをみれば資産《しさん》を失《うしな》ふの兆《てう》

○腹《はら》より蛇《へび》出《い》でたるをみれば大吉《だきつ》

○腹《はら》に穴《あな》のあきたるを見《み》れば人《ひと》に欺《あざむ》かるゝことあり

○背《せ》を刺《さ》されたるとみれば一家和合《かわがふ》の兆《てう》

○背《せ》のさけたるとみれば家《いへ》に變事《へんじ》ありて萬《ばん》事《じ》凶《けう》

○背《せ》に瘡《かさ》を生《しやう》じて痛《いた》むとみれば家内亂《かないみだ》れ病《べう》人《にん》は凶《けう》

○背《せ》に蟲《むし》の這《は》ふとみれば利益《りえき》あり

○蠅《はへ》の背《せ》に集《あつま》るとみれば災《わざはひ》あり人《ひと》に妨《さまた》げらるゝの兆《てう》

○背《せ》に草《くさ》を生《しやう》ずるとみれば吉《きつ》

○背《せ》の骨斷《ほねた》へたりと見《み》れば父母子孫《ふぼしそん》を失《うしな》ふの兆《てう》

○背《せ》に瘤《こぶ》の生《しやう》じたりとみれば重《おも》き責任《せきにん》を負《お》ひ衣食《いしよく》を得《う》るなり

○乳《ちゝ》を人《ひと》に切《き》られたりとみれば死別《しべつ》又《また》は財《ざい》產《さん》を失《うしな》ふの兆《てう》

○乳《ちゝ》に毛《け》を生《しやう》ずるとみれば酒食《しゆしよく》の喜《よろこ》びあり病《やまひ》は治《ぢ》すべし

○乳《ちゝ》の流《なが》れ出《い》づるとみれば萬事吉產婦《ばんじきつさんふ》は凶《けう》

○腰《こし》に金銀《きんぎん》を繫《つな》ぐとみれば財產《ざいさん》を得《う》るの兆《てう》

○腰《こし》を切《き》られたりとみれば萬事成功《ばんじせいこう》するの兆《てう》

○腰《こし》より虱《しらみ》を生《しやう》じたるとみれば財產《ざいさん》を得《う》るの兆《てう》

○刀《かたな》を以《もつ》て胸《むね》を裂《さ》くとみれば百難《なん》去《さ》りて吉《きつ》

事《じ》至《いた》り悪運散《あくうんさん》じて幸運來《かううんきた》るの兆《てう》

○胸《むね》の忽《たちま》ち裂《さ》くるとみれば平和《へいわ》にして人望《じんばう》を得《え》諸事意《しよじい》の如《ごと》くなるの兆《てう》

○人《ひと》に胸《むね》をふまるゝるとみれば凶又盗難《けうまたたうなん》あるの兆《てう》

○胸《むね》に鏡《かゞみ》を掛《か》くるとみれば萬事志達《ばんじこゝろざしたつ》するの兆《てう》

○胸《むね》の骨《ほね》を露《あら》はすとみれば父母子孫《ふぼしそん》を失《うしな》ふの兆《てう》

○眉白《まゆしろ》しとみれば人《ひと》の頭《かしら》となるべし

○眉毛落《まゆげお》つるとみれば病《やまひ》あり

○婦人《ふじん》の夢《ゆめ》に眉毛《まゆげ》をそるとみれば住所《ぢうしよ》に苦《く》勞《らう》あるべし

○睫毛長《まつげなが》しとみれば長壽《ちやうじゆ》の兆《てう》

○瘤《こぶ》の生《しやう》ずるとみれば吉金錢《きつきんせん》を得《う》べし

○黒子多《ほくろおほ》く生《しやう》ずるとみれば苦勞多《くらうおほ》し

○黒子足《ほくろあし》に生《しやう》ずるとみれば人《ひと》の助《たす》けを得《う》べし

○女子《ぢよし》の陰部《いんぶ》より血《ち》の流《なが》るゝをみれば百事《じ》吉兆《きつてう》

○女子《ぢよし》の陰部《いんぶ》をみれば人《ひと》と口論《こうろん》を生《しやう》じ災《わざはひ》來《きた》らんとするの兆《てう》

服飾類《ふくしよくるゐ》

○帽子《ぼうし》を貰《もら》ふとみれば大吉《だいきつ》

○帽子《ぼうし》の自《おのづか》らぬけたりとみれば官位《くわんゐ》を失《うしな》ふ

の兆《てう》
○帽子《ぼうし》を失《うしな》ふとみれば凶兆《けうてう》
○帽子《ぼうし》を燒《や》くとみれば昇進《しやうしん》の兆《てう》
○僧《そう》の帽子《ぼうし》を戴《いたゞ》くとみれば僧《そう》と爲《な》り或《ちろひ》は家《か》業衰《げふおとろ》へ親友《しんいう》に離《はな》るゝの兆《てう》
○帽子《ぼうし》を斜《なゝめ》に戴《いたゞ》くと見《み》れば心事《しんじ》正《たゞ》しからざるの兆《てう》
○帽子《ぼうし》地《ち》に墜《お》つるとみれば凶《けう》
○帽子《ぼうし》を人《ひと》に奪《うば》はるゝとみれば家内《かない》に變事《へんじ》あり父母妻子《ふぼさいし》に災《わざはひ》あるべし
○禮服《れいふく》を着《き》て帽子《ぼうし》を戴《いたゞ》かざるとみれば凶《けう》
○帽子《ぼうし》を空中《くうちう》に掛《か》くると見《み》れば災《わざはひ》目前《もくぜん》に來《きた》るの兆《てう》

○禮服《れいふく》を着《き》禮帽《れいぼう》を戴《いたゞ》くと見《み》れば祿位《ろくゐ》を得《う》べし
○禮服制服等《れいふくせいふくとう》を貰《もら》ふとみれば昇進《しやうしん》の兆《てう》
○女子《ぢよし》帽子《ぼうし》を戴《いたゞ》くと見《み》れば貴子《きし》を設《まう》くべし
○新《あら》たなる衣服《いふく》を着《き》るとみれば大吉《だいきつ》
○衣服《いふく》を洗《あら》ふとみれば酒食《しゆしよく》を得《う》べし
○衣服《いふく》を人《ひと》に與《あた》ふると見《み》れば身上《しんじやう》安《やす》からず
○衣裳《いしやう》自《おのづか》ら脱《だつ》するとみれば立身出世《りつしんしゆつせ》の兆《てう》
○衣裳《いしやう》忽《たちま》ち壞《やぶ》るゝとみれば妻妾婢僕《さいせふひぼく》等《とう》姦通《かんつう》することあり
○衣裳《いしやう》風《かぜ》に飄《ひるが》へるとみるときば他人《たにん》の爲《た》めに辛勞《しんらう》することあり又《また》は病氣《びやうき》の兆《てう》
○新《あら》たに衣裳《いしやう》を作《つく》るとみれば縁談《えんだん》に關《くわん》する

の兆《てう》

○衣裳《いしやう》の染色《そめいろ》を好《この》むとみれば凶住所《けうじうしよ》を變《か》へ又《また》は故郷《こきやう》を去《さ》り或《あるひ》は女難《ぢよなん》あり但女子《たゞしぢよし》は縁《えん》談《だん》あり

○婦《ふ》人能《じんよ》き衣裳《いしやう》を着《き》るとみれば不義理《ふぎり》の事《こと》あるべし

○美《うつく》しき模様《もやう》の衣服《いふく》をみれば立身出世《りつしんしゆつせ》の兆《てう》

○種々《しゆ〴〵》のきれを集《あつ》めて作《つく》りたる衣服《いふく》をきると見《み》れば百事《じ》大吉《だいきつ》

○一《ひと》かさねの衣服《いふく》を貰《もら》ふとみれば幸福《かうふく》の事《こと》あり

○衣服《いふく》を洗《あら》ふとみれば禍《わざはひ》散《さん》じ福《さいはひ》來《きた》り病《やまひ》愈《い》へ一家和合《かわがふ》するの兆《てう》

○紫《むらさき》の衣《ころも》をきたる人《ひと》をみれば富貴《ふうき》榮達《えいたつ》の兆《てう》

○萠黄《もえぎ》の衣《きぬ》をきたる人《ひと》をみれば幸福《かうふく》あるべし

○白《しろ》き衣《きぬ》をきたる人《ひと》をみれば幸福《かうふく》あり又安《またあん》樂《らく》の兆《てう》病愈《やまひい》ゆべし

○藍《あゐ》の衣《きぬ》をきたる人《ひと》をみれば書生《しよせい》は及第《きうだい》し平人《へいにん》は世《よ》の中《なか》の辛酸《しんさん》を知《し》るの兆《てう》

○青《あを》き衣《きぬ》をきたる人《ひと》をみれば家内《かない》に變事《へんじ》あり或《あるひ》は病《やまひ》に罹《かゝ》ることあり

○麻《あさ》の衣《きぬ》をきたりとみれば利益《りえき》を得《え》萬事《ばんじ》に吉《きつ》

○帷子《かたびら》をきるとみれば患《うれ》ひ去《さ》り便宜《べんぎ》を得《う》るの兆《てう》

○羅紗《らしや》の衣《きぬ》をきたりと見《み》れば諸事《しよじ》意《い》の如《ごと》くならざるの兆《てう》

○羽衣《はごろも》をきたりとみれば立身出世《りつしんしゆつせ》の兆《てう》

○衣服《いふく》を繕《つくろ》ふとみれば職業《しよくげふ》を得べし婦人之《ふじんこれ》をみれは夫《おつと》に過《あやま》ちあるの兆《てう》

○冬時夏《ふゆときなつ》の衣《きぬ》をきるとみれば貧窮《ひんきう》するの兆《てう》事皆《ことみな》利あらず

○紅《くれな》ゐの衣《きぬ》をきるとみれば一家《か》に喜《よろこ》びごとあり

○短《みじか》き衣《きぬ》をきるとみれば上下《じやうか》一致《ち》せず萬事《ばんじ》意《い》の如《ごと》くならざるなり

○長《なが》き衣《きぬ》をきたりとみれば家業繁榮《かげふはんえい》の兆病《てうべう》人《にん》には凶《けう》

○裾《すそ》のまくれるとみれば秘密《ひみつ》の事《こと》あらはるゝの兆《て》

○人《ひと》に絹《きぬ》を裂かるゝとみれば萬事《ばんじ》に利《り》あらず

○被布《ひふ》をきるとみれば人《ひと》に愛《あい》せらるゝの兆《てう》

○紅《あか》き裾《すそ》の衣《きぬ》をきるとみれば喜《よろこ》びごとあるの兆《てう》

○袴《はかま》をきるとみれば人《ひと》に用《もち》ゐられ又《また》よき師《し》に遇《あ》ふことあり

○足袋《たび》の新《あら》たなるをはくとみれば住所《ぢうしよ》を移《うつ》すことあり

○足袋《たび》の破《やぶ》るゝをみれば子孫妻妾《しそんさいせふ》疾《や》むことあり

沓

下駄

足駄

靴

夜具

枕

草鞋

蒲團

○足袋《たび》に底《そこ》なしとみれば凶《けう》
○赤《あか》きくつをはくとみれば讒言《ざんげん》に逢《あ》ふこと
あれども咎《とが》めなきの兆《てう》
○朱塗《しゆぬり》のくつ又《また》は下駄《げた》をはくとみれば貴人《きにん》
に逢《あ》ふことあり又婚姻《またこんいん》の兆《てう》
○靴《くつ》の糞《くそ》に汚《けが》されたるをみれば身《み》を勞《らう》して
金《きん》を得《う》るの兆《てう》
○靴《くつ》の破《やぶ》るゝを見《み》れば妻妾又《さいせふまた》は僕婢《ぼくひ》に災《わざはひ》あ
るの兆《てう》
○靴《くつ》の泥《どろ》に汚《けが》されたるをみれば人《ひと》に辱《はづ》かし
めらるゝの兆《てう》
○草鞋《わらじ》を倒《さか》さにはくとみれば失敗《しつぱい》の兆《てう》
○大人《たいじん》が小兒《せうに》の草鞋《わらじ》をはくとみれば事《こと》の速《すみやか》
にならざる兆《てう》
○鐵《てつ》の草鞋《わらじ》をはくとみれば困難《こんなん》を凌《しの》ぎて成
功《こう》するの兆《てう》
○足駄《あしだ》をはきて水《みづ》を渉《わた》るとみれば危險《きけん》を冒《おか》
して事《こと》を爲《な》さんとするの兆向《てうむか》ふの岸《きし》に達《たつ》
すれは吉《きつ》
○足駄《あしだ》をはきて宮殿《きうでん》に昇《のぼ》るとみれば卑賤《ひせん》よ
り起《おこ》りて高官《かうくわん》に上《のぼ》るの兆《てう》
○錦《にしき》の夜具《やぐ》をみれは立身出世《りつしんしゆつせ》の兆又喜事《てうまたきこ》あ
るなり
○夫婦枕《ふうふまくら》を共《とも》にするとみれば一家和合子孫《かわがふしそん》
繁昌《はんじやう》の兆《てう》
○座蒲團《ざぶとん》の上《うへ》に座《すは》るとみれば業務盛《げふむさかん》にして

百事吉《じきつ》

○蒲團《ふとん》を貰《もら》ふとみれば遠方《えんはう》より慶事《けいじ》來《きた》らんとするの兆《てう》

○赤《あか》き手巾《てぬぐひ》をみれは幸運《かううん》將《まさ》に來《きた》らんとするの兆《てう》

○手巾《てぬぐひ》を失《うしな》ふとみれば患《うれ》ひ去《さ》り幸運《かううん》至《いた》るの兆《てう》病《やまひ》は治《ち》すべし

○紅《あか》き手巾《てぬぐひ》をかぶるとみれば親族《しんぞく》に不幸《ふかう》あるの兆《てう》又《また》人《ひと》と爭《あらそ》ひを生《しやう》ずることあり

○白《しろ》き手巾《てぬぐひ》をかぶるとみれば病《やまひ》に罹《かゝ》ることあり老人《らうじん》は長壽《ちやうじゆ》の兆《てう》

○笄《かんざ》を買《か》ふとみれば妻妾《さいせふ》を得《う》べし

○笄《かんざし》を落《おと》すとみれば旅行《りよかう》することあるべし

○金《きん》の釵《かんざし》を人《ひと》に與《あと》ふとみれば其人《そのひと》と約束《やくそく》を爲《な》すの兆《てう》又《また》貴人《きにん》と親《した》しむことあるべし

○花笄《はなかんざし》をみれば初《はじ》めに困難《こんなん》すれども後《のち》には幸福《かうふく》あるの兆《てう》

○釵《かんざし》の折《お》れたるとみれば意外《いぐわい》の災《わざはひ》あるべし

○竹《たけ》の釵《かんざし》をみれば家内和合《かないわがふ》の兆《てう》

○袖《そで》の中《なか》に釵《かんざし》のあるをみれば遠方《えんぱう》より音信《いんしん》あるの兆《てう》

○我《わ》が身《み》釵《かんざし》をさするとみれば人《ひと》に代《かは》りて事《こと》を爲《な》すの兆《てう》

○婦人《ふじん》の頭《かしら》に笄《かんざし》あるをみれば福《さいはひ》あるの兆《てう》

○扇《あふぎ》を拾《ひろ》ふとみれば立身出世《りつしんしゆつせ》の兆《てう》

○扇《あふぎ》を失《うしな》ふとみれば妻子《さいし》に別《わか》るゝことあり

○帶《おび》自《おのづか》ら解《と》くるとみれば祿《ろく》にはなれ又散《またさん》財《ざい》の兆《てう》

飲《いん》食《しよく》類《るゐ》

○天《てん》より來《きた》る泉《いづみ》を飲《の》むとみれば親友《しんいう》に會《あ》ひ或《あるひ》は人《ひと》の敎誨《けうくわい》を受《う》くるの兆《てう》

○氷《こほり》や雪《ゆき》のとけたるをのむとみれば先《さき》に困《こん》難《なん》して後《のち》に幸福《かうふく》を得《う》るの兆《てう》

○山中《さんちう》の泉《いづみ》を飲《の》むとみれば清貧《せいひん》に安《やす》んじて憂《うれひ》なきの兆《てう》

○海《うみ》の水《みづ》を飲《の》むとみれば心廣《こゝろひろ》くして身體强《しんたいきやう》健《けん》なるの兆《てう》

○池《いけ》や沼《ぬま》の水《みづ》を飲《の》むとみれば吉《きつ》

○溝渠《かうきよ》の水《みづ》を飲《の》むと見《み》れば辱《はぢ》ヲ受《う》くるの兆《てう》

○井《ゐ》の泉《いづみ》を汲《く》みて飲《の》むとみるに清《す》めば吉濁《きつにご》るは凶《けう》

○人《ひと》の水《みづ》を汲《く》みて我《わ》れに與《あた》ふるとみれば吉《きつ》

○茶《ちや》を貰《もら》ふとみれば利《り》を得《う》るの兆《てう》

○人《ひと》に茶《ちや》を贈《おく》ると見《み》れば人《ひと》と親《したし》み又《また》は婚姻《こんいん》成《な》るの兆《てう》

○茶《ちや》を煎《に》るとみれば患《うれい》を去《さ》るの兆《てう》

○茶《ちや》を飲《の》むとみれば心中憂《しんちううれい》を去《さ》り愉快《ゆくわい》なるの兆《てう》

○高貴《かうき》の人《ひと》より茶《ちや》を賜《たま》はるとみれば良緣《りやうえん》を得《え》或《あるひ》は賢子《けんし》を得《う》るの兆《てう》

○茶會《ちやくわい》を催《もよう》すとみれば親友《しんいう》と事《こと》を同《おなじ》くして

濁酒　酒　酒粕　白酒　酒泉　醴

事成《こゝな》るの兆《てう》
○茶《ちや》を飲《の》まんとするに茶至《ちやいた》らずして渇《かつ》すると見《み》れば熱病《ねつべう》に罹《かゝ》るの兆《てう》
○茶《ちや》づけ飯《めし》を食《しよく》すると見《み》れば一家平穏《かへいおん》の兆《てう》
○酒《さけ》を得《う》ると見《み》れば榮華《えいぐわ》にして安樂《あんらく》の兆《てう》
○酒粕《さけかす》を得《う》るとみれば貧窮《ひんきう》の兆《てう》
○酒《さけ》を飲《の》みて味美《あぢはひび》なりとみれば喜《よろこ》びあるの兆《てう》酸味《さんみ》ありとみれば苦勞《くらう》多《おほ》きの兆《てう》
○白酒《しろざけ》を飲《の》むとみれば珍客至《ちんきやくいた》るの兆《てう》
○酒《さけ》の泉《いづみ》をみれば衣食豊《いしよくゆた》かなるの兆《てう》但《たゞ》し飲《の》みて醉《よ》ふとみれば凶《けう》
○とくりの酒《さけ》を一《ひと》いきに飲《の》みつくすとみれば衣食《いしよく》に缺乏《けつばう》するの兆《てう》

○酒《さけ》を飲《の》むに肴《さかな》なしとみれば萬事調《ばんじとゝの》はざるの兆《てう》
○濁酒《にごりさけ》を飲《の》むとみれば諸事不利《しよじふり》の兆《てう》
○酒《さけ》を飲《の》みて快《こゝろよ》く飯《はん》を食《くら》ふとみれば福《さいはひ》あるの兆《てう》
○酒《さけ》を造《つく》るとみれば吉《きつ》
○酒《さけ》に醉《よ》ふて臥《ふ》すとみれば人《ひと》の欺《あざふ》かるゝことあり
○酒《さけ》に醉《よ》ふて人《ひと》に爭《あらそ》ふとみれば病《やまひ》にかゝるの兆《てう》
○酒《さけ》を人《ひと》に送《おく》るとみれば火災《くわさい》に遇《あ》ふの兆《てう》
○筵《むしろ》の上《うへ》にて酒《さけ》を飲《の》むとみれば破財《はざい》の兆《てう》
○醴《あまざけ》を飲《の》むとみれば親類朋友《しんるゐはういう》と爭《あらそ》ふことあ

醋　麵類　油　饂飩　鹽水　素麵　粽　米　饅頭　團子　飯　餅

るの兆《てう》
○醋《す》を飲《の》むとみれば生別死別《せいべつしべつ》の悲《かなし》みあるの兆《てう》
○醋《す》を貰《もら》ふとみれば遠方《えんはう》よりの便《たより》あるべし
○醋《す》を造《つく》るとみれば孕《はら》むことあり
○醋《す》をなむるとみれば人《ひと》に侮《あなど》らるゝことあり
○油《あぶら》を飲《の》むとみれば凶《けう》
○鹽水《しほみづ》を飲《の》むとみれば為《な》す事害《ことがい》ありて利《り》なく又旅行《またりよかう》するときは船《ふね》に乗《の》りて過《あやま》ちあるの兆《てう》
○米《こめ》を食《くら》ふとみれば死亡《しばう》の兆又《てうまた》一家親屬《かしんぞく》に不幸《ふかう》あるの兆《てう》
○衆《おほ》くの人《ひと》と共《とも》に飯《はん》を食《くら》ふとみれば吉《きつ》

○飯《はん》を食《くら》はんとして吐《は》き出《いだ》すとみれば忙《いそが》しくして暇《いとま》なきの兆《てう》
○麵類《めんるゐ》を食《くら》ふとみれば萬事調《ばんじとゝな》ひよき友《とも》を得《え》て利益《りえき》あるの兆《てう》
○麵類《めんるゐ》のつゆを作《つく》るとみれば財産《ざいさん》を減《げん》ずるの兆《てう》
○饂飩《うどん》を食《くら》ふとみれば大利《たいり》を得《え》又訴訟《またそしやう》は和《わ》解《かい》するの兆《てう》
○索麪《さうめん》を食《くら》ふとみれば吉又長壽《きつまたちやうじゆ》の兆《てう》
○粽《ちまき》を食《くら》ふとみれば盛運《せいうん》の兆《てう》
○饅頭《まんぢう》を食《くら》ふとみれば喜《よろこ》びごとあるの兆《てう》
○團子《だんご》を食《くら》ふとみれば一家團欒《かだんらん》の兆《てう》
○餅《もち》を食《くら》ふとみれば利益《りえき》あり上下和合《じやうかわがふ》の兆《てう》

大根　薑　蒜　蕨　茄子　瓜類　西瓜　豆　菓類　魚類

○餅《もち》を焼《や》くとみれば凶《けう》

○大根《だいこん》を食《くら》ふとみれば辛苦《しんく》のことあるの兆《てう》

○薑《はじかみ》を食《くら》ふとみれば患《うれひ》去《さ》り利《り》を得《う》るの兆《てつ》

○蒜《にんにく》を食《くら》ふとみれば福《さいはひ》あるの兆《てう》

○蕨《わらび》を食《くら》ふとみれば困難《こんなん》の兆《てう》

○茄子《なす》を貰《もら》ふとみれば従僕《じうぼく》を得《う》るの兆《てう》

○茄子《なす》を人《ひと》に與《あた》ふるとみれば利《り》を得《う》るの兆《てう》

○瓜類《うりるゐ》を食《くら》ふとみれば無事《ぶこ》の兆《てう》

○西瓜《すゐくわ》を食《くら》ふとみれば死亡《しぼう》のことあり

○西瓜《すゐくわ》を貰《もら》ふとみれば口舌《くぜつ》を主《つかさ》どる

○瓜《うり》を食《くら》ひて甚《はなは》だ甘《あま》しとみれば立身出世《りつしんしゆつせ》の兆《てう》

○桃《もゝ》を食《くら》ふとみれば長壽《ちやうじゆ》の兆又《てうまた》貴《たつと》き子《こ》を得《う》べし

○桃《もゝ》を失《うしな》ふとみれば損失《そんしつ》を主《つかさ》どる

○金柑《きんかん》を食《くら》ふとみれば富貴《ふうき》となるの兆《てう》

○松《まつ》の實《み》を食《くら》ふとみれば 災《わざはひ》去《さ》り 福《さいはひ》來《きた》り身《み》榮《さか》へ家富《いへとむ》の兆《てう》

○みかんを食《くら》ふとみれば朋友《はういう》に死者《ししや》あるの兆《てう》

○ざくろを食《くら》ふとみれば凶《けう》

○梨《なし》を食《くら》ふとみれば離別《りべつ》の兆《てう》

○豆《まめ》を食《くら》ふとみれば子孫《しそん》の憂《うれひ》あり

○豆《まめ》を貰《もら》ふとみれば盗難《とうなん》の兆又《てうまた》子女《しぢよ》痘瘡《とうさう》の患《うれひ》あるべし

○魚肉《ぎよにく》を食《くら》ふとみれば吉萬事《きつばんじ》安穏《あんおん》の兆《てう》

○烹《に》たる魚《うを》を食《くら》ふとみれば口舌《くぜつ》あるの兆《てう》

○魚《うを》の頭《かしら》を食《くら》ふとみれば吉《きつ》又《また》良縁《りやうえん》を得《う》るの兆《てう》

○魚《うを》のすじを食《くら》ふとみれば人《ひと》に欺《あざむ》かるゝことあり

○鯉《こひ》を食《くら》ふとみれば利益《りえき》を得《う》るの兆《てう》又《また》珍客《ちんかく》の來《きた》ることあり

○鰻《うなぎ》鯰《なまづ》等《とう》てけなき魚《うを》を食《くら》ふとみれば利《り》を得《う》ることとなし病《やまひ》は治《ち》すべし

○蟹《かに》の類《るゐ》を食《くら》ふとみれば和合《わがふ》の兆《てう》

○蛤《はまぐり》の類《るゐ》を食《くら》ふと見《み》れば官吏《くわんり》は職《しよく》を去《さ》ることあり其他《そのた》の人《ひと》には吉《きつ》

○鹽魚《しほうを》を食《くら》ふとみれば求《もと》めずして財《ざい》を得《う》るの兆《てう》

○鷄卵《けいらん》を食《くら》ふとみれば志望《しばう》を達《たつ》し又長壽《またちやうじゆ》の兆《てう》

○鴨《かも》を食《くら》ふとみれば吉《きつ》

○雁《がん》を食《くら》ふとみれば婚姻成《こんいんな》り一家和合《かわがふ》の兆《てう》

○鳩《はと》を食《くら》ふとみれば親屬睦《しんぞくむつま》くして安樂《あんらく》の兆《てう》又《また》利《り》を得《う》べし

○雀《すゞめ》を食《くら》ふとみれば昇進《しやうしん》の兆《てう》

○鴉《からす》を食《くら》ふとみれば災去《わざはひさ》り病癒《やまひいゆ》るの兆《てう》

○雉《にはとり》を食《くら》ふとみれば一家和合《かわがふ》の兆《てう》

○血腥《ちなまぐさ》き肉《にく》を食《くら》ふとみれば艱難多《かんなんおほ》く口舌絶《くぜつた》へざるの兆《てう》

○犬《いぬ》を食《くら》ふとみれば財《ざい》を得《う》べし

○熊《くま》を食《くら》ふとみれば富貴《ふうき》にして强健《きやうけん》なるの兆《てう》

○狐《きつは》や狸《たぬき》を食《くら》ふとみれば奸邪《かんじや》の人《ひと》を除《のぞ》き去《さ》るの兆《こう》

○鹿《しか》の肉《にく》を食《くら》ふとみれば肉盡《にくつ》きざるは幸運《かううん》限《かぎ》りなきの兆肉餘《てうにくあま》りなきは凶《けつ》

○牛《うし》や馬《うま》の肉《にく》を食《くら》ふとみれば旅行《りよかう》するの兆《てう》病《やまひ》は治《ち》すべし

○蛙《かはず》を食《くら》ふとみれば事成《ことな》りがたく損失《そんしつ》あるの兆《てう》

○蜂《はち》の蜜《みつ》を食《くら》ふとみれば禍《わざはひ》を變《へん》じて福《さいはひ》と爲《な》し上下親密《しやうかしんみつ》の兆《てう》

○乳《ちゝ》を飲《の》むとみれば大利《たいり》を得《う》べし又身體强壯《またしんたいきやうさう》となるの兆《てう》

○血《ち》を飲《の》むとみれば人《ひと》と約束《やくそく》するの兆病人《てうべうにん》は治《ぢ》すべし軍人《ぐんじん》には凶《けう》

○飴《あめ》を食《くら》ふとみれば凶《けつ》

宮室類《きうしつるゐ》

○宮殿《きうでん》をみれば後來富貴《こうらいふうき》となるの兆《てう》

○大《おほい》なる殿堂《でんだう》に上《のぼ》るとみれば萬事《ばんじ》凶兆《けうてう》

○宮殿《きうでし》を造《つく》るとみれば高貴《かうき》の人《ひと》より招《まね》かるゝの兆《てう》

○宮殿《きうてん》の傾《かたぶ》くとみれば一家離散《かりさん》の兆《てう》

○宮殿《きうてし》の動《うご》くとみれば一家分散《かぶんさん》して安《やす》からざるの兆又家《てうまたいへ》を移《うつ》すことあるべし

○宮殿《きうでん》の傾《かたよ》きたるを繕《つくろ》ひ元《もと》の如《ごと》くせしとみれば衰運《すゐうん》を回復《くわいふく》して幸運《かううん》と爲《な》すの兆《てう》

○宮中奥深《きうちうおくふか》き所《どころ》に入《い》りたるとみれば諸事吉《しよじきつ》兆《てう》

○宮城《きうじやう》の墻屋《しやうおく》を見《み》るとみれば貴人《きにん》に引立《ひきた》てらるゝの兆《てう》

○遙《はるか》に宮城《きうじやう》を望《のぞ》み見《み》るとみれば諸事吉兆《しよじきつてう》

○宮闕《きうけつ》の内《うち》に入《い》るとみれば後來富貴《こうらいふうき》の兆《てう》

○高《たか》き臺《だい》に上《のぼ》りて四方《はう》を眺《なが》むるとみれば貴《たつと》くして人《ひと》の上《かみ》に立《た》つの兆又胸中《てうまたけうちう》の憂去《うれひさ》りて快《こゝろよ》きことあり

○高《たか》き臺《だい》を下《くだ》るとみれば凶《けう》

○物干臺又《ものほしだいまた》は火《ひ》の見櫓等《みやぐらとう》に上《のぼ》るとみれば一家和合《かわがふ》の兆《てう》

○高樓《かうろう》に上《のぼ》りて貴人《きにん》に遇《あ》ふとみれば貴人《きにん》の引立《ひきたて》に遇《あ》ふの兆《てう》

○樓閣《らうかく》をみれば立身出世《りつしんしゆつせ》の兆《てう》

○樓上《らうじやう》にて酒《さけ》を飲《の》むとみれば吉久《きつひさし》く遇《あ》はざる人《ひと》に遇《あ》ひて事成《ことな》るべし

○大《だい》なる家《いへ》を立《た》つるとみれば吉志遂《きつこゝろざしと》げ家内《かない》繁昌《はんじやう》するの兆《てう》

○大《だい》なる家《いへ》をみるは吉《きつ》

○大《だい》なる家風《いへかぜ》の爲《た》めに動《うご》くとみれば大凶《だいけう》

○家《いへ》の内《うち》に光《ひか》りあるをみれば吉商業《きつしやうげふ》に利《り》あり

○家《いへ》の内《うち》に草《くさ》の生《しやう》ずるをみれば大《だい》なる損失《そんしつ》

戸

門戸

床

あるべし
○家《いへ》破《やぶ》れて住《す》む人《ひと》なしとみれば病人《べうにん》は凶縁《けうえん》談《だん》は成《な》らざるの兆《てう》
○家《いへ》を買《か》ふとみれば長壽《ちやうじゆ》の兆《てう》
○家《いへ》を賣《う》るとみれば運強《うんつよ》きの兆《てう》
○家《いへ》を掃除《さうじ》するとみれば人《ひと》の長《ちやう》となるべし
○家《いへ》を造《つく》るとみれば吉萬事《きつばんこ》の相談《さうだん》は遲《おそ》きに利《り》あり
○四方《はう》に家《いへ》なしとみれば驚《おどろ》きあるべし
○家《いへ》の破《やぶ》れたるをみれば衰運《すゐうん》の兆《てう》
○日光《につくわう》家《いへ》の内《うち》に滿《み》つるとみれば出世《しゆつせ》の兆《てう》
○家《いへ》の棟《むね》折《を》るゝとみれば破財《はざい》の兆《てう》又《また》病難《べうなん》あるべし

○新《あら》たなる家《いへ》に入《い》るとみれば遠方《えんはう》に行《ゆ》くの兆《てう》
○風《かぜ》吹《ふ》きて家動《いへうご》くとみれば疾《やまひ》あるべし
○戸《と》を開《ひら》くとみれば願望《ぐわんまう》成《な》るべし
○戸《と》を閉《と》づるとみれば損失《そんしつ》あり
○門戸《もんこ》を新《あら》たにするとみれば大《おほい》に富貴《ふうき》なるの兆《てう》
○門戸《もんこ》の開《ひら》くをみれば女《おんな》に外情《ぐわいじやう》あるの兆《てう》
○門《もん》の扉《とびら》開《ひら》くとみれば奴婢《ぬひ》逃《に》げ去《さ》ることあるの兆《てう》
○床《ゆか》をかゆるとみれば吉病《きつやまひ》去《さ》るべし
○床《ゆか》の上《うへ》に蟻《あり》の聚《あつ》まるをみれば凶病難《けうべうなん》或《あるひ》は死亡《しばう》のことあり

○床《ゆか》の上《うへ》に臥《ふ》すとみれば口舌《くせつ》あるべし
○窓《まど》を明《あ》くるとみれば遠方《えんぽう》より便《たより》あるの兆《てう》
○窓《まど》を開《ひら》くとみれば願望叶《ぐわんまうかな》ふべし
○窓《まど》を塞《ふさ》ぐとみれば百事成《じな》らざるの兆《てう》
○竈《かまど》の中《なか》に湯《ゆ》の沸《わ》くとみれば大利《たいり》を得《う》るの兆《てう》
○竈《かまど》の下《した》に火《ひ》の燃《も》ゆるとみれば名《な》を揚《あ》ぐるの兆《てう》
○竈《かまど》の中《なか》に火《ひ》のはねるとみれば口舌《くせつ》あるの兆《てう》
○竈《かまど》を作《つく》るとみれば健康《けんかう》にして子孫栄達《しそんえいたつ》するの兆《てう》
○一家《か》に竈二《かまどふた》つありとみれば争《あらそ》ひあり又事《またこと》成《な》らざるの兆《てう》
○竈《かまど》の下《した》に水《みづ》の流《なが》るゝとみれば金銭《きんせん》の苦労《くらう》あり
○竈又《かまどまた》は釜等《かまどう》の崩《くづ》るゝとみれば死亡《しばう》を主《つかさ》どる
○池《いけ》の中《なか》に竈《かまど》のあるとみれば諸事吉兆但富《しよこきつてうたゞふう》貴《き》の人《ひと》には凶兆《けうてう》
○廐《うまや》より馬《うま》を出《い》だすとみれば旅行《りよかう》の兆《てう》
○馬《うま》の廐《うまや》に入《い》るとみれば音信至《いんしんいた》るの兆《てう》
○廐《うまや》に馬《うま》の嘶《いなゝ》くとみれば口舌《くせつ》の争《あらそ》ひあるべし
○廐《うまや》の中《なか》に馬《うま》の跳《をど》り狂《くる》ふとみれば火災《くわさい》の兆《てう》
○廐《うまや》に馬《うま》なしとみれば百事《じと》遂げざるの兆《てつ》

蠶室　馬立　雪隱　牛小屋　羊小屋　狗小屋　豚小屋　穴藏　雞小屋　小屋　船

○馬《うま》の廐《うまや》を壞《やぶ》るとみれば一家《か》に災《わざはひ》あるの兆《てう》

○廐《うまや》を修繕《しうぜん》するとみれば富貴《ふうき》と爲《な》るの兆《てう》

○廐《うまや》に至《いた》り馬《うま》に秣《まぐさ》を與《あた》ふるとみれば貴子《きし》を生《しやう》ずべし

○雪隱《せついん》をみれば無病《むべう》の兆《てう》

○雪隱《せついん》に落《お》つるとみれば死亡《しばう》の兆《てう》又衣服酒《まていふくしゆ》食《しよく》を得《う》ることあり

○雪隱《せついん》に行《ゆ》き身《み》汚《けが》るゝとみれば金錢《きんせん》を得《う》べし又親類《またしんるゐ》につき苦勞《くらう》あるべし

○穴藏《あなぐら》を造《つく》るとみれば器物《きぶつ》を得《う》るの兆《てう》

○穴藏《あなぐら》に物《もの》のみつるとみれば爭《あらそ》ひごと起《おこ》るの兆《てう》

○小屋《こや》の內《うち》にて作事《さくじ》するとみれば人《ひと》と共力《きやうりよく》して事《こと》を成《な》すの兆《てう》

○小屋《こや》の內《うち》に寢《ね》るとみれば不祥《ふしやう》の兆《てう》

○蠶室《かひこノへや》をみれば衣食《いしよく》足《た》るの兆《てう》

○馬立《うまたて》をみれば危《あやふ》きに臨《のぞ》みて安《やす》きを得《う》るの兆《てう》

○牛小屋《うしごや》をみれば吉喜《きつよろこ》びごとあるの兆《てう》

○羊小屋《ひつじごや》をみれば禍《わざはひ》を變《へん》じて福《さいはひ》となすの兆《てう》

○狗小屋《いぬごや》をみれば酒食《しゆしよく》を得《う》るの兆《てう》

○豚小屋《ぶたごや》をみれば財《ざい》を得《え》又《また》一家《か》平和《へいわ》の兆《てう》

○雞小屋《にはとりごや》をみれば吉《きつ》

器《き》財《ざい》類《るゐ》

○船雲《ふねくも》の中《なか》に在《あ》りとみれば遠方《えんはう》へ旅行《りよかう》する

の兆《てう》
○船《ふね》に乗《の》りて日月《じつげつ》を見《み》るとみれば官位《くわんゐ》を得《う》るの兆《てう》
○船《ふね》の戸外《こぐわい》に泊《とま》るとみれば音信《いんしん》至《いた》るの兆《てう》
○船庭中《ふねていちう》に在《あ》りとみれば大水《たいすゐ》至《いた》るの兆《てう》
○船《ふね》に乗《の》りて帆《ほ》を揚《あ》ぐるとみれば吉《きつ》事あるの兆《てう》
○船《ふね》に乗《の》り海《うみ》を渡《わた》るとみれば千金《きん》を得《う》るの兆《てう》
○船《ふね》に乗《の》り河《かは》を渡《わた》るとみれば志《こゝろざし》を達《たつ》するの兆《てう》
○船《ふね》を池《いけ》に浮《うか》ぶるとみれば美婦《びふ》を得《う》るの兆《てう》
○綱《つな》を持《も》ちて船《ふね》に乗《の》るとみれば人《ひと》の力《ちから》を得《え》て立身《りつしん》するの兆《てう》
○自《みづか》ら櫓《ろ》を執《と》りて船《ふね》を漕《こ》ぐとみれば名譽《めいよ》大《おほい》に顯《あら》はるゝの兆《てう》
○船《ふね》を造《つく》り又《また》は船《ふね》を繕《つくろ》ひ又《また》は新《あら》たなる船《ふね》を初《はじめ》て水《みづ》に下《くだ》す等《とう》をみれば富有《ふいう》の兆《てう》
○漁船《ぎよせん》に在《あ》りて魚《うを》を獲《う》るとみれば大利《たいり》を得《う》べし
○漁船内《ぎよせんない》に眠《ねむ》るとみれば火難《くわなん》又《また》は盗難《とうなん》の患《うれひ》あり
○船《ふね》に乗《の》りて釣《つり》を垂《た》るゝとみれば旅行《りよかう》して利《り》を得《う》るの兆《てう》
○船《ふね》に乗《の》りて橋《はし》の下《した》に在《あ》りとみれば開運《かいうん》の兆《てう》

○船《ふね》の往來繁《わうらいしげ》くして船《ふね》と船《ふね》と相打《あひう》ち相罵《あひのゝし》るとみれば我《われ》に敵《てき》するものありと知《し》るべし

○船《ふね》に草木等《さうもくとう》を載《の》せ來《きた》ると見《み》れば財《ざい》を得《う》るの兆《てう》なれども我《わ》が船《ふね》を他《た》に運搬《うんぱん》するとみれば財《ざい》を費《つひや》すの兆《てう》

○船《ふね》に魚《うを》を載《の》するをみれば財《ざい》を得《う》るの兆《てう》

○船《ふね》に蛤《はまぐり》を載《の》せたるを見《み》れば人《ひと》と分離《ぶんり》するの兆《てう》

○船《ふね》に鳥類《てうるゐ》を載《の》せたるを見《み》れば夫婦和合《ふうふわがふ》の兆《てう》

○船《ふね》に犬猫《いぬねこ》を載《の》せたるをみれば吉《きつ》

○船《ふね》に牛羊《ぎうやう》を載《の》せたるを見《み》れば凶《けう》

○船水底《ふねすゐてい》に沈《しづ》むと見《み》れば大凶《だいけう》

○我《わ》が乗《の》る船《ふね》の焚《や》くるとみれば凶《けう》

○他《た》の船《ふね》の焚《や》くるとみれば吉《きつ》

○船中《せんちう》に水《みづ》ありとみれば財《ざい》を得《う》るの兆但他《てうたゞした》人《にん》の爲《た》めに苦勞《くらう》することあり

○船《ふね》に乘《の》りて酒《さけ》を飲《の》むとみれば遠方《えんよう》よりの便《たより》あるべし

○人《ひと》と同船《どうせん》するとみれば住所《ぢうしよ》につき苦勞《くらう》なるべし

○一家《か》の人皆船《ひとみなふね》に乘《の》るとみれば大《おほい》に損失《そんしつ》するの兆《てう》

○船覆《ふねくつがへ》り浪荒《なみあら》しとみれば女難《ぢよなん》あり又人《またひと》に欺《あざふ》かるゝことあり

○船《ふね》に關《くわん》する器具《きぐ》をみれば大凡吉兆《おほよそきつてう》

○車《くるま》に乗《の》りて大道《だいだう》を走《はし》るとみれば財《ざい》を得《う》るの兆《てう》

○車《くるま》に乗《の》りて高《たか》きに上《のぼ》るとみれば昇進《しやうしん》の兆《てう》

○車《くるま》に乗《の》りて坂《さか》を下《くだ》るとみれば凶《けう》

○車《くるま》に乗《の》りて山《やま》に登《のぼ》るとみれば危険《きけん》のことあり

○四頭立《とうだち》の馬車《ばしや》をみれば吉《きつ》

○朱塗《しゆぬり》の車《くるま》に乗《の》るとみれば火難《くわなん》の兆《てう》

○軍用《ぐんよう》の車《くるま》をみれば凡《すべ》て人《ひと》に勝《か》つの兆《てう》

○車《くるま》に輪《わ》なしとみれば志望《しばう》を達《たつ》すること能《あた》はざるの兆《てう》

○車《くるま》を屋内《おくない》に置《お》くとみれば旅行《りよかう》するの兆《てう》

○車《くるま》の輪《わ》離《はな》るゝとみれば夫婦離別《ふうふりべつ》の兆《てう》

○筆《ふで》をみれば都《す》べて吉《きつ》但《たゞ》し筆《ふで》を失《うしな》ふとみれば凶《けう》

○硯《すゞり》をみれば都《す》べて吉《きつ》

○硯《すゞり》を造《つく》るとみれば田地《でんち》山林《さんりん》を得《う》るの兆《てう》

○墨《すみ》をみれば都《す》べて吉《きつ》

○墨《すみ》を拾《ひろ》ふとみれば財《ざい》を得《う》べし

○人《ひと》に墨《すみ》を與《あた》ふるとみれば新《あら》たに朋友《ほういう》を得《う》べし

○墨《すみ》を失《うしな》ふとみれば凶《けう》

○繪具《ゑのぐ》をみれば大抵《たいてい》吉兆《きつてう》

○紙《かみ》を拾《ひろ》ふとみれば大《おほい》に財《ざい》を得《う》るの兆《てう》

○紙《かみ》を失《うしな》ふとみれば父母《ふぼ》或《あるひ》は妻子《さいし》に別《わか》るゝの兆《てう》

机　銃砲　弓　刀劍　旗　椅子　屏風

○机《つくえ》をみれば訴訟《そしやう》のことあるの兆《てう》
○机上《きじやう》に書籍《しよじやく》ありとみれば吉《きつ》
○弓《ゆみ》に弦《つる》をかくるとみれば人《ひと》と別《わか》るゝの兆《てう》
○弓《ゆみ》に弦《つる》なしとみれば事《こと》の急《きふ》に成《な》らざる兆《てう》
○弓弦《ゆみづる》の絶《た》へたるとみれば配偶《はいぐう》を失《うしな》ふの兆《てう》
○弓《ゆみ》を彈《ひ》くとみれば福《さいはひ》あるの兆《てう》
○弓《ゆみ》の折《お》れたるとみれば凶《けう》
○刀劍《とうけん》をみれば總《す》べて吉兆《きつてう》
○刀《かたな》を失《うしな》ふとみれば財《ざい》を失《うしな》ふの兆《てう》
○刀水《かたなみづ》に落《お》つるとみれば妻《さい》を亡《うしな》ふことあり
○人《ひと》に刀《かたな》を與《あた》ふるとみれば大凶《だいけう》
○刀床上《かたなしやうじやう》に在《あ》りとみれば大吉《だいきつ》
○刀《かたな》を磨《と》くとみれば大吉《だいきつ》

○刀《かたな》に血《ち》あるをみれば大利《たいり》を得《う》るの兆《てう》
○大砲小銃等《たいはうせうじうとう》の戸外《こぐわい》に列《なら》ぶとみれば慶事《けいじ》あるの兆《てう》
○自《みづか》ら銃砲《じうはう》を執《と》るとみれば名譽《めいよ》を揚《あ》ぐるの兆《てう》
○遠《とほ》く銃砲《じうはう》の音《おと》をきくとみれば家内不和《かないふわ》の兆《てう》
○旗《はた》の類《るゐ》をみれば大吉《たいきつ》
○旗《はた》を持《も》つとみれば財《ざい》を得《う》るの兆《てう》
○赤《あか》き旗《はた》をみれば火災《くわさい》の兆《てう》
○椅子《いす》の上《うへ》に寢《ね》るとみれば樂《らく》なるが如《ごと》くにして苦勞多《くらうおほ》き兆《てう》
○屏風《べうぶ》をみれば外《ほか》より來《きた》る難事《なんじ》を防《ふせ》ぎ一家《か》

安泰《あんたい》の兆《てう》
○屏風《べうぶ》を得《う》るとみれば繁榮《はんえい》の兆《てう》
○屏風《べうぶ》を失《うしな》ふとみれば春《はる》は吉秋《きつあき》は凶《けう》
○屏風《べうぶ》の破《やぶ》れたるとみれば財《ざい》を費《つゐや》すの兆《てう》
○寢臺《ねだい》をみれば都《す》べて吉兆《きつてう》
○寢臺《ねだい》の破《やぶ》れたるとみれば家内不和《かないふわ》の兆《てう》
○長椅子《ながいす》を得《え》たりとみれば客來《きやくらい》の兆《てう》
○長椅子《ながいす》を失《うしな》ふとみれば事成《ことな》らざるの兆《てう》
○寢床《ねどこ》を敷《し》くとみれば遠方《ゑんはう》より親族來《しんぞくきた》るの兆《てう》
○錦《にしき》の夜具《やぐ》高枕等《たかまくらとう》をみれば都《す》べて吉兆《きつてう》
○薦《せき》を敷《し》くとみれば一家和合《かつかふ》の兆《てう》
○毛氈其他種々《もうせんそのたしゆく》の敷《しき》ものを敷《し》くとみれば喜《よろこ》びごとあるの兆《てう》
○衣桁《いかう》を造《つく》るとみれば喜事《きじ》あるの兆《てう》
○衣桁《いかう》を繕《つくろ》ふとみれば衰《おとろ》へたる家運《かうん》の再《ふたゝ》び起《おこ》る兆《てう》
○箱類《はこるゐ》をみれば總《す》べて財《ざい》を得《え》家《いへ》を富《と》ますの兆《てう》
○箱《はこ》の蓋開《ふたひら》くとみれば人《ひと》と和合《わがふ》せざるの兆《てう》
○箱《はこ》の破損《はそん》するとみれば財産《ざいさん》を費《つゐや》すの兆《てう》
○金銀《きんぎん》の鎖又《くさりまた》は鑰《かぎ》の類《るゐ》を得《う》るとみれば家道《かだう》繁榮《はんえい》の兆《てう》
○箒《はうき》を貰《もら》ふとみれば吉財《きつざい》を得《え》又良妻《またりやうさい》を得《う》るの兆《てう》
○箒《はうき》を人《ひと》に取《と》り去《さ》らるゝとみれば爭《あらそ》ひあり

杖　茶器　觴　酒器　杯碗皿

○箒《はうき》の禿《ちび》れたりとみれば家貧《いへまづし》きの兆《てう》
○杖《つへ》をみれば人《ひと》の扶助《ふじよ》を得《え》て幸《さいはい》に遇《あ》ふの兆《てう》
○杖折《つえお》れたりとみれば婢僕《ひぼく》に害《がい》あるの兆《てう》
○茶器《ちやき》を得《う》るとみれば貧窮《ひんきう》の兆《てう》
○茶器《ちやき》をみれば吉《きつ》
○茶器《ちやき》の損《そん》じたるとみれば口舌《くぜつ》の爭《あらそ》ひあり
○茶器《ちやき》を貰《もら》ふとみれば小吉事《せうきつじ》あるの兆《てう》
○觴《さかづき》の水中《すゐちう》に浮《うか》ぶとみれば吉事《きつじ》あるの兆《てう》
○大杯《たいはい》をみれば大吉《たいきつ》
○酒《さけ》を入《い》るゝ器《うつは》を取《と》り入《い》るゝとみれば酒食《しゆしよく》を得《う》るの兆《てう》
○酒器《しゆき》を取《と》り出《い》だすとみれば人《ひと》と新《あら》たに交《まじは》りを結《むす》ぶの兆《てう》

○酒器《しゆき》を積《つ》み重《かさ》ぬるとみれば良友《りやういう》に遇《あ》ふの兆《てう》
○酒器《しゆき》を懷中《くわいちう》に入《い》るゝとみれば人《ひと》に敬《うやま》はるゝの兆《てう》
○酒樽《さかだる》より酒《さけ》の溢《あふ》るゝとみれば家富《いへと》むの兆《てう》
○酒樽破《さかだるやぶ》るゝとみれば家運衰微《かうんすゐび》の兆《てう》
○酒樽《さかだる》より酒《さけ》を飮《の》むとみれば大《おほい》に財《ざい》を蓄《たくは》ふるの兆《てう》
○窓《まど》の外《そと》より酒樽《さかだる》を受《う》け取《と》るとみれば夫婦《ふうふ》和合《わがふ》し一家繁榮《かはんえい》の兆《てう》
○酒杯碗皿等《しゆはいわんさらとう》をみれば家内《かない》の人口増多《じんこうぞうた》するの兆《てう》
○酒器《しゆき》を洗《あら》ふとみれば珍客來《ちんきやくきた》るの兆《てう》

算盤
釜
銚子
漏斗
鍋
箸
秤
蒸籠
勝手道具

○酒器《しゆき》を砕《くだ》くとみれば口《く》舌《ぜつ》の争《あらそ》ひ止《や》むの兆《てう》

○酒器《しゆき》を収《おさ》め藏《かく》すとみれば家《か》内安全《ないあんぜん》の兆《てう》

○銚子《てうし》漏斗《ぢやうご》等《とう》を得《う》るとみれば大利《たいり》あり

○銚子《てうし》漏斗《じやうご》等《とう》を失《うしな》ふとみれば争《あらそ》ひごと起《おこ》るの兆《てう》

○箸《はし》をみれば人《ひと》の助《たす》けに由《よ》りて物《もの》を得《う》るの兆《てう》

○秤《はかり》を手《て》に執《と》るとみれば政務《せいむ》を司《つかさど》るの兆《てう》

○人《ひと》より秤《はかり》を受《う》くるとみれば大貴《たいき》を主《つかさ》どる

○人《ひと》に秤《はかり》を授《さづ》くるとみれば自《みづか》ら重任《ちやうにん》を他人《たにん》に托《たく》するの兆《てう》

○秤《はかり》をみれば公事《くじ》訴訟《そしやう》の事《こと》あるべし

○天秤《てんびん》をみれば幸福《かうふく》を得《う》るの兆《てう》

○小《こ》秤《はかり》をみれば願望《ぐわんまう》を遂《と》ぐるの兆《てう》

○算盤《そろばん》をみれば骨肉《こつにく》に疎《うと》まるゝの兆《てう》

○釜《かま》を見《み》れば家《か》事《じ》を整理《せいり》するの兆《てう》

○鍋《なべ》の水上《すゐじやう》に浮《うか》むとみれば艱難《かんなん》すれども後《のち》に吉《きつ》なるの兆《てう》

○鍋水底《なべすゐてい》に沈《しづ》むとみれば事《こと》済《な》らざれども難《なん》なきの兆《てう》

○鍋《なべ》の損《そん》じて水《みづ》に沈《しづ》むとみれば凶《けう》

○蒸籠《せ、ろう》をみれば夫婦《ふうふ》相和《あひくわ》し一家《か》繁昌《はんじやう》の兆《てう》

○勝手《かつて》道具《だうぐ》を洗《あら》ふとみれば汚《けが》れたるものを去《さ》りて清潔《せいけつ》となすの兆《てう》

○勝手《かつて》道具《だうぐ》の他《た》より來《きた》るとみれば音信《いんしん》あるの兆《てう》

○庖丁《はうてう》をみれば財《ざい》を得《う》るの兆《てう》

○庖丁《はうてう》を手《て》に執《と》るとみれば吉事《きつじ》あるの兆《てう》

○人《ひと》より庖丁《はうてう》を貰《もら》ふとみれば福《さいはい》あり

○庖丁《はうてう》を失《うしな》ふとみれば凶《けう》

○火筋《ひばし》火播《ひかき》十能等《のうとう》をみれば志《こゝろざし》を遂《と》ぐるの兆《てう》

○火《ひ》打石《うちいし》火《ひ》打鎌《うちかま》をみれば災去《わざはいさ》り福來《さいはいきた》るの兆《てう》

○水瓶《みづがめ》に水《みづ》の充《み》つるとみれば吉《きつ》

○水瓶《みづがめ》に水《みづ》なしとみれば病《やまひ》にかゝるの兆《てう》

○水瓶《みづがめ》を破《やぶ》るとみれば財産《ざいさん》を失《うしな》ふの兆《てう》

○水桶《みづおけ》を外《をと》より内《うち》に入《い》るゝとみれば人《ひと》より贈物《おくりもの》あるの兆《てう》

○水桶《みづおけ》を外《そと》に出《い》だすとみれば人《ひと》と物《もの》を交換《かうくわん》して利《り》を得《う》るの兆《てう》

○桔槹《はねつるべ》をみれば美妻《びさい》又《また》は美妾《びせふ》を得《え》或《あるひ》は財《ざい》を得《う》れども人《ひと》に憎《にく》まるゝの兆《てう》又《また》一《ひと》たび失《うしな》ひたるものを再《ふたゞ》び得《う》るの兆《てう》

○釜《かま》の蓋《ふた》又《また》は瓶《かめ》の蓋《ふた》をみれば女子《ぢよし》は人《ひと》に拐《かど》引《わか》され或《あるひ》は人《ひと》と離別《りべつ》することあり男子《だんし》は色情《しきじやう》に關《くわん》して凶《けう》

○袋《ふくろ》の中《なか》に物《もの》ありとみれば吉《きつ》なれども物《もの》なしとみれば凶《けう》

○がばんを持《も》ち來《きた》る人《ひと》ありとみれば財《ざい》を得《う》べし

○がばんを受《う》くるとみれば富貴《ふうき》となるの兆《てう》

○がばんを負《お》ひ或《あるひ》は抱《いた》くとみれば大事業《だいじげふ》に志《こゝろざ》して成功《せいこう》するの兆《てう》

○がばんを牛馬《ぎうば》に載《の》せて行《ゆ》くとみれば人《ひと》の扶助《ふじよ》を得《え》て事成《ことな》るの兆《てう》
○袱包《ふろしきづゝみ》を固《かた》く結《むす》びたるとみれば旅行《りよかう》して利《り》を得《う》その兆《てう》
○書籍《しよじやく》を袱包《ふろしきづゝみ》にしたるとみれば名《な》を求《もと》めて成功《せいこう》するの兆《てう》
○提灯《てうちん》をみれば志《こゝろざし》を達《たつ》するの兆《てう》
○傘《からかさ》を見《み》れば人《ひと》の助力《じよりよく》を得《う》るの兆《てう》
○雨中《うちう》に傘《からかさ》を持《も》ちて走《はし》るとみれば思《おも》ふ人《ひと》に遇《あ》ふの兆《てう》
○日傘《ひがさ》をさすとみれば旅行《りよかう》の兆《てう》
○日傘《ひがさ》を受《う》くるとみれば離別《りべつ》の兆《てう》
○日傘《ひがさ》を室内《しつない》に置《お》くとみれば財産《ざいさん》を失《うしな》ふの兆《てう》
○傘《からかさ》の破《やぶ》れたるをみれば良友《りやういう》を得《う》るの兆《てう》
○傘《からかさ》の柄《え》の折《お》れたるとみれば喜《よろこ》びあるの兆《てう》
○網《あみ》を張《は》るとみれば苦勞《くらう》あれども妙計《みやうけい》を得《う》るの兆《てう》
○人《ひと》の網《あみ》を張《は》るをみれば人《ひと》に欺《あざむ》かるゝことあり
○網《あみ》にて魚《うを》を獲《え》たりとみれば求《もと》むる所《ところ》の事《こと》を得《う》るの兆《てう》
○我身《わがみ》網《あみ》に入《い》るとみれば大凶《だいけう》
○臼《うす》をみれば金錢《きんせん》を得《う》るの兆《てう》
○斗量《とりやう》を受《う》くるとみれば財《ざい》を得《う》るの兆《てう》
○斗量《とりやう》を人《ひと》に授《さづ》くるとみれば人《ひと》をして我《わ》れ

に代《かは》り勞役《らうえき》せしむるの兆《てう》

○斗量《とりやう》を竊《ぬす》まるゝとみれば惡人附近《あくにんふきん》に在《あ》るの兆《てう》

○機《はた》を織《お》るとみれば女子《じよし》を生《う》むの兆《てう》

○機《はた》の道具《たうぐ》をみれば遠方《えんはう》より便《たよ》りあるの兆《てう》又人《またひと》に欺《あざむ》かるゝことあり

○針《はり》をみれば大金《たいきん》を得《う》るの兆《てう》

○針《はり》に絲《いと》を通《とほ》すとみれば吉《きつ》

○針衣《はりころも》につきて身《み》にたつとみれば妻《さい》に外心《ぐわいしん》あるの兆《てう》

○砧《きぬた》をみれば出世《しゆつせ》の兆《てう》

○熨斗《ひのし》烙鐵《こて》の類《るゐ》をみれば目前《もくぜん》の困難《こんなん》あれども後《のち》に幸《さいはひ》を得《う》るの兆《てう》

曲尺　鋸　鑿　機　鉋　針　小刀　錐　水車　鏡　砧　熨斗　烙鐵

○曲尺《かねじやく》をみれば願望《ぐわんまうす》都べて成就《じやうじゆ》するの兆《てう》

○鋸《のこぎり》をみれば事《こと》の決定《けつてい》しがたきの兆《てう》

○鑿《のみ》をみれば事《こと》をあらだてゝ却《かへり》て後悔《こうくわい》するの兆又辛苦《てうまたしんく》して後《のち》に成功《せいこう》するの兆《てう》

○圓《まる》きのみをみれば漸次《ぜんじ》幸運《かううん》に赴《おもむ》くの兆《てう》

○鉋《かゝな》をみれば大業《たいげふ》を爲《な》して名《な》を揚《あ》ぐるの兆《てつ》

○小刀類《こがたなるゐ》をみれば大抵《たいてい》は吉《きつ》

○錐《きり》をみれば大志《たいし》を抱《いだ》きて苦勞《くらう》するの兆《てう》

○水車《みづぐるま》をみれば百事《じ》成就《じやうじゆ》するの兆《てう》

○鏡《かゞみ》を磨《みが》くとみれば事業《じげふ》發達《はつたつ》するの兆《てう》

○鏡臺《きやうだい》に鏡《かゞみ》あるをみれば名譽《めいよ》日々《ひゞ》に加《くわ》はるの兆《てう》

○鏡《かゞみ》を拾《ひろ》ふとみれば願望成就《ぐわんまうじゆうじゆ》するの兆《てう》

○鏡《かゞみ》を造《つく》るとみれば事新《ことあら》たなるの兆《てう》
○鏡《かゞみ》に對《たい》して影《かげ》をみざるとみれば都《す》べて事《こと》の成《なら》らざる兆《てう》
○鏡《かゞみ》を手《て》に執《と》るとみれば過《あやま》ちなくして人《ひと》に引《ひ》き立《た》てらるゝの兆《てう》
○鏡明《かゞみあらか》なりとみれば吉名譽《きつめいよ》を得《う》るの兆《てう》
○鏡曇《かゞみくも》るとみれば寃罪《えんざい》を得《う》るの兆《てう》
○鏡破《かゞみやぶ》るゝとみれば離別《りべつ》の兆《てう》
○鏡《かゞみ》を貰《もら》ふとみれば婚姻縁《こんいんえん》あるの兆《てう》
○鏡《かゞみ》に他人《たにん》を映《えい》するとみれば夫婦離別《ふうふりべつ》の兆《てう》
○一《ひと》つの鏡《かゞみ》に二人《にん》の影映《かげうつ》るとみれば人《ひと》と事《こと》を謀《はか》りて成《な》らざるの兆《てう》
○他人《たにん》の鏡《かゞみ》を得《う》るとみれば美人《びじん》を得《え》或《あるひ》は他《た》人《にん》の子《こ》を貰《もら》ふの兆《てう》

○琴《こと》を合《あは》せ彈《ひ》くとみれば夫婦和合《ふうふわがふ》の兆《てう》
○琴《こと》の絲絶《いとた》ふるとみれば妻《さい》の命數久《めいすうひさ》しからざるの兆《てう》
○琴《こと》を壁《かべ》にかけたりとみれば事成《ことな》らざるの兆《てう》
○琴《こと》を抱《いだ》きて睡《ねむ》るとみれば吉《きつ》
○琵琶《びは》を聞《き》くとみれば遠方《えんはう》より便《たより》あるの兆《てう》
○團扇《うちは》をみれば財寶散亂《ざいほうさんらん》するの兆《てう》
○蠟燭《らふそく》に火《ひ》をともすとみれば吉《きつ》
○棺《くわん》を見《み》るは都《すべ》て吉《きつ》
○馬具《ばぐ》を見《み》れば大抵《たいてい》は吉《きつ》

人《じん》事《じ》類《るゐ》

○官吏《くわんり》たりとみれば無官《むくわん》の者《もの》は他日《たじつ》官《くわん》に任《にん》ずることあるべし既《すで》に官位《くわんゐ》を有《いう》するものは凶《けう》

○人《ひと》の官吏《くれんり》たるを見《み》れば貴人《きにん》の愛顧《あいこ》を得《え》て幸《さいはひ》あるの兆《てう》

○轉任《てんにん》したりとみれば利《り》を得《う》ることあり

○位《くらゐ》を賜《たま》はるとみれば吉兆《きつてう》

○官《くわん》を去《さ》るとみれば凶兆《けうてう》

○再《ふたゝ》び官《くわん》に任《にん》ずるとみれば諸事《しよじ》に吉《きつ》

○官吏《くわんり》と爲《な》りて人《ひと》に賀《が》せらるゝとみれば立《りつ》身《しん》するの兆《てう》

○月給《げつきう》を賜《たま》はるとみれば幸福《かうふく》あるの兆《てう》

○月給《げつきふ》を増《ま》すとみれば吉《きつ》

○月給《げつきふ》を減《げん》ずるとみれば凶《けう》

○月給《げつきふ》を停《とゞ》めらるゝとみれば衣食《いしよく》に窮《きう》するの兆《てう》

○月給《げつきふ》を借《か》りて得《え》たるとみれば凶《けう》

○婚姻《こんいん》の約束《やくそく》成《な》るとみれば未《いま》だ結婚《けつこん》せざるものは良縁《りやうえん》を得《う》既《すで》に配偶《はいぐう》あるものは長壽《ちやうじゆ》するの兆《てう》

○妻《さい》を娶《めと》りて禮式《れいしき》を行《おこな》はずとみれば美服《びふく》を得《う》るの兆《てう》

○婚姻《こんいん》を賀《が》せらるゝとみれば吉兆《きつてう》

○人《ひと》の結婚《けつこん》を賀《が》するとみれば縁談《えんだん》成《な》るの兆《てう》

又官《またくわん》に在《あ》るものは昇級《しやうきう》し常人《じやうじん》は知己《ちき》を得《う》べし

○妻《さい》の初《はじ》めて生家《さと》に行《ゆ》くとみれば凶《けう》女子《じよし》には吉《きつ》

○男子《だんし》再婚《さいこん》するとみれば他人《たにん》の財産《ざいさん》を得《う》るの兆《てう》

○女子《じよし》其夫《そのおつと》の再婚《さいこん》するとみれば争《あらそ》ひごとあるの兆《てう》

○父母《ふぼ》の承諾《しやうだく》を得《え》ずして結婚《けつこん》するとみれば意外《いぐわい》の所《ところ》に良縁《りやうえん》を得《う》るの兆《てう》

○男女《だんじよ》他所《たしよ》に逃《に》げ行《ゆ》きて結婚《けつこん》するとみれば色情《しきじやう》に關《くわん》して災《わざはひ》あるの兆《てう》

○妻《さい》が他人《たにん》に嫁《か》するとみれば家業《かげふ》衰微《すゐび》し婦《ふ》人《じん》に他志《たし》あるの兆《てう》

○妻《さい》が人《ひと》の媒《なかだち》をなすとみれば寵愛《てうあい》すべき人《ひと》を得《う》るの兆《てう》

○妾《せふ》を以《もつ》て妻《さい》となすとみれば禍《わざはひ》によりて幸《かう》福《ふく》を得《う》るの兆《てう》妻《さい》たるもの之《これ》をみれば凶《けう》

○妾《せふ》を圍《かこ》ふとみれば人來《ひときた》りて争《あらそ》ひを生《しやう》ずるの兆《てう》

○女子《じよし》人《ひと》の妾《せふ》となるとみれば凶兆《けうてう》

○情婦家《じやうふいへ》に至《いた》るとみれば女子《じよし》と私通《しつう》するの兆《てう》

○婦人《ふじん》と交接《かうせつ》するとみれば凶《けう》

○男女相抱《だんじよあひいだ》きて亂《みだ》れざるは喜《よろこ》びあるの兆《てう》

○男女相抱《だんぢよあひいだ》きて陰陽合《いんやうあ》はずとみれば大凶《たいけう》

懐孕　祭祀　出産祈禱　交換　送迎

○妻《さい》の孕《はら》むとみれば妻姦通《さいかんつう》することあり

○妻自《さいみづか》ら孕《はら》むとみれば其夫財《そのおつとざい》を得《う》るの兆《てう》

○男子《だんし》生《うま》るとみれば疾《やまひ》に罹《かゝ》るの兆女子生《うま》るとみれば財産《ざいさい》を失《うしな》ふの兆《てう》

○生《うま》れたる子《こ》を抱《いだ》くとみれば立身出世《りつしんしゆつせ》の兆《てう》

○二《ふ》た子《ご》又《また》は三《み》つ子《ご》を生《う》むとみれば口舌《くぜつ》の兆《てう》

○他人男子《たにんだんし》を生《う》むとみれば我《わ》れ子《こ》を得《う》るの兆《てう》

○他人女子《たにんにょし》を生《う》むとみれば財産《ざいさん》を得《う》るの兆《てう》

○妻子《さいこ》を生《う》むとみれば子孫繁昌《しそんはんじやう》の兆《てう》

○我《わ》が身《み》嬰兒《えいじ》の如《ごと》くなりて人《ひと》の腹より生《うま》れ出《い》づるとみれば人望《じんばう》を得《う》るの兆《てう》

○神《かみ》を祀《まつ》るとみれば家富《いへと》み榮《さか》え禍變《わざはひへん》じて福《さいはひ》となるの兆《てう》

○父母先祖《ふぼせんぞ》或《あるひ》は知人《しるひと》の靈《れい》を祀《まつ》るとみれば人《じん》望《ばう》を得《え》て益《ますます》繁榮《はんえい》するの兆《てう》

○豊年《ほうねん》を祈《いの》るとみれば一家和合《かわがふ》し萬事《ばんじ》意《い》に叶《かな》ふの兆《てう》

○先祖《せんぞ》の墓《はか》を祀《まつ》るとみれば財《ざい》を得《え》て一家和《かわ》合《がふ》するの兆《てう》

○晴《せい》を祈《いの》り又《また》は雨《あめ》を祈《いの》るとみれば立身出世《りつしんしゆつせ》の兆《てう》

○人《ひと》と物品《ぶつぴん》を交換《かうくわん》するとみれば病氣《べうき》將《まさ》に發《はつ》せんとするの兆《てう》

○人《ひと》を迎《むか》へて門《もん》に入《い》るとみれば吉《きつ》

○人《ひと》を迎《むか》へて酒《さけ》を飲《の》むとみれば悲《かなし》みごとあり

○人《ひと》に送《おく》らるゝとみれば凶《けう》

○貴人《きにん》と宴會《えんくわい》するとみれば立身出世《りつしんしゆつせ》の兆《てう》

○藝妓等《げいぎら》と酒《さけ》を飲《の》むとみれば疾《やまひ》に罹《かゝ》り又《また》は口舌争《くぜつあらそ》ひごとあるの兆《てう》

○貴人《きにん》に呼《よ》ばるゝとみれば喜《よろこ》びごとあるの兆《てう》

○貴婦人《きふじん》に召《よ》ばるゝとみれば疾《やまひ》に罹《かゝ》るの兆《てう》

○主人《しゆじん》に呼《よ》ばるゝとみれば宴會《えんくわい》の兆《てう》

○人《ひと》に遇《あ》ひて挨拶《あいさつ》するとみれば吉《きつ》

○平日會《へいじつあ》ふ人《ひと》に對《たい》し叮嚀《ていねい》に挨拶《あいさつ》するとみればば其人《そのひと》と別《わか》るゝの兆《てう》

○久《ひさ》しく遇《あ》はざる人《ひと》と挨拶《あいさつ》するとみれば近《ちか》きうちに喜《よろこ》びごとあるの兆《てう》

○道路《だうろ》を走《はし》るとみれば勞働《らうどう》することあるの兆《てう》

○垣《かき》を越《こ》へて逃《に》げ走《はし》るとみれば憂《うれ》ひ疑《うたが》ひ起《おこ》るの兆《てう》

○人《ひと》を追《お》ふて走《はし》るとみ《み》れば病《やまひ》に罹《かゝ》り凶兆《けうてう》

○人《ひと》を叱《しか》り罵《のゝし》るとみれば驚《おどろ》き怒《いか》り疑《うたが》ふこと起《おこ》るの兆《てう》

○我身自《わがみみづか》ら我《わ》れを罵《のゝし》るとみれば吉《きつ》

○笑《わら》ふとみれば凶《けう》

○嘆《なげ》くとみれば凶《けう》

○人《ひと》を譽《ほむ》るとみれば吉《きつ》

○泣《な》き悲《かなし》むとみれば心安《こゝろやす》からざるの兆《てう》

○人《ひと》と對座《たいざ》して泣《な》くとみれば喜《よろこ》びでとあるの兆《てう》

○聲《こゑ》をあげて大《おほい》に泣《な》くとみれば大吉《だいきつ》

○涙流《なみだなが》れて口《くち》を掩《おほ》ふとみれば死亡《しばう》のことあるの兆《てう》

○悲《かなし》みて涙《なみだ》なく又涙《またなみだ》に血《ち》の交《まぢ》るとみれば大《だい》凶《けう》

○行水《ぎやうずゐ》をつかふとみれば百事《じ》新《あら》たまり百病《べう》去《さ》るの兆《てう》

○按摩《あんま》してもらふとみれば家事《かじ》調《とゝの》ふの兆《てう》

○男女共《だんぢよとも》に裸體《らたい》と爲《な》りて相見《あひみ》るとみれば一家《か》繁榮《はんえい》子孫《しそん》繁昌《はんじやう》の兆《てう》

○裸體《らたい》にて走《はし》るとみれば名譽《めいよ》を得《う》るの兆《てう》

○身《み》に寒氣《かんき》或《あるひ》は熱氣《ねつき》あるとみれば病《やまひ》に罹《かゝ》るの兆《てう》又《また》家内《かない》に寧《やす》からざることあり

○身《み》に痛《いた》みかゆみありとみれば心中《しんちう》安《やす》からざるの兆《てう》

○嘔吐《あうと》するとみれば病氣《べうき》全快《ぜんくわい》の兆《てう》

○疾《やまひ》に罹《かゝ》るとみれば人《ひと》に辱《はづ》かしめらるゝか又《また》は災難《さいなん》に遇《あ》ふの兆《てう》

○人《ひと》の病《や》むとみれば親戚《しんせき》に病者《べうしや》を生《しやう》ずるの兆《てう》其他《そのた》都《す》べて不吉《ふきつ》

○病氣《べうき》治《ち》するとみれば病人《べうにん》は全快《ぜんくわい》の兆《てう》

○病氣《べうき》忽《たちま》ち治《ち》するとみれば病人《べうにん》は凶《けう》常人《じやうじん》は吉《きつ》

○針灸《しんきう》するとみれば吉《きつ》

○家内《かない》より火事《くわじ》を出《いだ》すとみれば財産《ざいさん》を殖《ふや》すの兆《てう》

○隣家《りんか》より出火《しゆつくわ》するとみれば我家《わがいへ》に延焼《えんしやう》するは吉《きつ》否《しからざ》れば利《り》なし

○火《ひ》を避《さ》けて隣家《りんか》に行《ゆ》くとみれば吉《きつ》

○隣家《りんか》の火災《くわさい》を救《すく》ふとみれば威望《いばう》を失《うしな》ふの兆《てう》

○物《もの》の焼《や》くるとみれば吉《きつ》

○木《き》の中《なか》より火《ひ》出《い》づるとみれば大吉《だいきつ》

○器《うつは》の中《なか》より火《ひ》出《い》づるとみれば幸運《かううん》を得《う》るの兆《てう》

○火《ひ》を執《と》りて物《もの》を焼《や》くとみれば吉《きつ》

○他家《たけ》を焼《や》くとみれば其家《そのいへ》に害《がい》あるの兆《てう》

○火《ひ》を持《も》ちて途《みち》を行《ゆ》くとみれば開運《かいうん》の兆《てう》

○火《ひ》を持《も》ちて家《いへ》に上《のぼ》れば幸運《かううん》を得《え》萬事《ばんじ》吉兆《きつてう》

○烟火《はなび》をみれば憂《うれひ》去《さ》り病《やまひ》散《さん》ずるの兆《てう》

○盗賊《たうぞく》室《しつ》に入《い》りて去《さ》るとみれば吉《きつ》去《さ》らざれば凶損失《けうそんしつ》あるの兆《てう》

○賊《ぞく》を追《お》ふとみれば大利《たいり》を得《う》るの兆《てう》

○賊《ぞく》と闘《たゝか》ふとみれば病《やまひ》に罹《かゝ》るの兆《てう》

○賊《ぞく》を捕《とら》ふるとみれば盗難《たうなん》に遇《あ》ふの兆《てう》

○我身《わがみ》賊《ぞく》と為《な》るとみれば志《こゝろざし》遂《と》げ事《こと》成《な》るの兆《てう》

○人《ひと》に敎《をし》へて賊《ぞく》を為《な》さしむるとみれば人《ひと》と事《こと》を共《とも》にして成功《せいこう》するの兆《てう》

○賊《ぞく》を殺《ころ》すとみれば百事《じ》吉兆《きつてう》

○他人《たにん》の人《ひと》を殺《ころ》すとみれば利益《りえき》を得《う》るの兆《てう》
○自《みづか》ら人《ひと》を殺《ころ》し其人《そのひと》死《し》せざるも血《ち》をみれば吉《きつ》否《しからざ》れば凶《けう》
○人《ひと》に殺《ころ》さるゝとみれば幸《さいはひ》あるの兆《てう》逃《に》げ隠《かく》るゝときは凶《けう》
○殺《ころ》されて死《し》せずとみれば一旦《たん》得《え》たるものを失《うしな》ふの兆《てう》
○人《ひと》と斬《き》り合《あ》ひするとみれば血《ち》をみれば吉《きつ》血《ち》なければ凶《けう》
○人《ひと》と斬合《きりあひ》して各《おの〳〵》逭《に》げ走《はし》れば財産《ざいさん》を失《うしな》ふの兆《てう》
○自殺《じさつ》するとみれば大吉《だいきつ》
○人《ひと》に斬《き》らるゝとみれば吉《きつ》

○人《ひと》を斬《き》るとみれば凶《けう》
○人《ひと》を撃《う》つとみれば吉《きつ》
○人《ひと》に撃《う》たるゝとみれば凶《けう》
○人《ひと》に刺《さ》されて血《ち》をみれば吉《きつ》
○人《ひと》を刺《さ》さんとすとみれば我《わ》れ人《ひと》を害《がい》するの心《こゝろ》ありて凶《けう》
○人《ひと》と鬪《たゝか》ふとみれば勝《か》てば吉《きつ》負《ま》くるは凶《けう》
○家内《かない》のものと鬪《たゝか》ふとみれば一家《か》離《り》別《べつ》の兆《てう》
○軍人《ぐんじん》の戰場《せんぢやう》に赴《おもむ》くをみれば福利《ふくり》至《いた》るの兆《てう》
○軍馬《ぐんば》をみれば病《やまひ》去《さ》るの兆《てう》
○我身《わがみ》陣營《ぢんえい》に在《あ》りとみれば總《す》べて吉兆《きつてう》
○戰爭《せんさう》するとみれば勝《か》てば吉《きつ》敗《やぶ》れても助《たす》くるものあれば吉《きつ》

○敵《てき》を圍《かこ》むとみれば吉《きつ》
○敵《てき》に圍《かこ》まるゝとみれば苦《く》を受《う》くるの兆《てう》
○人《ひと》を打《う》つとみれば人《ひと》の力《ちから》を得《う》るの兆《てう》
○人《ひと》に打《う》たるゝとみれば己《おのれ》の力《ちから》を失《うしな》ふの兆《てう》
○自《みづか》ら我《わ》が身《み》を打《う》つとみれば後悔《こつくわい》することあるの兆《てう》
○人《ひと》の罵《のゝし》り合《あ》ふとみれば近隣《きんりん》に親友《しんいう》を生《しやう》ずるの兆《てう》
○我身《わがみ》人《ひと》と罵《のゝし》り合《あ》ふとみれば吉《きつ》
○人《ひと》と罵《のゝし》り合《あ》ふに仲裁《ちうさい》するものありとみれば吉《きつ》
○知《し》らざる人《ひと》を罵《のゝし》るとみれば他人《たにん》に欺《あざむ》かれ又侮《またあなど》らるゝの兆《てう》

○友人《いうじん》を罵《のゝし》るとみれば事成《ことな》らざるの兆《てう》
○妻子《さいし》を罵《のゝし》るとみれば財産《ざいさん》を失《うしな》ふの兆《てう》
○父母兄弟《ふぼけいてい》を罵《のゝし》るとみれば一家《か》に禍《わざは》ひあるの兆《てう》
○目上《めうへ》の人《ひと》に罵《のゝし》らるゝとみれば風邪《ふうじや》に犯《おか》さるゝの兆《てう》
○妻子婢僕等《さいしひぼくとう》に罵《のゝし》らるゝとみれば人《ひと》の怨《うら》みを受《う》くるの兆《てう》
○人《ひと》に罪《つみ》を問《と》ひ糺《たゞ》さるゝとみれば凶《けう》
○人《ひと》の罪《つみ》を糺《たゞ》すとみれば冤罪《えんざい》を受くるの兆《てう》
○人《ひと》を縛《しば》るとみれば人《ひと》の怨《うら》みを受《う》くるの兆《てう》
○人《ひと》に縛《しば》らるゝとみれば病《やまひ》にかゝるの兆《てう》
○訴訟《そしやう》を起《おこ》すとみれば爭《あらそ》ひごとあるの兆《てう》

罪人　鬼神　弔喪　死尸　死亡

○罪人《ざいにん》我家《わがいへ》に入《い》るとみれば病氣《べうき》其他《そのた》災難《さいなん》來《きた》るの兆《てう》

○犯罪者《はんざいしや》と同行《どうかう》するとみれば盜難《とうなん》に遇《あ》ふの兆《てう》

○罪《つみ》を赦《ゆる》され出獄《しゆつごく》するとみれば壽長《じゆなが》がく病《やまひ》去《さ》るの兆《てう》

○獄中《ごくちう》より逃《のが》れ出《い》づるとみれば病人《べうにん》又《また》は困《こん》難《なん》する者《もの》は禍《わざはひ》去《さ》り病治《やまひぢ》するの兆《てう》

○死者《ししや》を弔《とむら》ふとみれば吉兆《きつてう》

○葬式《さうしき》に行《ゆ》くとみれば凶兆《けうてう》

○葬式《そうしき》を送《おく》るとみれば散財《さんざい》の兆《てう》

○死尸《しし》を抱《いだ》くとみれば利《り》を得《う》るの兆《てう》

○父母兄弟《ふぼけいてい》の死《し》するをみれば病《やまひ》に罹《かゝ》るの兆《てう》

○嬰兒《えいじ》の死《し》するとみれば志望《しばう》を達《たつ》するの兆《てう》

○我身《わがみ》死《し》するとみれば吉《きつ》

神佛類《しんぶつるゐ》

○神《かみ》に遇《あ》ひ又神《またかみ》と交際《かうさい》するとみれば大吉《だいきつ》

○怪《あや》しき鬼《き》をみれば名《な》を擧《あ》ぐるの兆《てう》

○神《かみ》より衣服《いふく》を受《う》くるとみれば吉《きつ》

○神《かみ》の我家《わがや》に降《くだ》るとみれば凶親族《けうしんぞく》に別《わか》るゝことあり

○神《かみ》の宴會《えんくわい》するとみれば一家《か》和《わ》合《がふ》し子孫繁《しそんはん》昌《じやう》の兆《てう》

○我《わ》が身鬼神《みきしん》となりたるとみれば命永《めいなが》からざるの兆《てう》

○神《かみ》に面會《めんくわい》するとみれば吉《きつ》
○神《かみ》より來《きた》りて面會《めんくわい》を求《もと》むるとみれば凶《けう》
○神《かみ》を送《おく》り行《ゆ》くとみれば神《かみ》の加護《かご》あるの兆《てう》
○鬼神《きしん》の住所《じうしよ》を往來《わうらい》するとみれば凶《けう》
○神《かみ》の來《きた》るとみれば吉《きつ》
○鬼《き》の來《きた》るとみれば凶《けう》
○神《かみ》の去《さ》るとみれば凶《けう》
○鬼《き》の去《さ》るとみれば吉《きつ》
○神《かみ》と爭論《さうろん》するとみれば學問《がくもん》は進《すゝ》み又良縁《またりやうえん》を得《う》るの兆《てう》
○鬼神《きしん》より器物《きぶつ》を與《あた》へらるゝとみれば吉萬《きつばん》事意《じい》の如《ごと》くなるべし
○鬼神來《きしんきた》りて器物《きぶつ》を求《もと》むるとみれば凶《けう》

○鬼神《きしん》に召《よ》ばるゝとみれば我《わ》が身《み》に注意《ちうい》する兆《てう》なれば其言《そのい》ふ處《ところ》に從《したが》ふて吉《きつ》
○鬼神《きしん》に命《めい》ぜられて職務《しよくむ》を爲《な》すとみれば萬《ばん》事吉兆《じきつてう》
○鬼神《きしん》に追《お》はれ罪《つみ》を訊問《じんもん》さるゝとみれば凶《けう》或《あるひ》は家内《かない》に死亡《しばう》するものあり
○鬼神《きしん》互《たがひ》に闘《たゝか》ふとみれば吉《きつ》
○我身鬼神《わがみきしん》と闘《たゝか》ふとみれば大凶《だいけう》
○鬼《き》と闘《たゝか》ひて勝《か》つとみれば吉《きつ》
○怪物《くわいぶつ》をみれば都《すべ》て吉但《きつたゞ》し驚《おどろ》くとあるべし
○神事祭禮《じんじさいれい》をみれば喜《よろこ》びごとあるべし
○神《かみ》に祈禱《きとう》するとみれば吉《きつ》
○神《かみ》より吉凶《きつけう》を告《つ》げらるゝとみれば運強《うんつよ》き

の兆《てう》

○神《かみ》を拝《はい》し賽錢《さいせん》を奉《たてまつ》るとみれば禍《わざはひ》を去《さ》るの兆《てう》

○閻魔王《えまわう》をみれば凡《す》べて凶《けう》

○風《かぜ》の神《かみ》をみれば舟《ふね》に乗《の》る者《もの》は風波《ふうは》の難《なん》あるの兆《てう》常人《じやうじん》には吉《きつ》

○雷神《らいじん》をみれば意外《いぐわい》の災《わざはひ》あるの兆《てう》

○天狗《てふぐ》をみれば他《た》より酒食《しゆしよく》を得《う》るの兆《てう》

○夜叉《やしや》をみれば人《ひと》に欺《あざむ》かれ又病難災難《またべうなんさいなん》あるの兆《てう》

○佛《ほとけ》をみれば兩親長壽《りやうしんちやうじゆ》に凡《すべ》て禍《わざはひ》を轉《てん》じて福《さいはひ》と爲《な》すの兆《てう》

○佛《ほとけ》が家《いへ》に至《いた》るとみれば大吉事《たいきつじ》あるの兆《てう》

○堂上《どうじやう》に佛《ほとけ》の在《あ》るとみれば吉但《きつたゞ》し貴人《きじん》には凶《けう》

○諸《もろ〳〵》の佛像《ぶつざう》を拝《はい》するとみれば吉《きつ》

○佛《ほとけ》と共《とも》に語《かた》るとみれば福祿《ふくろく》至《いた》るの兆《てう》

○新《あら》たなる佛像《ぶつざう》をみれば喜《よろこ》びごとあるの兆《てう》

○佛《ほとけ》を迎《むか》ふるとみれば吉《きつ》

○佛《ほとけ》に送《おく》らるゝとみれば凶《けう》

○佛《ほとけ》の行《ゆ》くを送《おく》るとみれば吉事《きつじ》去《さ》り一家離《かり》散《さん》の兆《てう》

○佛《ほとけ》に迎《むか》へらるゝとみれば萬事《ばんじ》に吉但《きつたゞ》し病人《べうにん》には凶《けう》

○佛《ほとけ》に隨《したが》ふて行《ゆ》くとみれば吉《きつ》

○佛《ほとけ》を尋《たづ》ねて面會《めんくわい》するとみれば吉《きつ》

○佛《ほとけ》に面會《めんくわい》を求《もと》めて許《ゆる》されざるとみれば事《こと》成《な》らざるの兆《てう》

○佛《ほとけ》に會《あ》ひて已《おの》れのみ語《かた》り或《あるひ》は語《かた》らずとみれば大凶《だいけう》

○佛《ほとけ》の笑《わら》ふとみれば吉《きつ》

○佛《ほとけ》の怒《いか》るとみれば凶《けう》

○佛《ほとけ》より器物衣服醫藥等《きぶついふく、やくとう》を賜《たま》ふとみれば大《だい》吉《きつ》

○佛《ほとけ》が器物《きぶつ》を以《もつ》て我身《わがみ》を撫《な》づるとみれば病《やまひ》去《さ》り婦人《ふじん》は懷妊《くわいにん》するの兆《てう》

○佛《ほとけ》より經文等《きやうもんとう》を受《う》くるとみれば百事《じ》吉兆《きつてう》

○佛《ほとけ》が經《きやう》を誦《じゆ》し呪文等《じゆもんとう》を敎《おし》へつけらるゝとみれば災《わざはひ》を除《のぞ》き病《やまひ》を去《さ》り進《すゝ》みて利《り》あり萬《ばん》事吉兆《じゆつてう》

○釋迦佛《しやかぶつ》をみれば才智《さいち》益《ます〳〵》進《すゝ》み人《ひと》に尊敬《そんけい》せらるゝの兆《てう》

○彌勒佛《みろくぶつ》をみれば財産《ざいさん》を得《え》或《あるひ》は人《ひと》の侮《あなど》りを受《う》くるの兆《てう》

○普門大師《ふもんだいし》をみれば都《す》べて吉兆《きつてう》

○文珠菩薩《もんじゆぼさつ》をみれば家内和合《かないわがふ》し財産《ざいさん》を得《う》るの兆《てう》

○普賢菩薩《ふげんぼさつ》をみれば貴人《きにん》となるの兆《てう》

○地藏尊《ちざうそん》をみれば衰運《すゐうん》を挽回《ばんくわい》し家《いへ》を興《おこ》すの兆《てう》

○韋駄天《ゐだてん》をみれば萬事速《ばんじすみやか》に成《な》るの兆《てう》

○金剛童子《こんこうどうじ》をみれば喜《よろこ》びごとあり病治《やまひち》する

の兆《てう》
○目連尊者《もくれんそんじや》をみれば兩親《りやうしん》に災《わざはひ》あるの兆《てう》
○仙人《せんにん》の我《わ》が家《いへ》に至《いた》るとみれば吉《きつ》
○仙女《せんじよ》と交《まじは》るとみれば大吉《だいきつ》
○仙人《せんにん》になるとみれば酒食《しゆしよく》を得《う》るの兆《てう》
○山《やま》に入《い》りて仙人《せんにん》に遇《あ》ふとみれば病《やまひ》を去《さ》るの兆《てう》
○法會《はふえ》の席《せき》に出《い》づるとみれば吉貴子《きつきし》を得《う》るの兆《てう》
○鳥居《とりゐ》をみるは吉長命《きつちやうめい》の兆《てう》
○地獄《ぢごく》に墜《お》つるとみれば吉《きつ》
○寺社《じしや》に詣《もう》づるとみれば惡事《あくじ》身《み》を去《さ》るの兆《てう》
○繪馬《えま》をかくるとみれば運强《うんつよ》きの兆《てう》

○神社《じんじや》をみれば福來《ふくきた》りて一家繁榮《かはんえい》の兆《てう》
○神社佛寺《じんじやぶつじ》を建立《こんりふ》するとみれば大吉《だいきつ》
○神事《しんじ》をみればわづらはしきことあり
○二王《わう》をみれば命長《いのちなが》きの兆《てう》
○伊勢《いせ》の大廟《たいべう》に參拜《さんぱい》するとみれば神《かみ》の加護《かご》を得《う》るの兆《てう》
○官幣社國幣社等《くわんへいしやこくへいしやとう》に參拜《さんぱい》するとみれば萬事《ばんじ》吉兆《きつてう》
○觀音堂《くわんおんだう》に參拜《さんぱい》するとみれば吉《きつ》
○金剛經《こんごうきやう》を念《ねん》ずるとみれば吉《きつ》
○觀音經《くわんおんぎやう》を念《ねん》ずるとみれば諸難《しよなん》悉《ことごと》く去《さ》るの兆《てう》
○心經《しんぎやう》を念《ねん》ずるとみれば幸運《かううん》未《いま》だ至《いた》らざる

の兆《てう》
○佛前《ぶつぜん》に向《むか》ひて看經《かんきん》するとみれば憂《うれ》ひあるの兆《てう》

文《ぶん》學《がく》類《るゐ》

○周易《しうえき》を讀《よ》むとみれば正《たゞ》しき人《ひと》には吉不正《きつふせい》の人《ひと》には凶《けう》
○春秋《しゆんじう》を讀《よ》むとみれば利《り》を得《う》るの兆《てう》
○禮記《らいき》を讀《よ》むとみれば家内親睦《かないしんぼく》して諸事吉《しよじきつ》兆《てう》
○孝經《かうきやう》を讀《よ》むとみれば萬事《ばんじ》に吉《きつ》
○歷史《れきし》を讀《よ》むとみれば才學進《さいがくすゝ》み或《あるひ》は良友《りやういう》を得《う》るの兆《てう》

○書籍天《しよじやくてん》より降《ふ》るとみれば意外《いぐわい》の吉事《きつじ》あるの兆《てう》
○書籍《しよじやく》風《かぜ》に飄《ひるがへ》るとみれば事成《ことな》らずして憂《うれ》ひ多《おほ》きの兆《てう》
○書籍《しよじやく》を日《ひ》に晒《さら》すとみれば家道繁榮《かだうはんえい》の兆《てう》
○雨《あめ》ふりて書籍《しよじやく》をぬらすとみれば人《ひと》に妨《さまた》げられて事成《ことな》らざるの兆《てう》
○書籍《しよじやく》を拾《ひろ》ふとみれば才學《さいがく》益《ます〳〵》進《すゝ》むの兆《てう》
○山林《さんりん》の間《あひだ》に在《あ》りて書《しよ》を讀《よ》むとみれば高貴《かうき》の人《ひと》に知《し》られ志《こゝろざし》を遂《と》ぐるの兆其他萬事《てうそのたばんじ》に吉《きつ》
○書籍水上《しよじやくすゐじやう》に浮《うか》むとみれば遠方《えんはう》より音信至《いんしんいた》るの兆《てう》然《しか》れども吉少《きつすくな》くして凶多《けうおほ》し

○道《みち》を行《ゆ》きながら書《しよ》を讀《よ》むとみれば幸運《かううん》に向《むか》ふの兆《てう》

○書籍《しよじやく》を携《たづさ》へて遠方《えんはう》に行《ゆ》くとみれば吉《きつ》

○書籍《しよじやく》を人《ひと》に取《と》り去《さ》らるゝとみれば喜《よろこ》びでとあり

○書籍《しよじやく》を批評《ひひやう》するとみれば吉《きつ》

○未《いま》だ見《み》ざる書籍《しよじやく》を讀《よ》むとみれば學問進《がくもんすゝ》むの兆《てう》

○書籍《しよじやく》を人《ひと》より受《う》けたりとみれば知識《ちしき》を益《ま》すの兆《てう》

○人《ひと》の書《しよ》を讀《よ》むとみれば後來大《こうらいおほい》に立身《りつしん》の兆《てう》

○無用《むよう》の書籍《しよじやく》を焚《や》くとみれば大吉《だいきつ》

○架《たな》の上《うへ》の書籍《しよじやく》崩《くづ》れ落《お》つるとみれば凶《けう》但女《たゞしによ》子《し》は吉《きつ》

○書籍《しよじやく》の本箱《ほんばこ》に充《み》つるとみれば人望《じんばう》を得《え》て一家無事《かぶじ》の兆《てう》

○書籍《しよじやく》を枕《まくら》にするとみれば貴人《きにん》の補助《ほじよ》を得《え》て安心《あんしん》するの兆《てう》

○經書《けいしよ》の類《るゐ》を懷《ふところ》にするとみれば吉《きつ》

○小說等《せうせつとう》を懷《ふところ》にするとみれば凶

○室《へや》の隅《すみ》に書籍《しよじやく》の積《つ》みあるとみれば困難《こんなん》に處《しよ》して幸福《かうふく》を得《う》るの兆《てう》

○書籍《しよじやく》を車《くるま》に積《つ》むとみれば大利《たいり》を得《う》るの兆《てう》

○書籍《しよじやく》を船《ふね》に積《つ》むとみれば得意《とくい》の事《こと》あるの兆向《こうむか》ふの岸《きし》に達《たつ》するとみれば志達《こゝろざしたつ》するの兆《てう》

○書籍《しよ〻やく》の上《うへ》に茶《ちや》をこぼすとみれば婚姻成《こんいんな》り
又《たま》は立身《りつしん》するの兆《てう》
○花《はな》の側《かたはら》に書籍《しよじやく》を置《お》くとみれば人《ひと》の助力《じよりき》を
得《え》女子《じよし》なれば美子《びし》を得《う》るの兆《てう》
○書籍《しよ〻やく》が木《き》の上《うへ》に在《あ》りとみれば人來《ひときた》りて事《こと》
を謀《はか》り之《これ》を行《おこな》へば成就《じやうじゆ》するの兆《てう》
○書籍《しよじやく》を買《か》ふとみれば目前《もくぜん》に吉事《きつじ》あらざれ
ども後來《こうらい》必《かなら》ず幸福《かうふく》を得《う》るの兆《てう》
○書籍《しよじやく》の文字《もんじ》五色《しき》と爲《な》るとみれば將來大學《しやうらいだいがく》
者《しや》となるの兆《てう》
○胸《むね》の邊《へん》に書籍《しよじやく》を捧《さゝ》げ持《も》つとみれば求《もと》めず
して福至《ふくいた》るの兆《てう》
○書籍《しよ〻やく》に血《ち》の多《おほ》くつきたりとみれば良友《りやういう》を
得《え》又《また》は兄弟相會《けいていあひくわい》して好信《かうしん》あるの兆《てう》
○書籍《しよじやく》の一冊缺《さつか》けたるをみれば志《こゝろざし》達《たつ》せざ
るの兆《てう》
○書籍《しよじやく》の高《たか》さ五六尺《しやく》もあるとみれば大貴《たいき》と
なり或《あるひ》は大利《たいり》を得《う》るの兆《てう》
○人《ひと》より書籍《しよじやく》を借《か》るとみれば財利《ざいり》を得《え》て子《し》
孫繁榮《そんはんえい》の兆《てう》
○書籍《しよじやく》をとぢるとみれば一家安寧《かあんねい》にして榮《さか》
ゆるの兆《てう》
○書籍《しよ〻やく》を截《た》ち切《き》るとみれば失敗《しつぱい》の兆又夫婦《てうまたふうふ》
離散《りさん》の事《こと》あり
○書籍《しよ〻やく》に圈點《けんてん》を打《う》つとみれば金錢《きんせん》を得《う》るの
兆《てう》

○人《ひと》に書籍《しよじやく》を與《あた》ふるとみれば損《そん》ありて得《とく》なきの兆《てう》萬事《ばんじ》に凶《けう》

○書籍《しよじやく》の破《やぶ》れを繕《つくろ》ふとみれば苦學《くがく》して出世《しゆつせ》し或《あるひ》は利益《りえき》を得《う》るの兆《てう》

○書籍《しよじやく》を井《ゐ》の中《なか》に投《な》げ捨《す》つるとみれば萬事《ばんじ》成《な》らざるの兆《てう》

○書籍《しよしやく》を呑《の》み食《くら》ふとみれば志望《しばう》を達《たつ》し或《あるひ》は大利《たいり》を得《え》病《やまひ》は全治《せんち》するの兆《てう》

○書籍《しよじやく》を土中《どちう》に埋《うづ》むるとみれば事成《ことな》らざるの兆《てう》

○高樓《かうらう》に登《のぼ》りて書《しよ》を讀《よ》むとみれば大吉《たいきつ》

○書籍《しよじやく》を破《やぶ》るとみれば諸事《しよじ》破《やぶ》るゝの兆《てう》病人《べうにん》は死亡《しばう》の患《うれひ》あり

○書籍《しよじやく》を人《ひと》に敎《おし》ふるとみれば大《おほい》に貴《たつと》きい兆《てう》

○古體篆書《こたいてんしよ》をみれば災《わざはひ》去《さ》り福《さいはひ》來《きた》り子孫《しそん》繁榮《はんえい》の兆《てう》

○隷書《れいしよ》をみれば家《いへ》富《と》み身《み》榮《さか》へ病《やまひ》治《ぢ》し諸事《しよじ》吉《きつ》兆《てう》

○楷行草《かいぎやうさう》の文字《もんじ》をみれば其文字《そのもんじ》に依《よ》りて自《みづか》ら吉凶《きつけう》を判《はん》すべし

○人《ひと》より詩《し》を授《さづ》けられたりとみれば萬事《ばんじ》に吉《きつ》

○琴《こと》や鼓《つゞみ》に合《あは》せて詩《し》を歌《うた》ふとみれば酒食《しゆしよく》の喜《よろこ》びあり

○詩《し》を吟《ぎん》じ歌《うた》を咏《えい》ずるとみれば詩歌《しか》の意《い》吉《きつ》なれば吉凶《きつけう》なれば凶《けう》

○月花等《つきはなとう》の詩歌《しか》を作《つく》るとみれば女子《じよし》の爲《た》めに災《わざはひ》を受《う》くるの兆《てう》

○筆《ふで》をもらふとみれば官職《くわんしよく》に進《すゝ》むの兆《てう》

○筆《ふで》に花《はな》さくとみれば家業繁榮《かげふはんえい》の兆《てう》又《また》學問《がくもん》進《すゝ》むべし

○筆《ふで》の禿《ちび》るとみれは凶《けう》

○硯《すゞり》をみれば長壽《ちやうじゆ》の兆《てう》

○墨《すみ》をみれば久《ひさし》く遇《あ》はざる人《ひと》に遇《あ》ふの兆《てう》

○繪《ゑ》をかくとみれば事成《ことな》るの兆《てう》

○親屬《しんぞく》の肖像《せうぞう》を畫《ゑか》くとみれば死亡《しばう》するものあるの兆《てう》

○暦《こよみ》を得《う》るとみれば長壽《ちやうじゆ》の兆《てう》

植物類《しよくぶつるゐ》

○樹木《じゆぼく》の盛《さか》んに茂《しげ》るとみれば家榮《いへさか》へ身《み》健《すこや》かなるの兆《てう》

○樹木《じゆぼく》枯《か》れたりとみれば勞《らう》して功《こう》なく一家《か》親戚《しんせき》に不幸《ふかう》あり又《また》た家道《かだう》衰微《すゐび》の兆《てう》

○樹木林《じゆもくはやし》を成《な》すとみれば功成《こうな》り名遂《なと》ぐるの兆《てう》

○病人《びやうにん》にして林中《りんちう》にいぬるとみれば病未《やまひいま》だ癒《い》へざるの兆《てう》

○樹木火《じゆもくひ》に燒《や》くるとみれば一家《か》幸福《からふく》の兆《てう》

○樹木風《じゆぼくふう》に吹《ふ》かれて葉《は》を落《おと》し又《また》は根《ね》より抜《ぬ》け倒《たほ》れたりとみれは意外《いぐわい》の禍《わざはひ》に罹《かゝ》ること

あり
○自《みづか》ら樹木《じゆぼく》を植《う》ゆるとみれば幸福《かうふく》至《いた》らざるの兆《てう》
○我《わ》が身《み》樹木《じゆぼく》の上《うへ》に在《あ》りとみれば失敗《しつぱい》し又《また》は零落《れいらく》するの兆《てう》
○我《わ》が身《み》樹《き》の上《うへ》に在《あ》りて枝《えだ》の折《お》れたりとみれば死傷《ししやう》の患《うれ》ひあり
○大樹《たいじゆ》の蔭《かげ》に居《お》るとみれば貴人《きにん》の助《たす》けを得《え》て榮達《えいたつ》するの兆《てう》
○大木屋根《たんぼくやね》の上《うへ》に落《お》ちたりとみれば意外《いぐわい》の大利《たいり》を得《う》るの兆《てう》
○大樹《たいじゆ》に上《のぼ》るとみれば志《こゝろざし》を達《たつ》するの兆《てう》
○二本《はん》の樹《き》が合《がつ》して一本《ぽん》となるとみれば人《ひと》と睦《むつま》くして事成《ことな》るの兆《てう》
○一本《はん》の樹《き》が二《ふた》つに分《わか》るゝとみれば人《ひと》と離《り》別《べつ》するか或《あるひ》は失敗《しつぱい》するの兆《てう》
○大木《たいぼく》忽《たちま》ち折《お》るゝとみれば家内《かない》に死亡《しばう》あるか又《また》は吾《わ》が力《ちから》を頼《たの》む人《ひと》の死《し》する兆《てう》
○樹《き》の下《した》より上《うへ》を仰《あを》ぎて過《す》ぐるとみれば爲《な》すことは危険《きけん》多《おほ》きの兆《てう》
○家《いへ》の庭《には》の樹《き》の種《たね》をまくとみれば幸福《かうふく》ありて子孫繁榮《しそんはんえい》の兆《てう》
○庭《には》の樹《き》に果《このみ》のなるとみれば子《こ》なきものは子《こ》を得《え》業《げふ》を失《うしな》ひたるものは業《げふ》を得《う》るの兆《てう》
○大樹《たいじゆ》を斫《き》るとみれば財《ざい》を得《う》るの兆《てう》
○庭《には》の木《き》を伐《き》るとみれば物《もの》を失《うしな》ふの兆《てう》

○樹木《じゆもく》の蔭《かげ》に休《やす》むとみれば先《さ》きに苦勞《くらう》して後《のち》に安樂《あんらく》なるの兆病《てうやまひ》は癒《い》ゆべし
○大木屋《たいぼくやね》の上《うへ》に生《しやう》ずるとみれば求《もと》めずして財《ざい》を得《う》るの兆《てう》
○枯木《かれき》に花《はな》さくとみれば一旦衰《たんおとろ》へたる運氣《うんき》を恢復《くわいふく》するの兆《てう》
○家《いへ》の中《なか》に木《き》を生《しやう》ずるとみれば人《ひと》に事《こと》を妨《さまた》げられ又《また》は父母《ふぼ》に變事《へんじ》あるの兆《てう》
○大木《たいぼく》の上《うへ》に立《た》つとみれば吉《きつ》
○種《う》へたる木枯《きか》るゝとみれば凶《けう》
○椿《つばき》の庭《には》に花《はな》さくとみればよろこびごとあるの兆《てう》
○椿《つばき》の茂《しげ》るとみれば長壽《ちやうじゆ》にして家榮《いへさか》ふるの兆《てう》
○我《わ》が身椿《みつばき》の下《した》に在《あ》りとみれば人《ひと》の助《たす》けを得《う》るの兆《てう》
○椿《つばき》を折《お》り又《また》は椿《つばき》の枯《か》るゝとみれば凶《けう》
○松《まつ》をみれば身榮達《みえいたつ》して大利《たいり》を得《う》るの兆《てう》
○松枯《まつか》れたりとみれば居處《きよしよ》を徙《うつ》すの兆《てう》
○柏《かや》をみれば健全《けんぜん》にして尊敬《そんけい》を受《う》くるの兆《てう》
○檜《ひのき》の森《しん》々として茂《しげ》るをみれば立身《りつしん》の兆《てう》
○杉《すぎ》をみれば萬事堅固《ばんじけんご》にして家道繁榮《かだうはんえい》の兆《てう》
○旃檀《せんだん》をみれば衣食足《いしよくた》るの兆《てう》
○楠《くすのき》をみれば人《ひと》の首領《かしら》となり幸福《かうふく》を得《う》るの兆《てう》
○楓《かへで》をみれば夫婦離別《ふうふりべつ》することあり

○梧桐《あをぎり》をみれば人《ひと》に尊敬《そんけい》せられ諸事《しよじ》吉《きつ》なるの兆《てう》

○柳《やなぎ》をみれば色情《しきじやう》の兆《てう》女子《じよし》は夫《をつと》を得《う》れども不幸《ふかう》の兆《てう》又《また》は人《ひと》と別《わか》るゝことあり

○漆《うるし》の樹《き》をみれば零落《れいらく》し或《あるひ》は爭《あらそ》ひて人《ひと》に負《ま》くるの兆《てう》

○くぬぎをみれば事成《ことな》らずして艱難《かんなん》するの兆《てう》

○棘《いばら》をみれば勞《らう》して功《こう》なく災難《さいなん》多《おほ》きの兆《てう》

○桑《くは》をみれば諸事《しよじ》意《い》に叶《かな》ふの兆《てう》なれども病《びやう》人《にん》には凶《けう》

○桑《くは》の葉《は》落《お》つるとみれば凶《けう》

○桑《くは》の木《き》盛《さか》んなりとみれば長壽《ちやうじゆ》の兆《てう》

○柘《つげ》をみれば人《ひと》と離別《りべつ》し又《また》は爭《あらそ》ふことあるの兆《てう》

○楮《かうぞ》をみれば衣食足《いしよくた》るの兆《てう》

○槐《えんじゆ》をみれば賢子《けんし》を得《え》て家道隆昌《かだうりうしやう》の兆《てう》

○梅《うめ》をみれば諸事《しよじ》に吉《きつ》なるの兆《てう》

○梅《うめ》の花咲《はなさ》きたりとみれば譽《ほま》れを得《う》るの兆《てう》

○白梅《しらうめ》の林《はやし》に入《い》るとみれば女難《じよなん》あるの兆《てう》

○梅《うめ》に實《み》を結《むす》ぶとみれば貴子《きし》を得《う》るの兆《てう》

○紅梅《こうばい》を折《お》るとみれば貴人《きにん》に用《もち》ひらるゝの兆《てう》

○杏《あんず》を見《み》れば貴子《きし》を得《う》るの兆《てう》

○桃《もゝ》をみれば美人《びじん》を得《え》女子《じよし》は美男《びなん》の夫《おつと》を得《う》るの兆《てう》

○李《すもゝ》をみれば衣食足《いしよくた》るの兆又人《てうまたひと》に物《もの》を恵《めぐ》むことあり

○石榴《ざくろ》をみれば賢子《けんし》を得《え》病人《べうにん》は全治《ぜんち》の兆《てう》

○石榴《ざくろ》を食《くら》ふとみれば凶《けう》

○棗《なつめ》をみれば事速《ことすみやか》に成《な》るの兆婚姻《てうこんいん》すれば早《はや》く子《こ》を得《う》べし

○梨《なし》をみれば志《こゝろざし》を達《たつ》するの兆病人《てうべうにん》には凶《けう》

○梨子《なし》を食《くら》ふとみれば離別《りべつ》のことあり

○枇杷《びは》をみれば一家平和《かへいわ》にして子孫繁榮《しそんはんえい》の兆《てう》

○栗《くり》をみれば艱難辛苦《かんなんしんく》して後《のち》に吉事《きつじ》あるの兆《てう》

○銀杏《いてう》をみれば家内安全《かないあんぜん》にして福《さいはひ》あるの兆《てう》

○柹《かき》をみれば幸福《かうふく》を得《う》るの兆《てう》

○柹實《かきのみ》を食《くら》ふとみれば疾《やまひ》を得《う》るの兆《てう》

○柑類《かうじるゐ》をみれば貴人《きにん》の招《まね》きに應《おう》ずるの兆又《てうまた》美人《びじん》と約《やく》することあるべし

○橘《たちばな》をみれば出世《しゆつせ》の兆又利《てうまたり》を得婚姻《えこんいん》すれば美人《びじん》を娶《めと》り病《やまひ》は全治《ぜんち》すべし

○橙《だいゝ》をみれば人《ひと》に欺《あざむ》かるゝことあるの兆《てう》

○林檎《りんご》をみれば吉事重《きつじかさな》り至《いた》るの兆美人《てうびじん》を娶《めと》り女子《じよし》は願《ねが》ひを遂《と》ぐることあるべし

○葡萄《ぶだう》をみれば吉病人《きつべうにん》には凶《けう》

○海棠《かいだう》をみれば家門繁榮《かもんはんえい》の兆《てう》

○山茶花《さざんくわ》をみれば名利《めいり》共《とも》に至《いた》り子孫繁昌《しそんはんじやう》の兆《てう》

木蘭
桂
薔薇
牡丹
木瓜
芍薬
臘梅
槿
向日葵
梔子花
菊
竹
水仙
蘭

○木蘭《もくらん》をみれば色情《しきじやう》に關《くわん》し志《こゝろざし》を達《たつ》するの兆《てう》

○桂《かつら》をみれば萬事《ばんじ》意《い》の如《ごと》く子孫繁榮《しそんはんえい》の兆《てう》

○薔薇《しやうび》をみれば萬事《よんじ》不利《ふり》の兆《てう》

○木瓜《ぼけ》をみれば大利《たいり》を得《え》諸事《しよじ》吉兆《きつてう》

○臘梅《らうばい》をみれば幸運《かううん》を得《え》病《やまひ》は全治《ぜんち》するの兆《てう》

○槿《むくげ》をみれば盗難《とうなん》あるの兆《てう》

○梔子花《くちなし》をみれば榮達《えいたつ》するの兆女子《てうじよし》は賢子《けんし》を得《う》べし

○竹《たけ》をみれば人《ひと》に敬《うやま》はれ一家平穏《かへいおん》にして衣《い》食《しよく》に足《た》るの兆《てう》

○竹《たけ》を植《うゆ》るとみれば良友《りやういう》を得《え》諸事《しよじ》利《り》あるの兆《てう》

○窓《まど》の外《そと》に竹《たけ》ありとみれば喜《よろこ》びごとあるの兆《てう》

○竹《たけ》の子《こ》をみれば吉女子《きつじよし》は子《こ》を得《う》べし

○牡丹《ぼたん》をみれば富貴《ふうき》の身《み》となるの兆《てう》

○芍薬《しやくやく》をみれば一時《じ》榮華《えいぐわ》を得《う》るも直《たゞ》ちに零《れい》落《らく》するの兆《てう》

○向日葵《ひまはり》をみれば旭《あさひ》の昇《のぼ》るが如《ごと》く萬事隆盛《ばんじりうせい》の兆又貴《てうまたき》人《にん》の扶助《ふじよ》を得《え》て吉《きつ》なるべし

○菊花《きくくわ》をみれば夫婦親睦《ふうふしんぼく》し兄弟和合《けいていわがふ》の兆《てう》

○水仙花《すゐせんくわ》をみれば少年《せうねん》は夭折《わかじに》の恐《おそ》れあり女《じよ》子《し》は美女《びじよ》を生《う》むの兆《てう》

○蘭《らん》をみれば榮達《えいたつ》して良友《りやういう》を得《う》るの兆婦《てうふ》人《じん》は良夫《りやうふ》を得《え》て賢子《けんし》を擧《あ》ぐるの兆又幸福《てうまたかうふく》を

得《う》べし

○芙蓉《ふよう》をみれば榮華久《えいぐわひさ》しからざるの兆《てう》婦人《ふじん》は貴人《きにん》の寵《てう》を得《う》べし

○牽牛花《あさがほ》をみれば吉少《きつすくな》くして凶多《けうおほ》し

○芭蕉《ばせう》をみれば貴人《きにん》の庇蔭《ひいん》を蒙《かうむ》ることあれども事成《ことな》らざるの兆《てう》病人《べうにん》は治《ち》せざるべし

○雞冠花《けいとう》をみれば榮達《えいたつ》して百事《じ》吉《きつ》又《また》夫婦和合《ふうふわがふ》の兆《てう》

○杜若《かきつばた》をみれば泣《な》き悲《かなし》むことあるの兆《てう》

○鳳仙花《ほうせんくわ》をみれば喜《よろこ》びごとあるの兆《てう》

○藍《あひ》をみれば賢者《けんじや》に親《した》しみ交《まじは》るの兆《てう》

○紫蘇《しそ》をみれば子《こ》なきものは男子《だんし》を得《え》病人《べうにん》は全治《せんち》するの兆《てう》

○菜花《なのはな》をみれば富貴榮達《ふうきえいたつ》の兆《てう》

○蓮花《はすのはな》をみれば萬事吉兆《ばんじきつてう》

○蓮根《れんこん》をみれば諸事《しよじ》に利《り》あるの兆《てう》

○菱《ひし》をみれば事定《ことさだ》まらずして志《こゝろざし》達《たつ》せざるの兆《てう》

○菖蒲《しやうぶ》をみれば身榮《みさか》へ萬事《ばんじ》意《い》の如《ごと》くなるの兆《てう》

○松風《まつかぜ》の響《ひゞき》をきくとみれば意外《いぐわい》の災《わざはひ》あるべし

○水中《すゐちう》に柳《やなぎ》のあるをみれば無事《ぶじ》にして利益《りえき》あるの兆《てう》

○柳《やなぎ》を挿《さ》すとみれば家《いへ》を興《おこ》すの兆《てう》

○木《き》の葉《は》の落《お》つるとみれば家道衰《かだうおとろ》へ身零落《みれいらく》

して救《すく》ふものなきの兆《てう》又《また》夫婦《ふうふ》和合《わがふ》せずして子《こ》を失《うしな》ふことあり

○山《やま》の上《うへ》に梅《うめ》ありとみれば凶《けう》

○墻《かき》の外《そと》に在《あ》る桃《もゝ》をみれば及《およ》ばざることを企《くはだ》て女子《じよし》は操《みさほ》を汚《けが》さるゝことあるの兆《てう》

○草花《くさばな》の茂《しげ》るとみれば吉《きつ》

○草花《くさばな》の枯《か》れ凋《しぼ》むとみれば百事《じ》凶兆《けうてう》

○花《はな》の開《ひら》きて爛熳《らんまん》たるをみれば眼前《がんせん》に樂《たのし》みあれども後《のち》には困窮《こんきう》するの兆《てう》

○花《はな》の飛《と》び散《ち》るとみれば一家《か》離散《りさん》の兆《てう》

○花《はな》を折《お》るとみれば離別《りべつ》の悲《かなし》みあるの兆《てう》

○花《はな》を採《と》るとみれば喜《よろこ》びごとあるの兆《てう》

○人《ひと》に花《はな》を送《おく》るとみれば凶《けう》

○花《はな》を偷《ぬす》むとみれば心《こゝろ》に疾《やま》しきことあるの兆《てう》

○花《はな》の香《か》ほるとみれば男女《だんじよ》相思《あひおも》ふこと切《せつ》なれども其事成《そのことな》らざるの兆《てう》又《また》萬事《ばんじ》勞《らう》して功《こう》なきの意《い》あり

○花《はな》の枝《えだ》を接《つ》ぐとみれば人《ひ》に依《よ》りて事《こと》を成《な》すの兆《てう》又《また》は他郷《たきやう》に赴《おもむ》き或《あるひ》は他家《たけ》の養子《やうし》と爲《な》ることあるべし

○墻《かき》の上《うへ》に花《はな》さくとみれば少《すこし》く吉事《きつじ》を得《う》ることあれども久《ひさ》しからずして敗《やぶ》れあるの兆《てう》

○花《はな》の種《たね》を蒔《ま》くとみれば一家《か》繁榮《はんえい》の兆《てう》

○花《はな》びらの落《お》ちたるをみれば男子《だんし》は妻《さい》を失《うしな》

ひ女子《じよし》は夫《おつと》に別《わか》るゝの兆《てう》
○草花《くさばな》の葉《は》のかはるとみれば親族中《しんぞくちう》に勝《すぐ》れたる者《もの》あるの兆《てう》
○莠《はぐさ》をみれば人《ひと》に欺《あざむ》かれ意外《いぐわい》の災《わざはひ》を招《まね》くの兆《てう》
○草《くさ》の荒《あ》れたるをみれば萬事《ばんじ》成《な》らざるの兆《てう》
○徑路《こみち》に草《くさ》の生《は》えたるとみれば眼前《がんぜん》に好事《かうじ》あれども後《のち》に災難《さいなん》あるの兆《てう》
○草《くさ》の長《なが》きこと五六尺《しやく》なりとみれば衆人《しうじん》に傑出《けつしゆつ》し又《また》は人《ひと》の頭《かしら》となるの兆《てう》
○草《くさ》を抜《ぬ》くとみれば困難《こんなん》を脱《だつ》するの兆《てう》
○草《くさ》を斫《き》るとみれば衆人《しうじん》に敬服《けいふく》せらるゝの兆《てう》

○草《くさ》を呑《の》むとみれば田地《でんち》を得《う》るの兆《てう》
○草《くさ》を衣《き》ものとなすとみれば官職《くわんしよく》を得《う》るの兆又長壽《てうまたちやうじゆ》の兆《てう》
○草《くさ》を結《むす》ぶとみれば憂《うれ》ひ絶《ひ》へざるの兆《てう》
○草《くさ》の偃《ふ》するとみれば諸事意《しよじい》の如《ごと》くならざるの兆《てう》
○蓮《はす》の葉《は》の卷《き》きたるをみれば始《はじ》め困難《こんなん》にして後《のち》に幸福《かうふく》を得《う》るの兆《てう》
○蓮《はす》の葉《は》の敗《やぶ》れたるをみれば凶女子《けうじよし》は産難《さんなん》あるべし
○蓮《はす》の花《はな》を採《と》るとみれば凶《けう》
○浮草《うきくさ》をみれば人《ひと》に惑《まど》はされ或《あるひ》は流浪《るらう》の兆《てう》
○葭葦《よしあし》の生《お》ひ茂《しげ》るとみれば病《やまひ》に罹《かゝ》るの兆《てう》

○茄子《なす》をみれば吉《きつ》
○茄子《なす》を貰《もら》ふとみれば立身《りつしん》の兆《てう》
○茄子《なす》を人《ひと》に送《おく》るとみれば貧困《ひんこん》となるの兆《てう》
○芋類《いもるゐ》をみれば貴子《きし》を生《しやう》ずるの兆《てう》又金銀《またきんぎん》の苦勞《くらう》あるべし
○穀類《こくるゐ》の茂《しげ》り盛《さか》んなるをみれば吉財《きつざい》を得《う》るの兆《てう》
○穀物《こくもつ》の熟《じゆく》したりとみれば酒食《しゆしよく》を得《う》るの兆《てう》
○穀物未《こくもついま》だ熟《じゆく》せざるとみれば身《み》に應《おう》ぜざる望《のぞ》みことあるの兆《てう》

動《どう》物《ぶつ》類《るゐ》

○麒麟《きりん》をみれば立身出世《りつしんしゆつせ》の兆《てう》婦女《ふじよ》は良夫《りやうふ》を得《え》又賢子《またけんし》を生《う》むべし
○虎《とら》をみれば百事《じ》に利《り》あり婦人《ふじん》は豪傑《がうけつ》の子《こ》を得《う》るの兆《てう》
○白虎《びやくこ》をみれば武將《ぶしやう》となり或《あるひ》は死亡《しばう》の兆《てう》
○猛虎林《まうこはやし》より出《い》づるとみれば立身《りつしん》の兆《てう》但《たゞ》し旅行《りよかう》するものは災《わざはひ》あるの兆《てう》
○二《ふた》つの虎相鬪《とらあひたゝか》ふとみれば爭《あらそ》ひあるの兆《てう》
○虎家《とらいへ》の中《なか》に入《い》るとみれば官職《くわんしよく》を得《う》るの兆《てう》
○豹家《ひやういへ》の中《なか》に入《い》るとみれば立身《りつしん》の兆《てう》或《あるひ》は盜《とう》難《なん》の恐《おそ》れあり
○獅子《しし》吠《ほ》へて虎《とら》の地《ち》に伏《ふく》するとみれば妻《さい》に權力《けんりよく》あるの兆《てう》
○獅子《しゝ》毬《まり》を弄《もてあそ》ぶとみれば夫婦和合《ふうふわがふ》し喜《よろこ》びで

とあるの兆《てう》

○獅子《しし》に乗《の》るとみれば立身出世《りつしんしゆつせ》の兆《てう》

○狼《おほかみ》に圍《かこま》るゝとみれば同僚《どうりやう》に害《がい》せられ又《また》は盗難《たうなん》に罹《かゝ》るの兆《てう》

○狼人《おほかみひと》の足《あし》を食《くら》ふとみれば意外《いぐわい》の災難《さいなん》あるの兆《てう》

○狼《おほかみ》と共《とも》に道《みち》を行《ゆ》くとみれば艱難辛苦《かんなんしんく》して後《のち》に幸福《かうふく》を得《う》るの兆《てう》

○狼《たほかみ》をみれば賊難《ぞくなん》あるの兆《てう》

○兎《うさぎ》の眠《ねむ》るとみれば貴人《きにん》に引立《ひきたて》らるゝの兆《てう》

○兎《うさぎ》をみれば憂《うれ》ひ去《さ》るの兆《てう》

○兎懐《うさぎふところ》に入《い》るとみれば志《こゝろざし》達《たつ》し身《み》榮《さか》へ病《やまひ》治《ぢ》するの兆《てう》

○鹿《しか》を得《う》るとみれば富貴《ふうき》と爲《な》るの兆《てう》

○鹿《しか》を失《うしな》ふとみれば困窮《こんきう》するの兆《てう》

○鹿《しか》の生《うま》るゝとみれば吉《きつ》

○鹿《しか》の死《し》するとみれば凶《けう》

○鹿《し》家《らへ》の中《うち》に入《い》るとみれば官職《くわんしよく》を得《う》るの兆《てう》

○象《ぞう》の家《いへ》の中《うち》に入《い》るとみれば官《くわん》に就《つ》くの兆《てう》病人《べうにん》は全治《ぜんち》すべし

○象《ぞう》に乗《の》りて走《はし》るとみれば功名富貴《こうめいふうき》意《い》の如《ごと》くなるの兆《てう》

○象《ぞう》の群《むらが》り居《ゐ》るとみれば男女《だんじよ》の情交《じやうかう》成るの兆《てう》

○象《ぞう》の舞《ま》ふとみれば吉志望《きつしばう》を達《たつ》すべし

○駱駝《らくだ》に乗《の》りて奔《はし》るとみれば事成《ことな》らざるの兆《てう》

○駱駝《らくだ》に汚《けが》さるゝとみれば人《ひと》に侮《あなど》らるゝの兆《てう》

○熊《くま》をみれば家《か》道繁榮《だうはんえい》の兆又《てうまた》善《よ》き子《こ》を得《う》べし

○狐狸《きつねたぬき》の窓外《まどそと》に居《お》るとみれば女子《によし》に欺《あざむ》かるゝの兆《てう》

○狐川《きつねかは》を渉《わた》るとみれば吉《きつ》なれども半途《はんと》にして回《かへ》るとみれば事成《ことな》らざるの兆《てう》

○狐《きつね》をみれば人《ひと》の疑《うたが》ひをうくるの兆《てう》

○貉《むじな》をみれば惡《あ》しき人《ひと》を遠《とほ》ざくるの兆之《てうこれ》を追《お》ふとみれば意外《いぐわい》の禍《わざはひ》あるべし

○貂《てん》の家《いへ》に入《い》るとみれば立身《りつしん》の兆《てう》

○貂《てん》をうつとみれば大《おほひ》に吉事《きつじ》あるの兆《てう》

○猿猴《さる》をみれば凶公事訴訟《けうくじそしやう》のことあるべし

○白《しろ》き猿《さる》をみれば福有《ふくゆう》の兆《てう》

○猿《さる》の衣裳《いしやう》を着《つけ》たりとみれば凶家滅《けういへほろ》ぶるの兆《てう》

○猿菓《さるこのみ》を献《けん》ずるとみれば福《さいはひ》を得《う》るの兆又長《てうまたちやう》壽《じゆ》の兆《てう》

○狒々《ひゝ》の入《い》り來《く》るとみれば家庭《かてい》治《おさま》らず男女《だんじよ》に關《くわん》する爭《あらそ》ひあるの兆《てい》

○猫《ねこ》の室内《しつない》に入《い》るとみれば吉《きつ》

○猫《ねこ》の内《うち》より外《そと》に出《い》づるとみれば凶《けう》

○猫《ねこ》と鼠《ねずみ》と共《とも》に眠《ねむ》るとみれば大凶人《だいけうひと》に害《がい》せ

らるゝことあり
○猫《ねこ》の鼠《ねずみ》を捕《とら》ふるとみれば財《ざい》を得《う》れども憂《うれ》ひ絶《た》へざるの兆《てう》
○猫《ねこ》の活《い》きたる魚《うを》を食《くら》ふとみれば家《いへ》を興《おこ》すの兆又大金《てうまたたいきん》を得《う》ることあり
○猫《ねこ》の蝶《てふ》を呑《の》むとみれば災難《さいなん》に遇《あ》ふの兆《てう》
○犬《いぬ》の吠《ほ》ゆるとみれば一家《か》治《をさま》らざるの兆《てう》
○犬《いぬ》を射《ゐ》るとみれば諸事《しよじ》意《い》の如《ごと》くなるの兆《てう》
○犬《いぬ》に噬《か》まれたりとみれば人《ひと》に害《がい》せらるゝの兆《てう》
○犬《いぬ》の闘《たゝか》ふとみれば人《ひと》と争《あらそ》ふの兆又刑事《てうまたけいじ》の訴《うつた》へあるべし
○犬人《いぬひと》の如《ごと》くものいふとみれば訴訟起《そしやうおこ》らんとするの兆《てう》
○犬來《いぬきた》りて飯《めし》を食《くら》ふとみれば災《わざわひ》を變《へん》じて福《さいわひ》と爲《な》すの兆病《てうやまひ》は治《ぢ》すべし
○犬《いぬ》を呼《よ》ぶとみれば酒食《しゆしよく》を得《う》るの兆《てう》
○犬《いぬ》と馬《うま》と狎《な》れ遊《あそ》ぶとみれば願望成《ぐわんもうな》らざるの兆《てう》
○豕泥中《ぶたでいちう》に入《い》るとみれば一家安全《かあんせん》の兆《てう》
○豕河《ぶたかは》を渉《わた》るとみれば災難去《さいなんさ》り憂《うれ》ひ除《のぞ》き疾《やまひ》治《ぢ》するの兆又酒食《てうまたしゆしよく》の喜《よろこ》びあるべし
○豕《ぶた》を殺《ころ》すとみれば子孫《しそん》に禍《わざはひ》あるの兆《てう》
○人《ひと》より活《い》きたる豕《ぶた》を贈《おく》らるゝとみれば求《もと》めずして福《さいはひ》を得《う》るの兆《てう》
○親豕《おやぶた》をみれば子孫繁榮《しそんはんえい》の兆《てう》

○豕《ぶた》の子《こ》を生《う》むとみれば萬事《ばんじ》に凶兆《けうてう》
○羊《ひつじ》の多《おほ》く居《お》るとみれば家内安全子孫繁榮《かないあんぜんしそんはんえい》
の兆《てう》
○花《はな》の下《した》に羊《ひつじ》の居《お》るとみれば美女《びじよ》を娶《めと》り女《じよ》
子《し》は貴《たつと》き子《こ》を産《う》むの兆《てう》
○羊《ひつじ》を牽《ひ》くとみれば家《いへ》を興《おこ》すの兆其他萬事《てうそのたばんじ》
に吉《きつ》
○羊《ひつじ》に騎《の》るとみれば吉旅行《きつりよかう》する者《もの》には凶《けう》
○羊《ひつじ》を攘《ぬす》むとみれば萬事《ばんじ》に吉《きつ》
○活《い》きたる羊《ひつじ》に首《くび》なしとみれば災難身《さいなんみ》をま
とふて離《はな》れざるの兆《てう》
○羊《ひつじ》の母《はゝ》と子《こ》とをみれば長壽《ちやうじゆ》の兆《てう》
○牛《うし》が林《はやし》の中《なか》に耕《たがや》すとみれば危《あやふ》き中《なか》に助《たす》け
あり先《さ》きに難儀《なんぎ》して後《のち》に樂《たのし》みあるの兆《てう》
○牛《うし》に騎《の》るとみれば立身出世《りつしんしゆつせ》の兆又無事安《てうまたぶじあん》
樂《らく》なるべし
○牛《うし》に二本《ほん》の尾《を》ありとみれば骨肉離散《こつにくりさん》の兆《てう》
又人馬《またにんば》を損《そん》することあるべし
○牛《うし》の一足《そく》折《を》れたりとみれば危《あやふ》きに臨《のぞ》みて
安《やす》きを得《う》るの兆《てう》
○牛《うし》の頭《かしら》より血《ち》流《なが》るゝとみれば萬事意《ばんじい》の如《ごと》
くなるの兆《てう》
○牛《うし》の尿《いばり》するをみれば福利《ふくり》並《なら》び至《いた》り一家《か》安《あん》
全《ぜん》の兆《てう》
○牛戸外《うしこぐわい》に在《あ》りとみれば初《はじ》め吉《きつ》にして後《のち》に
凶《けう》なるの兆《てう》

○牛《うし》が群《むらが》りて山《やま》を下《くだ》るとみれば先《さ》きに困難《こんなん》して後《のち》に幸福《かうふく》あるの兆《てう》

○牛《うし》が高山《かうざん》の頂《いゞき》に在《あ》りとみれば凶中《けうちう》に吉《きつ》あり難《なん》に處《しよ》しし樂《たのし》みあるの兆《てう》

○牛山《うしやま》に昇《のぼ》るとみれば家業繁昌《かげふはんじやう》の兆《てう》

○牛人《うしひと》に觸《ふ》るゝとみれば百事《じ》成《な》らざるの兆《てう》

○大《だい》なる牛家《うしいへ》に來《きた》るとみれば家道繁榮《かだうはんえい》の兆《てう》

○牛疊《うしたゝみ》の上《うへ》に昇《のぼ》るとみれば凶《けう》

○牛犢《うしこうし》を生《う》むとみれば願望成《ぐわんまうな》るの兆《てう》

○牛《うし》を牽《ひ》きて門《もん》を出《い》づるとみれば訴訟《そしやう》あるの兆《てう》

○牛《うし》を殺《ころ》して肉《にく》を食《くら》ふとみれば財《ざい》を得《う》るの兆《てう》

○他人牛《たにんうし》を牽《ひ》き來《きた》るとみれば喜《よろこ》びごとあるの兆《てう》

○官吏馬《くわんりうま》に乘《の》りて來《きた》るとみれば訴訟《そしやう》に遇《あ》ひ又病《またやまひ》に罹《かゝ》るの兆旅中《てうりよちう》に在《あ》りては暴風雨《あらし》に遇《あ》ふことあり

○馬《うま》に騎《の》りて水《みづ》を渡《わた》るとみれば困難《こんなん》の中《うち》に幸福《かうふく》を得《う》ることあり

○馬《うま》に騎《の》りて牛《うし》を曳《ひ》き行《ゆ》くとみれば吉事《きつじ》あるの兆《てう》

○馬《うま》に乘《の》りて山《やま》に入《い》るとみれば困難《こんなん》に向《むか》ふの兆《てう》

○小兒《せうに》の馬《うま》に騎《の》りて來《きた》るとみれば吉《きつ》

○小兒馬《せうにうま》に乘《の》りて我《わ》が家《いへ》より出《い》づるとみれ

ば凶《けう》
○馬《うま》の廐《うまや》に嘶《いなゝ》くとみれば來客《らいきやく》あるの兆《てう》
○馬《うま》の廐《うまや》に舞《ま》ふとみれば人《ひと》と爭《あらそ》ひ或《あるひ》は災《わざはひ》至《いた》るの兆《てう》
○馬《うま》の多《おほ》く居《お》るをみれば家《いへ》亂《みだ》れて憂《うれ》ひ絶《た》へざるの兆《てう》
○馬《うま》を洗《あら》ふとみれば吉《きつ》の中《うち》に凶事《けうじ》あるべし
○馬《うま》に水《みづ》を飲《の》ますとみれば上下《じやうか》相和《あひわ》し一家《か》平和《へいわ》の兆《てう》
○馬《うま》に蹄《ひづめ》なしとみれば災難《さいなん》に遇《あ》ひ或《あるひ》は事成《ことな》らざるの兆《てう》
○駒《こま》をみれば富貴《ふうき》と爲《な》るの兆《てう》
○馬《うま》に錢《ぜに》を負《お》はすとみれば官職《くわんしよく》に離《はな》るゝの兆《てう》
○馬《うま》に鞍《くら》を置《お》くとみれば相談《さうだん》ごと調《とゝの》ふの兆《てう》
○馬《うま》の互《たがひ》に蹴合《けあ》ふとみれば相談《さうだん》ごと破《やぶ》るゝの兆《てう》
○馬《うま》を走《はし》らすとみれば商業《しやうげふ》に損《そん》あるの兆《てう》
○馬《うま》をつなぐとみれば商業《しやうげふ》に利《り》あるの兆《てう》
○白馬《しろうま》にのるとみれば立身出世《りつしんしゆつせ》の兆《てう》
○驢馬《ろば》に騎《の》るとみれば官職《くわんしよく》に就《つ》くの兆《てう》
○鼬《いたち》をみれば病《やまひ》に罹《かゝ》るの兆《てう》
○猪《ゐのしゝ》をみれば居處《きよしよ》を求《もとむ》るの兆《てう》萬事《ばんじ》吉《きつ》
○鼠《ねずみ》人《ひと》の衣服《いふく》を咬《か》むとみれば願望《くわんまう》成《な》るの兆《てう》
○鼠《ねずみ》に咬《か》まるゝとみれば吉《きつ》意外《いぐわい》の事《こと》にて立《りつ》身出世《しんしゆつせ》することあるべし

○鼠《ねずみ》の匿《かく》れたるとみれば困難《こんなん》を免《まぬか》るゝこと能《あた》はざるの兆《てう》

○鼠《ねずみ》の死《し》するとみれば家内《かない》に死亡《しばう》あるの兆《てう》又《また》は災難《さいなん》あり

○鼠化《ねずみくわ》して人《ひと》の形《かたち》となるとみれば賢子《けんし》を得《う》るの兆女子《てうじよし》は幸福《かうふく》を得《う》べし

○白鼠《しろねずみ》をみれば人《ひと》の長《ちやう》となるの兆《てう》

○白鼠《しろねずみ》の外《そと》より入《い》り來《また》るとみれば財利《ざいり》を得《う》るの兆《てう》

○白鼠内《しろねずみうち》より外《そと》に出《い》づるとみれば賣買《ばいばい》に利《り》あるの兆《てう》

○鼴鼠《うぐらもち》の室《へや》に入《い》るとみれば幸福將《かうふくまさ》に至《いた》らんとするの兆《てう》

○雞《にはとり》の辰《とき》を告《つ》ぐるとみれば家内《かない》に災《わざはひ》あるの兆《てう》

○雄雞《おんけい》の卵《たまご》を生《う》むとみれば意外《いぐわい》の樂《たのし》みあるの兆女子《てうじよし》には凶《けう》

○雌雞《めんけい》の辰《とき》を告《つ》ぐるとみれば女子《じよし》の權力盛《けんりよくさかん》なるの兆女子《てうぢよし》の言《こと》を信《しん》じて過失《くわしつ》あるべし

○雞《にはとり》の鬪《たゝか》ふとみれば賭博《とばく》して過《あやま》つの兆《てう》

○雞樹《にはとりき》の上《うへ》に鳴《な》くとみれば口舌《くぜつ》の爭《あらそ》ひあれども利《り》を得《う》るの兆又遠方《てうまてえんぱう》より音信至《いんしんいた》るの兆《てう》

○雞水中《にはとりすゐちう》に鳴《な》くとみれば醉《ゑ》ふて人《ひと》と爭《あらそ》ふの兆《てう》

○雞《にはとり》と鴨《かも》と共《とも》に游《ちそ》ぶとみれば家内和合《かないわがふ》して幸福《かうふく》至《いた》るの兆《てう》

○雞屋《にはとりや》の上《うへ》に上《のぼ》るとみれば口舌《くせつ》の兆《てう》

○鵝鳥《がてう》と鴨《かも》と共《とも》に水上《すゐじやう》に游《あそ》ぶとみれば妻妾《さいせう》睦《むつまし》くして一家和合《かわがふ》の兆《てう》

○鵝鳥《がてう》を貰《もら》ひたりとみれば人《ひと》に敬《うやま》はれ病《やまひ》は治《ぢ》するの兆《てう》

○白鶴《はくわく》をみれば長壽《ちやうじゆ》の兆《てう》又《また》萬事《ばんじ》意《い》の如《ごと》くなるべし

○鶴《つる》の飛《と》び去《さ》るとみれば幸福《かうふく》一《ひと》たび至《いた》れども忽《たちま》ち零落《れいらく》するの兆《てう》

○雉《きじ》の集《あつま》るとみれば志《こゝろざし》達《たつ》するの兆《てう》

○雉《きじ》を射《る》るとみれば願望《くわんまう》成《な》るの兆《てう》

○孔雀《くじやく》の集《あつま》るとみれば官《くわん》を進《すゝ》め或《あるひ》は良縁《りやうえん》を得《う》るの兆《てう》

○雁《がん》雲中《うんちう》に入《い》るとみれば秋冬《あきふゆ》は吉《きつ》春夏《はるなつ》は凶《けう》

○雁《がん》庭《には》に下《くだ》るとみれば良縁《りやうえん》を得《う》るの兆《てう》又《また》遠《えん》方《はう》より音信《いんしん》あるの兆《てう》

○鷺《さぎ》雲《くも》に入《い》るとみれば才學《さいがく》日《ひゞ》に進《すゝ》み立身《りつしん》出《しゆつ》世《せ》するの兆《てう》

○鷺《さぎ》をみれば人《ひと》に譽《ほ》めらるゝの兆《てう》

○鶉《うづら》をみれば人《ひと》に敬《うやま》はれ官吏《くわんり》と爲《な》るの兆《てう》

○鶯《うぐひす》の囀《さえ》づるとみれば良友《りやういう》を得《え》女子《ぢよし》は良縁《りやうえん》を得《う》るの兆《てう》

○燕《つばめ》をみれば遠方《えんぱう》の客《きやく》來《きた》るの兆《てう》

○燕《つばめ》の舞《ま》ふをみれば良縁《りやうえん》を得《う》るの兆《てう》

○燕《つばめ》木に巣《す》をつくるとみれば破産《はさん》の兆《てう》又火《くわ》災《さい》に罹《かゝ》ることあり

○烏《からす》の集《あつま》るとみれば訴訟《そしやう》起《おこ》るの兆《てう》

○烏《からす》の物《もの》を啣《ふく》むとみれば凶《けう》多《おほ》くして吉《きつ》少《すくな》きの兆《てう》

○子烏《こからす》が親烏《おやからす》に餌《え》を哺《は》するとみれば孝子《かうし》ありて一家《か》平和《へいわ》の兆《てう》

○鵲《かさゝぎ》の巣をつくるとみれば家《いへ》を建《た》つるの兆《てう》又良縁《りやうえん》を得《え》て夫婦《ふうふ》睦《むつまし》く萬事《ばんじ》吉兆《きつてう》

○簷前《のきさき》に鵲《かさゝぎ》の噪《さよ》ぐとみれば婚姻《こんいん》成《な》り良子《りやうし》を擧《あ》げて一家《か》和樂《くわらく》の兆《てう》

○鴛鴦《をしどり》水《みづ》に戯《たはむ》るゝとみれば一家《か》親睦《しんぼく》の兆《てう》

○鵙《もず》の鳴《な》くとみれば人《ひと》の害《がい》を受《う》け妻妾《さいせふ》に侮《あなど》らるゝの兆《てう》

○鸚鵡《あうむ》のものいふとみれば婦人《ふじん》に欺《あざむ》かるゝの兆《てう》

○鸚鵡《あうむ》我《わ》れとものいふとみれば目上《めうへ》の人死《ひとし》亡《ばう》するの兆《てう》

○鷹《たか》をみれば富貴《ふうき》となるの兆《てう》

○鷹小鳥《たかことり》を搏《う》つとみれば諸事《しよじ》吉兆《きつてう》

○鳶《とび》をみれば將來《しやうらい》立身《りつしん》の兆《てう》

○みそさゞいをみれば貴人《きにん》に見出《みい》だされ或《あるひ》は富者《ふしや》に信用《しんよう》され安樂《あんらく》を得《う》るの兆《てう》

○杜鵑《ほとゝぎす》の啼《な》くとみれば遠方《えんぱう》の人《ひと》を戀《した》ふの兆《てう》又宴會《またえんくわい》の喜《よろこ》びあるべし

○雀《すゞめ》をみれば立身出世《りつしんしゆつせ》の兆《てう》

○雀集《すゞめあつま》るとみれば財《ざい》を得《う》べし

○雀家《すゞめいへ》の中《うち》に入《い》るとみれば喜《よろこ》びごとあるの兆《てう》

○雀闘《すゞめたゝか》ふとみれば訴訟起《そしやうおこ》るの兆《てう》

○雀懐《すゞめふところ》に入《い》るとみれば女子《によし》を得《う》るの兆《てう》

○梟《ふくろふ》をみれば一家《か》親族《しんぞく》の中《うち》に死者《しや》あるの兆《てう》

○鳩《はと》をみれば吉長壽《きつちやうじゆ》の兆《てう》

○鷲《わし》をみれば人《ひと》の頭《かしら》となるの兆《てう》

○鷲《わし》につかまるとみれば望《のぞ》みを失《うしな》ふの兆《てう》

○龍水中《りやうすゐちう》に在《あ》りとみれば末《すゑ》に吉《きつ》なるの兆《てう》

○龍井《りやうゐ》の中《なか》にありとみれば祿《ろく》に離《はな》れ或《あるひ》は損《そん》失《しつ》するの兆《てう》

○龍天《りやうてん》に上《のぼ》るとみれば大吉《たいきつ》

○婦人龍《ふじんりやう》をみれば貴子《きし》を生《う》むの兆《てう》

○身化《みくわ》して龍《りやう》と爲《な》るとみれば立身出世《りつしんしゆつせ》の兆《てう》

○龜《かめ》の甲《かふ》を日《ひ》に曝《さら》すとみれば幸福至《かうふくいた》り婦人《ふじん》は貴子《きし》を産《う》むべし

○海《うみ》に居《お》る大龜《たいき》をみれば憂苦絶《いうくた》へざるの兆《てう》婦人《ふじん》は貴子《きし》を生《う》むべし

○鰐《わにざめ》をみれば舟《ふね》にて災難《さいなん》あるの兆《てう》

○鯨《くじら》をみれば遠方《えんはう》より音信《いんしん》あるの兆又人《てうまてひと》の長《ちやう》となるべし

○鯉《こひ》をみれば立身出世《りつしんしゆつせ》の兆又諸事《てうまてしよじ》に吉《きつ》

○鯉《こひ》を貰《もら》ふとみれば貴子《きし》を生《しやう》ずべし

○鱒《ます》をみれば願望成《ぐわんまうな》るの兆《こつ》

○鮪《まぐろ》をみれば良緣《りやうえん》を得《う》夫婦和合《ふうふわがふ》の兆其他諸《てうそのたしよ》

事《じ》に吉《きつ》

○鯛《たひ》を貰《もら》ふとみれば商業《しやうげふ》に利《り》を得《う》べし

○鰻《うなぎ》をみれば家内和合《かないわがふ》し萬事吉兆《ばんじきつてう》

○鱸《すゞき》を貰《もら》ふとみれば遠方《えんはう》より音信《いんしん》あるの兆《てう》

○鱸《すゞき》を食《くら》ふとみれば故郷《こきやう》に歸《かへ》るの兆《てう》

○大魚《たいぎよ》を釣《つ》るとみれば美人《びじん》を娶《めと》り女子《じよし》は貴《き》人《にん》の寵愛《てうあい》を得其他志《えそのたこゝろざし》を達《たつ》するの兆《てう》

○魚《うを》の藻《も》に在《あ》りとみれば人《ひと》の信用《しんよう》を得或《えあるひ》は宴會《えんくわい》に列《れつ》するの喜《よろこ》びあるべし

○魚《うを》を貰《もら》ふとみれば福利《ふくり》を得《う》るの兆《てう》

○魚《うを》を人《ひと》に贈《おく》るとみれば徳望《とくぼう》を得《う》るの兆《てう》

○網《あみ》にて魚《うを》を得《う》るとみれば俸給《はうきう》を增《ま》し又《また》は酒食《しゆしよく》の喜《よろこ》びあるべし

○大魚《たいぎよ》の盆中《ぼんちう》に躍《おど》るとみれば其身《そのみ》繁榮《はんえい》し子《し》孫學者《そんがくしや》と爲《な》るの兆《てう》

○蟹《かに》の足《あし》を去《さ》るとみれば病治《やまひぢ》し爭《あらそ》ひは息《や》むの兆《てう》

○蟹《かに》の田《た》や原《はら》に滿《み》つるとみれば盜難《とうなん》に罹《かゝ》るの兆《てう》

○蛤《はまぐり》又蜊《あさり》の類《るゐ》をみれば人《ひと》と合資《がつし》して大利《たいり》を得《う》るの兆又婚姻成就《てうまたこんいんじやうじゆ》の兆《てう》

○蜆《しゞみ》をみれば多《おほ》くは凶兆《けうてう》

○蛇《へび》をみれば美婦《びふ》を得婦人《えふじん》は良夫《りやうふ》を得《う》るの兆《てう》

○蛇《へび》をふむとみれば寶《たから》を得《う》るの兆又《てうまた》は金錢《きんせん》を得《う》ることあり

○蛇《へび》に足《あし》の生《しやう》じたるをみれば婦人《ふじん》の害《がい》を受《う》け女子《じよし》は不義《ふぎ》の心《こゝろ》を生《しやう》ずるの兆《てう》

○蛇《へび》に身《み》を圍《かこ》まれたりとみれば女子《じよし》は貴子《きし》を生《う》み男子《なんし》は其身《そのみ》榮《さか》えるの兆《てう》

○蛇《へび》を殺《ころ》すとみれば吉《きつ》

○蛇《へび》に咬《か》まるゝとみれば大利《たいり》を得《う》べし

○蛇《へび》のまとひつきたるをはなすとみれば次《し》第《だい》に困窮《こんきう》するの兆《てう》

○蠅《はい》多《おほ》く集《あつま》るとみれば事《こと》を仕損《しそん》ずるの兆《てう》

○蠅身《はいみ》に集《あつま》るとみれば酒食《しゆしよく》の喜《よろこ》びあるの兆《てう》

○蜂《はち》の巢《す》をみれば子《こ》を生《しやう》ずるの兆《てう》

○蜂《はち》にさゝるゝとみれば爭《あらそ》ひごとあるの兆《てう》

○蜂《にち》に足《あし》を螫《さ》るゝとみれば金錢《きんぎん》を得《う》るの兆《てう》

○蜈蚣《むかせ》をみれば凶俸給《けうほうきふ》を失《うしな》ふの兆《てう》但《たゞ》し商人《しやうにん》は吉《きつ》

○蜘蛛《くも》をみれば人《ひと》に用《もち》ひらるゝの兆《てう》待《ま》つ人《ひと》は來《きた》るべし

○蜘蛛《くも》の巢《す》多《おほ》くはるとみれば住所《ぢうしよ》につき苦《く》勞《らう》あるの兆《てう》

○蝶《てふ》の飛《とぶ》とをみれば事成らざるの兆《てう》

○蝶《てふ》の飛《と》ぶを撲《う》ち殺《ころ》すとみれば志《こゝろざし》を遂《と》げ憂《うれ》ひ去《さ》るの兆《てう》

○蝶《てふ》の窓前《そうぜん》に飛《と》ぶとみれば變事《へんじ》至《いた》り又《また》志《こゝろざし》を達《たつ》すること能《あた》はざるの兆《てう》

○蝶《てふ》の帳《かや》の中《なか》に飛《と》ぶとみれば女子《じよし》に欺《あざむ》かれ女子《しよし》は喜《よろこ》びごとあるの兆《てう》

○螽斯《いなご》をみれば子孫《しそん》繁昌《はんじやう》老《お》ひて益《ますく》榮華《えいぐわ》を得《う》るの兆《てう》

○蟋蟀《きりぎりす》をみれば爭《あらそ》ひごとあるの兆《てう》

○蜻蜓《こんきう》の飛《と》びて空《そら》に滿《み》つるとみれば財貨《ざいくわ》を得《う》るの兆《てう》

○蜻蜓《とんぼう》の水上《すゐじやう》に飛《と》ぶとみれば水難《すゐなん》の兆《てう》又《また》事《こと》成《な》らざるの兆《てう》

○蜻蜓《とんぼう》の一對《つゐ》づゝ庭園《ていえん》に飛《と》び來《きた》り飛《と》び去《さ》るとみれば美人《びじん》來《きた》りて我《わ》れを慰《なぐさ》め女子《によし》は良《りやう》緣《えん》を得《う》るの兆《てう》

○蜻蜓《とんぼう》自《みづか》ら其尾《そのを》を食《くら》ふとみれば金銀珍寶《きんぎんちんぽう》を得家道繁榮《かだうはんえい》の兆《てう》

○蛾《ひとりむし》の燈火《とうくわ》を撲《う》ち消《け》すとみれば幸福《かうふく》を得《う》るの兆《てう》

○蛾《ひとりむし》の飛《と》びて口中《こうちう》に入《い》るとみれば一家和合《かわがふ》せず口舌《くぜつ》絕《た》へざるの兆《てう》又《また》盜難《たうなん》の恐《おそ》れあり

○蠶《かひこ》の蛾《が》眉《まゆ》より出《い》づるとみれば喜《よろこ》びごとあるの兆《てう》又《また》貴子《きし》を得《う》べし

○蠶《かひこ》の蛾《が》樹《き》の上《うへ》に集《あつま》るとみれば上下《じやうげ》一致《ち》し夫婦《ふうふ》和合《わがふ》し諸事《しよじ》吉兆《きつてう》

○蠶《かひこ》の蛾《が》飛《と》びて家《いへ》を出《い》でずとみれば家產《かさん》益《ますく》增加《ぞうか》するの兆《てう》又《また》婢僕《ひぼく》永《なが》く我《わ》が家《いへ》を出《い》でざるの兆《てう》

○蠶《かひこ》の蛾卵《がたまご》を生《う》むとみれば家內平和《かないへいわ》にして子孫《しそん》繁榮《はんえい》の兆《てう》

○繭《まゆ》の中《なか》に在《あ》る蛾《が》を透《すか》し見《み》るとみれば疑《うたが》ひ

を去《さ》るの兆又萬事《てうまたばんじ》に吉《きつ》

○蠶《かひ》を養《やしな》ふとみれば萬事《ばんじ》に吉又成功《きつまたせいこう》の兆《てう》

○蠶《かひこ》の化《くわ》して蛾と為《な》るとみれば事《じ》物《ぶつ》速《すみやか》に成功《せいこう》し家《か》道繁榮《だうはんえい》の兆《てう》

○蜜蜂《みつばち》に螫《さ》さるゝとみれば人《ひと》の害《がい》を受《う》け萬《ばん》事《じ》成《な》らざるの兆《てう》

○蜜蜂蜂《みつばちはち》の王《わう》を擁《よう》して天《てん》に上《のぼ》るとみれば人《ひと》の首領《かしら》と為《な》るの兆《てう》

○蚊《か》を撲《う》ちて手《て》に血《ち》のつくとれれば身《み》を傷《きづ》けらるゝの兆《てう》

○蚊《か》の多《おほ》きをみれば冬春《ふゆはる》は吉春夏《きつはるなつ》は困難《こんなん》の兆《てう》

○多《おほ》くの蟻螘《ちりよい》を曳《ひ》き行《ゆ》くとみれば讒言《ざんげん》せらるゝの兆《てう》

○多《おほ》くの蟻螢《ありはたる》を曳《ひ》き行《ゆ》くとみれば大難《だいなん》の兆《てう》病人《べうにん》は治《ぢ》し難《がた》し

○螢庭前《ほたるていぜん》に滿《み》つるとれれば一家《か》善《よ》く治《おさ》まりて子孫繁榮《しそんはんえい》の兆《てう》

○螢帳中《ほたるちやうちう》に入《い》るとみれば客來《きやくらい》の兆《てう》

○螢腹中《ほたるふくちう》に入《い》るとみれば疑《うたが》ひを受《う》くる者《もの》疑《うたさ》ひ解《と》けて潔白《けつはく》と為《な》り罪人《ざいにん》は特赦《とくしや》を得《う》るの兆《てう》

○螢集《ほたるあつま》りて燈火《とうくわ》の如《ごと》しとみれば吉事《きつこと》速《すみやか》に成《な》るの兆《てう》

○蚤虱土中《のみしらみどちう》より出《い》づるとみれば困難《こんなん》の兆又《てうまた》求《もと》むるもの眼前《がんぜん》に在《あ》りて得《え》難《がた》きの兆《てう》

○蚤虱《のみしらみ》等《とう》床《とこ》に滿《み》つるとみれば困窮《こんきう》するの兆《てう》

○蚤虱等《のみしらみとう》を呑《の》むとみれば志《こゝろざし》達《たつ》せず又《また》健康《けんかう》なるが如《ごと》くにして疾《やまひ》に罹《かゝ》るの兆《てう》

○蚤虱《のみしらみ》等《とう》の水中《すゐちう》に飛《と》び入《い》るとみれば諸事意《しよじい》の如《ごと》くなるの兆《てう》

○虱《しらみ》を捉《と》るとみれば憂《うれひ》去《さ》り災《わざはひ》散《さん》じ幸福《かうふく》を得《う》るの兆《てう》

○他人《たにん》の虱《しらみ》我《わ》が身《み》に移《うつ》るとみれば求《もと》めずして利《り》を得《う》るの兆《てう》

○虱《しらみ》の肌膚《きふ》より生《しやう》ずるとみれば萬人《まんにん》に敬服《けいふく》せられ諸事意《しよじい》の如《ごと》くなるの兆《てう》

○蛆《うじ》が多《おほ》く來《きた》りて身《み》を食《くら》ふとみれば萬事大《ばんじだい》吉《きつ》の兆《てう》

○一《ひと》つの蛆《うじ》が糞中《ふんちう》より出《い》づるとみれば金錢《きんせん》を得《う》るの兆《てう》

○蚯蚓《みゝず》の草《くさ》の中《なか》を行《ゆ》くとみれば胃腸《ゐちやう》の病《やまひ》に罹《かゝ》るの兆《てう》

○蚯蚓《みゝず》の大《おほい》さ蛇《へび》の如《ごと》くなるをみれば禍《わざはひ》去《さ》り福來《さいはひき》るの兆《てう》

○蚯蚓《みゝず》室《へや》に入《い》るとみれば將《まさ》に逃《に》げ去《さ》らんとするの兆《てう》

○蝸牛《かたつむり》をみれば貧窮《ひんきう》となるの兆《てう》

○蝸牛《かたつむり》の壁《かべ》に這《は》ふとみれば夫婦和合《ふうふわがふ》せずして貧窮《ひんきう》するの兆《てう》

夢判斷實驗書終

注意

本書に夢判斷の仕方詳細を揭載しあれども人若し意外の靈夢を見て其の活斷に苦しむときは本館に之れが判斷を申込むべし但し申込みの際は其の夢みたる事柄を詳細に筆記し送付せらるべし、判定は神易に依り神明に伺ひ神勅を得て之れを活斷し詳細に筆記郵送すへし判定料は一事件六十錢郵稅は三錢を要す

高島易斷講究所　神誠館

明治四十一年九月二十日印刷
明治四十一年九月廿五日發行

定價金三拾錢

著作兼發行者　東京市本郷區湯島四丁目五番地　柄澤照覺

印刷者　東京市神田區雉子町三十四番地　深山一郎

印刷所　東京市神田區雉子町三十四番地　成章堂

發行所　東京市本郷區湯島四丁目五番地　神誠館
（電信略號）シン

稲荷大神霊験記／夢判断実験書

平成二十一年八月二十日　復刻版初刷発行
令和　五　年六月　九　日　復刻版第二刷発行

著　者　柄澤照覚

発行所　八幡書店
東京都品川区平塚二—一—十六
KKビル五階
電話　〇三（三七八五）〇八八一
振替　〇〇一八〇—一—四七二七六三

ISBN978-4-89350-677-1 C0014 ¥2800E